范仲淹传

周宗奇 著

华中科技大学出版社
http://www.hustp.com
中国·武汉

有态度的阅读
小马过河（天津）文化传播有限公司出品

目录

第一章　朱说种种

1. 朱家父子　　　　　　　　01
2. 打开眼界　　　　　　　　03
3. 在继父身边读书　　　　　05
4. 关中游学　　　　　　　　08
5. 醴泉寺苦读　　　　　　　13
6. 南都岁月　　　　　　　　19
7. 所学者何　　　　　　　　25
8. 复姓归宗　　　　　　　　34

第二章　范公堤

1. 范公堤春秋　　　　　　　44
2. 筑堤长歌　　　　　　　　51
3. 越权越礼小议　　　　　　56
4. 再造范公堤　　　　　　　60

第三章　兴学与育人

1. 母校之恋　　　　　　　　64
2. 天时与人和　　　　　　　67

  3.复兴儒门教育第一人 72

  4.老师与学生 77

  5.问君平生所好 85

  6.义庄义学之义 93

第四章 三次碰撞

  1.碰撞解 101

  2.晏殊受惊 104

  3.废后风波 111

  4.《百官图》事件 117

第五章 被隐逸者

  1.剑胆琴心 132

  2.睦州风光 145

  3.两篇《灵乌赋》 177

第六章 书生秋点兵

  1.范仲淹与韩琦 198

  2.伴着边患成长 203

  3.积极防御 207

  4.伟大的坚守 226

  5.好水川之败与焚书风波 237

  6."重文轻武"之辩 247

第七章 闪电新政

  1.一位另类皇帝 259

  2.履新之忧 270

  3.条陈十事的真价值 275

  4.皇帝的软肋 284

  5.叹其不争 303

第八章　烈士暮年
    1.家在邓州　　　　　　　　　　312

    2.生死朋友　　　　　　　　　　337

    3.为什么是《伯夷颂》　　　　　350

《岳阳楼记》：一曲悲怆的命运之歌　　360

范仲淹简明年表　　　　　　　　　　368

主要参考书目　　　　　　　　　　　379

后记　　　　　　　　　　　　　　　381

第一章 朱说种种

1. 朱家父子

朱说（悦）是谁？就是范仲淹，准确点说，是青年范仲淹。怎么回事？请往下看。

范仲淹的生父名叫范墉，在范仲淹两岁时去世，遗存稀少，所以想写《范家父子》无以成篇。

《山东通志》载："朱文翰，字苑文，淄州长山人。端拱二年（公元989年）进士。历任平江府（今苏州市）推官、秘阁校理、户部郎中、淄州长史等职。范文正公①之继父。"

《宋史·范仲淹传》载："仲淹二岁而孤，母更适长山朱氏，从其姓，名说。"

范仲淹的二十八世孙范章，于1998年写过一篇题为《谢太夫人传略》，披露曰："谢太夫人，范文正公之母。公元989年生公。990年公父病逝于武宁军（徐州）掌书记官任，太夫人扶柩南归，葬于天平山祖茔，居苏守义。993年义满，贫无所依，再适平江府推官长山朱文翰，公

---

① 即范仲淹，"文正"为其身后谥号。

亦至朱门,姓朱名说(悦)。文翰先配初氏①遗一子,太夫人又生二子,共四子。文翰先逝,皆归太夫人教养。……1017年,太夫人命公复姓。"

综合上引资料可以大致知道:范仲淹两岁时丧父,四岁时随母改嫁到山东省淄州长山县(今邹平市长山镇)朱家,名叫朱说(悦)。此名使用了二十五年,至宋真宗天禧元年(公元1017年)复姓归宗,这才正式称为范仲淹,时年二十九岁。算一算,范仲淹与继父朱文翰维系父子关系长达二十五年之久,也就是说,范仲淹从一个懵懂幼儿成为一名青年,是继父朱文翰看着长大、辛苦养育并一手栽培的。那么,写一段《朱家父子》,理应大有说头。

关于朱文翰,存世的可靠史料不多,仅见于《山东通志》《长山县志》《朱氏族谱》等,而且记述极为简略。世人多无"后眼"。那时若有人料到其继子范仲淹日后将是一个传世名人,必定会大记特记朱文翰。不过,要说朱文翰与范仲淹有缘,说朱文翰对范仲淹的成长、读书、立志、成功大有影响,还是有史可查、有迹可觅的,褒一个"父子情深",亦不为过。

对于这一对没有血缘关系的父子来说,端拱二年是很有意思的一年。这年阳春三月时,朝廷春闱大比,朱文翰高中进士。据洪迈《容斋续笔》记载,这一年共取进士一百八十六名,陈尧叟、曾会至得授光禄丞、直史馆。第三名姚揆以下,皆授防御、州府推官。由此知道朱文翰得授平江府推官是可信的。到了这年的灿灿中秋,农历八月初二,范仲淹在徐州呱呱坠地。一升一生,春秋相望,竟在同年,不也挺稀奇的吗?

《长山县志》载:朱文翰在平江府推官任期之后,"台试馆职,授秘阁校理"。不料多年之后,他的继子范仲淹也得到了这个职位。秘阁,是中国宫廷藏书之处。自晋、南朝宋至隋、唐,皆设有秘阁藏书,北宋沿唐制设三馆,改弘文馆为昭文馆。到了大宋朝第二代皇帝宋太宗时,新建昭文馆、集贤院、史馆,总名为崇文院。就在范仲淹出生前一年,朝廷于崇文院中堂设秘阁,

---

① 据《长山县志》载,朱文翰"原配杨氏,赠恭人"。初氏还是杨氏,留待考据家考证。

选三馆善本图书及书画等入藏，藏书最为完备；设有直秘阁、秘阁校理等官，管理秘阁事务。秘阁校理这个八品、从八品的小京官，虽说与州府推官品级差不多，但能在皇上眼皮子底下工作，那地位可就大不一样了。洪迈《容斋随笔》记载，在王安石"元丰改制"之前，三馆及秘阁，由"首相、副相领之"，四局设官，谓之"馆职"，皆称"学士"，"其下则为检讨、校理、校勘"，品级虽低，"地望清切，非名流不得处"。所以，父子俩能到这一步，已然进入名流之列。不过，现在也有人认为，朱文翰尚不足称"名流"，做秘阁校理有待商榷。那就是考据家的事了。

看来，父子俩天生有奇缘，而血缘不是问题。事实亦如此，就朱文翰对继子"既加养育，复勤训导"[①]的恩情，或者范仲淹对继父的回报，其父子亲情，绝对超过许多血缘父子。

2. 打开眼界

朱文翰一生为官，都待过什么地方？史料记载多不详、不确。除却平江和京都汴梁（今开封市）外，根据朱文翰三十世孙朱鸿林的《范仲淹与邹平》记述，朱文翰"后被贬出京，曾知宿州、池州、安乡等地，又摄河中府事。景德元年（公元1004年），出为淄州长史。大中祥符二年（公元1009年）迁平江刺史，宋朝刺史已为虚衔，可不必到任，这时朱文翰也已年迈多病，因而便解组归田了"。这么说来，他还涉足过家乡山东之外的安徽、湖南、山西等地。大宋开国皇帝宋太祖规定：官吏三十月为一任，有四个任期。朱文翰为官二十年，宦游这些地方倒是可能的。我这里想说的是，不管他跑过哪些地方，大都带着继子范仲淹一同"宦游"。也就是说，范仲淹有幸跟着继父朱文翰游历天下，眼前异地山河，别样风光，令他心中触景生情，感

---

① 语出范仲淹《乞以所授功臣勋阶回赠继父官奏》。

受万千,这些经历,在一个人记性最好、求知欲最旺盛的青少年时期,帮助他于无形中增广见识,开阔眼界与胸怀,于铸造性情人格至为重要。

世人从来拍案惊奇,范仲淹一次也没有去过岳阳楼,何以能写出绝唱《岳阳楼记》?也许从他儿时的安乡经历中,可以品出丝丝缕缕。朱文翰曾经宦游湖南安乡县,至今虽然还有人予以质疑,但绝大多数专家学者均认定属实。我前不久在安乡县"大海捞针",终于访到民间学者周仲元老先生,刚一见面,望九老人激动难耐:"谁说范仲淹没来过安乡?我研究了大半辈子啦!"说着,老人极潇洒地亮出一本自己写的书——《陶然集》。他于实地考察的基础上,广征博引,探幽烛微,正论反驳,把范仲淹来过安乡这件事讲得不容置疑。

周老先生认定:大致是北宋太宗至道元年(公元995年),学童朱说随同继父朱文翰来到安乡。继父公务繁忙,安排继子寄读于兴国观村学,交由司马道士照顾,朱说约三年后随"朱知县卸任而去"。将近二十年后,朱说中了进士,做了官,奏请朝廷复姓归宗,改名范仲淹。此等大新闻传到安乡时,官民一体欢喜,司马道士和朱说学友尤其高兴,就将兴国观村学改为"范仲淹读书堂",又画像又题字,以此激励在读学童。

你若问真有此事吗,立马有钦差大臣范处义作证。范处义是范仲淹嫡裔,于南宋庆元元年(公元1195年)秋九月,以"持节荆湖北道,环湖之十有五州"钦差大臣的名义,来到安乡巡视,在知县刘愚的陪同下,实地考察了"范仲淹读书堂",并捐资重修。学堂于次年修复完毕,由澧州州学教授王仁撰《重修范文正公书台记》。周老先生发问:"作为钦差大臣,他不做一番考证,敢随便冒认先祖遗迹读书堂吗?那可是欺君亵祖不忠不孝之大罪!"

安乡,汉唐古邑也,位于洞庭湖区西北部,与"巴陵胜状,在洞庭一湖"的岳阳,同样守着"浩浩汤汤,横无际涯"的洞庭湖。想想吧,一个天性聪颖早慧的朱说,几年间就守在那里,面对每日的湖光水色,朝晖夕霞,日星隐曜,樯倾楫摧,气象万千……他能不入心浸神,无形中形成一种"生活"沉积吗?日后成了范仲淹,再凭借坎坷一生的生命感悟,写出"悲怆"

的《岳阳楼记》，当不足称奇。《岳阳楼记》到底写出了什么？后面将有专章述及。

如此看来，继父朱文翰把范仲淹带来安乡，对其日后撰写《岳阳楼记》大有裨益；带他"宦游"全国各地，对长成怀有一腔家国胸怀的他功不可没！

3．在继父身边读书

读书，对青少年读书人来说，自是必修第一课程。

考察范仲淹青少年时期的读书经历，可以发现大致分为两种情况：二十岁之前，是在继父"复勤训导"下读书求知；二十岁之后至科举成名前，则全凭自觉苦读。

这里先说他在继父朱文翰身边读书的情况。

宋真宗作为皇帝，虽然用不着通过考试求功名，可也懂得读书之重要，一首《劝学篇》，比他的皇帝名头还传得广远，曰：

> 富家不用买良田，书中自有千钟粟；
> 安居不用架高堂，书中自有黄金屋；
> 出门莫恨无人随，书中车马多如簇；
> 娶妻莫恨无良媒，书中自有颜如玉；
> 男儿若遂平生志，六经勤向窗前读。

朱文翰在真宗朝科甲成名，一生为官，自然深知书中什么都有，这才对范仲淹"复勤训导"，使其养成了读书的好习惯。可惜这方面的史载几近阙如，颇难给朱文翰的这份功劳作注，只能从一些传说中找找旁证。

青阳有座"读山"。安徽青阳县位于长江中游南岸，南倚黄山，北枕长江,山灵水秀,气候宜人。唐代白居易、刘禹锡、杜牧等文人墨客览胜吟唱,在此留踪留名。据说朱文翰知青阳时,范仲淹随任在城东长山①读书,后人把长山改称"读山"。范仲淹逝世一百七十七年后的南宋绍定二年(公元1229年),当地人修建了范文正公祠堂,当时的池州太守丁黼,写了《池州范文正公祠堂记》。

顺便一说,滕子京墓居然在青阳城东新河镇光荣村金鸡岭下。他是洛阳人,为何要安葬于此?根据一些史料说,范仲淹中进士后,曾偕同榜好友滕宗谅(即滕子京)到自己读过书的地方游玩怀旧,滕子京一下就喜爱上此地的山水之美。滕子京后来被贬为池州榷酤②期间,又邀好友范仲淹到池州游玩,二人上九华、游秋蒲、再览贵池、青阳风光。明万历《青阳县志》载有滕子京所著的《九华新录》《九华图》为证。就是在这次游历中,滕子京流露出百年之后希望魂归青阳的愿望,并把年迈的父亲和滕氏家族陆续迁入青阳。庆历七年(公元1047年),五十八岁的滕子京病逝,家人遵其嘱,将他安葬于青阳。明万历《青阳县志》载有范仲淹所作《滕待制宗谅墓志铭》:"诸子奉君之丧,以某年月日,葬于池州青阳县九华山金龟原,而乞铭于予……君昔有言,爱彼九华书契"云云。

秋口读书。景德元年,朱文翰调回故乡做官,出任淄州长史。十六岁的少年郎范仲淹依然跟随继父,被安排在秋口读书。据说李丛昕先生实地考察过,秋口又名秋谷,古属益都县颜神镇,今属淄博市博山区颜神镇。这颜神镇可大有来头,与景芝、张秋并称"山东三大古镇"。其得名与凤凰山下的孝妇河有直接关系,孝妇河又连着一个流传久远的神话故事。说是齐地孝妇颜文姜年轻守寡,依然孝敬公婆,精心侍奉,每天远道挑来甜水,不以三九严寒、盛夏酷暑而中断。终于感动上天,将灵泉生于她的住室。然而婆婆不善,见她不再挑水,却天天有水,心生怀疑,找借口将儿媳打发出门,进房探秘,无意间揭去灵泉上的盖儿,泉水喷涌而出,流成孝妇河。唐天宝年间,

---

① 此处的长山并非邹平的长山。
② 专管酒业专卖。

有人建起一座颜文姜祠，称为"孝妇庙"。宋神宗熙宁年间，有人考证说颜文姜是孔子大弟子颜回的后代，从此朝廷封她为"顺德夫人"，赐额曰"灵泉庙"。哈，挺神乎其神的。不过，颜神古镇有件事千真万确：《颜神镇志》是中国最早的镇志，也是山东三部古镇志之一，所谓"镇之有志，自颜神始也"①。

范仲淹在秋口的读书处已不可觅，但有一座范仲淹祠，坐落于东关外、荆山下。可令人迷惑的是，山东省情网中的省情资料库对此表述道："相传颜神镇是范母谢氏的娘家。范仲淹两岁时父亲故去，随母改嫁到今邹平朱氏家中。因在朱家常受虐待，遂来颜神荆山寺读书。后人钦佩他的政绩和节操，便在他时常驻足的泉边建祠祀之。范公祠山门北向，是一组以范泉为中心的古代建筑群。二进院落，建筑二十余间，布局合宜，错落有致。范泉位于院落中心，泉池长六点七米，宽五点四米，深二点六米，青石砌壁，周护石栏，东栏板上刻篆书'范泉'二字。泉自底涌，水流分三股流出。池北有范公祠、范公亭。池西有石影壁，中间正面镌'山高水长'四字，系明天启五年（公元1625年）淄川名士张中发书。范公祠依山势构筑，始建年代无考。"这可就语惊四座了，而且与继父朱文翰一点关系都没有，不知有什么真凭实据。不过既是"相传"，那就不好说了，宁肯信范仲淹是跟着继父读书来这里的。

再来最后一个"传说"。传说范仲淹在秋口读书时，有一天，与几个学友外出散步，走进一座寺庙，求签问卜者甚众，说是灵得很。已然长成青年的范仲淹，对自己的前程很用心，便求签问卜："我日后能做宰相吗？"

签答："不能。"

再问："那我能做良医吗？"

签答："不能。"

十七岁的少年郎不免有点郁闷，但内心却是不大服气，决心要更加刻苦地读书，不实现"不做良相即做良医"的抱负，绝不罢休。

---

① 此说法也有异见，曹振武先生的《乡镇村志刍议》中说江苏泰州的《西溪镇志》才是最早的。

景德四年（公元1007年），年老多病的朱文翰辞官回家。此时，十九岁的青年学子朱说尚难展翅单飞，只好退守家中自学。顺便说一下，朱家祖宅并不在有些人说的什么朱家庄，而是在河南村，现在改为范公庄。《朱氏家谱序》说得清楚："我朱氏世居长邑①，北宋以前不可得而详也，故尊刺史公②为始祖。""吾族根柢于陵，非迁发可比。……自北宋刺史公居孝河南。旧有族谱，缘世代递更，兵燹相循，遂失落无传。……惟世居河南者，尚可追溯原委。"村名河南者，盖因位于孝妇河南岸也。我不久前进村实地考察，该村虽已改为范公庄，但在村学斑驳的旧门牌上，仍依稀可辨"河南村"三字，拍照存记。

4. 关中游学

且说范仲淹随继父朱文翰退守田园，在家里读书自学。

宋代自神宗以后，为了鼓励官员按期"致仕"，给予种种礼遇和优待，一度准予领取全俸，但之前的宋真宗时期的情况如何不得而知。就算朱文翰可以领到全俸，一个中下级官员又能领到多少？所以养家过日子就得重新考量。据朱鸿林先生记述："那时朱家兄弟姐妹多，都还年幼，继父又年老多病，家庭开支很大，日子一天天窘迫。"在这种情况下，一个大小伙子整天只顾读书，不问家计艰辛，别人不说什么，亲生母亲谢氏估计就有点坐不住了。她先和儿子说好，又与朱文翰商量，托人在长山县城找了一份差事，让范仲淹去一家店铺当学徒。范仲淹倒是很听话，不料刚干了一个月工夫，他就背着铺盖卷回来了，说是掌柜太奸猾，自己干不了这种骗人勾当，还是想回来读书。母亲谢氏当然作难，但继父朱文翰出面说："说儿是个聪明好学、志趣不凡的孩子，不要勉强他做自己不乐意做的事，这样是不会有好结果的。

---

① 长山县，现为长山镇，属邹平市管辖。
② 指朱文翰。

这么多孩子,就他有出息,就让他读书吧!"这段话出自朱鸿林先生笔下,不知所据何来,听起来似乎有点作者自拟的味道。不过有一点可以相信,朱文翰必是看准继子是个读书的好苗子,日后可成大器,愿意着意栽培,不然他不会置亲生儿子于不顾,一直把继子带在自己身边。

说话间又过去两年,真宗都换了新年号,叫作"大中祥符",范仲淹也长到二十岁,是"弱冠之年"了。《礼记·曲礼上》:"二十曰弱,冠。"这就是说,二十岁了,得行"冠礼",以示成年,不过体犹未壮,还比较嫩,故称"弱";冠,指代成年,要在宗庙中行加冠的礼数。冠礼由父亲主持,并由指定的贵宾为行冠礼的青年加冠三次,分别代表拥有治人、为国效力、参加祭祀的权利。加冠后,由贵宾向冠者宣读祝词,并赐上一个非常贴切美好的"字",使他成为受人尊敬的男子汉。朱文翰是否为继子举办了加冠仪式,已不可考,但此时抛出一个重大家庭议题倒是真的:继子要去游学关中!这是范仲淹自己的主意吗?为什么要走出书斋外出游历?为什么要首选关中?是继父朱文翰的主意吗?继父朱文翰对此态度如何?母亲谢氏又做何反应……一切的细节已然无从谈起。可考的史实是:大宋大中祥符元年(公元1008年)春,青年范仲淹琴剑在身①,怀揣继父给的少量盘缠,勃姿英发,奔上通往关中的大道。

以长安(今陕西西安)为中心的关中地区,古来号称"四塞之国,八百里秦川"。它与洛阳、北京、南京并称为中国四大古都,与罗马、开罗、雅典并称为世界四大文明古都。公元前12世纪,周文王在这里建立丰、镐两京,从此,西安作为中国的政治、经济、文化中心长达一千二百多年,大宋之前已有周、秦、汉、隋、唐等,均建都西安,可谓"秦中自古帝王州"也!对此,勤于读书的范仲淹不会不知道,估计连所谓"关中八景",什么华岳仙掌、骊山晚照、灞桥风雪、曲江流饮、雁塔晨钟、咸阳古渡、草堂烟

---

① 此处请特别注意,琴剑乃先秦士子心爱之物,士子们无不仗剑而行,以天下为己任,抚琴觅知音,寄托高远之志。青年范仲淹刻意追求自由博大的古士子风,形成贯穿他一生的精神诉求和个性特色,非常值得探究。我将在后文中不时有所研判与点评。

雾、太白积雪之类,他都能如数家珍了。作为学子文人,也许他更看重关中一带的名士辈出、代不绝书,尤其前朝大唐盛世,有多少风云人物于关中留迹啊!这可能就是青年范仲淹要把平生游学第一站选在关中的原因吧?

《续资治通鉴》载:"大中祥符二年二月,令陕西发廪赈粜,旱故也。"大中祥符二年春天才"发廪赈粜",可见旱灾至少在上一年就相当严重了。可巧,青年范仲淹就是大中祥符元年进关中的。也许老天爷有意安排吧,让未来的国家栋梁范仲淹长长见识,亲眼看看什么是天灾人祸、哀鸿遍野、民不聊生吧!

青年范仲淹的这次关中之行,总共用时半年多。朱鸿林先生是这样赞美他这位半个先祖的:"在关中,他拜访了学识渊博、正气凛然的著名学者王衮,并与王衮的儿子王镐结为好友;在关中,他还与王镐一块拜访了当时的著名音乐家崔遵度,并跟他学习了琴艺;后来,他又结识一个叫周德宝的学者和一个叫屈元应的道士,他们都是些品德高尚、学识渊博的人。朋友多了,他们朝夕相处,一块赋诗吟咏,一块弹琴长啸,一块切磋学问;他们相邀为伴,游览了关中的山川美景、名胜古迹……大半年的游学经历,他变了,特别是他的思想境界有了很大的变化和提高。"这种表述虽然富有想象,但总算还有些历史依据,所提到的这几位人物,大都有据可考。

王衮,北宋医家,山西太原人。曾任官吏,后潜心医学,并留心方书,搜集医方七千余种,从中辑选五百余种,编成《博济方》,刊于北宋庆历七年(公元1047年),是当时有较大影响的个人方书。不过,范仲淹后来在《鄠郊友人王君墓表》中,倒是写到王衮乃王镐之父,官至"太子右赞善大夫",且"慷慨有英气,善为唐律诗",却只字未提其潜心医学,著有传世之《博济方》,不知何故。难道他写墓表时《博济方》尚未刊出吗?

名士王镐,鄠县(今河南睢西北)人氏,这与上文其父为太原人又是一个矛盾,太原是他们的祖籍?王镐善琴,平日里一袭白衣,跨白驴,潇洒来去。他确实与汝南(今河南汝南)精于篆刻的道士周德宝、临海(今浙江临海)精于易学的道士屈元应相善,经常在一起饮酒赋诗,快意唱和,后来加上范仲淹，四人相伴，度过了一段美好时光。王镐逝世后，范仲淹特别写了一篇《鄠郊友人王君墓表》，内中有几段除史学价值极高外，文采相当出色，录而赏之：

君讳镐，字周翰，其先澶渊人也。曾祖鼎，邢台之督邮。祖楷，尚书兵部员外郎。考袭，太子右赞善大夫。妣秦氏，封太原县君。

……

时祥符纪号之初载，某薄游至止，及公之门，因与君交执，复得二道士汝南周德宝、临海屈元应者，蚤暮过从。周精于篆，屈深于《易》，且皆善琴。君常戴小冠，衣白纻，跨白驴，相与啸傲于鄠、杜（今陕西西安南）之间，开樽鸣弦，或醉或歌，未尝有荣利之语。

一日，会君之别墅，当圭峰之下，山姿秀整，云意闲暇，紫翠万叠，横绝天表。及月高露下，群动一息，有笛声自西南依山而起，上拂寥汉，下满林壑，清风自发，长烟不生。时也，天地人物洒然在冰壶之中。客大异之。君曰："此一书生，既老且贫，每风月之夕，则操长笛奏数曲而罢，凡四十年矣。"嗟乎，隐君子之乐也，岂待乎外哉？

……

噫！予与君别三十七载，风波南北，区区百状。今兹方面，宾客满坐，钟鼓在廷，白发忧边，对酒鲜乐。岂如圭峰月下，倚高松，听长笛，忘天下万物之际乎？追念故人，乃揭石而表之。书曰：有君子焉，生兮云山，葬兮云山，始终不垢兮，其清而贤。

至于"精于篆"的周德宝，"深于《易》"的屈元应，这两位道士的底细不好查实，比起北宋时代的张伯端道士来，他俩肯定名气小得可以忽略不计。紫阳真人张伯端可是中国道教发展史上的里程碑式人物。不过，既然范仲淹与之相交三十多年后还铭记着他们，并在"王君墓表"中特别记出，足见人是真人，本事是真本事。关于屈元应的"深于《易》"，随后还要提到。

比起周、屈两位道士，崔遵度的名气就大多了，他字坚白，原籍湖北，后徙山东淄川。范仲淹出生前五年，人家就中进士了，与朱文翰算是同代人。太宗朝为和川主簿，知忠州；真宗朝任太子中允，改太常丞、直史馆，编修两朝国史，累官左司谏。仁宗朝以寿春郡王开府，命为王友，储宫建，加吏部郎中兼左谕德。其实，他比官声更响亮的名头是"国手音乐家"，古琴弹得没人能超过他，且著有《琴笺》。崔遵度明确提出"清厉而静，和润而远"的美学思想，对琴文化的发展起到很大作用。范仲淹师从崔遵度学琴，那真是找对了人。有一次，范仲淹求琴中三昧，崔只给出八个字，就是上面说的"清厉而静，和润而远"。范仲淹经过长久思索，终于理解到如下真谛："清厉而弗静，其失也躁；和润而弗远，其失也佞。弗躁弗佞，然后君子，其中和之道欤。"就是说，琴音激越而不从容，则是急躁所致；和润而不深远，则有取巧之嫌。清静平和，性与琴会，琴人合一，才能生出超凡脱俗的境界。这成了范仲淹终生习琴的要旨。顺便提一下，范仲淹眷恋琴、剑、《易》，一生痴心不改。"忘忧曾扣《易》，思古即援琴"（见《斋中偶书》）；"奏以尧舜音，此音天与稀。明月或可闻，顾我亦依依。月有万古光，人有万古心。此心良可歌，凭月为知音"（见《明月谣》）。心知琴者，曰真知琴也！范仲淹达到这个境界了。同僚朱长文对范仲淹的琴艺特别敬慕，说："君子之于琴也，发于中以形于声，听其声以复其性，如斯可矣。非必如工人务多趣巧，以悦他人也。故文正公所弹虽少，而得其趣盖深矣。"（见朱长文《琴史》）。对于范仲淹的"所弹虽少，而得其趣盖深矣"，陆游也有史评，他在《老学庵笔记》中说："范文正公喜弹琴，然平日只弹《履霜》一操，时人谓之'范履霜'。""范履霜"是范仲淹的外号。"履霜"，本自《易·坤》中的"履霜之戒"，霜乃冰兆，故寓意防患未然，晓以自警。总的说来，这位崔遵度不仅使范仲淹的关中之行收获颇丰，其琴论、琴心，更成了范仲淹一辈子消受不尽的精神财富。

依我看来，读书有两种：读书本之书，可增广无穷知识，谓之小读书；读自然知识之书、社会之书、人生之书，可开拓胸襟、铸造灵魂，谓之大读书。二者不可偏废，合则成功，受用终生。青年范仲淹身体力行，成功在望也！

5. 醴泉寺苦读

苦读，对于中国古代读书人不算什么，谁不苦读啊！在范仲淹之前不是就有匡衡凿壁偷光、孙敬悬梁、车胤囊萤、祖逖闻鸡起舞等苦读、苦学的人物、故事吗？只是每个人的苦读情况各有不同而已。范仲淹之苦读，已然跻身中国古代一流苦读故事的，就数"划粥断齑"了。

北宋人魏泰在《东轩笔录》中记载：范仲淹"惟煮粟米二合，作粥一器，经宿遂凝，以刀划为四块，早晚取二块，断齑十数茎，酢汁半盂，入少盐，煖而啖之，如此者三年"。南宋人江少虞在《宋朝事实类苑》中一字不丢地加以转载。这段话最早可能出自彭乘的《墨客挥犀》，因为作者是现场聆听者："庆历中，范希文（范仲淹字希文）以资政殿学士判邠州。予中途上谒，翌日召食。时李郎中丁同席，范与丁同年进士也。因道旧日某修学时，最为贫窭。与刘某同在长白山僧舍，日惟煮粟米二升[①]，作粥一器，经宿遂凝，以刀为四块，早晚取二块，断齑十数茎，醋汁半盂，入少盐，暖而啖之，如此者三年。"这可以视为"划粥断齑"本事。穷苦学生范仲淹和学友刘某，把冷凝的稠粥划成四等份，一顿吃一块，两人吃一天，这好懂。那"齑"呢？得简单解释一下。齑有两意：一是指捣碎的姜、蒜、韭菜等；一是指很细很碎的意思，粉末、碎屑之类。"齑"有时也写作"虀"，最早出现在北魏贾思勰所著《齐民要术》中。这个字儿不大风光，常与贫穷为伴，比如"齑盐"

[①] 也有作"二合"者。

一生,即一辈子过着只能吃酸菜和咸盐的穷苦日子;比如"齑盐运",即生就的穷苦命运;比如"齑盐自守",这还好点,即自己甘愿过一种清贫淡泊的生活。唐代大文豪韩愈在《送穷文》中,借穷鬼之口说起自己从前的困顿生活,叫作"太学四年,朝齑暮盐"。《红楼梦》作者曹雪芹,生活艰难,曾经"寒冬噎酸齑,雪夜围破毡",书未成,而泪尽死。这样一寻思就明白了,范仲淹当年的苦读生涯,也就是小米稠粥就酸菜或咸菜了。

这里有个问题:"划粥断齑"的故事究竟发生在哪里?多数学者和多种史料认定的是,它就发生在范仲淹于醴泉寺读书期间。比如,朱鸿林先生写道:"醴泉寺在长白山主峰摩诃顶西北,距长山县城五十多里路程,虽然有一段崎岖的山路,但这对求学心切的范仲淹来说,实在算不了什么,当天下午便赶进了寺院。他拜见了寺院的主持和高僧。二人见范仲淹少年英俊,气宇不凡,便接待了他。一番攀谈之后,高僧见范仲淹家贫笃学,志趣远大,谈吐不凡,决定收留他在寺院读书。仲淹便大礼参拜了这位高僧为恩师。"(《范仲淹与邹平》)另一位学者杨德堂的记载大体相同,不过认为主持和高僧是同一个人而已。其他的叙述一体大同小异。我的疑惑是:醴泉寺是鲁中名刹,自南北朝创建以来,经唐中宗重修,至宋时香火一直很盛,估计能够供养的僧众一定不少,添个把人、一口饭应该不是问题。另外,既然高僧对青年范仲淹如此看重,经过"大礼参拜"后成了"恩师",难道他连高徒的斋饭也不想管?再者说,名寺中不知允许一个寄住者起火熬粥否?……于是有人说,"划粥断齑"的事儿,不在醴泉寺,而发生在范仲淹后来求学的应天书院。郑瑄在《昨非庵日纂》中就论断说:"范文正公读书南都学舍,煮粟二升,作粥一器,经宿遂凝;以刀画为四块,早晚取二块,断齑数十茎啖之。"持"南都学舍"说者也一直大有人在。不过要按"目击者"彭乘的回忆,"事发长白山僧舍",当是醴泉寺无疑。

不过,在我看来,这是个问题,但不是个大问题,不是我们今天应该特别在乎的要害问题。不管它发生在醴泉寺,还是发生在南都学舍,只要范仲淹"划粥断齑"的事是真的,那种刻苦读书而贫困不移其志的精气神儿是真的，就有堪为中华儿女师法榜样的价值，就是值得后人尊敬的。

令人欣慰的是，这是真的，有《范仲淹全集》中的《齑赋》作证："陶家瓮内，淹（腌）成碧、绿、青、黄；措大口中，嚼出宫、商、角、徵。"一个人能从普通腌菜中看出变幻无穷的美丽图画，能从普通的咀嚼中听出天籁般的美妙音乐，这个"措大"容易吗？他得看过多少遍、吃过多少回，方可把"划粥断齑"的人生经历推向化境呢？

就依"醴泉寺苦读"说，还连带出一段传世佳话：窖金赠寺。史出何典？谁人首发？还是纯属传说？如今不好判定，但几乎所有为范作传者，都引用不辍。且看《章丘县志》的记载：范仲淹"见窖金不发，及为西帅，乃与僧出金缮寺"。朱鸿林先生将此予以阐发，生动感人得足可作为青少年德育教材，不妨详为转来[①]。

寺院住持见范仲淹家贫笃学，每天赠饼充饥。一天深夜，范仲淹正在埋头读书，忽见一只老鼠正在拖走他的饼子。他立即追赶，见老鼠钻进殿前那株老荆树东边的洞穴去了。他立刻找来铁锹刨鼠洞，刨着刨着，见下面有个地窖，扒开土石一看，啊，原来是一窖黄灿灿的金子。仲淹一点没有为这么多黄金所动心，连忙埋好。几天后的一个深夜，又有一只鼠儿偷饼，钻进荆树西边一个洞穴去了，结果使得范仲淹又发现一窖白花花的银子。仲淹照样予以掩埋。

二十年后，范仲淹官拜龙图阁直学士，奉旨出征西夏。这年，醴泉寺遭了大火，寺院落几乎被烧光。住持想修复，但又身无分文，一筹莫展，苦闷中忽然想起身居高位的范仲淹，于是立即打点行装，一路化缘西行，跋山涉水直奔延州而去，不日到了帅府。仲淹见到老僧十分亲切，待若上宾，问寒问暖，关怀备至，并且

---

① 以下引文为省笔墨，"前奏"部分略有删节。

尽量抽出时间与老僧交谈，一块弈棋，一起用斋饭。老僧住了些日子，见仲淹与士兵同甘共苦，生活十分俭朴，求助的事也就没有开口。又住了几天，老僧提出要回寺。仲淹因为边事繁忙，也没有强留，临行，取出一包茶叶相赠。

老僧回寺，看到眼前残垣断壁，一片废墟，想想自己千里跋涉一无所获，心中不免有点酸楚，看看茶叶，这有什么用呢？便随手丢在一边。长山知县听说老僧归寺，专程赶来打听范公情况。老僧不敢怠慢，可又无力接待，忽然想到那包茶叶，便打开包装。一时，老僧呆住了，原来里头有范仲淹的一封信，上面写着一首小诗："荆东一池金，荆西一池银。一半修寺庙，一半斋僧人。"老僧立即派人去刨，果然刨出一窖黄金一窖白银。

钱有了，醴泉寺修复了，余下的钱买了三百多亩庙田，僧人们自耕自食，安然修行。

有意思的是，与此大致相似的故事，还有一种"安乡版"。童年范仲淹随继父宦游安乡时，不是有个兴国观村学吗？故事由此开端。说是有一年，兴国观不幸失火，变成了一片废墟。想重修却凑不起钱。这时有人建议，范仲淹如今做了大官，何不求助于他呢？安乡百姓达成共识，特派范仲淹的同窗潘安生前往。

且说潘安生到了京城，见了范仲淹，把自己的目的告诉了他。但范仲淹却说："我自幼家境贫寒，你是知道的。如今，我虽然做了官，但也没有积蓄，实在对不起。"

潘安生听了这话，心里凉了半截，脸上的笑容也消失了。

范仲淹看到老同窗脸色大变，心里也有点难过。他从椅子上站起来，在地上来回走着，思考着，突然，他抬起头来，问潘安生："我们的学堂现在在哪里？"

潘安生："还在兴国观东厢房呀。"

范仲淹："我当时坐在哪里？"

潘安生："你坐在靠后面的窗户边。"

范仲淹："你没记错？"

潘安生："我肯定。"

范仲淹："现在还找得到这个地方吗？"

潘安生："找得到。"

范仲淹："好，你马上回去，就在我的座位下，埋着一缸银子，足够修兴国观了。"

潘安生高兴得跳了起来，说："那是你家的银子吗？"

范仲淹："不是的。"

潘安生："那你怎么知道的呢？"

范仲淹："有一天，我打扫学堂，发现座位下有一块地砖松了，想把它扶正安好，就发现下面有个洞，洞里藏着一缸银子。"

潘安生："那你为什么不用呢？"

范仲淹："不义之财怎么能用呢？"

潘安生回到安乡，果然挖出了一缸银子，家乡父老无不欢喜。不久，兴国观终于重修好了。

你看这安乡版，有人名、地名、对话、细节……情节峰回路转，曲折生动，有头有尾，而且是由县方志办提供的。它与"醴泉寺版"交相辉映，尽力展现范仲淹早年的德行，也足见其在后人心目中享有多么崇高的礼遇。

还是回到范仲淹在醴泉寺苦读。这期间有件事必须提及，就是"拜见姜遵"。说"必须"，那是后面还要以此展开叙述，与"独不见皇帝"相对比，探讨青年范仲淹的人生价值取向，极为重要。

姜遵此人，《宋史》有传：

  姜遵，字从式，淄州长山人。进士及第，为蓬莱尉，就辟登州司理参军，开封府右军巡判官。有疑狱，将抵死，遵辨出之。

迁太常博士，王曾荐为监察御史，殿中侍御史，开封府判官。……仁宗即位，徙滑州，为京东转运使，徙京西。未几，以刑部郎中兼侍御史知杂事。建言三司、开封府日接宾客，废事，有诏禁止。历三司副使，再迁右谏议大夫、知永兴军。……召拜枢密副使，迁给事中，卒。赠吏部侍郎。遵长于吏事，为治尚严猛……

推算下来，范仲淹在醴泉寺期间，姜遵已然中进士快十年，是在中央机关工作的高级官员了。在范仲淹看来，自己身边这位乡贤，靠刻苦读书高中进士，这份成功不就是自己的榜样吗？抓住机会拜见这样的人物，那是他发自内心的一种精神需求。据史料记载，拜见姜遵的过程是这样的：这天，范仲淹听说在京城做谏议大夫的姜遵回乡探亲来了，这可是他一直以来尊崇的偶像，绝对不能丢掉这一拜见良机。于是，他便约了几位学友，前往姜家庄。姜家庄位于长山县城东面十里，现在归属淄博市周村区大姜村。成功人士姜遵对家乡粉丝们的造访相当开心，不但热情款待，开诚布公交谈，还执意留饭，请这伙青年学子美撮一顿。这顿姜家饭，不知会让范仲淹他们获得多少精神能量。有时候，真不能小瞧一顿饭、一次偶然会面，因为这些可能成为某人终生记忆或一辈子的转折点。

据史料说，这一次家乡会，姜遵本人对范仲淹印象极佳，回到内室对夫人感慨地说："这位朱学究，年虽少，奇士也，将来不惟为大官，将立盛名于世。"[1] 后来的历史证明，姜遵可谓慧眼独具。这里的"朱学究"即当日的朱说，来日的范仲淹也。"学究"之名何来？是前一年县里举行考试，高僧推范仲淹前去应试，一举而成学究。唐代科举制度有"学究一经"科[2]，应这一科考中试者，称为学究。宋沿唐制，仍设学究为十科之一。

时光飞逝，转眼范仲淹求学醴泉寺已满三年。据说饱学高僧来自京城，不知三年之中都给范仲淹传授了何经何典，几般学问？或者再加上后来南都

---

[1] 司马光《涑水记闻》载有此典，不过"大官"为"显官"二字。
[2] 指专门研究一种经书者参加的科目。

应天书院的五年求学，要问青年范仲淹在正式踏入社会之前，到底都学得什么学问，身负何种文武艺，此前似乎无人深究。我试图在后面设专节予以揣摸，先扔出一块砖头。

6. 南都岁月

范仲淹到底何时知道了自己的身世之谜？本是范氏裔，何故在朱门？这已成千古猜想，无从考证了。现在一般的说法是，在他二十三岁这一年，继父朱文翰不幸去世，范仲淹怕母亲孤寂，就常从醴泉寺回家探望。有次回来，正好看见哥哥与一伙人在村店喝酒，可能生父新丧，心情很坏，哥哥一定是喝高了，范仲淹怜惜长兄，上前规劝。不料醉酒人语出惊天："我花的是我朱家的钱，与你有何相干！"[①]范仲淹如雷轰顶，又满腹惊疑，便去叩问母亲。母亲闻言只是哭泣无语。按朱鸿林先生考证，范仲淹"找上村里最要好的朋友去问，朋友吞吞吐吐地透露了一些真情，仲淹总算知道了自己的身世"。他在经历一番心灵痛苦之后，这才下决心离开河南村朱氏门庭，前往南都求学。

以范仲淹之早慧气质、敏感心性，村里朋友都能知道的身世机密，他自己倒浑然未觉吗？农村里这种事最能传播流散，一般都是不秘之密。假如他早有知觉，只为不伤奉亲之义而暗藏于心，那倒颇像仲淹生就一副非凡心胸。如此，南都求学就不会是一种即时的情感冲动，包括关中游历和醴泉寺读书等，都是一位有志青年早就心向往之的理性追求，身世揭秘不过是一种特效催化剂而已。是也，非也，不过一猜想，无伤大局。大局太重要了，那就是南都求学。这是青年范仲淹羽化为蝶的最后一道，也是最重要的一道修炼了，有人称作"正规教育"。

---

① 见朱鸿林《范仲淹与邹平·南都求学》。

南都是哪里？就是今天的河南省商丘市。别看它如今只是个三线城市，在千年前的北宋时代可了不得！宋真宗赵恒，因追念开国皇帝赵匡胤开国有功，于景德三年（公元1006年），把宋州改为应天府，大中祥符七年（公元1014年），再升格为南京，处陪都地位，与北面的首都汴梁相比，可不就该称"南都"嘛。这宋州也就是商丘。要说清宋州、商丘，再加上睢阳这几个纠缠在一起的地名，可得掉一下书袋。

睢阳如今只是个区，在商丘市南部，因地处古睢水之北而得名。古睢阳是中华民族的重要发祥地之一，上古帝王之都。据《晋书·地理上》记载："颛顼始自穷桑（今曲阜北），而徙邑商丘。"黄帝的曾孙姬初居高辛（今睢阳区高辛镇），后代颛顼为天子，都亳，亳的地望在商丘。帝喾子契佐禹治水有功封于商，为商族人的始祖。约公元前16世纪，契的十三世孙成汤，灭夏称商，初都南亳（今睢阳区）。约公元前11世纪，周成王三年，周公平定武庚叛乱后，成王封殷商后裔微子启于商丘，称宋国。周赧王二十九年（公元前286年），齐、楚、魏灭宋而三分宋地，商丘属魏。秦时，本地分属砀郡与陈郡。西汉高帝五年（公元前202年）改为梁国，属豫州。三国魏文帝黄初元年（公元220年），将梁国改为梁郡。后赵、前燕、前秦、后燕、后秦时仍为梁郡。南朝宋、齐为南梁郡，属南徐州。北魏为梁郡，属南兖州。隋开皇初梁郡废，十六年（公元596年）置宋州，大业三年（公元607年）复置梁郡。唐武德四年（公元621年）又改为宋州，天宝元年（公元742年）置睢阳郡，属河南道，乾元元年（公元758年）复为宋州。五代梁开平三年（公元909年）升为宣武军，五代唐同光元年（公元923年）改为归德军，五代周时仍为宣武军。北宋初复置宋州，再到宋真宗把它改为南京——南都。

回到范仲淹南都求学。南都这地方，老早就有一所著名私学，始名宋州南都学舍，为后晋人杨悫创办，后经其学生戚同文努力，得以发展，成为"远近学者皆归之"的名牌学校。宋代"以文立国"，历代皇帝亲自抓教育。大中祥符二年，还是这位宋真宗，看到有这么好的学校，岂肯放手不管，遂御笔赐额"应天府书院",他儿子宋仁宗更重视,于庆历三年(公元1043年),将应天书院再升格,改为南京国子监,使之成为北宋的最高学府。应天书院以其起源之早、规模之大、持续之久、人才之多,居全国四大书院之首,与江西庐山的白鹿洞书院、湖南长沙的岳麓书院、河南嵩山的嵩阳书院,并称为四大书院。《宋史》有云:"北宋兴学,始于商丘。"据商丘今人孙纲先生考察,应天书院有"七榜五十六"和"一榜双魁"的突出考绩,北宋时期的状元和朝廷重臣有很多皆出自应天书院。如:宋太祖时的状元张去华、郭贽、刘蒙叟、柴成务,宋真宗时的张师德,宋仁宗时的王尧臣,宋英宗时的许安世等;宋太宗时的枢密使楚昭辅,转运使知枢密院事李怀清、王怀隐,以及兵部侍郎许骧、宗度、郭成范、董循、陈象与、王励、滕涉等朝廷重臣,都是应天书院的早期门生,更有范仲淹、富弼、王尧臣、张方平等多位出将入相的著名政治家;特别值得一提的是,范仲淹与他的四个儿子范纯祐、范纯仁、范纯礼、范纯粹,还有他的大舅哥李纮、李纬,连襟郑戬等,都是应天书院出身。

当时的应天书院状况如何?比如在校师生多少,课程怎么设置,校长、名师为谁,校规校纪若何,师生吃住怎么打理……细部皆无考了。至于学生范仲淹的在校情形,也多无详载,大约就是后来常见的几处概而论之:"去之应天府,依戚同文学。昼夜不息,冬月惫甚,以水沃面;食不给,至以糜粥继之,人不能堪,仲淹不苦也。"(《宋史·范仲淹传》)"公处南都学舍,昼夜苦学,五年未尝解衣就枕。或昏怠,辄以水沃面,往往馕粥不充,日昃始食。同舍生或馈珍膳,皆拒不受。"(《宋元学案补遗》)以及"去之南都,入学舍,扫一室,昼夜讲诵。其起居饮食,人所不堪,而公自刻益苦。"(欧阳修《资政殿学士户部侍郎文正范公神道碑铭》)诸如此类,等等。看来欲知南都事,须问当事人。范仲淹有一首《睢阳学舍书怀》,似可看作范仲淹苦读心志的形象表达。诗曰:

白云无赖帝乡遥,汉苑谁人奏洞箫。

多难未应歌凤鸟，薄才犹可赋鹪鹩。

瓢思颜子心还乐，琴遇钟君恨即销。

但使斯文天未丧，涧松何必怨山苗。

此诗用典不少，搞明白这些典故，大约诗意即明。

西汉四川资阳人王褒，"工歌诗，善辞赋"。一篇《洞箫赋》，音调和美，形象鲜明，使汉代辞赋的创作模式得以完成，且动摇了儒家政治教化的乐教观点，使音乐固有的娱乐特性凸显出来。这是后世人的评价，而在当时，王褒因此赋跻身朝班，官至谏议大夫。

《鹪鹩赋》呢？乃西晋文坛领袖张华所作，推为晋赋名篇。张华，字茂先，少孤贫，自牧羊，初未知名，著《鹪鹩赋》以自寄，其《序》云："鹪鹩，小鸟也。生于蒿莱之间，长于藩篱之下，翔集寻常之内，而生生之理足矣。色浅体陋，不为人用；形微处卑，物莫之害。繁滋族类，乘居匹游，翩翩然有以自得。"阮籍见《鹪鹩赋》，叹曰："此王佐才也！"张永华得阮籍赏识，渐为时人所重。当时门阀世族势力方兴，标榜门第阀阅的风气日强。张华因家族势力单薄，自幼孤贫，虽才华横溢，德行严谨，却一时未能见知于世。

颜回，即颜渊，孔子最得意的弟子。《论语·雍也》说他"一箪食，一瓢饮，在陋巷，人不堪其忧，回也不改其乐"。为人谦逊好学，"不迁怒，不贰过"，对孔子无事不从无言不悦，以德行著称。孔子称赞他"贤哉回也"，"回也，其心三月不违仁"（《论语·雍也》）。自汉代起，颜回被列为七十二贤之首，祭孔时独以颜回配享。唐太宗尊之为"先师"，唐玄宗尊之为"兖公"，宋真宗加封其为"兖国公"。

晋大夫俞伯牙善抚琴，高山流水觅知音，终于在山野间寻到钟子期。这个故事就更大众化了。

范仲淹身在睢阳学舍，神驰于名人名典，能不刻苦用功、自励有为吗？能不发出"但使斯文天未丧，涧松何必怨山苗"的自信、自许与自期吗？

他身上用来诠注这种"自信、自许与自期"的事迹不少,这里略陈两例。

第一例:不吃留守饭。多数史料是这么记载的:南京留守的儿子将范仲淹吃粥苦读的事,回家告诉了父亲。这位留守还是爱才惜才的,就让儿子带上自家府里厨师做的饭菜送给范仲淹。过了几天,留守儿子发现他送的饭菜,范仲淹居然一点没动,都发了霉,就有点不解了:哥们,我老爸特意送来饭菜招待你,你竟然不吃,你怎么个意思呀?范仲淹先表示歉意,再解释说:"蒙令尊大人抬爱,我是十分感动。可你想想,我艰苦惯了,猛一下吃了美味佳肴,过后怎么办呢?还能忍受天天吃白粥的日子吗?"留守儿子听罢,感佩不已。

这让我有一个联想。关于造成范仲淹青少年时代困苦生活的原因,聚讼已久。有一种观点是,因为范仲淹非朱门嫡子,故而一直受到不公正待遇。持相反观点的学者则力辩非是。而史实凭据呢,则双方都展示无多且支撑乏力。我以为,争辩双方有一个共同缺憾,未能从范仲淹本身着眼思考问题。对于一个志向远大的有为青年来说,家里真穷也罢,受到不公正待遇也罢,都不会成为左右他选择生活方式和人生道路的主因。"公少有大节,于富贵、贫贱、毁誉、欢戚,不一动其心,而慨然有志于天下。"(欧阳修《资政殿学士户部侍郎文正范公神道碑铭》)只要他化孔孟之道为灵魂,尤其将孟子"天将降大任于斯人也,必先苦其心志,劳其筋骨,饿其体肤,空乏其身……"奉为圭臬,将"以天下为己任"作为展现自我价值的终极奋斗目标,即便是个富家子,即便各种世俗待遇无不优渥,他也会选择困苦与磨难,情愿像苦行僧一般生活,作为磨砺自我、实现自我的不二法门。数数古来多少成功人士,都是因为穷得没饭吃吗?都是因为受到外界不公正待遇吗?范仲淹的伟大,正是其超脱了世俗束缚,凭借自己独立强大的人文性格闯天下!

第二例:独不见皇帝。范仲淹就读应天书院的第四个年头,应天府地界发生了一件天大的事:来了皇上宋真宗的御驾。怎么回事呢?他即位以后,在"江南第一宰相"王钦若等人密谋策划下,大搞"降天书""封禅泰山"等迷信活动,四处巡游祭祀扰民。大中祥符七年(公元 1014 年)正月,宋真宗到亳州（今安徽亳州市）太清宫去拜谒老子庙，加封老子为"太上老君混元上德皇帝"，紧接着就来到应天府，要拜谒他赵家祖庙——圣祖殿，并再搞降天书。天书降处，瑞霭绕庙，彩云腾空，还有黄云覆辇，紫气护幄，百官朝贺，万民山呼。一时间，应天府城内，万人空巷，都来一睹皇上风采。皇上一高兴，下诏曰：应天府升格为南京，施行特赦，广大臣民可在"重熙颁庆楼"大吃宴席三天，不分男女老幼，贫富贵贱，能吃的都来吃吧，吃的是"太平盛世"！应天书院也沸腾了，老师与学子们倾校而出，以能看到皇上为奇遇，这可是千载难逢的好机会啊！此时此刻，有一个人例外，对这桩天大好事犹如不闻，不惊不乍，静若处子，独守书斋，潜心读书。此人就是范仲淹。据说还是那位南京留守的儿子，深为不解：我的天！能亲眼见到当今圣上，这机会多难得！你却觉得不如读书重要？范仲淹怎样作答的？据范敬宜题签、杨德堂著的《范仲淹的故事》记载，范仲淹说："书念不好，看看皇帝也没用；书念好了，将来再见也不迟。"

　　前文我提过，"必须"要将"独不见皇帝"与"拜见姜遵"两相对照一下。目的何在？当然自有说道。你看啊，范仲淹拜见姜遵时，是那么热切，那么急不可耐，邀上学友，步行上路，谦谦有礼。为什么？因为姜遵是老大的京官吗？那么请问，姜遵有皇帝的官大吗？这边见皇上又不用跑远路，还能海吃海喝一顿，范仲淹为什么反倒不去？只能有一个解释：他见谁不见谁，完全是冲着对方的学识去的，你有学识，我怎么都得去拜见，否则，请我都不去。由此可以断定：假如姜遵在范仲淹心目中不过是平庸官僚，那么即使住在对门，范仲淹也未必会去竭诚拜见；假如宋真宗专程来应天书院为学子们开大课，做一场"君轻民重"的学术报告，第一个跑去听课的没准就是范仲淹。请特别留意这一点，这背后大有讲究，这里面包含一种文化追求，一种价值取向，一种人生定位，用现代话说，就是一种人生观！说明范仲淹从安乡启蒙到青阳"读山"，从秋口发"良相良医"之问到醴泉寺"划粥断齑"，再到应天书院接受"正规教育"五年，这二十年来一路向学苦读，确实学到了许多，学懂了许多，学通了许多，可以说此时的青年范仲淹，已然心中有自我，自我中见大道了。

我在前文曾留下话头："要问青年范仲淹在正式踏入社会之前，到底都学得什么学问，身负何种文武艺，此前似乎深究无多。我试图在后面设专节予以揣摸，先扔出一块砖头。"好，现在我已应诺抛砖了。

7. 所学者何

范仲淹青春苦读二十年，究竟学到了什么，使他成为一代名相、万世楷模？这个问题太重要。不然你想，历经苦读的饱学之士多到数不清，何以他们没有变成张仲淹、王仲淹？这读书之中肯定有大名堂啊。

《宋史·范仲淹传》说："仲淹泛通六经，长于《易》。"

知己欧阳修在《资政殿学士户部侍郎文正范公神道碑铭》中说，范仲淹在应天书院"居五年，大通六经之旨"。

我涉猎有限，记载范仲淹学成的"原始资料"，所见稀缺。如无博学者见教，就斗胆放言说，这也太简略而肤浅了。"六经之旨"的"旨"是什么？怎么个"泛"法、怎么个"通"法？"长于《易》"又"长"在哪里、"长"到何种境界？

就先说"泛通六经"。

所谓《易》《书》《诗》《礼》《乐》《春秋》六经，是中国古代史书的一种主张。首倡于元郝经，清袁枚亦主此说，至章学诚才系统地提出这一主张。他认为"六经"乃夏、商、周典章政教的历史记录，并非圣人为垂教立言而作。他提出了"六经皆史""六经皆器"的命题，反对"离器言道"。龚自珍、章炳麟亦倡此说。可参阅章学诚《文史通义》中的《易教》《经解》，龚自珍《古史钩沉论二》，章炳麟《国故论衡·原经》。

汉代"罢黜百家，独尊儒术"，推崇孔子，说他删《诗》《书》，定《礼》《乐》，述《周易》，作《春秋》。也许不完全是这么回事。龚自珍《六经正名》说："仲尼未生，已有六经；仲尼之生，不作一经。"章学诚《校雠通议》说："六艺，非孔氏之书，乃周官之旧典也。《易》尊太卜，《书》藏外史，《礼》在宗伯，《乐》隶司乐，《诗》颂太师，《春秋》存于国史。"不过，也不能不记孔子的贡献，老人家本着"述而不作，信而好古"（《论语·述而》）的原则，对这六部古书确实做了大量的整理工作，功不可没。

  回到要害处。若问这一大套儒学经典之"旨"究竟是什么？远迄三代，我们的老祖宗就认为，政治原理必须是为社会人群着想，为天下所有人服务的，要顺天理，从人情，此之谓"天道""人道""天人合一"。一言以蔽之，即《礼记·礼运》所言："大道之行也，天下为公。"所以，远在帝王文化①还未能生根发芽之际，这种以仁和仁爱为核心的"天下为公"思想，即弥漫于社会各阶层，根深蒂固，深入人心。特别在新崛起的士阶层形成后，他们以"仁为己任"，以传承、光大这种仁为天职，以"五亩之宅"作为构建自己独立人格的物质基础，带剑远行，游走天下，在民间公开讲学布道，设馆授徒，行侠仗义，以嘉言懿行传播当时最先进的思想……最后由孔子集其大成，创立了儒家学派。所以，林鹏先生说："若问春秋时期除了儒家还有哪家？没有。"是后来的"儒分八派"，才造就了"百家争鸣"的热闹局面。所以，"春秋儒"是中国士君子文化的肥壮母体，丰沛源头，美丽而强大，比刚刚滋生的帝王文化要深厚、博大得多。连刚上台的秦始皇，面对如此道统也多有忌惮，不得不搞一搞"博士官"什么的。他一旦恶迹暴露，便立刻遭遇士君子文化的强力阻击，鲁仲连"义不帝秦"，燕人卢敖祭出"亡秦者胡"，这是"文攻"；还要"武卫"呢，荆轲先刺你一下，紧接着张良再给一锤，高渐离又铅筑一击，最后还有"兰池盗"收拾你。什么盗不盗，那就是"以直报怨"、舍生取义的仗剑大侠。面对如此波澜壮阔的历史画图，司马公才怀着无限崇敬之心，在《史记》中专设了《游侠列传》《刺客列传》。

---

① 所谓帝王文化，用当代中国民间学者林鹏先生在《平旦札》中的话来说，就是"尊商韩，崇秦政，暴力至上，专制至尊，此乃帝王思想之灵魂，中国历史之主干"。

这是士君子文化的巅峰时期。也许可以这样说，到春秋末期，士君子群体已然整齐地排成战阵，张扬王道，为天下苍生考虑，为社会、历史的走向考虑，不独为一家一姓一国一地考虑了。这种"士以天下为己任""天下为公"的精神和意识，已经成为他们所代表的士君子文化的核心价值。他们的社会人格已明确定型，其特色大致就是：坚守个人尊严与自由，独立思考，大胆批判，安贫乐道，重义轻利，要做"贫贱不能移，富贵不能淫，威武不能屈"的大丈夫；向往立功、立德、立言而做不朽之人，指点江山、著书立说、"腰无半文，心忧天下"，"君以国士待我，我当以国士报之"，"大丈夫行事，论是非，不论利害；论逆顺，不论成败；论万世，不论一生"；重友情，重然诺，"士为知己者死"，不惜以性命相许；等等。这种成型的士君子文化是很强大的，强大到足可战胜"前帝王文化"。林鹏先生举过一个例子：秦昭襄王称西帝、齐湣王称东帝，但不久这二人都又去掉帝号，偃旗息鼓。这是为什么呢？就因为遭到了普遍的非议，首先是士君子群体，认为秦昭襄王和齐湣王根本就没有资格称帝。什么样的人才有资格？当时的孟子曰："得乎丘民而为天子。"①秦昭襄王和齐湣王你们得了什么民心？秦昭襄王实行商鞅的政策，弃礼义，尚首功，"权使其士，虏使其民"，怎么能得民心？齐湣王更不值得一提，最后被抽筋而死。可以说在相当长的一段历史岁月里，新生的士君子文化不可小觑，不容挑战。一直到出了个秦始皇，士人的日子才变得不好过起来，士君子文化才遇到了强硬的对手——帝王文化。从秦始皇开始，中国历史陷进帝王文化，无论如何不能摆脱它……不过即便如此，照林鹏先生的说法，士君子文化和帝王文化也是"强烈地对立着，对抗着，僵持着，时好时坏，时起时伏，有时相让，有时不让，该杀头时尽管杀，该顶的时候尽力顶。所谓立殿陛之下与天子争是非，所谓廷争面折"（《平旦札》）。秦汉以降，随着皇权"治统"的日臻成熟完善，承载儒家原旨的"道统"，受到越来越严重的挑战、制约和腐蚀，力道不断"被缓释"。尽管如

---

① 朱熹注曰："得民心也。"

此，一代一代的士君子们，依然"人还在，心不死"，面对帝王文化的两大手段"世民毂"和"文字狱"，软硬不吃，坚守初衷，其思想抗争持久不绝。"东海牧豕奴"公孙弘奋力组建"士人政府"，开办国立太学，在五经博士指导下受业领教。郑玄讲学乡里，不受征召，人敬呼为"征君"，成为两汉经学泰斗。至宋，范仲淹学到的，正是这样一种源远流长的伟大的六经之旨。这可从他日后的为文、为人、为官的经历中看得很明白。关于这方面的细况，我将在后文中一一求证。

这里，我还想多说一点君臣之道，因为这是封建专制社会里的一种核心关系，信奉什么样的君臣之道，最能体现是否背离六经之旨。

巢父、许由不仅创作了"日出而作，日入而息。凿井而饮，耕田而食。帝力于我何有哉！"的《击壤歌》，还共同创造了一桩千古佳话——许由洗耳的故事。《高士传》记述了许由洗耳的情景——"时其友巢父牵犊欲饮之，见由洗耳，问其故。对曰：'尧欲召我为九州长，恶闻其声，是故洗耳。'巢父曰：'子若处高岸深谷，人道不通，谁能见子？子故浮游，欲闻求其名，污吾犊口，牵犊上流饮之。'"瞧，面对"帝力"，洒脱得多么有趣。

司马迁把《伯夷列传》放在七十列传之首，那是大有深意的。伯夷、叔齐这两位孤竹君的儿子，为了不做权位继承人（请注意，这可是为了不做权位继承人），先后逃到周国，追随文王。文王逝世后，武王伐纣，二人叩马谏阻，反对以暴易暴。武王灭商后，他们仍坚守自己的思想，以食用周朝的粮食为耻，隐居首阳山，采薇而食，宁肯饿死。《伯夷列传》其辞曰："登彼西山兮，采其薇矣。以暴易暴兮，不知其非矣。神农、虞、夏忽焉没兮，我安适归矣？于嗟徂兮，命之衰矣。"《孟子》赞伯夷曰："伯夷，目不视恶色，耳不听恶声，非其君不事，非其民不使；治则进，乱则退；横政之所出，横民之所止，不忍居也；思与乡人处，如以朝衣朝冠坐于涂炭也。当纣之时，居北海之滨，以待天下之清也。故闻伯夷之风者，顽夫廉，懦夫有立志。"顺便一说：皇祐三年（公元1051年），六十三岁的范仲淹，用黄素小楷手书《伯夷颂》，赠给好友苏舜元，一时广为传播，后世题跋者甚众。

《伯夷颂》乃韩愈大作。故元代人董章赞曰："伯夷之行，昌黎颂之，文正书之，真三绝也。"于此可见伯夷在范仲淹心中的位置。关于这一点，后文还要提及。

再往下，面对君权，孔子委婉："以道事君，不可则止。""君使臣以礼，臣事君以忠。"那是有严格限制的。

孟子更直白："民为重，君为轻，社稷次之。""君之视臣如手足，则臣视君如腹心；君之视臣如犬马，则臣视君如国人；君之视臣如土芥，则臣视君如寇仇。""君有大过则谏，反复之不听，则易位。""暴君放伐"，可以像杀一个"残贼""独夫"一样把他干掉。

要人证吗？"晏子不死君难。"

还有前面提过的鲁仲连"义不帝秦"。这个义字当什么讲？义者，主义也。这是一种思想、一种思潮、一种理论，甚至于是一种理想……在当时传播甚广，普遍而深入。鲁仲连的思想来源于三代以前的上古。他独来独往，特立独行，就像《周易》所说，"不事王侯，高尚其事"，就是一个《礼记·儒行》所说的"不臣天子，不友诸侯"的人。

所以，这一种从上古时代传承下来的"君臣之道"，才是"士志于道"的那个道，也才是范仲淹认准了并奉行的为臣之道。"满朝朱紫贵，尽是读书人"。以范仲淹为代表的两宋一大批标杆式杰出人物，正是学得这种六经之旨，不仅书写出士君子文化新篇章，形成对抗帝王文化的新力量、新方式，而且垂范千年。"为天地立心，为生民立命，为往圣继绝学，为万世开太平"，这样一种责任感和自信心，虽孔孟亦未曾道出，而"内圣外王"的士君子理想，于此有了可靠的载体。所谓宋太祖立碑发愿"不杀士大夫及言官"的"赵宋家法"，所谓"宋政宽柔""主柔臣强""言官张横"种种，那都是这种士君子文化特别强势所致。重提"内圣外王"，新创"道统"一说，是范式宋儒的两大贡献，成为士君子文化独立精神的最新、最高体现，影响极为深远。故陈寅恪认为："华夏民族之文化，历数千载之演进，造极于赵宋之世。"

再说"长于《易》"。

如前所述,《周易》乃六经之一,也称为《易》。既然《宋史》要特别强调范仲淹的"长于《易》",那就得特别说说《易》,以下统用《周易》。

《周易》随六经被禁绝而禁绝,国人几不知之;而今华夏传统经典既复,但在世人眼中《周易》却还停留在看风水算命的认知层面上。真乃亵渎也!

《周易》,是我国春秋以前解释"易"的经典书籍,原由以"乾"卦为首的《周易》、以"坤"卦为首的《归藏易》、以"艮"卦为首的《连山易》三部著作组成,可惜后二部失传,完整保存下来的只有《周易》。

《周易》乃"群经之首,大道之源",涵盖万物,纲纪群伦,博大精深,是中国传统文化的源头活水,阐释了宇宙万物产生、变化的根本规律,所有中国的哲学思想都能在《周易》里找到起根发苗的原点。

《周易》,据说是由伏羲氏与周文王从《河图》《洛书》演绎而来。但也有人认为,虽然是伏羲所作,但却并非他所原创,而是由有巢氏、燧人氏长期观察、记录所得,伏羲和周文王不过是将这些成果进行分析,用通俗易懂的八卦符号演绎出来,得以传播罢了。这又上哪儿考证去?

不过,1973年,马王堆汉墓出土的帛书《周易》六十四卦经文,及其另外的传文《二三子》《系辞》《衷》《要》《缪和》及《昭力》诸篇,倒是一批未经后人作任何改动的汉初隶写今文资料,特别是它的经文六十四卦卦爻辞基本完整,这对研究《周易》,尤其是《易传》①来说太重要了。

《周易》作为中国著名文化元典之一,作为儒家诸经之首,对中国古代文人影响之大,无出其右。可以说无人不治《周易》,无书不涉《周易》。不信?看看举例。

都知道《左传》,即《春秋左氏传》,公元前的一部著作,司马迁和班固都说是左丘明撰的,被后世学者称誉说,"其文典而美,其语博而奥",

---

① 《周易》由《经》和《传》两部分组成,《易传》是对《周易》的注释,司马迁称之为《易大传》,共有十篇,所以亦称《十翼》。张岱年先生在《中国哲学史史料学》中说:"在先秦典籍中,《易大传》是思想最深刻的一部书,是先秦辩证法思想发展的最高峰。"

"工侔造化，思涉鬼神，著述罕闻，古今卓绝"。可是请注意，《左传》中言"易"甚多，大量记载了《周易》的筮例，这充分体现了《周易》的"以卜筮者尚其占"的功用之一。

《孙子兵法》早就闻名全世界。而孙子兵法理论的提出与诠释，却和"易"密不可分，是《周易》为其理论提供了丰富的哲学思辨和生发土壤。在"存亡之道、不可不察"之后的解释中，孙子说："故经之以五事，校之以计而索其情——一曰道，二曰天，三曰地，四曰将，五曰法……"其道、天、地、将、法，均来自"易"中的天地人三才思想。至于"易"中的阴阳思想，在《孙子兵法》中更是活学活用。例如：孙子对"天者"的解释为："阴阳、寒暑、时制也"；对地者的解释为"远近、险易、广狭、死生也"。可以说《孙子兵法》贯穿了易学思想并加以整合、实用，什么胜败、强弱、攻防、进退、虚实等多种对立统一关系，充分体现了"一阴一阳之谓道"的精神。

《吕氏春秋》分十二纪、八览、六论，融合了儒、墨、道、法、农、兵诸子各派言论，但可以明显看出来，它是以《周易》为其哲学观和方法论的，这一脉络是贯穿始终的。听听："全则必缺，极则必反"，"流水不腐，户枢不蠹，动也"；"万物所出，造于太一，化于阴阳"，"太一出两仪，两仪出阴阳。阴阳变化，一上一下，合而成章。浑浑沌沌，离则复合，合则复离，是谓天常"；"君无为而臣下有为""公天下""君主修明行""五德终始"……这些从认识论、政治思想和历史观上的思想发挥，无不源自《周易》。

再看著名的《史记》。司马迁的家学是什么？《周易》即其一。司马迁撰《史记》曰："究天人之际，通古今之变，成一家之言。"什么意思？即"我不是法家、道家、儒家哪一家，而是自成一家——史家。"他的思想与哲学以何为基准呢？就是《周易》。他将"变易"的观点，贯穿于《史记》撰述的始终，而在对《周易》的本质认识上，他说："《易》著天地阴阳四时五行，故长于变。"史《易》相佐，以《易》证史或是以史解《易》，自司马迁始成为中国历代史家的不二法则，班固、黄宗羲、王夫之、现代的顾颉刚等，著作中莫不潜隐着《周易》的思想原则。

讲"王霸之学、帝王之道"的研辨之书《淮南子》，能离开《周易》吗？有人统计过：该书论《易》文字凡两处；引"易"而作凡十二处（也有人说是十三处），足见《周易》对其产生的影响。据说其论《易》皆取于"德义"，或者说《易》之义理，受孔子影响很大。

其他名著如《管子》、东汉王充的《论衡》、南朝文学理论家刘勰的《文心雕龙》等，皆渗透着《周易》的影响。中国传统文化极具系统性、关联性、传承性，学问兼通、源流相融。《周易》作为"经典"中的"元典"，几能渗透和辐射于一切学术领域，古来各种典籍，大多含有它的精神。也因为这一层关系，古来中国文人，不治《易》者几稀。而那些成功的著名文人，你很难定位他是单一的什么家，有《周易》为基础，他可以同时是政治家、思想家、文学家、哲学家、史学家、诗人……所谓"君子不器"，此之谓也。

《周易》的影响极大，又何止于学术领域？举凡古代社会生活中的立国号、设官职、处决死囚、谶谣文化等，皆从"易"而定；我们现代生活中常讲的"革命"，也出自《易经》之革卦，泽火革，卦意为鼎新除旧。而老百姓的日常生活，也与《周易》息息相关。如麻将牌中的春、夏、秋、冬四季，东、西、南、北四风，对应八卦，象喻八时八风；三种花型，暗含易学中的"三才之道"；条子是八卦中的阴阳爻，饼子是象天之意，万子有似人之征；每种花型九张牌，体现了阳九之数，不设十，十则终，十则死矣、终矣；每组花型的组合都是以二、五、八为中心的三三组合，暗合阴阳、五行、八卦之数；赢牌叫"和"，"和"原本是不输不赢之意，平衡之意，单单一个"和"，体现了易学思想和中国的人文精神，阴与阳和、天与地和、男与女和、人与物和，"和为贵""保合太和"，都是易学的至高境界。再如象棋之象，并非"大象"之象，而是易学中"圣人之象以尽意"，及"八卦以象告"的形象、意象之象；将、帅乃皇、王之意，士乃卫士，相乃丞相，而车、马、炮、兵乃攻城略地之征；有象当然有数，棋盘上的六十四方格对应易学的六十四卦；河界分红、黑，两方实为水火二象，红在五行中属火，为离卦，黑在五行中属水，为坎卦，水火相对；每方营中有王城一座，为九宫布局，九宫源于《洛书》，象征八卦的分布和中五的王权，王居中，配两卫士，两丞相，加上车马炮，是为太极、两仪、八卦之蕴含也……更不用提老百姓起名、选址、开张、定婚取日期等，皆用得着《周易》知识。

瞧瞧，《周易》就这么了得。对此，"长于《易》"的青年范仲淹，肯定比我要清楚得多。所著《易义》，便是明证。

《易义》记录了范仲淹对《周易》二十七个卦的解释，其中对《周易》的上经只解释"乾"卦，下经则解释从"咸"卦至"兑"卦，中间缺"姤""归妹"两卦。此外，他还写有数篇以阐发《周易》思想为主旨的律赋，如《蒙以养正赋》《穷神知化赋》《易兼三材赋》《乾为金赋》《水火不相入而相资赋》《四德说》《天道益谦赋》等。

后世人评价说，范仲淹是北宋易学义理派的开创性的关键人物。义理派侧重于阐述《周易》的大义。范仲淹解《周易》三法：一是通过分析卦的内外二体关系来解；二是通过卦与卦的对比来解；三是以爻位说来解，大宗旨是终归于人事。如阐释"家人"卦："家人阳正于外，阴正于内，阴阳正而男女得位，君子理家之时也。明乎其内，礼则著焉；顺乎其外，孝悌形焉……圣人将成其国，必正其家。一人之家正，然后天下之家正……"又如阐释"升"卦："升，地中生木，其道上行。君子位以德升之时也……圣人日跻其德而至于大宝，贤者日崇其业而至于公圭，以顺而升，物不距矣……"如对《周易》系辞"立天之道曰阴与阳，立地之道曰柔与刚，立人之道曰仁与义"的阐发："若乃高处物先，取法乎天，所以显不息之义……又若卑而得位，下蟠于地，所以取沉潜之体，所以拟广博之义……刚而上者宜乎主，柔而下者宜乎臣……察道长道消之际，自见屈伸。此立人之道也，敦仁又而有伦。"如对三才之道，他作了三位一体的阐发，认为通彼天、地、人谓之《易》。这种范式解《周易》法及其宗旨，在易学发展史上有标杆意义，对后世影响颇大。引易立论，开创理学的鼻祖濂溪先生周敦颐，正是从范仲淹这儿受惠得道。史籍《宋元学案》特将周敦颐列为范仲淹的"高平讲友",太有眼光了。《四库全书总目提要》评论:"仲淹人品事业卓绝一时,本不借文章以传,而贯通经术,明达政体,凡所论著,一一皆有本之言,……盖行求无愧于圣贤,学求有济于天下。"说得也挺对的。

必须特别指出,《周易》的通变理念、损益观念、崇德意识、忧患意识等,是范仲淹改革思想、民本思想和德化思想的直接理论渊源。一句万世绝响"先天下之忧而忧,后天下之乐而乐",岂非发端于"易之兴也,其于中古乎?作易者,其有忧患乎?"(《周易·系辞下》)悲壮的庆历新政要鼎新除旧,岂非得力于《易经》之"泽火革"?其一生兴化筑堤,赈灾江淮,兴学育人,苦诣宁边,多次贬官,其志不夺,岂非笃信"立天之道曰阴与阳,立地之道曰柔与刚,立人之道曰仁与义"乎?……"长于《易》","长于《易》",此之谓也!

现在来小结一下:青年范仲淹苦读的漫长岁月,所通六经之旨,乃中华传统文化中最先进、最精华者——士君子文化;其"长于《易》",乃长在得《易》之精髓——范氏解《周易》三法。饱学之青年才俊范仲淹,怀揣理想,雄视天下,恰如苦修成功一剑客,只待束装下山,一试身手了。

当然,他还有一桩长久萦绕心怀的强烈心愿,不了却,心何宁。须知以上种种,可都是"朱说种种",他范仲淹得"复姓归宗"啊!

8. 复姓归宗

在范仲淹的心灵世界,"弃范姓朱"和"弃朱姓范",肯定地说,是他一生不祛的伤痕与隐痛,从他后来的相关诗文中看出,他到老也浸淫其中,感慨其中。

范仲淹四岁"弃范姓朱",史料丰富,众口一词。那么,何时"弃朱姓范",也就是常说的"复姓归宗"呢?目前还是个有争论的话题。主要争论这么两点:其一,改名"朱说"为"范仲淹",是在宋真宗天禧元年(公元

1017年）二十九岁时呢，还是宋仁宗天圣六年（公元1028年）四十岁时？"四十岁"之说显然错了，因为范仲淹的《上执政书》开头就说："天圣五年月日，丁忧人范某，谨择日望拜，上书……"天圣五年（公元1027年），范仲淹三十九岁。其二，是奉母命归宗，"吴国[①]命，始奏而复焉"（富弼《范文正公仲淹墓志铭》），还是母亲去世后自作主张，"后丧母，服除，始复其姓，而改今名"（曾巩《范仲淹传》）？

按说，事情应该很好说清，范仲淹为改名不是有过一份请示报告打给朝廷吗，一查不就得了？可惜这个文本早就搞丢了，只留下其中两句名言，被各种笔记小说广为转颂："志在投秦，入境遂称于张禄；名非霸越，乘舟乃效于陶朱。"这话什么意思呢？历史上范家出过两位大名人，一个是范雎，化名张禄前去投奔秦国，后来做了相国；一个是范蠡，帮助勾践灭了吴国，功成避祸，急流勇退，化名陶朱公，带着美女西施泛舟五湖。范仲淹巧妙引典两范，表明自己作为范氏后裔的复姓心迹。用典之妙，传诵至今。现在能查到这方面记载的最早史料，似乎就是吴处厚所撰《青箱杂记》了。吴处厚是范仲淹逝世后第二年中试的进士，或许见过那道表奏？在该书卷五记载道："范文正公幼孤，随母适朱氏，因冒朱姓，名说。后复本姓，以启谢时宰曰：'志在投秦，入境遂称于张禄；名非霸越，乘舟乃效于陶朱。'以范雎、范蠡亦尝改姓名故也。"既是"以启谢时宰"，那又不是写给皇帝的奏表了。奏表乎？书启乎？亦得存疑。

中国历史上这个"范仲淹"究竟何时问世？这确实是个要紧问题，值得考证探究。可靠的史实是："（大中祥符）八年（公元1015年）乙卯，年二十七。登蔡齐榜，中乙科第九十七名。"（楼钥《范文正公年谱》）那么，范仲淹参加考试时用的名字是什么？曾巩的《范仲淹传》回答说："大中祥符八年登进士第，曰朱说。"张唐英的《范仲淹传》也说："祥符八年登进士第，朱说者是也。"这都说明范仲淹二十七岁中进士的这一年，还叫朱说。

[①] 范母谢氏曾封吴国夫人。

可惜同年进士小录或题名录早就遗失了，不然准能查到朱说大名。楼钥的《范文正公年谱》又载："天禧元年（公元 1017 年）丁巳，年二十九。迁文林郎，权集庆军节度推官。"这一年冬天，性喜游历的范仲淹游览了太极洞。太极洞是广德胜景，可好玩了，是一个地下迷宫，明人冯梦龙把"广德埋藏（太极洞）、钱塘江潮、雷州换鼓、海市蜃楼"称为"天下四绝"，有道理。洞内呈六层台阶式地质演变延伸，有长乐宫、玉皇宫、海天宫、黄山宫、万象宫、壶天宫等景观，多达七百余处；钟乳奇石冰清玉洁，玲珑剔透，石花、石莲、石灵芝、玉佛、玉磬、玉宝塔，数不胜数；一条长七百五十米的地下银河可供泛舟；水洞、旱洞巧合阴阳，又恰似二仪攸分，加之洞内一块钟乳石如太上老君高高在上，故名太极洞；更有一绝，行走其间便会发出一种蹬然悦耳的回声。有感于此，游客范仲淹为之题下"蹬然岩"三字，下署"宋进士朱说，大中祥符丙辰仲冬"[①]。由此说明这时的范仲淹还不叫范仲淹，还是朱说。从二十九岁再往前追，可就没有一体认同的铁证了。追根究底这就是专家学者们的事了，我才力不逮，不敢涉及。再者说，我所关注的倒是：范仲淹执意要"复姓归宗"的动因和心路历程到底是什么？

上引富弼所撰《范文正公仲淹墓志铭》之"吴国命，始奏而复焉"，其实前面还有一小段文字是："公既长，未欲与朱氏子异姓，惧伤吴国之心，姑姓朱。后从事于亳。"这段话连起来有点意思。富弼算是范仲淹的铁哥们儿之一，他对朋友的家事理应比别人更清楚一点，那么他这段话透露的是什么信息？说范仲淹长大成人以后，没有想过不姓朱，原因不为别的，只怕伤了母亲的心，姑且继续姓朱吧。那么，假如他不怕母亲伤心，他想姓什么呢？一定是"范"无疑。这就是我先前的猜想，范仲淹其实早就知道自己的身世了，早就想"复姓归宗"了，只是碍于奉亲之义没有提出来罢了。我还想到，生性至孝的范仲淹，不光怕母亲伤心，继父朱文翰活着时，他也怕提出来让老人家伤心，近二十年的养育之恩，说不姓朱就不姓朱，说姓范就姓

---

① "大中祥符丙辰"是公元1016年，与楼钥所记"天禧元年丁巳"的公元1017年略异。

范，于心何忍哪！但事实是，弃朱姓范早成了范仲淹的一桩心事。

有人类学家说，追宗溯祖是一种血缘向往，本能追求，表现在性别上，男孩强过女孩。我认为，这或许有一定的道理。但是，范仲淹的"复姓归宗"，最大动因却是一种更高层次的人文追求，具体来说，其实是人文含金量相对比较高的范姓文化，强烈吸引着青少年时期的范仲淹，激发着他的血缘向往和本能追求。有点玄是吧？且听我讲一件少小趣事。我上初小，上高小，甚至到上初中，每次集体看电影，打出演职人员字幕时，一看到有个姓周的，就会惊喜地大呼："啊，我们姓周的！"其他同学亦然。数出与自己同姓者最多的那位小同学，当晚肯定最让人眼红。其实这种生活中的小感受，大人也未必没有，比如，偶遇同姓人总是有一种别样的亲切感，看到同姓中的成功者，总有一种别样的崇敬。甚至一个传说中的家族名人、伟人，其优良的遗传基因也许早已耗散无几，但仍是一面高高飘扬的精神大旗，一个让子孙后代感到无比荣光、无限向往并极力效法的生命榜样。这在青年范仲淹身上不也看得很明白吗？他的"志在投秦，入境遂称于张禄；名非霸越，乘舟乃效于陶朱"。难道没有透露出一种对范氏名人的得意吗？再看他的诗作《岁寒堂三题其一·岁寒堂》，首句就是"我先本唐相，奕世天衢行"。意思就是，我的先辈范履冰可是大唐宰相，之后世世代代行走在庙堂大道上啊！犹觉不尽意，在《续家谱序》中，劈头一句就是"吾家祖唐相履冰之后，旧有家谱……"请注意，此时范仲淹已六十三岁，已然是做过副相的名人了，居然还把前朝老范家的名人看得这么重，怕人不信，还要巴巴儿地强调说，我们可是"旧有家谱"的！

从这个上头考察下来，范仲淹的"复姓归宗"，与朱家的"不公正待遇"有多大关系？与朱家哥哥的一场抢白有多大关系？与奉母命与否有多大关系？与范氏家族百般刁难有多大关系？有范蠡、范雎、范增、范滂、范晔、范履冰……这么多家族名人在前指路，更重要的是，他们所指之路恰恰暗合己心己志，范仲淹的"复姓归宗"还有什么力量可以阻挡吗？我在此还有个怪想法：假如范家自古无名人，或者所出皆是暴君佞臣、文蠹乡愿之类，假如朱家倒像范家这样名人辈出，朱文翰就是当朝范履冰，范仲淹还会如此强烈地要求"复姓归宗"吗？

范仲淹日后作过一首诗：

>长白一寒儒，登荣三纪余。
>百花春满地，二麦雨随车。
>鼓吹前迎道，烟霞指旧庐。
>乡人莫相羡，教子读诗书。

从诗中可以看出，青年范仲淹虽然没有位列一甲，但对第九十七名的进士成绩还是比较满意的，春花时雨，鼓乐乡羡，一扫寒儒郁闷，对前景自信满满。接下来，范仲淹很快步入官场，先调广德军司理参军，再迁文林郎，权集庆军节度推官，虽然都是最基层的芝麻小官，但依官场规矩，并非不正常。畅游太极洞并以"宋进士朱说"留题，可见他心情不错。再加上早就打磨好的凌云之志和光宗耀祖的勃勃雄心，范仲淹觉得，该是"复姓归宗"的时候了，该给苏州的老范家提出要求了。然而，一想到要与老范家打交道，前事历历，范仲淹内心难免一番苦楚。

范仲淹裔孙、清人范能濬在《宋太师中书令兼尚书令魏国公文正公传》中，对范门前事有过记载：公"母谢夫人贫无依，更适淄州长山朱氏"。后面有个附注很重要："濬按：周国公①卒时，时中舍最长，方六岁。次镃，亦不过四五龄。考宋官制，掌书记秩列三班之末。周国从钱氏归朝，十余年间，自冀而蜀而徐，匍匐以就微禄。一旦捐馆，去乡千里，三稚幼弱，此太夫人所以贫而无依也。厥后中舍二兄归吴，而文正未离襁褓，遂随育于朱氏。"但是没有说清楚的是，如此一个平江望族范氏大家，既然有人愿意收留"中舍二兄"，缘何不同时收下处境更困苦的寡妇和幼儿？

---

① 仲淹父墉，追封为周国公。

这就又牵出一个有争论的话题：范仲淹母亲谢氏夫人的身份问题。一种意见说，谢氏乃范墉继配夫人，在朱家也是继配夫人；一种意见说，她在范家、朱家都是偏室，也就是小妾身份。双方各有依凭，却均无铁证，至今聚讼不清，只能期待学术定论。

但范母谢氏是继室也罢，是偏室也罢，在中国宗法社会里，二者地位都不妙，被家族冷落甚至遗弃的命运分别不大。海洋文化形成以地域和财产关系为基础的城邦社会，而我们大陆文化形成与世隔绝、聚族而居的小农自然经济生活方式，较多地保留着血缘家族的社会组织形式。这是造就宗法制度，什么嫡长子继承制、封邦建国制和宗庙祭祀制等的渊源和土壤。明白了这一点大背景，范氏族人的做法固然可气，也就是可以理解的了。

孤儿寡母的早年遭遇，我相信范仲淹从母亲口中已然知悉，在他年轻的心灵上留下伤痛且挥之不去。现在自己要与那个陌生的大家族打交道，怀着希望，更怀着忐忑，他一定反复地猜想：他们能正确理解我的"复姓归宗"吗？

可惜的是，那时这个范氏家族二十多年来并无多大改变，仍然以宗法眼光打量这个非原配所出（甚或非嫡出）、非长子的范仲淹，以势利和短浅的世俗眼光，考量这个也许不会有多大出息的新科进士和低级官员。他们看不出这位范氏子孙背后的一种超凡脱俗，看不出一种高出世俗文化不知凡几的精神架构……他们只会想到，此子"复姓归宗"莫非为着家产？所以，拒绝是可想而知的。"至姑苏，欲还范姓，而族人有难之者。"（楼钥《范文正公年谱》）

这种拒绝肯定再次伤害了范仲淹，与其说是拒绝本身，不如说是背后那种误解与轻慢。可以想象，自我感觉从来没有像当时那么好的青年范仲淹，在二次伤害面前会是多么悲愤与恼怒，那是一颗相当敏感又相当自尊的心啊！我该怎么办？……激烈的内心矛盾肯定相当折磨人。然而，此时的范仲淹胸中，已然有了"小不忍则乱大谋"和"燕雀安知鸿鹄之志"的大格局，痛定思痛，只会忍痛求爱。据楼钥《范文正公年谱》载，青年范仲淹当下给范氏家族发誓说："止欲归本姓，他无所觊。"意思就是，我发誓只求姓范，保证别的什么都不要！这才以屈辱换取了"门票"——回归范氏大门的入场券。从此，中国历史上第一次出现了"范仲淹"这个响亮、伟大、光耀千古的名字，它差一点被"朱说"所永远取代，想想多么玄乎又奇妙。

　　这里顺便再说一段范仲淹的伤心事。母亲谢氏夫人去世后，已然复姓归宗的范仲淹想让她与生父范墉合葬，入于范家祖茔，但族人坚拒不许。范仲淹无奈，想起著名唐相姚崇祖籍江苏吴兴，因为母亲是改嫁之女而不许入葬祖坟，姚相一气之下把母亲葬于洛阳万安山下，自己死后亦不入吴兴，葬在母亲之侧，遂有意仿之，也把母亲葬于洛阳万安山。许多年后他在给仲仪待制的信中还说及此事："昔年持服，欲归姑苏卜葬，见其风俗太薄……乃改卜于洛。"一句"风俗太薄"，道不尽唏嘘心酸，万般遗怨。他不但葬母于此，自己也决定百年后随葬母侧。这可倒好，至今姚园、范园平枕于万安山下，两代名相伴母亲长眠于此，成为稀世节孝景观。

　　据商丘学者马学庆考证，范仲淹任兴化县令后，在应天书院好友、太宗时宰相李昌龄的侄子李纮的介绍下，与楚丘人太子中舍李昌言长女、李纮堂妹李氏结为夫妻，遂在宁陵、永城购置庄田，把母亲接来田庄赡养，并把同母异父朱氏两兄弟接来管理庄田。史籍上多处记载范仲淹"家计于宁陵"，范仲淹的书信中也自言"宁陵家计"盖由此也。范仲淹宗亲至今仍居商丘，虞城县利民镇有"范仲淹祠堂"等。范仲淹显达以后，何以不"家计"于"人间天堂"姑苏？此中情结不难理解吧。

　　复姓归宗以后的青年范仲淹，心事既了，释怀、轻松了吧？其实不然。复范不易，弃朱亦不易；复范有痛，弃朱亦有痛。而后者其痛，别有滋味在心头，郁郁心结，终生难了。

　　可以试想：一个四岁的幼儿又能知道什么？进得一个家庭，自懂事起即有父母疼爱，衣食无缺，恩养有加，入则兄友弟恭，出有亲朋好友，相与打发日月，共享苦乐光阴，营造编织出多少人生故事，时间长达二十五年之久，其间纵有家长里短种种纠结，现在忽地要决然离去，从此再无回归之日……

就是一个寻常心性的人，他能无动于衷、了无依恋吗？遑论生性至纯至善至真，知恩、感恩、报恩的范仲淹。尤其是，把他从小带在身边视如己出、"复勤训导"的继父朱文翰，遽尔先逝，未得报答其教养深恩于万一，自己则刚一登第，即弃朱投范，追想亲情恍如昨日，愧之疚之，叫人情何以堪！若不以平生报朱门，范仲淹何以为范仲淹！现存的史料证明，范仲淹对朱家的至爱亲情，在在复在在，可歌亦可泣。

南宋人张栻在《南轩集·跋范文正公帖》中写道："公盖生二岁而孤，随其母育于长山朱氏，既第，始归姓范氏。……公虽以义还本宗，而待朱氏备极恩意。既贵，则用南郊恩赠朱氏父，以及其诸子之丧，皆为之收葬，岁时奉祀，则别为飨。朱氏以公荫为官者三人，此载在《遗事》，世所知也。详观是帖，其亲爱惇笃之意发于自然，盖与待其本族何异，其于天理人情可谓得其厚矣。"

张栻所及"用南郊恩赠朱氏父"之事，前文已提到，载于《宋会要辑稿·仪制10—16》，是为范仲淹《乞以所授功臣勋阶回赠继父官奏》也。文不长，录于下：

念臣遭家不造，有生而孤，惟母之从，依之以立。继父故淄州长山县令朱文翰，既加养育，复勤训导，此而或忘，己将安处？伏遇礼成郊庙，泽被虫鱼。伏望以臣所授功臣阶勋恩命回赠继父一官。

《长山县志》也有记载：范仲淹"性至孝，虽改姓还吴，仍念朱氏顾育恩，乞以南郊封典，赠朱氏父太常博士，朱氏子弟以荫得官者三人。并于孝妇河南置义田四顷三十六亩，以赡朱族"。此时范仲淹已然五十七岁了。

《范文正公全集·尺牍卷上·朱氏》条下，收有十五封范仲淹写给朱氏家族的家书，读来方觉张栻所言非虚，范仲淹对朱家的"亲爱惇笃之意发于自然"。先听听信中称谓："秀才三哥""朱侄秀才""五娘儿""十四郎""五学究""七哥""大郎""八叔员外""山东九郎""五哥""王宅姐姐""蔡十四""杜宅五娘子""颖倅学士三侄"……多么家常自然。再看内容：你们要"温习文字，清心洁行，以自树立。生平之称，当见大节，不必窃论曲直，取小名招大祸矣。""凡见利处便须思患，老夫屡经风波，惟能忍穷，故得免祸。""纯祐（范仲淹长子）久病未安，不住请医人调理，心闷可知……居官临满，直须小心廉洁，稍有点污，则晚年饥寒可忧也。更防儿男不识好歹，多爱多爱。""贤弟计安，请宽心将息。虽清贫，但身安为重，家间清谈，士之常也，省去冗口可也。""七哥骨肉上下各计安，甚时来得相见？骨肉聚会，此幸也幸也。""六婶①神榇且安瓜州寺中，悲哉悲哉！""且宽中自爱。人生忧多乐少，惟自适为好。"……这是最寻常的家书却充溢着亲情，与朱氏兄弟子侄辈虽无血缘，胜过血亲也。

皇祐三年春，思乡心切的范仲淹，决定忙中偷闲，利用由杭州转任青州（今山东潍坊青州）之机，就便回一次长山"旧庐"，这里是他的第二故乡还是第一故乡，也只有他自己心里清楚了。范仲淹面容威严肃正，内心却柔肠百结，感情丰富。随着年龄增长，他对孝妇河畔的一切往事益发惦念。曾经有天夜里，他忽然记起长山出一种石材，乡亲们叫它青金石，色泽青黑，带有金色条纹，细腻光洁，可做砚台。想到这里他睡不着了，派人即赴长白山取石，他要打磨出一方长山砚长伴身边。后来那著名的书品《伯夷颂》，就是就着此砚浓墨写成的。现在，他怀揣着这方故乡砚，就要回到阔别三十多年的长山故土了，可以想见心情何等激动。

然而，长山父老营造的欢迎场面和热烈气氛，更让他分外激动。人们在城西十多里外搭篷设案，扶老携幼，要亲眼看看从这里走出去的"朱六"，今天的范仲淹，变成了什么样子；他居然没有忘了长山父老，他回来了，他是个好人啊……

范仲淹不禁热泪长流，他拈香一跪，以大礼参拜了长山父老，并题留

---

① 范仲淹在朱家排行老六，富弼等哥儿们呼他"范六"即由此。六婶即范仲淹原配夫人李氏。

了一首《寄乡人》，就是前文引用过的"长白一寒儒……"。他真诚期望的是："乡人莫相羡，教子读诗书。"范仲淹礼参长山父老的这个地方，由此得名"礼参坡"，现在成了礼参镇政府所在地。清人王渔洋的曾祖王之都任开封太守时，在此创建三贤祠，祀陈仲子、伏生和范仲淹。我曾专门去礼参中学实地一访，师生们说起这段故事如数家珍。

行笔至此，该有一结了。范仲淹复姓归宗之日，上述"朱说种种"就变成"范仲淹种种"了。这个由朱说而来的青年范仲淹，从此以后，肩负两门亲情，胸怀一颗雄心，就要登上历史大舞台一显身手了。

第二章 范公堤

1. 范公堤春秋

以名人命名的江河湖海人工堤坝很多，多到数不过来。其中名头最响者大概莫过于"西湖三堤"。

"西湖三堤"有两说：一说是苏公堤（苏东坡主修）、白公堤（白居易主修）、杨公堤（杨孟瑛主修）；一说是苏公堤、杨公堤、赵公堤（赵与主修）。第二说没有白公堤，这就对了。白居易任杭州刺史时作诗云："最爱湖东行不足，绿杨阴里白沙堤。"这个白沙堤，唐代已有，横亘在西湖东西向的湖面上，从断桥起，过锦带桥，止于"平湖秋月"，长约一公里。"白沙堤"，白居易"最爱"可以，但不是他主修的，后人以为是他主修的，错呼其为白公堤。白居易任杭州刺史时，确曾修过一道堤，在旧日钱塘门外石涵桥附近，称它为"白公堤"倒是名副其实，可惜如今已经无迹可寻了。顺便说几句一般人不清楚的赵公堤。赵公者，赵与也，乃宋太祖赵匡胤十世孙，宋淳祐二年（公元1242年）任临安（今浙江杭州）知府。赵与本人虽是皇子皇孙，血统高贵，却是凭本事考中嘉定十三年（公元

1220年）进士，官至吏部尚书兼知临安达十一年之久，颇有政绩，时人称道。赵公堤自北新路第二桥（原苏堤东浦桥）至曲院筑堤，以通灵隐、天竺，堤长二百五十丈，"夹岸花柳一如苏堤"，咸淳五年（公元1269年），增高五尺，拓宽为二十五尺。后堤废。清代在此筑金沙堤。修建马路后，堤断续难辨，因旧时的曲院在今洪春桥旁，故可推知现金沙港路大致为原赵公堤走向。

但其实，依我之浅见，范仲淹参与主修的范公堤，应是"天下第一堤"！范公堤不仅工程量与难度远远大于"西湖三堤"，更因其人文底蕴博大雄沉、意义非凡。可惜千年之后的今天，已然看不到范公堤的雄姿，只能凭吊范公堤遗址了。

当你乘上旅游大巴，马上会听到一大段导游词，那嗓音轻快、生动，从漂亮的导游小姐口中说出，值得一听。

朋友们，我们的汽车现在正行驶在素有"海防长城"之誉的范公堤上。也许有朋友听到"范公堤"三个字，不禁生出疑问：此范公何许人也？小导这里有几个选项，大家一起来猜一猜！答案A为春秋越王勾践的谋士范蠡；答案B为项羽的谋士，被尊为亚父的范增；答案C为亚洲足球先生，前"国脚"范志毅；答案D为"先天下之忧而忧，后天下之乐而乐"的北宋政治家、文学家范仲淹。……现在我郑重宣布，正确答案为——D！为什么选D呢？其中的缘由听小导一一道来。

范公堤原来称为皇岸，是唐代宗大历年间，淮南西道黜陟使李承为抵御海潮，带领民众修筑的一条海堤，时称"捍海堰"。北宋天圣元年（公元1023年），范仲淹在东台监西溪盐仓时，看到旧堰久废不治，田园荒芜，民不聊生，便具折朝廷提请修筑海堰工程。大家可以想象，即便在科学技术如此发达的今天，修筑一条长达数百里的海堤，也是相当巨大的工程，更何况是在一千年前的北宋。一道奏折，开启了沿海数十万人民的幸福大门，也同时开启了范仲淹的"三难"故事。第一难，启动难。对于修复捍海堰，当时有些人持不同意见，他们认为修堰虽可以挡住海水，却不利于排除堰内洪涝积水。范仲淹则认为："涛之患十九，而潦之患十一，获多亡少，岂不可乎？"天圣二年（公元1024年），宋仁宗升范仲淹为兴化县令，命他主持捍海堰的修复工程。是年秋后，范仲淹带领泰、海、楚、通四州的民工四万多人，开始了修复捍海堰的工程。世事难料。范仲淹在《宋故卫尉少卿分司西京胡公神道碑铭》中记述当时"雨雪大至，潮汹汹惊人，而兵夫散走，旋泞而死者百余人"。当工程刚刚开始时,遇上了特大雨雪，海水汹涌滚滚袭来。虽然范仲淹不惧危险，亲临一线指挥民工迅速撤离，但狂风卷着无情的滚滚巨浪，吞没了还没来得及撤离的上百名民工。这一来，被那些反对修堤堰的人抓住了把柄，于是他们到处散布流言，谎称死人上千，更有人上书请求罢修。朝廷派人下来调查，多亏江淮制置发运副使张纶调和解释，修复捍海堰的工程才得以重新开始。第二难，定线难。由于旧堤大多坍塌，加之海岸线不断变迁，堤址需重新勘定。在科学技术尚不发达的宋代，普测海岸十分困难。范仲淹亲临海滩观察思考，始终找不到好的办法，终日愁眉苦脸。一日，他去海边勘察，在一个渔民家中喝水时，看到渔民喂猪的桶沿漂着一圈稻糠，灵机一动。于是，于大汛期间，他发动沿海百姓将喂猪用的糠遍撒海滩，大潮一至，糠随海浪涌进。落潮后，糠则附着于沙滩，形成一条弯弯曲曲的糠线。范仲淹令民工沿线打桩，新堤址就此确定。第三难，应该说是第三难——母亡！天圣四年（公元1026年），工程正在紧张施工，范仲淹的母亲突然去世。大家都知道，北宋时期，上至皇帝，下至平民，以孝为先。一个人的品行好不好，先看他是否孝顺，无孝则无忠。在忠孝两难的情况下，他只好离开工地，回南京守孝。但他仍然关心着修堰的事，多次给张纶写信，反复说明修捍海堰利国利民，关系十分重大。张纶代他亲自到工地观察督工，仅用了三年时间，于天圣六年（公元1028年）春，长达一百五十多里的捍海堰，终于修成了。范公堤的筑成，成为苏北历史上大规模围海造田的开端，也可以说是如东成为鱼米之乡的起始。由于范公堤"束内水不致伤盐，隔外潮不致伤稼"，农事、盐课两得其利，当今如东土地肥沃、物产富庶、资源丰足，当年范公筑堤拦洪功不可没。后人敬仰范仲淹功德，遂定堤名为"范公堤"。这就是范公堤的由来。范仲淹用他的实际行动为如东人民的先祖们诠释了什么叫"先天下之忧而忧，后天下之乐而乐"。……现在，请各位朋友收拾好自己的随身物品，我们下车与范公堤遗址亲密接触！

这一段导游词，要说也算丰富、全面而大致准确，但要真正说清范公堤的历史沿革，还得有一些修正与详释。这里，不妨就先依着导游词的思路展开。

第一，皇岸不等于范公堤。

先看一下《辞海》怎么说。

《辞海》"范公堤"条：北宋天圣中泰州知州张纶从西溪（今江苏东台市西南）盐官范仲淹议，重修捍海堰；功成，滨海潟卤皆成良田，后人称为"范公堤"。后世屡圮屡筑，并续有增展，北起今江苏阜宁，历建湖、盐城、大丰、东台、海安、如东、南通等市县，抵启东市之吕四，长五百八十二里。明、清两代堤外虽陆续涨出平陆百余里，此堤仍有束内水不致伤盐，隔外潮不致伤稼的功用。近数十年堤东已垦为农田，遂将自阜宁至东台市南一段堤身筑成公路。

不错，这五百八十二里捍海堤——"海防长城"，就是范公堤。但这是一个统称，包括"后世屡圮屡筑，并续有增展"的各段海堤在内，后人统称范公堤。其实情况比较复杂。

地方志记载：宋仁宗天圣二年（公元1024年），江淮制置发运副使张纶，听从西溪盐官范仲淹议，重修捍海堰。聚集通（今江苏南通）、泰（今江苏泰州）、楚（今江苏淮安）、海（今江苏连云港）四州民夫，共四万余人筑堤。北自盐城大丰刘庄，南止海陵（泰州）东台富安，全长约一百四十二里余①，原名捍海堰，亦称常丰堰。真正要称范公堤，这才是。

北宋仁宗庆历元年（公元1041年），通州知州狄遵礼继承范仲淹的壮志，继续修筑大堤，从通州石港修到了余西，史称"狄公堤"。北宋至和年间（公元1054年—公元1055年），海门知县沈起调集民夫灶丁，筑堤七十里，连接范公堤，从余西一直修到吕四头甲岸廖角嘴，称"沈公堤"。王安石为此还专门撰写了一篇《海门县沈兴宗兴水利记》。

南宋乾道七年（公元1171年），泰州知州徐子寅议请兴工修治海堤，各盐场官员分治其境。堤自海安旧场（一说角斜）经拚茶场、丰利场至掘港镇花子街（现名胜利街）西古岸头九总桥。总长一百六十里，其中拚茶场占三十二里、丰利场占三十三里、掘港场占九十五里。当时人称"皇岸"。这才有了"皇岸"一说。所以，你可以说皇岸是范公堤的一部分，不可以说"范公堤原来称为皇岸"。清人钱跂在《吕四志》中有一段按语："余谓筑堤之功，不但狄沈之名不可没，即张纶亦与有力焉，今人皆称范公堤者，何为？以范之功业，常昭于天下后世，范公令人易记耳。"

第二，"具奏"者非范仲淹，乃张纶也。

导游词说："范仲淹在东台监西溪盐仓时，看到旧堰久废不治，田园荒芜，民不聊生，便具折朝廷提请修筑海堰工程。"范仲淹当时年方三十五岁，职务是泰州西溪镇盐仓的盐监，一个八九品小官，相当于今天一个基层小干部，本职又与搞水利工程风马牛不相及，所以他来"具奏"还谈不上。事实

---

① 另有一百八十里之说。

是，他把自己的大胆想法写成一封信，跨级别、跨部门地送给江淮制置发运副使张纶，张纶觉得他的建议挺棒，这才亲自"具奏"朝廷。关于范仲淹这种越级越权之举，后面还要细说。

第三，非张纶举荐，不会有兴化县令范仲淹。

导游词说："天圣二年，宋仁宗升范仲淹为兴化县令。"据楼钥《范文正公年谱》载："仁宗皇帝天圣元年癸亥，年三十五。……除兴化令。"那这就是前一年的事了。当然，要说是皇上让范仲淹当了兴化县令也不错，问题是皇上怎么就知道有个能干的范仲淹？关键的举荐者便是张纶。以上三段文字都提到张纶，张纶究竟何许人也？《宋史》有《张纶传》。后来官比张纶大的范仲淹写有《泰州张侯祠堂颂》，后文再说。

第四，却是胡公功德。

根据导游词所说，因为工程发生重大伤亡事故，"朝廷派人下来调查，多亏江淮制置发运副使张纶调和解释，修复捍海堰的工程才得以重新开始"。事情闹到朝野轰动，已非"调和解释"所能奏效，事实是朝廷派下来的这个"钦差大臣"扭转了整个局势。他大名胡令仪，时任淮南转运使，奉旨到泰州查勘实情。此人一向正派，曾于淳化、至道年间（公元990年—公元997年）任如皋县令，深知古捍海堰的重要，如不修复，农田、盐灶和百姓的生命财产将深受其害，一经实地察看，便慨然叹道："昔余为海陵宰，知兹邑之田特为膏腴。春耕秋获，笑歌满野，民多富实，往往重门击柝，拟于公府。今葭苇苍茫，无复遗民，良可哀耶！"（范仲淹《宋故卫尉少卿分司西京胡公神道碑铭》）此事"必成之"！遂与张纶联名上奏朝廷，要求继续开工。胡公之功德，老百姓最感记，至今泰州、如皋、海安、东台、海陵等地仍有不少三贤祠胜迹，所敬三贤，范仲淹、张纶、胡令仪也。胡令仪逝世后，范仲淹写有《宋故卫尉少卿分司西京胡公神道碑铭》。

现在离开导游词，说些范公堤的前世今生。

范公堤之前，唐代大历元年（公元766年），淮南节度判官黜陟使李承，筑堤堰以捍海，自楚州高湾至扬州海陵县境，延袤一百四十二公里，名为常丰堰。宋代开宝年间（公元968年—公元975年），泰州知事王文佑增修捍海堰，后其因年深月久逐渐倒塌。

范公堤之后，庆历、至和、乾道年间几次补修，至明代隆庆年间（公元1567年—公元1572年），通州盐运分司判官包柽芳，从石港旧范公堤彭家缺口起，将马塘围入堤内，南至石港场，筑新堤二十里，称"包公堤"。这些都是范公堤的延伸和修补，因首倡之功属范公，故统称为"范公堤"。

明正德年间，黄河又决口，夺淮河水道。淮河因"淤沙汇注"，支渠湮没，海滨日浅，海滩渐涨，于是海岸线不断东移，至清代海岸线已东去一百二十华里[①]。清雍正十二年（公元1734年），河督高斌于栟茶、角斜续修范公堤。公元1931年洪灾后，刘庄、白驹至海安一段范公堤一百余里均加宽四至九米，十天竣工，投工十六万。明清两代，堤东逐渐淤积成平陆百余里，但范公堤仍有"束内水，隔外潮"之效。又数十年过去，阜宁至东台一段范公堤堤身筑成公路，成为通榆公路之一段。海安境内的范公堤从原旧场通海桥至角斜镇大码头段，新中国成立后改作栟角公路。据盐城市考古专家俞洪顺介绍，在清光绪三十一年（公元1905年）修筑通榆公路（204国道前身）时，该公路中段从东台富安到阜宁射阳河南岸，全部利用范公堤为路基。20世纪60年代修建204国道[②]，古堤被破坏得比较严重，现在仅剩盐城大丰区草堰镇境内的一段范公堤遗址。值得庆幸的是，范公堤的"头"还在，这就是阜宁境内三灶乡的丰赐墩。乾隆本《阜宁县志》载：范公堤"南接泰州、海门，北至阜宁城北门外丰赐墩"。现在此墩尚存，只是已变得很小了，长约十六米，宽约十五点六米，高约六米。墩上建一六角亭，位于前丰村东北，在丰墩初级中学校园内。范公堤尚存景观计有：掘港踱石街、刘埠观渔归、二十三总瞻神树、东凌眺日出、洋口瞰潮汐等。

斗转星移，沧海桑田。凭吊范公堤遗址，人世感慨难平。千年范公堤虽失其捍海功能，但它与传世名言"先天下之忧而忧，后天下之乐而乐"则永

---

① 华里，指市里（计量里程的单位）。一市里等于五百米。
② 204国道起点为山东烟台，终点为上海，全程一千零三十一千米。

载史册，成为中国人的一份精神，历久弥坚！

2. 筑堤长歌

还得回到前面的一句导游词——范仲淹则认为："涛之患十九，而潦之患十一，获多亡少，岂不可乎？"此话可不是范仲淹说的，还是那个有眼光、有胸怀的张纶说的。但导游词说的范仲淹修堤时所遇到的"三难"，的确不假。

据《盐城市志》记载："汉时，盐城境内的海岸线位于今通榆公路一线，线外辽阔的沙洲与浩瀚大海相连，线内以射阳湖为中心形成洼地。每当沿海强台风过境，狂澜掀起，席卷西侵，淹没盐灶、农田，漂泊人畜、庐舍，给沿海人民造成生命财产的巨大损失。"其实，何止盐城一境，东濒黄海的海安、如东、东台、大丰一带，自成陆地后，海岸逐渐东移，庶民为图生计，纷纷开发农灶，而每当海潮漫涨之时则庐舍淹没，田灶毁坏，家破人亡，惨不忍睹。唐人崔桐有诗云：

今岁东隅厄，伤心北海翻。
万民葬鱼腹，百里化龙门。

这才促成唐大历年间，由淮南节度判官黜陟使李承率众修筑了捍海堰，但日损月磨，两百多年过去，至宋已"颓废不存"，海潮又恢复昔日狂暴，肆虐民田亭灶，沿海居民再陷深重灾难。这也才促成青年官员范仲淹上书张纶，要重修捍海大堤。据说有人责难范仲淹越职言事，范仲淹回答说："我乃盐监，百姓都逃荒去了，何以收盐？筑堰挡潮，正是我分内之事！"这些人于是再去干扰张纶决策，说筑海堰后难以排水，极易出现积潦。不料张纶熟知水利，言道："涛之患，岁十而九；潦之灾，岁十而一。护九而亡一，不亦可乎？"（范仲淹《宋故乾州刺史张公神道碑铭》）他认为范仲淹的建议很好，立马奏请朝廷批准，并向宋仁宗力荐范仲淹任兴化县令，以方便主持筑堤事宜。宋仁宗采信张纶，这才解决了导游词说的第一难——启动难。

至于导游词所讲第二难和第三难——"定线难""母亡"，大致情形一如所述，大多数记载也都是这么说的。有趣的是，关于堤坝定线这个难题，民间还有一种说法，说是范仲淹的女儿为父解难，才出了这么个好主意。可见老百姓对范仲淹爱戴至深，不免多加美好演绎，但这并非事实。

为佐证这段史实，兹引用《续资治通鉴长编·卷一百四》相关记载如下：

> 天圣四年（公元1026年）八月，丁亥，诏修泰州捍海堰。先是堰久废不治，岁患海涛冒民田，监西溪盐税范仲淹言于发运副使张纶，请修复之。纶奏以仲淹知兴化县，总其役。难者谓涛患息则积潦必为灾，纶曰："涛之患十九而潦之灾十一，获多亡少，岂不可乎？"役既兴，会大雨雪，惊涛汹汹且至，役夫散走，旋洿而死者百余人，众哗言堰不可复，诏遣中使按视，将罢之。又诏淮南转运使胡令仪同仲淹度其可否，令仪力主仲淹议。仲淹寻以忧去，犹为书抵纶，言复堰之利。纶表三请，愿身自总役。乃命纶兼权知泰州，筑堰自小海寨东南至耿庄，凡一百八十里，而于运河置闸，纳潮水以通漕。逾年，堰成，流逋归者二千六百余户。民为纶立生祠。令仪及纶各迁官。

毕沅所记虽不错，但最真切自不如当事者。范仲淹手写此事至少有三回，虽大同小异，亦颇有罗列价值。

其一：

> 惟兹海陵，古有潮堰，旧功弗葺，惊波荐至，盐其稼穑，偃

其桑梓。此邦之人，极乎其否。公（张纶）坚请修复，乃兴厥功。横议嚣然，仅使中废。公又与转达运使胡公再列其状，朝廷可之，仍许兼领是郡，以观厥成。起基于天圣三载之秋，毕工于六载之春。既而捍其大灾，蠲其积负。期月之内，民有复诸业、射诸田者，共一千六百户，将归其租者又三千余户。

（范仲淹《泰州张侯祠堂颂》）

其二：

又海陵郡有古堰，亘百有五十里，厥废旷久，秋涛为患。公（张纶）请修复，议者难之，谓将有蓄潦之忧。公曰："涛之患，岁十而九；潦之灾，岁十而一。护九而亡一，不亦可乎？"且请自为郡而图焉。诏以本使兼领之。堰成，复遁户二千有六百。郡民建生祠以报公，于今祠之。

（范仲淹《宋故乾州刺史张公神道碑铭》）

其三：

初，天圣中，余掌泰州西溪之盐局日，秋潮之患，浸淫于海陵、兴化二邑间，五谷不能生，百姓馁而逋者三千余户。旧有大防，废而不治。余乃白制置发运使张侯纶，张侯表余知兴化县，以复厥防。会雨雪大至，潮汹汹惊人，而兵夫散走，旋洿而死者百余人。道路飞语，谓死伤数千，而防不可复。朝廷遣中使按视，将有中罢之议。遽命公（胡令仪）为淮南转运使，以究其可否。公急驰而至，观厥民，相厥地，叹曰："昔余为海陵宰，知兹邑之田特为膏腴。春耕秋获，笑歌满野，民多富实，往往重门击柝，拟于公府。今葭苇苍茫，无复遗民，良可哀耶！"乃抗章请必行前议。张侯亦请兼领海陵郡，朝廷从之。仍与张侯共董其役，始成大防，亘一百五十里，潮不能害，而二邑逋民悉复其业。余始谋之，以母忧去职，二公实成之。

（范仲淹《宋故卫尉少卿分司西京胡公神道碑铭》）

从以上三段文字还能看出什么呢？范仲淹从实讲出了当年修堤的具体情况，自己不过"始谋之"而已，大功劳应该记在张纶和胡令仪头上，因为一百五十里捍海长堤，乃"二公实成之"。张纶官至五品，胡令仪官至三品，均不及范仲淹后来的官大，而且写这些文字时，二公均已过世，尽可由活着的人书写往事，心术不正者尽可往自家脸上涂金，范仲淹位高爵显，谁又敢不为尊者讳？可范仲淹宅心仁厚，低调做事为人，不贪不妒，老看别人长处优点，且实话实说，对别人的功劳、品行充分肯定，大加褒扬宣示。他赞扬张纶："我公雄杰"，"本汝颍之奇，以文武事朝廷"，"公性刚不远仁，故无暴；明不深物，故无怨"，"我侯为何？四方是力。诚加于物，心竭于国，始终一德……遗烈在人，史其舍旃，垂千万年！"他赞扬胡令仪："七守列藩，四当外计。曰勤曰恭，克威克惠"，"少尚严毅，老益精明，斥恶与善，始终一节"，"盖有西门豹之风焉！"唯其如此，人们对范仲淹更是钦敬有加，后世人"以范之功业，常昭于天下后世，范公令人易记耳"，才会把五百里捍海长堤呼为"范公堤"。老先生要是一直活着，早把名字改成"张公堤""胡公堤"或是"张胡公堤"了。

还有一件趣事：不少人认定，修范公堤时，他的老同学、老朋友滕宗谅"同护海堰之役"，说滕宗谅是当时泰州主管司法的军事推官。这是真的，老年范仲淹在《天章阁待制滕君墓志铭》中专门有记："在泰日，予为盐官于郡下，见君职事外，孜孜聚书作文章，爱宾客。又与予同护海堰之役，遇大风至，即夕潮上，兵民惊逸，吏皆仓惶，不能止，君独神色不变，缓谈其利害，众意乃定。予始知君必非常之才而心爱焉。"

好了，现在让我们随着导游小姐饱览范公堤遗址吧。不过，我们还可以通过种种史料，想见当年新修范公堤的雄姿。

范公堤将原堰址稍向西移，以避潮势。堤底宽三丈，高一丈五尺，叠石以固外坡，使洪涛巨浪不能奔激冲刷大堤。登范公堤东望，堤外有烟墩（烽火墩）七十余座，远近相接，如有兵变匪警，即在墩上点火报警；还有潮墩（救命墩）一百零三座，涨潮时，赶海人可爬上潮墩避难。烟墩、潮墩星罗棋布，海雾飘忽，茫茫苍苍，别有一番风光。

到了宋代，淮盐已是政府财政收入的主要来源之一。范仲淹在修建堤坝的过程中，特别注意保护盐业发展，特意留下一些涵洞，使得海水可以通过涵洞流到堤的西侧，成为盐民们煮盐的不竭资源。

在河流穿堤入海处，范仲淹命人用砖石加以围衬，并且在堤内种植草皮和插栽柳树，一为巩固大堤，二使荒凉滩涂得以美化。堤的两旁栽满了柳树，柳荫成阵，每当下雨时，就形成了"范堤烟雨"的美景。

范公堤不仅雄姿英发，十分美丽，于经济效益和社会效益更大有意义。即如导游词所说："范公堤的筑成，成为苏北历史上大规模围海造田的开端，也可以说是如东成为鱼米之乡的起始。由于范公堤'束内水不致伤盐，隔外潮不致伤稼'，农事、盐课两得其利。当今如东土地肥沃、物产富庶、资源丰足，当年范公筑堤拦洪当功不可没。"要修正一下的是，岂止如东如此？沿堤百姓谁不受益啊！

前人功绩，后人歌颂，当然离不了诗词歌赋。这里录几首古诗吧。

霄汉高悬范老名，筑堤千古障沧瀛。
横围翠垒山灵护，倒压银涛海若惊。
已有甲兵为国计，始知忧乐系君情。
至今僻壤还遗爱，试听村歌牧笛声。

（明·崔润《捍海堰》）

吴陵持节日，沧海设重关。
寒日低淮浦，高祠遍楚山。
草深沙脊在，鱼鳄徙市廛。

我欲穷遗迹，徘徊烟树间。

（明·杨瑞云《范公堤》）

拾青闲步兴从容，清景无涯忆范公。
柳眼凝烟眠晓日，桃腮含雨笑春风。
四围碧水空蒙里，十里青芜杳霭中。
踏遍芳龄一回首，朝暾红过大堤东。

（清·高岑《范堤烟雨》）

茫茫潮汐中，矶矶沙堤起。
智勇敌洪涛，胼胝生赤子。
西塍发稻花，东火煎海水。
海水有时枯，公恩何日已？

（清·吴嘉纪《范公堤》）

"扬州八怪"中的郑板桥、罗聘、黄慎，以及当时著名学者钱咏都到过范公堤，留有诗画。这里不再一一列出。

3. 越权越礼小议

一个八品芝麻官，居然上书五品大员，既非本系统，所言又与自个儿的本职业务不大沾边，绝对是越权越礼行为。这样的人与事，在古代官场极为稀少。范仲淹毅然做将出来，必定脑子里有大想法，心底里有大依托，不然何以面对由此可能带来的吉凶难卜的后果？那么，他的大想法、大依托是什么？这很重要。可惜当时他人微言轻，没人收藏他的墨迹，他又不知道自己日后会成为多大的人物，着意予以备份，这就遗失了上书原件。不然一看上书内容，什么都能明白。那么，有什么补救办法吗？有。

还记得那导游词说什么了吗？"天圣四年（公元1026年），工程正在紧张施工，范仲淹的母亲突然去世……他只好离开工地，回南京守孝。"那时的南京可不是现在的南京，是今天的河南省商丘市，其昔日辉煌以及范仲淹安家于此，接母奉养种种情形，前文已有述及。现在得说说古时官员"守孝"——丁忧的重要性。

丁忧乃祖制。《尔雅·释诂》："丁，当也。"是遭逢、遇到的意思。《尚书·说命上》："王宅忧，亮阴三祀。"丁忧，就是遭逢居丧的意思。朝廷官员的父母亲如若去世，无论此人任何官何职，从得知亲丧的那一天起计算，必须回到祖籍守制不计闰二十七个月。这就叫丁忧。据说丁忧源于汉代。丁忧期间，不能住在家里，要在父母坟前搭个小棚子，"晓苫枕砖"，即睡草席、枕砖头块，要粗茶淡饭，不喝酒，不与妻妾同房，不欣赏丝弦音乐，不洗澡、不剃头、不更衣，不得行婚嫁之事，不预吉庆之典，不得租赁私人房屋居住……唐时此风渐息，至宋复起，由太常礼院掌其事，凡官员有父母丧，须报请解官，承重孙如父已先亡，也须解官，服满后起复。若匿而不报，或者丁忧期间胆敢触犯禁条，一经查出，将受到惩处。丁忧礼仪相当烦琐：三月而葬，然后初哭，行虞礼、卒哭。"虞礼"是安魂祭，三次虞祭之后，行"卒哭"礼，献食举哀于灵座以后，不再哭悼。卒哭十一次为"阳礼"，将神祖迎入祠堂，礼毕将神主移回原处。丧后七个月举行"谭"礼，十三个月至十五个月举行"小祥""大祥"礼。一服的孝子要居丧三年。除非病重，除非老得不成样子，除非碰到国家发生重大事变，皇上点头说了话，孝子方可除服，这叫"夺情"。范仲淹回到南京，是依例丁忧。

范仲淹如何丁忧守制，史无详载。但他却在这特别时期，干出了两件轰动朝野的大事，是否有越权越礼之嫌，这看怎么说。一是受晏殊之邀，入应天学府办教育，一是写出万言《上执政书》。头件事容后再品评，当下只说《上执政书》。

有人将《上执政书》比之于诸葛亮的《隆中对》，可视为青年范仲淹作为政治家的入世宣言、施政纲领。开篇即以《易》之大旨提纲设势："否极者泰,泰极者否,天下之理,如循环焉。唯圣人设卦观象,穷则变,变则通,通则久。非知变者,其能久乎!"看来此书不得不上,所言不吐不快,其事迫系家国大计。接下来他大发"盛世危言",一一陈述各种弊端:"今朝廷久无忧矣,天下久太平矣,兵久弗用矣,士曾未教矣,中外方奢侈矣,百姓反困穷矣。朝廷无忧,则苦言难入;天下久平,则倚伏可畏;兵久弗用,则武备不坚;士曾未教,则贤材不充;中外奢侈,则国用无度;百姓困穷,则天下无恩。苦言难入,则国听不聪矣;倚伏可畏,则奸雄或伺其时矣;武备不坚,则戎狄或乘其隙矣;贤材不充,则名器或假于人矣;国用无度,则民力已竭矣;天下无恩,则邦本不固矣。"具体讲,就是"士有不稽古而禄,农有不竭力而饥,工多奇器以败度,商多奇货以乱禁,兵多冗而不急,缁黄荡而不制,此则六民之浮不可胜纪,而皆衣食于农者也,如之何物不贵乎?如之何农不困乎?"尤其是各级吏治相当腐败,"衰老者为子孙之计,则志在苞苴,动皆徇己;少壮者耻州县之职,则政多苟且,举必近名。"而中央政府"贤愚同等,清浊一致。……避怨于上,移虐于下,俟其自败,民何以堪!"……那么,为今之计,应该怎么办呢?就得以"固邦本、厚民力、重名器、备戎狄、杜奸雄、明国听"为大政方针,"择郡守、举县令、斥游惰、去冗僭、遴选举、敦教育、举将才、保直臣、斥佞臣"为主要改革内容。具体来说:"固邦本",关键是选好州县长官,以有德有才为唯一标准;"重名器",即重视人才培养,广设学校,委派专家管理,以儒家经典作为教学内容,"敦之以诗书礼乐,辨之以文行忠信,必有良器,蔚为邦材";"备戎狄",就得挑选良将,率本土之兵,屯田戍边,强军备战;"明国听",就要让那些敢说真话、能做实事的人上岗,并得到爱惜和保护,让那些说假话、谄媚逢迎的人受到斥退。倘能如此,自会杜绝"黄钟毁弃,瓦釜雷鸣;谗人高张,贤士无名"的乱象。看得出来,以上所列的这些内容,便是十五年后,壮年范仲淹写给皇上的《答手诏条陈十事》的一个原始蓝本,是那场轰烈一时的"庆历新政"的早期计划书。

其实,我在这里想说的还不是以上所述种种,而是《上执政书》的开头与结尾。其文不长，并列于下：

开头：

  天圣五年月日，丁忧人范某，谨择日望拜，上书于史馆相公、集贤相公、参政侍郎、参政给事。某居亲之丧，上书言事，逾越典礼，取笑天下。岂欲动圣贤之知，为身名之计乎？某谓居丧越礼，有诛无赦，岂足动圣贤之知耶？矧亲安之时，官小禄薄，今亲亡矣，纵使异日授一美衣，对一盛馔，尚当泣感风树，忧思无穷，岂今几筵之下，可为身名之计乎？不然，何急急于言哉？盖闻忠孝者天下之大本也，其孝不逮矣，忠可忘乎？此所以冒哀上书，言国家事，不以一心之戚，而忘天下之忧。庶乎四海生灵，长见太平。况今圣人当天，四贤同德，此千百年中言事之秋也。然圣贤之朝，岂资下士之补益乎？盖古之圣贤，以刍荛之谈，而成大美者多矣。岂俟某引而质之？况儒者之学，非道不谈，某敢企仰万一，因拟议以言之，皆今易行之事。其未易行者，某所不言也。

结尾：

  倘相府疑某之言，谓欲矫圣贤之知，为身名之计，岂不能终丧之后，为歌为颂，润色盛德，以顺美于时；亦何必居丧上书，逾越典礼，进逆耳之说，求终身之弃，而自置于贫贱之地乎！盖所谓不敢以一心之戚，而忘天下之忧，是不为身名之计明矣。观前代国家，当其安也，士人上言论兴亡之道，非圣主贤相，则百不一采；及其往也，则后之史臣收于简策，为来代之鉴。今日之言，愿相府采其一二，为国家天下之益，不愿后之史臣收于简策，为来代之鉴。

狂斐之人，诛赦惟命。以庙堂深严，恐不得上，乃敢相门之下，各致此书，庶有一达于聪明。干犯台严，下情无任惶恐激切之至。不次，某死罪，惶恐再拜。

这开头与结尾，加在一起五百多字。范仲淹四次重复说明自己的不利处境："某居亲之丧，上书言事，逾越典礼，取笑天下"，"某谓居丧越礼，有诛无赦"，"居丧上书，逾越典礼"，"某死罪"。他的处境岂止不利，丁忧期间居然不顾祖宗礼制，不顾自己的浅薄之身，悍然动圣贤之知，言及国家大事，真该"有诛无赦"。那明知如此，他为什么要这么干呢？范仲淹说："此所以冒哀上书，言国家事，不以一心之戚，而忘天下之忧。"意思就是，我明知道这是越权越礼的行为，但"为国家天下之益"，为"四海生灵，长见太平"计，其他一切我才不在乎呢。

请特别注意"不以一心之戚，而忘天下之忧"。这不就是"先天下之忧而忧，后天下之乐而乐"的先声吗？这不就是中国士君子文化的核心价值观，"士以天下为己任"及"天下兴亡，匹夫有责"的生动体现吗？这不就是《周易》之通变理念、损益观念、崇德意识和忧患意识的活学活用吗？这不就是青年范仲淹积二十年所学精华的第一次实践吗？一个士君子有了这样的大想法、大依托、大格局，别说丁忧期间冒哀上书，更别说给八竿子打不着的张纶上书，就是再大的"越权越礼"行为，只要他认准了，都会不顾一切去做。难怪后来苏轼高度评价这一"天下传诵"的万言书，在《范文正公集序》中会说"居太夫人忧则已有忧天下致太平之意"，也难怪范仲淹政敌吕夷简老挤对他，说他"越职言事"。

4. 再造范公堤

这个想法有点意思。

在范仲淹的苏州老家，人们不仅有这个想法，还要让它变成现实：在苏州石湖风景区再造一条范公堤。石湖风景区是国家级太湖风景名胜区十三个景区之一，坐落于苏州城和太湖之间，规划面积二十六平方公里，由石湖、上方山森林公园、范公堤风情水岸和七子山四个景群组成，是江南地区历史悠久、文化深厚、旅游资源丰富的风景名胜地。

古人说，吴郡山水近治可游者，唯石湖为最。石湖是太湖的一个内湾，位置在苏州城西南十八里。这里曾是春秋时代吴王的宫室苑囿，也是吴越争霸的古战场，军事、文化遗迹很多。石湖东面有条越来溪，溪上有座越城桥，越城桥右首，有座九环洞桥，也叫行春桥。《越绝书·吴地传》云："阖闾之时，大霸，筑吴越城。城中有小城二。"阖闾在位时占领了越国，迁都至此。春秋晚期越国伐吴，越国水师由石湖进兵姑苏，从太湖挖通水道，屯兵攻城，一雪国耻。越来溪与越城遗址至今尚存。

不过，要造这个范公堤的动机，已然失去捍海消灾和弘扬范仲淹心系民瘼精神的纯粹主题，人家那叫山水观光堤，是城市名片上的一处烫金标式。还有一说，此范公堤实为三个范公一道堤，除了纪念范公淹，它上要纪念范蠡，下要纪念范成大，取义可谓深广矣！

石湖湾内原有一处名胜叫蠡墅，传说是范蠡的别墅。说他酷爱饮酒，隐居于蠡墅时，喜欢饮一种以红白玉兰花为标志的蠡墅黄酒。此酒用优质香糯米和石湖醇水酿造，制作考究，香酣润畅，当地称它蠡墅老酒。后因慕名而来的酤酒者越来越多，蠡墅镇便兴起了酿酒业，几家酒作坊每年酿酒量均在千坛以上。吴地遂流布"先有蠡墅老酒，后有横泾烧酒"之说。还传言，吴亡后，范蠡携着美女西施，就是由石湖入太湖，再去"泛五湖"的。范蠡乃是"治国良臣，兵家奇才，商人始祖"，也是范仲淹从小心仪的范氏榜样，尤其范蠡的商业头脑，连同管仲的经济思想，对范仲淹影响极大。"犹济疮痍十万民"，怎么济？后来范仲淹力主茶盐通商，发展商品经济的远见卓识，为"重本抑末"的陈旧经济思想注入全新内容，可谓得到老祖宗的真传。所以，说范公堤是二范堤，也还沾点边。后来者范成大范文穆公，也是苏州人，也算范氏一脉，祖茔也在天平山，也是出身孤贫、早岁丧父，也官至参知政事，也具有非同凡响的文学天赋和创作才华……一句话，也是一位相当了不起的苏州名人，可其天性气质、功业名声、精神遗存等，毕竟与范仲淹难以同日而语。三公一堤的共有主旨怎么提取？

今日再造范公堤，该造在何处？怎么造？苏州市景范中学的做法倒是稀罕一例。

景范中学位于苏州市范庄前三十二号，所在地乃范仲淹首创义庄旧址。其历史沿革是：北宋皇祐元年（公元1049年），范仲淹任杭州知州时，将苏州灵芝坊祖宅捐献出来办义庄和义学。他逝世后，子孙们在义庄里续办义学，根据范仲淹的谥号，将其更名为文正书院。现代新学开始于1938年，为唐言所办，校名为私立崇范中学。1945年抗日战争胜利后，范氏后裔范君博等收回办学权，创办了私立景范中学。1956年，政府接手办学，校名先后为第八初中、第二十二中学等。1989年范仲淹诞辰千年之际，恢复景范中学校名至今。有学者考证说，范氏义庄是中国历史上创办最早、持续时间最长、规模最大、最为著名的义庄。它体现了范仲淹一贯的人文情怀，充分反映出他对家族和社会的责任感、爱心奉献及对社会财富分配的一种健康心态。范仲淹的高瞻远瞩，实开宋代赈济、福利事业的先河，促进了始于北宋末的官办慈善养济机构的诞生，成为近代各种官方民办扶贫事业的滥觞。范氏义庄的成功实践及其遗泽流传，对于当今社会保障福利机制的形成及扶贫事业，也有一定的启迪作用，千百年以降，形成了一种"义庄文化"。校方正是紧紧抓住范仲淹思想的核心内容——"不以物喜，不以己悲"的胸怀，"先天下之忧而忧，后天下之乐而乐"的抱负，打造出自己的办学理念，这就是："继承先忧后乐思想，培养既文且正学子"，并且要以"文化涵养，实践磨砺"的方式，让青年学子拥有独特的"景范气质"。景范中学是这样设想的，也是这样做的。学校建起了全国独一无二的校办"范仲淹史迹纪念馆"，校内十大建筑的修建与命名，均依据《范氏家乘·义庄图》来办，先忧楼、后乐楼、厚德楼、世济楼、惠泽楼……这些建筑都与纪念馆前那四通碑刻一样，诉说着义庄义学历史和不朽的范仲淹精神。学校为学生们编辑出版了《范仲淹事迹读本》《范仲淹诗文读本》《颂范公精神，展少年风采——景范德育实践活动案例》等各种图书教材。学生们在像范仲淹那样刻苦读书之外，又根据范仲淹勇于实践的精神，开展了"少年讲解团""少年电视台""少年军校""少年邮局""少年警校""少年礼仪班"……一系列的实践业绩，有的项目荣获了全国性的声誉。学生们铭记并践行范公精神的举动堪称当代最具价值的"再造范公堤"。

是的，今日范公堤，当造在国人心上！

第三章 兴学与育人

1. 母校之恋

范仲淹可能不曾想到，自己以学子身份离开母校十二年之后，再以"掌府学"的资格走进应天书院，"冒哀上书"的同时，又"冒哀"办学且史功厥伟，开一代教学新风。"范公堤"、《上执政书》、应天书院兴学，这三件非常事功让他声动朝野，名满天下，由一名地方小官员一举登上中央政坛。真可谓"好风凭借力，送我上青云"。

应邀回母校应天书院做事，范仲淹是非常乐意的。一个人如果"修辞者不求大才，明经者不问大旨"，范仲淹是非常看不上的；"问大旨"就得以国事为念，不拘小礼小节，以丁忧守制之身勇担教职又有何妨！更重要的是，他走出母校这十多年来，宦游数处，四方交结，深感母校教恩厚重，对母校怀有一种难舍的眷恋；而应天书院之名头，在全国实在是最为响亮，一提出自"正素先生"和"睢阳学派"门下，身价立增，谁不仰慕？如今有机会回归母校，去继承正素先生和睢阳学派的衣钵，于他而言真是天赐良机！

关于应天书院，前文已有提及，但无碍再述。

北宋最著名的四大书院，即白鹿洞、岳麓、嵩阳、应天，若论开办最早，坚持时间最长，所育人才最盛，在宋代教育史上占有地位最突出，则数应天书院。《宋元学案》及《宋史·儒林列传》皆称："庆历之前虽有……诸儒，称'学统'者惟有睢阳。"

应天书院，又名睢阳书院，早称睢阳学舍。书院的历史，可以追溯到五代后晋。据《玉海·应天府书院》载，当时邑人杨悫"乐为教育"，聚徒讲学，受到赵直将军支持，这所私学因而成形。五代末北宋初，出了个名儒戚同文，字文约，宋州楚丘人，少拜杨悫为师，受五经。据《宋史·戚同文传》称，此公苦读苦学到"累年不解带"，而且"绝意禄仕"，对当官不感兴趣，但对国家前途、百姓命运却非常关心，特改名同文，取"书同文"之意。杨悫死后，他继承恩师衣钵，将应天书院做大做强。据《宋史·戚同文传》称，"远近学者皆归之"，"请益之人，不远千里而至。登第者五六十人，宗度、许骧、陈象与、高象先、郭成范、王砺、滕涉，皆践台阁"。当时睢阳门下人才之盛，显然比其他书院突出。

真宗大中祥符二年，应天府民曹诚（有人说他也是戚同文的学生），家资雄厚，慨然有复戚同文旧学之志。他出资三百万，招募匠人，在同文"旧学之地，造书舍"，为屋一百五十间，聚书一千五百卷，"博延生徒，讲习甚盛"。他还愿意以学舍入官，这让真宗皇帝听了龙颜大悦，"面可其奏"，命端明殿学士盛度"文其记"，前参知政事陈尧佐"题其榜"，正式赐额"应天府书院"。商丘乃睢阳旧地，世称戚同文为"睢阳先生"，门人则追号"正素先生"，《宋史·戚同文传》又追号为"坚素先生"。在宋代的儒学中，同文之学即被称为"睢阳学统"。世谓睢阳学统于复兴宋学有首创之功。

在此，不妨将应天书院的后续沿革顺便交代一下。

景祐元年（公元1034年），应天书院改为府学，官府拨学田十顷，充作学校经费。庆历三年，应天书院升为南京国子监学，与东京（汴京）、西京（洛阳）的国子监并列为北宋最高学府。靖康二年（公元1127年），靖康之变，金人南下，赵构建南宋于应天府，不久迁往临安（今杭州），书院遂毁于兵火，久废近二百五十年。元初虽建有归德府学和文庙，但规模大减。其后，应天书院屡建屡废，名称也不断更改。明弘治十五年（公元1502年），黄河泛滥，归德府城和应天书院也随之被埋。明正德六年（公元1511年），知州杨泰有在旧城北筑新城。同年，知州周冕继修，始告竣工，归德府迁入新城（今商丘古城），应天书院也随迁城内，现存有明伦堂、大成殿、月芽池等建筑。明嘉靖十年（公元1531年），巡按御史蔡瑷将社学改建，沿用旧称"应天书院"。明万历七年（公元1579年），首辅张居正下令拆毁天下所有书院，应天书院难逃此劫。明万历二十九年（公元1601年），归德知府郑三俊重建"范文正公讲院"，位置在归德府学东。他效法范仲淹的精神，亲自执书讲学，一时培养了许多杰出人才，诸如官至户部尚书的侯恂，南京国子监祭酒侯恪，兵部侍郎叶廷桂、练国事等。范文正公讲院又名文正书院，明代中后期睢阳没于黄河，城址北迁，原讲院故址已无存。清顺治八年（公元1651年），书院重建，侯方域撰有《重修书院碑记》。清顺治十五年（公元1658年），符应琦重建讲堂，集诸士而课之。清康熙十三年（公元1674年），知府闵子奇又修书院，请来名师执教，"下帷讲学，有醇儒之风，学者翕然宗之"。清康熙四十年（公元1701年），书院改为郡义学。清乾隆十三年（公元1748年），知府陈锡格重修应天书院。光绪二十七年（公元1901年），废科举，兴学校，诏令各省书院改为大学堂，各府、厅、直隶州书院改为中学堂，各州县书院改为小学堂。1905年8月，范文正公讲院改为"归德府中学堂"（简称归德中学），铸就千年辉煌的应天书院，自此沉寂于历史长河。

且说范仲淹面对这样一座全国数一数二的著名学府，怀着一腔眷恋之情回到母校，看到故园风光，感念先师精神，想必倍感荣幸又庆幸，兴奋又振奋，觉得肩负重托，充满热情和干劲，决心不负重托，干出一番业绩。再说，这么好的地利之外，天时与人和也都不错呀。

2. 天时与人和

上面提到，范仲淹重回母校"掌府学"，是应邀为之。那么，是谁邀请了他呢？这一命运大转折，得力于一个小他两岁的江西人——晏殊。是晏殊特邀了他。人称晏殊一生为官，"富贵优游五十年"。他虽然官至宰相，日后却未能像范仲淹一样跻身历朝历代名相之列，所以名声不显。不过，一提传世佳句"无可奈何花落去，似曾相识燕归来"，世人必定耳熟能详。它就出自晏殊的一首《浣溪沙》。有人知道"抚州八晏"吧？晏殊即为"八晏"之首，下面才依次是晏几道、晏颖、晏富、晏京、晏嵩、晏照、晏方。晏殊五岁会作诗，十四岁成进士，能诗、善词，文章典丽，工于书法，尤以词最为突出，有"宰相词人"之称，是北宋前期婉约派代表词人，而且相当高产。《东都事略》说他有文集二百四十卷，《中兴书目》称其作九十四卷，《文献通考》载《临川集》三十卷，皆不传。传者唯《珠玉词》三卷。汲古阁并为一卷，为《宋六十名家词》之首集，计词一百三十一首，清人辑有《晏文献遗文》，收入《宋四人集》中。不过，此公最珍贵处更在于他胸襟宽阔，不但不嫉贤妒能，反而唯贤是举，除范仲淹之外，诸如欧阳修、王安石、孔道辅、韩琦、富弼等一大批北宋贤相名将，均出自其门下或经他栽培、荐引而显达于世。所以《宋史·晏殊传》夸他："平居好贤，……及为相，益务进贤材。"更评价说："自五代以来，天下学校废，兴学自殊始。"可见他在这方面的历史功绩，绝不限于"遂请公（范仲淹）掌府学"了。

那么，晏殊是在何时认识范仲淹的？史无详载。汪藻在《广德军范文正公祠堂记》中写："公（范仲淹）以进士释褐，为广德军司理参军，日抱具狱与太守争是非，数以盛怒临公，公未尝少挠。归必记其往复辩论之语于屏上，比去，至字无所容。贫止一马，鬻马徒步而归。非明于所养者能如是乎？"接下来"迁文林郎，权集庆军节度推官"。范仲淹三十岁调任谯郡从事，作文自叹曰："余岁三十兮从事于谯，独栖难安兮孤植易摇。"（见《祭龙图杨给事文》）一直到三年后"监泰州西溪镇盐仓"，上书张纶请重修捍海大堤。这期间，范仲淹进过《皇储资圣颂》，吟过《西溪见牡丹》《西溪书事》两首诗，写过《上张知白右丞书》，还为宰相寇准被诬事上书鸣不平。有意思的是，晏殊和另一位宰相吕夷简都曾在西溪镇做过盐官。特别是后来成为范仲淹政敌的吕夷简居此时，手植牡丹，留有诗刻。范仲淹的《西溪见牡丹》正是为此而作："阳和不择地，海角亦逢春。忆得上林色，相看如故人。"另一首《西溪书事》也与此时的心境相通："卑栖曾未托椅梧，敢议雄心万里途。蒙叟自当齐黑白，子牟何必怨江湖。秋天响亮频闻鹤，夜海朣胧每见珠。一醉一吟疏懒甚，溪人能信解嘲无。"据说范仲淹在西溪还写过一首小诗："谁道西溪小，西溪出大才。参知两丞相，曾向此间来。"此诗真伪无考。以上这些言行诗作，是否引起过晏殊关注，也史无详载了。那么，晏殊得闻范仲淹大名并惜才倚重，或在兴修捍海堤以后吧？这里不去细究。

且说天圣五年（公元1027年），晏殊身为枢密副使，因反对张耆升任枢密使获罪，被贬出京城任南京留守，来到应天府，大力扶持应天书院，慕名力邀范仲淹到书院任事。这对范仲淹来说，真是"人和"之首也。

另外，还有两个人也可能居中出力：蔡齐和戚舜宾。

楼钥在《范文正公年谱》中所说"登蔡齐榜"的蔡齐，就是时任应天知府的这个蔡齐。他比范仲淹大一岁，山东胶州人，是胶东历史上唯一的状元。人长得"仪状俊伟，举止端重"，宋真宗一见就对宰相寇准道："得人矣！"诏令金吾卫士七人，"清道传呼以宠之"。后世状元"跨马游街"之殊荣，就是从蔡齐开始的。蔡齐为人刚正，任翰林学士时，手握实权的刘太后派太监罗崇勋主持营建景德寺，命蔡齐写一篇记事颂德的文章。罗崇勋告诉蔡齐说，这篇文章写好了，可望升任参知政事。蔡齐却故意迟迟不写，被罢免了翰林官职，还被赶出京城。蔡齐后来升任宰相，因与权臣意见不合，辞去宰相职务，以户部侍郎的虚衔，出知颍州，两年后死于任所，年仅五十一岁。范仲淹为他写墓表："浩然示至公于中外，以进贤为乐，以天下为忧。见佞色则疾，闻善言必谢。"欧阳修为他写行状："在大位，临事不回，无牵畏，而恭谨谦退，未尝自伐，缙绅倚以为重。"史称蔡齐"精学博文"，平生所著诗文甚多，可惜都散佚无存，仅留《小孤山》七律一首，有"月生西海初三夜，潮到东吴第一关"之句，亦可略见其文采。想见当年蔡齐，与范仲淹有同榜之谊，对晏殊邀范之议肯定举双手赞同，是不是他向晏殊推荐范仲淹也说不定。这段史料简略马虎，留待细查。

戚舜宾者，乃戚同文之孙。范仲淹当年在南都就学时，书院便由戚舜宾主理。他严守祖制，"制为学规，凡课试讲肄，劝督惩赏，莫不有法；宁亲归沐，与亲戚还往莫不有时；而皆曲尽人情，故士尤乐从"。那时，书院执教者多是戚同文的再传弟子，授以儒家经典，以六经为教材，使范仲淹获益终生。戚舜宾眼中的范仲淹，勤学多思，品学兼优，得祖父真传，其余诸人无出范仲淹之右者。如今有他归来"掌府学"，戚舜宾当然是最高兴、最欢迎！

其实，要我说，范仲淹在此得到的最大"人和"，应是戚同文，虽然后者只是一位人品道德上的"精神恩师"，因为范仲淹求学南都时，戚同文先生已然过世二十多年了。

根据《宋史·戚同文传》所载，戚同文幼年失去父母，由祖母把他带到娘家养育，同文奉养祖母以孝著称。祖母去世，同文日夜悲哀号哭，几天不吃饭，乡里人为之感动。这样的身世让范仲淹感同身受。

《宋史》记载，戚同文纯正质直、崇尚信义，人家有丧事尽力拯救接济，对宗族、乡里贫困的人也予以周济，十二月的时候，多次脱下自己的棉衣给贫寒的人。他不积聚钱财，不营建住房，有人劝他，他则回答："人生以行义为贵，安用是义一字！"由是，深为乡里推崇佩服。这样的品德让范仲淹顶礼膜拜。

史家说：老先生所创立的睢阳学统，具有宋学兴起的最基本特点。为矫正五代以来文教风俗之浇薄，老先生艰苦励行，力求恢复先儒修己治人的道德仁义精神，重内圣而不弃经世，以人格立师道，而生根于社会。睢阳学统则继承了同文先生的遗志，成其学脉所在。这样的道德追求让范仲淹受益良深，其一生行谊实根基于睢阳之学。

范仲淹虽然已不是当年学子,但重返母校,精神恩师戚同文老先生的高大形象,一如在眼,一如在心,是他最深厚最牢靠的人文依托。他在《南京书院题名记》中回顾既往说:"乃有睢阳先生赠礼部侍郎戚公同文,以贲于丘园,教育为乐。……由是风乎四方,士也如狂,望夕梁园,归欤鲁堂,章甫如星,缝掖如云。讲议乎经,咏思乎文,经以明道,若太阳之御六合焉;文以通理,若四时之妙万物焉。诚以日至,义以日精。聚学为海,则九河我吞,百谷我尊;淬词为锋,则浮云我决,良玉我切。……至于通《易》之神明,得《诗》之风化,洞《春秋》褒贬之法,达礼乐制作之情,善言二帝三王之书,博涉九流百家之说者,盖互有人焉。"有着这样的前辈,有着这样的睢阳学流,"人和"如此,范仲淹能不底气十足吗?

说到"天时",我想这么理解。对于历代兴教办学者来说,所谓天时,莫过于当时政治环境的生态状况,在中国可以理解为皇权治统环境的生态状况。自然界有个C生态系统——森林生态系统。C生态系统有个"蘑菇理论",表达出来,像是一首诗,比诗更美妙,是:"创造一个环境,有了一定的空气,有了一定的水分,有了一定的湿度,蘑菇会自己长起来。"就是说:在自然界的大森林里,只要具备一定的条件,比如上述的空气、水分、湿度,当然也离不开土壤和阳光,创造出一个美好的环境,就能成片地生长出蘑菇。如果我们借用"蘑菇理论"到社会生态系统,所谓兴教办学的好天时,就是"天然"的土壤、阳光、空气、水分、湿度……基本不缺,是一个相对良性循环的社会生态系统,是一个"美好的环境"。只要具备这样一个社会C系统,兴教办学肯定就会取得成就。历史上有没有实例?宋代之前不妨以稷下学宫为例。

稷下学宫又称稷下之学,是战国时期齐国"官办"的高等学府,始建于齐桓公。过去有人称它为"稷下学派",这种叫法不大对头,因为它实际上并非哪个学派所专有,而是天下各种学派的学者都可以来议学、议政的学术活动中心,其兴盛时期,曾容纳了当时"诸子百家"中几乎各个学派,道、儒、法、名、兵、农、阴阳等,汇集了天下贤士千人左右,其中著名者如孟子、淳于髡、邹衍、田骈、慎到、接予、季真、环渊、彭蒙、尹文、田巴、兒说、鲁仲连、邹奭、荀子等。在这里，无论其学术派别、思想观点、政治倾向，以及国别、年龄、资历等如何，都可以自由发表自己的学术见解，什么天人之辩、王霸之辩、义利之辩、攻伐寝兵之辩、名实之辩、世界本原之辩、人性善恶之辩……都可以畅所欲言，互相争辩、诘难。多元思想并立，各家平等共存，学术自由争鸣，彼此吸收融合，成为真正体现战国时期"百家争鸣"的一个典范。它的办学成果有多么丰硕呢？仅就学术著作来看，其思想内容博大精深，广泛涉及政治、经济、军事、哲学、历史、教育、道德伦理、文学艺术以及天文、地理、历、数、医、农等多个学科。这一大批著作的问世，不仅极大丰富了先秦思想的理论宝库，促进了战国时代思想文化的繁荣，也深刻、持续影响此后中国学术思想的发展，有的散佚不传至为可惜，传下来的多为经典。难怪早年的郭沫若在《十批判书》中曾高度评价说："这稷下之学的设置，在中国文化史上实在有划时代的意义……发展到能够以学术思想为自由研究的对象，这是社会的进步，不用说也就促进了学术思想的进步。""周秦诸子的盛况是在这儿形成的一个最高峰的。"

稷下学宫何以办得这么好？齐国素有尊贤纳士的优良传统，齐桓公田午是田氏代齐后的第二代国君，新生的政权有待巩固，深知"人君之欲平治天下而垂荣名者，必尊贤而下士……致远道者托于乘，欲霸王者托于贤"（《说苑·尊贤》）的道理，这才在齐都临淄稷门附近建起学宫，设大夫之号，招揽天下贤士。接下来的当权者齐威王、齐宣王，继承前代成果，就把稷下学宫办得风生水起，达于巅峰。《风俗通义·穷通》说："齐威、宣王之时，聚天下贤士于稷下，尊宠之，若邹衍、田骈、淳于髡之属甚众，号曰列大夫，皆世所称，咸作书刺世。"尤其是齐宣王，一心想称霸中原，完成统一中国的大业，遂大办稷下学宫，让稷下学者享受"上大夫"的政治、物质待遇，"开第康庄之衢"，修起"高门大屋"，勉其著书立说，鼓励学术争鸣，欢迎他们参政、议政，吸纳他们的治国良方。这种当权者思想开放、重贤用士，促使政治清明的良好"政治环境生态状况"，正是稷下之学举办成功的最佳天时。

那么，范仲淹所处的"皇权治统环境"如何呢？若依我对历代封建王朝的评价，就尊重知识、尊重文化、尊重知识分子来说，宋代是独一无二、空前绝后的伟大王朝。前文书中引用过陈寅恪先生"华夏民族文化，历数千载之演进，造极于赵宋之世"这样的话，此外类似的评价多的是。

这就是范仲淹"掌府学"时的"天时"。至此，天时、地利、人和，均已齐备，能干出怎样一番功业，就看他范仲淹的了。

3. 复兴儒门教育第一人

有个奇怪的学术现象：多年来在宋学研究和中国教育史研究领域，范仲淹几乎是一个不大被重视的人物，在一些著名思想史、哲学史著作中，也大多见不到他的名字；在人们心目中，他只是一位杰出的政治家、文学家甚至军事家。加之有些学者对北宋儒学、道学、理学概念的理解过于狭隘，就更少提范仲淹了。

这是一处学术硬伤。

其实，范仲淹是北宋前期复兴儒门教育的第一人。史学家刘子健先生说："宋学为中国哲学最精彩的一页。明清两代之哲学，胥不能脱离其范围。而宋学之发扬光大，实自仲淹创之。朱陆出于张程，张程导源于仲淹。非张程无以树宋学之中坚，非仲淹无以开宋学之先路"，"朱陆上继张程，张程肇源仲淹。宋学之发扬光大，非仲淹不及此。明道象山一限之传，至明而有王守仁，至清而有黄宗羲；伊川晦翁一限之传，至明末清初而有顾炎武、吕留良。横渠之学在南宋，除晦翁而外，兼影响永嘉诸子，至明末清初而有王夫之崛起。吾国学术之辉煌璀璨，皆仲淹倡导之功也"。实际情形如何呢？

范仲淹"掌府学"时的天下大局，有点像先他两百多年的韩愈老先生的处境。自天宝十四年（公元755年）爆发"安史之乱"以来，大唐盛世就开始衰败。九年征伐与惨淡经营之后，大乱局面虽告终结，但面对野心勃勃的割据藩镇和不时报忧的边疆祸乱，朝廷则应对无力，政出多门，宦官弄权，朝官政争，历经肃宗、代宗、德宗几代皇帝使劲，也再难振作起来，终于导致动乱连年，经济衰败，矛盾丛生，国是日非。思想文化界则弥漫着颓废、消极的风气。再加上宽容佛、道两教的长期国策，造成上下迷信盛行，世风日下，信仰危机突出。这就给以韩愈为代表的"儒学复古运动"者提供了历史契机。韩愈所提倡的复兴儒学，并不是单纯地恢复古礼，埋头儒家典籍，而是在吸收儒家经典的基础上，提出新思想、新理论，这就是以治国平天下为目的的心性哲学，以维护大一统为目的的政治哲学，以弘扬自我、张扬个性、追求自由与独创精神为特征的艺术主张。学统、政统、文统，三统合一，一以贯之，这个"一"，就是仁义之道，就是道统论。韩愈在《原道》里说："博爱之谓仁，行而宜之之谓义；由是而之焉之谓道，足乎己，无待于外之谓德。"韩学虽未能在政治上获得成功，但对后世理学、史学、古文运动、宋诗的兴起与发展，还是直接产生了影响。应该说，包括范仲淹在内的宋代儒学家们，正是在对韩学的批驳与接受之中，造就了宋代儒学自身理论思维的成熟与理论体系的完善。

再看范仲淹此时面临的天下大局。中国历史上多有"三朝元老"式的成功人物，有"十朝元老"吗？有，空前绝后的一位，大名叫冯道。他历经桀燕皇帝刘守光、后唐庄宗李存勖、后唐明宗李嗣源（即位后改名李亶）、后唐闵帝李从厚、后唐末帝李从珂、后晋高祖石敬瑭、后晋出帝石重贵、辽太宗耶律德光、后汉高祖刘知远（即位后改名刘暠）、后周太祖郭威，一共十朝，"三入中书，在相位二十余年"，是个名副其实的"官场不倒翁"。可反过来一想更令人吃惊，冯道所事十朝，合计不过三十一年，平均每帝仅在位三年余，最长的后唐明宗和后晋高祖也都不过十年。这是中国历史上改朝换代最频繁的时期，世道能好到哪儿去？冯道固然赚得"无廉耻""奸臣之尤"的负面名声，可这个时代就没有责任吗？五代之乱，纲常倾覆、道德沦丧、风俗隳坏、士人无行，人伦关系全面倾覆，道德伦理几近崩溃。乱世英雄赵匡胤看得清，说得准："天下自唐季以来，数十年间，帝王凡易十姓，兵革不息，苍生涂地，其故何也？"（司马光《涑水记闻》）他英明地提出了这个问题，也成功地解决了这个问题，建起统一而强大的大宋王朝。

不过，北宋开国数十年间，大兴文教，主要着力在科举取士方面，急用现有人才，尚未能重视兴学育人。京城里只有一所学校，即国子监，且逐日萧条，"生徒至寡，仅至陵夷"（杨亿《武夷新集·代人转对论太学状》）。开科取士只看考试成绩，不问学校出身，于是士子多贪图名利，徇私舞弊，不务实学，浸以成风，到仁宗时，科举之弊，愈演愈烈，已成燃眉之患。正是这样的天下大局，给范仲淹提供了历史契机，他要像韩昌黎彰道统一样，首先站在一个思想制高点上谈论复兴儒门教育，不是"文必秦汉"，而是要"回向三代"；不是"张扬儒道、力辟佛老"，而要"援释、道入儒，三教合流"，新开学风。

范仲淹对自己面临的国家形势早有非议，早有定见，早有陈述。天圣三年（公元1025年）有《奏上时务书》；天圣五年（公元1027年）有《上执政书》；天圣八年（公元1030年）有《上时相议制举书》等。他在《上执政书》中提出"固邦本、厚民力、重名器、备戎狄、杜奸雄、明国听"六大主张。何以"重名器"？就是慎选举敦教育。他把当时只顾科举取士而不谙重在育人的弊病，比之为"不务耕而求获"。不想种地只想收庄稼，哪有这种好事！结果必然是择而不教，久而乏人，贤才难以为继。其实，范仲淹这种重在兴教育人的学术主张，绝非一时兴起，而源自他长久以来的大思考，那是一种博大深厚的思考，政治的、思想的、哲学的。这种大思考早在他就学应天书院时已然大致完成。且看他写于那时的《咏史五首》："莫道茅茨无复见，古今时有致尧人。"（《咏史五首其一·陶唐氏》）"但得四门元凯至，九韶何必凤皇来。"（《咏史五首其二·有虞氏》）"讴歌终在吾君子，岂是当时不让贤。"（《咏史五首其三·夏后氏》）所倾心的已是三代之业，三代之制，主张君臣共治天下，君有过则臣谏之，以尧舜为致君楷模。后世有人说，宋儒"回向三代"的运动,是从王安石熙宁变法开始,才"从'坐而言'转入'起而行'的阶段"。非也。其实,范仲淹等确立的"明体达用之学",才是宋儒"内圣"与"外王"相贯通的思想先声。王安石并非"宋代最先接上孔、孟旧统的儒者"。"回向三代",再接孔孟者,正是范仲淹。就这一点说,范仲淹复兴儒门教育的事功,远超韩柳的"儒学复古运动"。

有了源远流长的思想资源,有了复兴儒家礼乐文教的远大志向和使命感,才能生发出活力四射的改革主张。就兴教育人而论,范仲淹才会深谙真谛:"善国者,莫先育材,育材之方,莫先劝学"(《上时相议制举书》);才会认定:"三代盛王,致治天下,必先崇学校,立师资,聚群材,陈正道。使其服礼乐之风,乐名教之地,精治人之术,蕴致君之方"(《代人奏乞王洙充南京讲书状》),"地广千里,功亏一贤"(《得地千里不如一贤赋》),"王者得贤杰而天下治,失贤杰而天下乱"(《选任贤能论》);才能痛切地认识到:"国家之患,莫大于乏人"(《邠州建学记》)。而且最重要的,就是把"兴学"当作救世济民的根本手段,尤其是"太平年间"的教育最为急迫,"古者庠序列于郡国王风。当太平之朝不能教育,俟何时而教育哉?"也才能把睢阳先生"天下同文"的师志,提高到"以天下为己任"的高度,将充盈着士君子文化血脉的睢阳学统发扬光大。

教育思想明确,才会出以良方。范仲淹指出:科举考试应与学校教育相结合,教育是培养、选拔人才的必要前提。假如"国家乃专以辞赋取进士,以墨义取诸科",势必造成"取诸科士皆舍大方而趋小道,虽济济盈庭,求有才有识者十无一二"(《答手诏条陈十事》)。而要革除此时弊,必须教以"经济之业,取以经济之才"。考试要"以策论高辞赋","复小为大,抑薄归厚"。至于教学内容,则应以《诗》《书》《礼》《乐》《易》《春秋》等儒家经典为主,他说:"劝学之要,莫尚宗经,宗经则道大,道大则才大,才大则功大。盖圣人法度之言存乎《书》;安危之机存乎《易》;得失之鉴存乎《诗》;是非之辩存乎《春秋》;天下之制存乎《礼》;万物之情存乎《乐》。故俊哲之人,入乎六经,则能服法度之言,察安危之机,陈得失之鉴,析是非之辩,明天下之制,尽万物之情。使斯人之徒,辅成王道,复何求哉?"(《上时相议制举书》)非同凡响的是,范仲淹在强调六经之重要外,还特别指出要兼授算学、医药、军事等基本技能;应以六经为先,正史次之,再令考生论述时务及提出实际的对策方略,如此方可把"天下俊贤"引向经邦济世之业,为国家培养杰出的辅佐人才。

另外,在这里应该特别注意一点,范仲淹不仅主张学习儒家经典和算学、医学和军事等知识和技能,还一反"力辟佛老"的先世学风,认为"释道之书,以真常为性,以清净为宗"(《上执政书》),主张援释、道入儒,三教合流,独辟新径。正是范仲淹为儒学注入了新元素,新的学术思想——理学形成了。在推动儒学发展演进的过程中,范仲淹起到了承前启后的关键作用。难怪韩琦在《祭文正范公文》中盛赞道:"上天生公,固为吾宋。以尧舜佐吾君兮,既忘身而忠国;以成康期吾俗兮,又竭思而仁众。"朱熹更在《五朝名臣言行录》中推崇说:"公之学识,于名教岂小补哉!"范仲淹,实乃北宋理学真正的启蒙之人、开山之祖也。

17世纪,西方传教士称宋代的儒学为"新儒学"(Neo-Confucianism)。这个提法一直流行到20世纪的西方汉学界,又与明学合称为宋明新儒学,此后也渐为中国学人所采用。新儒学问世,确与范仲淹"援释、道入儒,三教合流"的创意有关。佛、道的宇宙观和本体论,尤其是佛教的哲学思辨性,深深吸引、刺激着广大士人,这种思辨性在后来的宋明理学中体现得非常鲜明。我曾写过如下一段浅薄文字,录出以为本节收束:"两宋时期,范仲淹、胡瑗、孙复等首开书院讲学之风,中央太学亦模仿胡瑗苏湖讲学制度,其后之周濂溪、张横渠、程氏兄弟,绍继其风,于书院讲学,谈经论道,遂使有宋一代文风大盛,至南宋朱子而集大成为宋理学。从儒学自身发展来看,理学作为一种哲学思潮或者儒学复兴运动,它所强调的义理之学,是对于汉唐儒学的一种反动,表现出一种想要摒弃汉唐训诂之学而直接面向经典、回复圣人之道的气势,颇有一点'文艺复兴'的味道。这个复兴儒学的运动,由隋唐之际的王通发其先声,由唐代中期以后的韩(愈)李(翱)柳(宗元)

诸人继其后续，至两宋时期则蔚为大观。宋理学是当时中国有抱负有思想的士君子群体，对现实社会问题以及外来佛教和本土道教文化挑战的一种积极回应，力求解决汉末以来中国社会极为严重的信仰危机和道德危机，从此影响后世八九百年。"

说范仲淹是北宋"复兴儒门教育的第一人"，当不为过吧？

4. 老师与学生

一所学校好不好，普通人一般习惯用两条标准去衡量：任教的名师和出过的名学生。名师、名学生最多的，就是最好的学校。至于名师怎么个教法，名学生怎么个学法，这所学校怎么个好法，只有专门的考察者才会去细究。

关于范仲淹对老师和学生的重视，以及如何精心办学，众多记载大同小异，笼统而平面，一般都是这样叙述：他把师道确立为整个教育的重心，要求教师通晓经文经义，传授治国治人之道，不但学识渊博，还要力行仁义道德，才德俱佳，授业育德；范仲淹力荐"明师"，多次聘请和推荐著名学者任教，比如王洙和嵇颖等，他们博学多才，教学有志，授徒有方，成绩卓著；范仲淹掌管应天府书院时，总结戚同文的教学方法，为书院制订出一系列"为学次序"和"读书次序"，严格要求院生学习；他自己一方面担任主持，一方面还兼职教授"艺文"和"易经"两门课，"常宿学中，训督学者，皆有法度；勤劳恭谨，以身先之"（《涑水记闻》）；学院的基本课程是儒家经典《诗》《书》《礼》《易》《乐》和《春秋》，学生会按照不同专长而入读各项分科，范仲淹主张学以致用，提倡实地考察，即所谓"明体达用"；在教学过程中，老师向学生讲学，大多是提纲挈领式的，并不作逐字逐句的解释串讲，给学生以提示，再由学生提出疑难，作针对性讨论……由于范仲淹治学谨严，继承、发展了睢阳学脉，应天书院学风甚浓，人才层出不穷，比如富弼、张方平等，于是乎四方学子纷纷慕名而来，一时"人乐名教，复邹鲁之盛"，俨然国中一大学府。所以后来《宋元学案》将"仲淹之学"标识为"睢阳所传"，他树立了兴学立教的典范，应天书院也成为宋初儒学复兴的大本营。《宋史》有"以文学有声于场屋者，多其所教也"的记载。都大致如是平铺直叙，不如讲几个故事。我就讲一个老师的故事，"王故事"；一个学生的故事，"孙故事"。且"王故事""孙故事"，都是史实，都是范仲淹兴办应天书院的真实事迹。

先讲"王故事"，就是王洙的故事。

王洙，字源叔，商丘本地人，比范仲淹小七岁，范仲淹来"掌府学"时，他就在应天书院当"讲书"。此前，他父亲王砺和哥哥王渎也都在应天书院当老师，看来教书是他家的"祖传职业"。王砺是戚同文的得意门徒，进士及第，官至屯田郎中，最后还是选择了回乡教书，肯定深受戚同文影响。王家父子三人先后供职同一书院，不但家学好，而且教书教得好，在当地极有名声。据说早在景德年间，范仲淹便结识了少年王洙。宋真宗景德年号只用了四年，即公元1004年至1007年，对应到范仲淹，是他十六岁至十九岁这一时期。有机会结识王洙，也就只有秋口读书那阵子，莫非与一伙同学进寺庙抽签问前程时，就有王洙在内？这段史料少有提及，更无考证，姑存一说吧。知道他俩认识很早就行了。

且说王洙生性聪慧，自小受家学熏陶，"泛览传记，至图纬、方技、阴阳、五行、算数、音律、训诂、篆隶之学，无所不通"（《宋史·王洙传》），二十七岁高中甲科进士，补任舒城县尉。可惜不久因事被免官，归居南京。又是晏殊识才，特聘他到应天书院任教。不久，范仲淹亦受聘"掌府学"，与王洙近二十年后再次聚首，喜出望外，二人从此成为志同道合的终生挚交。

不久，朝廷调王洙任贺州富川县主簿。去边远地方当一个小小行政长官，这不屈王洙大才吗？范仲淹首先提出不同意见。他诉诸晏殊，二人一拍即合，说什么也得把王洙留在应天书院。那上面怎么交代呀？晏殊圆通得很，就说这样吧，老范你笔头子了得，《上执政书》写得影响多大呀，就有劳你给皇上打一个报告，我看准行。范仲淹本性质直，又爱才心切，也不推辞，当即撰写了名篇《代人奏乞王洙充南京讲书状》。其中不少章句前文已然有所摘引，但全文实在太精彩，故全文摘录，以飨读者。

> 右，臣闻三代盛王，致治天下，必先崇学校，立师资，聚群材，陈正道。使其服礼乐之风，乐名教之地，精治人之术，蕴致君之方。
>
> 然后命之以爵，授之以政。济济多士，咸有一德。列于朝，则有制礼作乐之盛；布于外，则有移风易俗之善。故声诗之作，美上之长育人材，正在此矣。
>
> 国家崇儒敦古，右文致化，三京五府，多建庠序。当州近辅之郡，宜崇治本。兼至圣文宣王庙，已有学舍三十余间，有修学进士二十余人，非有讲贯，何以发明？臣窃见贺州富川县主簿、充应天府书院说书王洙，于天圣二年御前进士及第，素负文藻，深明经义，在彼讲说，已满三年。伏望圣慈特与除授当州职事官、兼州学讲说。所贵国家教育之道，风布于邦畿；进修之人，日闻于典籍。士务稽古，人知向方。干冒圣威，臣无任。

这一篇奏稿，言简意赅，词恳意切，别说一下打动了仁宗皇帝收回成命，就是今天我们读起来，亦觉动情。从此王洙留在应天书院总共八年，直到明道二年（公元1033年）调往京都。由于他学识渊博，教授得法，又竭心尽力，深受同道与生徒敬重。欧阳修后来对王洙的教学艺术，有过一段精辟的论述："语言初如不出诸口，已而辨别条理，发其精微，听者忘倦。决疑请益，人人必得其所欲。"

范仲淹与王洙在应天书院的故事本也就这样，但其后续，益发感人。有人专门写了"范仲淹三荐王洙"。

明道二年四月，范仲淹被宋仁宗召回京都，任右司谏，职责是监察官吏，负责选拔人才，建言规谏。范仲淹荐贤不避亲，当下举荐王洙任国子监说书，即被批准。不久，王洙改直讲，校《史记》《汉书》有功，再迁大理评事[①]、史馆检修[②]、同知太常礼院。康定元年（公元 1040 年），王洙晋升天章阁侍讲，累迁太常博士同管勾[③]国子监，预修《崇文总目》，升尚书工部员外郎，修《国朝会要》，入直龙图阁，权同判太常寺。庆历三年九月，王洙受命与欧阳修共纂《祖宗故事》，历时一年，成二十卷。要不欧阳修怎么那么了解王洙呢！

可就在王洙大展才华之际，庆历四年（公元 1044 年）十一月，他却因为参加苏舜钦的宴会，被庆历新政的反对者章得象、王拱辰等人罗织罪名，贬知濠州。反对者的目的是要进一步清洗庆历改革派人物。史载："民以为过薄，而拱辰等方自喜曰：吾一举网，尽矣。"据说成语"一网打尽"就出自此。庆历五年（公元 1045 年），王洙再迁知襄州，途经邓州，特意拜会老兄故友范仲淹。二人诗酒唱和，感慨良多。范仲淹写有《依韵和襄阳王源叔龙图见寄》，诗很感人，如下：

  高车赴南岘，敝郊主东道。
  风采喜一见，布素情相好。
  屈指四十秋，于今岁寒保。
  我起为君寿，善颂复善祷。
  愿尽杯中物，薄言理可到。
  君子贵有终，功名非必早。
  朝端卿大夫，所尚贤而老。
  世虑久乃周，圣门深已造。
  与君誓许国，无忝于祖考。
  洁如凤食竹，乐若鱼在藻。

---

① 隋炀帝置，大理寺的官员，可以参与评断大案要案。
② 可以参与编修国史。
③ 管勾即兼职管理。

安得长相亲，时时一绝倒。

不忘平生期，明月满怀抱。

此时，已然五十七岁的范仲淹抱病邓州，会见王洙后，依然不改初衷，认为绝对不能大材小用，便第三次上书仁宗，举荐王洙，再草《乞召还王洙及就迁职任事札子》。内中言道：

臣闻国家求治，莫先于擢才；臣之纳忠，无重于举善。……王洙文词精赡，学术通博，国朝典故，无不练达，缙绅之中，未见其比，以唐之虞世南，先朝之杜镐方之，不甚过也。……徒以横议中伤，例谴居外，三经赦宥，未蒙召还，恐非圣朝弃瑕采善之意。……伏望圣慈，不以人之小累而废其大善。如朝廷采鸿儒硕学以备询访，则斯人之选，为中外所服。……欲乞特赐召还，仪表台阁。倘朝廷意切生民，重其外补，则乞就迁近职，别领大藩。使缙绅之列，知稽古有劝，为善弗掩，实圣政之端也。……或不如举状，臣受上书诈不实之罪。如朝廷擢用后犯入己赃，臣甘当同罪，取进止。

范仲淹押上一生清名和政治生命，甘愿第三次举荐王洙，如此肝胆胸怀，古今能有几人！王洙也无愧于三荐之恩，不但教育出成批的睢阳学者，而且成为北宋校勘、编纂古代典籍的佼佼者，他从翰林院所存的大量蠹简残策中，发现了东汉张仲景的《金匮玉函要略方》，后世简称《金匮要略》，可谓功德无量。

再讲"孙故事"，即孙复的故事。

孙复，字明复，号富春，山西平阳（今山西临汾）人。他虽然比王洙还大五岁，但不是应天书院的老师，而是一个学生。不过，要说学生似乎也不准确，更像现在常说的"访问学者"吧。孙复幼年丧父，家贫无助，但力学不辍，饱读六经，贯穿义理，可就是运气不佳，考了四回进士都落榜不举，失望之余，便于三十二岁退居泰山，苦读苦修，后来人称"泰山先生"，即发端于此。他与范仲淹结识，大约就在这个时期。

孙复只比范仲淹小三岁，前来拜见应天书院掌学范仲淹时，已然三十六岁，而且，第一次来，并非要当"访问学者"，是来向范掌学借钱的。楼钥在《范文正公年谱·五年丁卯①年三十九》条下，这样记载此事：

> 范文公在睢阳掌学，有孙秀才者索游上谒，文正赠钱一千。明年，孙生复谒，公又赠一千。因问："何为汲汲于道路？"孙生戚然动色，曰："老母无以养，若日得百钱，则甘旨足矣。"公曰："吾观子辞气非乞客，二年仆仆，所得几何？而废学多矣。吾今补子为学职，月可得三千以供养，子能安于为学乎？"孙生大喜。于是，授以《春秋》，而孙生笃学，不舍昼夜，行复修谨，公甚爱之。明年，公去睢阳，孙亦辞归。后十年间，泰山下有孙明复先生，以《春秋》教授学者，道德高迈。朝廷召至太学，乃昔日索游孙秀才也。

这段史料又见于《宋名臣言行录》和《宋元学案·泰山学案》等，应是公认的史实。顺便一提，关于两次共赠钱两千，有不同说法，就是这两千之数，是两千文呢还是两千缗？两千文是两贯，也就是两缗，也就是二两银子，合现在人民币大约千元之数。孙纲先生在《范仲淹与应天书院》一文中说："山东泰山有学生孙复，两次来书院乞讨。范仲淹各赠一千缗，并赐《春秋》。"两千缗就是两千贯，就是两千两白银，就是二百两黄金，范仲淹肯定舍得给，可他也得有啊。

言归正传。对孙复这样一个"编制"外的"学生"，范仲淹尚能如此关爱救助，对其他学生会怎么样，也就可想而知了。可以小举两例。应天书院

---

① 即宋仁宗天圣五年（公元1027年）。

还有一位名师嵇颖，经济状况不是很好，他的穷外甥张方平就在他跟前读书，却干瞪眼接济不上。范仲淹看在眼里，记在心上，便予以百般照顾与关爱。张方平后来一直追随范仲淹，宋神宗时贵为宰相，是苏东坡的老师。年轻的苏东坡因为未能见上范仲淹而抱憾终生，他在《范文正公集序》里说自己"嘉祐二年（公元1057年），始举进士，至京师，则范公殁。既葬，而墓碑出，读之至流涕，曰：'吾得其为人，盖十有五年而不一见其面，岂非命也欤！'……呜呼，公之功德，盖不待文而显，其文亦不待叙而传。然不敢辞者，自以八岁知敬爱公，今四十七年矣。彼三杰者①，皆得从之游，而公独不识，以为平生之恨。若获挂名其文字中，以自托于门下士之末，岂非畴昔之愿也哉！"再一个就是富弼。在校生富弼，志向远大，但比较谨慎小心。范仲淹便教导他博通经史，增广见闻，并鼓励他大胆应试制举，为国家干一番事业。富弼后来成为北宋中叶的名臣，成为范仲淹实行庆历新政的得力帮手之一。青州三贤祠中的三贤座像，中间为范仲淹，一边是欧阳修，另一边就是富弼。

回到孙复。他得到范仲淹帮助，在应天书院一边做事，一边学习，"不舍昼夜，行复修谨"，学业大进，尤其于《春秋》一经，因与范仲淹时相切磋，独有心得，这才"后十年间，泰山下有孙明复先生，以《春秋》教授学者，道德高迈"，才有"孙秀才"大放异彩，才有日后"宋初三先生"②扬威，开宋代学术兴盛之先河。对此，《东轩笔录》尚录有范仲淹一叹，曰："贫之为累亦大矣，倘因循索米至老，则虽人有如孙明复者，犹将汩没而不见也。"是的，假如没有范仲淹热心兴教育人，孙复再有冲天才气，也难逃老死草野的悲剧结局。如此，何来旷世硕儒"宋初三先生"？

孙复在"退居泰山"之前，约有一年的时间从学于范仲淹，他"学《春秋》"，当始于范仲淹"授以《春秋》"。孙复苦学于泰山期间，还保持着与范仲淹的书信往来。在《范文正公集·尺牍》中，还保留着一封范仲淹写给

---

① 指欧阳修、韩琦、富弼。
② 指胡瑗、孙复、石介。

孙复的信，其中有"及得足下河朔二书"云云，并邀请孙复来浙中一游，意极恳切："足下未尝游浙中，或能枉驾，与吴中讲贯经籍，教育人材，是亦先生之为政，买山之图，其在中矣。"孙复在自己的《孙明复小集》中亦有《寄范天章书》，师友之情深远也哉。

孙复出自范仲淹门下，可他到底有多大的学术成就？"公去睢阳，孙亦辞归"，范仲淹离开应天书院去了京都，孙复何归？再归泰山。石介在泰山筑室，邀孙复去讲学。石介就是"宋初三先生"之一的那个石介，世居山东泰安徂徕镇桥沟村，故世称"徂徕先生"。其父石丙大进士出身，"专三家《春秋》之学"，对石介影响至大。《宋史·石介传》说他"貌厚而气完，学笃而志大"。石介二十多岁时，北游魏地，追寻宋初古文家柳开遗迹，再南下应天书院，就读于范仲淹门下。天圣八年（公元1030年），二十六岁的石介中进士，初任郓州观察推官。他一生追随范仲淹，为庆历新政写下《庆历圣德诗》，开罪于政敌，引出一场惊天大案。这是后话，回头还得细说。

且说孙复回归泰山，主要从事经学的研究与讲学，八年之中撰写《易说》六十四篇、《春秋尊王发微》十二卷等，声名渐显于世，从此专心于讲学授徒近二十年之久。石介对孙复执弟子礼，甚恭，文彦博、范纯仁（范仲淹次子）等一代精英，也都出自孙复门下。孙复勤于治学，着力周、孔之道，推崇韩愈道统论。他在《孙明复小集·信道堂记》上说："吾之所为道者，尧、舜、禹、汤、文、武、周公、孔子之道也；孟轲、荀卿、扬雄、王通、韩愈之道也。"他认为："儒者，长世御俗，宣教化之大本也。"即儒道应为包括帝王在内都得遵行的根本原则。这就大大抬高了士君子的社会地位，理论上对皇权专制构成一种制约。这是理学在兴起之初最有价值和进步意义的亮点。孙复治经，正如范仲淹所期，特重《春秋》，十二卷《春秋尊王发微》，置《三传》于不顾，以"尊天子，黜诸侯"立论，认为《春秋》"有贬无褒"，而要义为孟子所肯定的"孔子成《春秋》而乱臣贼子惧"的思想。孙复专重六经义理之说的主张，开后世宋学敢于突破前人旧说的先例。

孙复与范仲淹不同的一点是，他像韩昌黎一样"力辟佛老"，写过《儒辱》《无为指》等文,专门攻击佛、道,把儒、道、佛鼎立,看作是"儒者之辱",进而号召儒者"鸣鼓而攻之"。很明显,这就比范仲淹的格局小多了。不过,范门孙复还算是北宋庆历之际经学变古的代表人物之一,他的学风影响颇大。程颐在《回礼部取问状》中记载:"孙殿丞复说《春秋》,初讲旬日间,来者莫知其数。堂上不容,然后谢之,立听户外者甚众。当时《春秋》之学为之一盛,至今数十年传为美事。"

孙复还编撰有《睢阳子集》十卷,不忘自家学问源头,乃睢阳学派一脉也。另有《谕学》诗一首,录之以收束本节。

冥观天地何云为,茫茫万物争蕃滋。
羽毛鳞介各异趣,披攘攫搏纷相随。
人亦其间一物尔,饿食渴饮无休时。
苟非道义充其腹,何异鸟兽安须眉。
人生在学勤始至,不勤求至无由期。
孟轲荀况扬雄氏,当时未必皆生知。
因其钻仰久不已,遂入圣域争先驰。
既学便当穷远大,勿事声病淫哇辞。
斯文下衰吁已久,勉思驾说扶颠危。
击喑驱聋明大道,身与姬孔为藩篱。
是非丰悴若不学,慎无空使精神疲。

5. 问君平生所好

若说先有范仲淹,后有"宋初三先生",当无异议,因为范仲淹比孙复大三岁,比石介大十六岁,比胡瑗大四岁;论出名早也推范仲淹在先。

若说没有范仲淹，就没有"宋初三先生"呢？有多少人信？上面讲过了范仲淹与孙复，讲过了范仲淹与石介，现在再讲范仲淹与胡瑗，把"宋初三先生"与范仲淹的事全讲完了，再看有多少人信。

古今一说胡瑗，必提他的"苏湖教法"。何谓"苏湖教法"？又名"分斋教学法"，是胡瑗在苏州、湖州二地办学时，首创的一种新的教学法。简单说就是一改当时重辞赋的学风，转而重经义和时务。说具体点就是在学校设"经义""治事"两斋，经义斋学习经学基本理论，治事斋则以学习农田、水利、军事、天文、历算等实学知识为主，学生们一人各治一事，再兼摄一事。这就是"苏湖教法"。它在中国教育史上，第一次按照实际需要，在同一学校中实行分科教学；治民、治兵等实用学科被正式纳入官学教学体系之中，取得了与儒家经学同等的地位；并且开创了主修和辅修制度的先河。

但是，胡瑗不是在泰州华佗庙旁办的安定书院吗，怎么不创立个"泰州教法"，却先苏州后湖州，搞出个"苏湖教法"，这是怎么回事？《宋史·范仲淹传》有答案。它记载道：胡瑗在苏州"立学规良密，生徒数百"，创苏湖教法。那么，胡瑗怎么来的苏州？楼钥在《范文正公年谱》中记载："是年公（范仲淹）在苏州，奏请立郡学。先是公得南园之地，既卜筑而将居焉，阴阳家谓必踵生公卿，公曰：'吾家有其贵，孰若天下之士咸教育于此，贵将无已焉。'遂即地建学。既成，或以为太广，公曰：'吾恐异时患其隘耳。'"范仲淹知苏州，回故乡，立马就议办郡学。先在卧龙街买了一块地，原准备修建住宅。阴阳先生语出惊人，此乃风水宝地，主子孙兴旺富贵，卿相不断。范仲淹一听就改变主意，我一家子孙好算什么好，天下子孙都好那才叫真好，于是慨然献地建学。有人说这地方也太大了点吧？范仲淹说，我只怕日后还嫌它小呢。我曾在今日苏州文庙内游览，当年的大成殿、泮池等大型建筑仍保持完好，可以想见当时苏学之兴盛。好学校需好老师，请谁来掌学呢？范仲淹聘请的首任教席就是胡瑗。胡瑗这才因此来到苏州大展宏图，创立"苏湖教法"。清道光年间的《苏州府志·卷二十四》载：胡瑗来州学担任教授，吸引大量生徒，苏学越办越好，名冠东南，"天下郡县学莫盛于宋，然其始亦由于吴中,盖范文正以宅建学,延胡安定为师,文教自此兴焉"。后世这么评说好像很简略,其实刚开始,胡教授的教法尚不为人所知,尤其一些有钱有势的子弟更不听招呼,惹出不少麻烦。又是范仲淹救急,亲送大儿子范纯祐拜胡瑗为师,学校一套严格的校规校纪,由范大公子带头遵守。这么一来,没人再敢捣蛋,胡教授的"苏湖教法"得以顺利施行。这里得补上一笔,这"苏湖教法"中的"湖"是什么意思?庆历元年,胡瑗因父亲去世而丁忧在家,丧满复出,在浙江金华当了个节度推官。此时,湖州太守是范仲淹的老同学、老朋友滕宗谅,有心像范仲淹那样办好州学,便恳请胡瑗出任主讲教授。胡瑗正是在湖州这里提出"致天下之治者在人才,成天下之才者在教化,教化之所本者在学校"的至理名言,逐步完善自己的教学理念,"苏学"加上"湖学",便是后世称誉的"苏湖教法"。

且说范仲淹,大力支持胡瑗和他的"苏湖教法",在苏州这算刚开了个头。待范仲淹离开苏州回京任职后,为了推广"苏湖教法",拟出一道专折上奏皇上,题目是《奏为荐胡瑗李觏充学官》,全文不长,兹录于下:

> 臣闻臣之至忠,莫先于举士;君之盛德,莫大于求贤。泰通之朝,岂敢隐默。臣窃见前密州观察推官胡瑗,志穷坟典,力行礼义。见在湖州郡学教授,聚徒百余人,不惟讲论经旨,著撰词业,而常教以孝悌,习以礼法,人人向善,闾里叹伏。此实助陛下之声教,为一代美事。伏望圣兹特加恩奖,升之太学,可为师法。
>
> 又建昌军应茂才异等李觏,丘园之秀,实负文学,著《平土书》《明堂图》,鸿儒硕学,见之钦爱,讲贯六经,莫不赡通,求于多士,颇出伦辈。搜贤之日,可遗于草泽,无补风化。伏望圣慈特令敦遣,延于庠序,仍索所著文字进呈,则见非常儒之学。取进止。

奏表中这个李觏,也是宋学闻人,同样受恩得益于范仲淹,后面即要叙及,故在此一并引录。

由于范仲淹大力举荐，胡瑗以布衣之身进京任事，后到太学任教，声名大噪，四方士子闻风求学，搞得原来的学舍容纳不下，只好把旁边的官署扩充进来。欧阳修在《胡先生墓表》中就这么记载的："学者自远而至，太学不能容，取旁官署以为学舍。"庆历四年，范仲淹推行庆历新政，其中明确提出"复古兴学校，取士本行实"的主张，实乃庆历新政的一项重要内容。范仲淹利用自己的办学经验，提出以"苏湖教法"兴办中央太学，并以胡瑗为"国子监直讲"。宋仁宗当即御批实行，"诏下苏、湖取其法，著为令于太学"。胡瑗身价倍增，"岁余，为光禄寺丞、国子监直讲，乃居太学，迁大理寺丞，赐绯衣银鱼。嘉祐元年，迁太子中允，充天章阁侍讲，仍居太学"（欧阳修《胡先生墓表》）。范仲淹赞扬他是"孔孟衣钵，苏湖领袖"；王安石誉他为"天下豪杰魁"；苏东坡则写诗赞美说"所以苏湖士，至今怀令古"。嘉祐元年（公元1056年），范仲淹的两位门下胡瑗与孙复，共同主持太学，成为国中一时之盛。可惜此时范公已然作古四年了。

细考胡瑗的教育思想，讲"明体达用之学"，认为儒家的纲常名教是万世不变的"体"，儒家的诗书典籍是垂法后世的"文"；把体、文付诸实际，可以"润泽斯民，归于皇极"，达到民安国治，这就是"用"。体现在具体教学上，则分经义、治事二斋，治事包括讲武、水利、算术、历法等，表现了重视经世治用的特点。按照"苏湖教法"的规章制度，一般上午讲解经义，课后复读五百遍；下午讲解历史，复读一百遍；晚上讲解子书，复读三百遍。学生要参与"射箭""投壶""旅游"①和其他各项游乐活动，追求德智体全面发展。还有一处"首创"：太学实行"寄宿制"。宋代起初规定太学学生不能住宿，因为太学右侧是御书阁，防火责任特别重大，每到入夜，太学要全

---

① 这一点最值得关注，开设旅游课，连中世纪的西方大学也没有。而胡瑗则说："学者只守一乡，则滞于一曲，隘客卑陋。必游四方，尽见人情物态，南北风俗，山川气象，以广其闻见，则有益于学者矣。"他曾亲率诸弟子自湖州游关中，登上陕西潼关关门，回顾黄河抱潼关，委蛇汹涌，而太华、中条环拥其前，一览数千里，形势雄张。他慨然曰："此可以言山川矣。学者其可不见之哉！"

部熄灭火烛,实行"火禁"。胡瑗与孙复主持太学时,为了让学生有较多时间过集体生活,请求有关部门放宽"火禁",如发生意外,概由他俩负责。从此太学开始实行"寄宿制",每月放假四次,其余时间皆留校住宿。综观胡瑗包括孙复、石介等人的教育实践,我们不会看到范仲淹教育思想和实践的影子吗?不会想起应天书院、苏州府学和睢阳学派的昨天吗?范仲淹在《奏上时务书》中说:"臣闻国之文章,应于风化,风化厚薄,见乎文章……故文章之薄,则为君子之忧;风化其坏,则为来者之资。惟圣帝明王,文质相救,在乎己,不在乎人。《易》曰:'穷则变,变则通,通则久。'亦此之谓也。伏望圣慈与大臣,议文章之道,师虞夏之风。况我圣朝千载而会,惜乎不追三代之高,而尚六朝之细。然文章之列,何代无人;盖时之所尚,何能独变。大君有命,孰不风从,可敦谕词臣,兴复古道,更延博雅之士,布于台阁,以救斯文之薄,而厚其风化也,天下幸甚。"不就是后来胡瑗论教说"国家累朝取士,不以体用为本,而尚声律浮华之词,是以风俗偷薄……尤病其失"的思想来源吗?学者漆侠先生说,当范仲淹提出"救文弊"时,比以后尹洙、欧阳修、石介等投入古文运动至少要早十年,同样比胡瑗的"苏湖之法"也要早十年。胡瑗特作《睢阳五老图》,不就是一种最好的证明吗?诗曰:

> 始同优烈晚同闲,五福俱全戴角冠。
> 典午山河遵大道,调元宗社对穹桓。
> 羌夷谁敢窥中夏,朝士猜疑畏岁寒。
> 肱股赓歌遗韵在,惟吾后进祇膺看。

"大道","大道",从范仲淹到"宋初三先生",他们所遵从的大道,不就是"三代之治"吗?而范仲淹早在应天书院求学时,便已然学接三代,气贯千古了。他生前死后为朝野士林所敬重,被奉为"一世之师",是北宋前期儒学复兴运动"卓冠群贤"的领袖……绝不是浪得虚名!

现在说说李觏。李觏也是北宋时期一名了不起的教育家、思想家和诗人，其独特的学术成就或者不亚于"宋初三先生"。他比范仲淹整整小二十岁，字泰伯，江西抚州南城县人，家世寒微，自称"南城小民"。他十四岁时父亲去世，母亲"垦阅农事，夜治女功"，供儿子向学读书。李觏十七岁始出外游学，二十岁以后，文章渐享盛名，在家乡盱江边创办了盱江书院，故世称"李盱江"，学界则通称其为盱江先生。这里有个有趣的现象，像"宋初三先生"一样，李觏虽然自小聪颖好学，智商极高，但科场不利，考一次落榜一次，以至于蹉跎半生，以教书为生，空负大才而不售。最后他们都是遇到范仲淹，方才一展宏图，极尽平生所学，英名流传万世。这是一种怎样的人生机缘呢！

且说李觏倾慕范公一如仰望北斗，比苏东坡的劲头一点不差，可就是没有拜见机会。直到快三十岁那年，机会终于来了。景祐三年（公元1036年），范仲淹批评吕夷简"任用私党"，落职饶州，即今天的江西鄱阳县。李觏得到这个消息，觉得范仲淹离开了繁华京都，必定多有闲暇，前去拜访或者容易受到接待。但他还是不敢贸然造次，先给范前辈写了一封声情并茂的信，内容嘛，除了要守住一个读书人最起码的自尊心之外，大概好听的话该说了都说了，用意很干脆：我要去拜访您！范仲淹当然不是那种以盛名自居、拒人于千里之外的学术权威，何况早已闻得盱江先生之名，其文也已有所拜读，岂能不热烈欢迎之？李觏喜出望外，一口气奔波五百多里路程，来见梦中范公。这一范李饶州会，有分教：范仲淹得到一位"一字师"，李觏得到一位改变命运的忘年友，中国历史得到一位大教育家，文坛得到一段千古传咏的佳话。

两人一见如故，很快无话不谈。这天，范仲淹取出一份文稿让李老弟指正，是他两年前于睦州任上写的《桐庐郡严先生祠堂记》。李觏连读三遍之后，赞叹之余，也就发起读书人的直脾气。范仲淹这篇杰作，一经问世便传诵天下，《皇朝文选》《严陵集》《五百家播芳大全文粹》《圣宋文选》《崇古文诀》《诸儒注解古文真宝后集·古文集成》《风雅遗音》……有多少选本、教科书非它不选。其尾声"云山苍苍，江水泱泱。先生之风，山高水长"，又是古来多少人耳熟能详、出口成诵的名句啊！但有多少人知道，这"先生之风"的"风"字，并非范公原意，原文其实是"先生之德"。这一个"德"改"风"，由平实转而灵动，就出自后辈李觏笔下。范仲淹不但感佩地认下这位"一字师"，而且由此引为同道知己，为彰显李觏才学于天下不遗余力。这才有了上引那道举荐奏折。"鸿儒硕学，见之钦爱，讲贯六经，莫不赡通，求于多士，颇出伦辈"之誉，既符事实，更是长者范仲淹的一片赤诚之心。李觏终于大器晚成，四十岁那年由范仲淹荐为太学助教，后升直讲，所以后世遂有"李直讲"之名。

李觏学术的独特成就，主要在两个方面。

其一，他关注军事学、战争学，研究深入，见解独到，于中深蕴其救世为民之意。他力主重兵、强兵、加强武备，但又不能穷兵黩武、扩张军备、耗散民财，要有"仁义之师"，用兵要"本末相权"，旨在安良禁暴。何谓"本末相权"？"天之制兵革，其有意乎？见其末者曰：为一人威天下，明其本者曰：为天下威一人。生民病伤，四海冤叫，汤、武之为臣，不得以其斧钺私于桀、纣。"（李觏《强兵策》）所以，应当本末兼顾，以本为先，先修其本，后行其末，不可遗末。而"强兵之策""用兵之法"，则是"必修诸内而后行诸外"。具体实行办法是"屯田之法""乡军之法"，即"兵农合一"之策。关于军队自身建设，李觏认为，关键是选择良将和训练精兵。将"视卒如婴儿，故可与之赴深溪；视卒如爱子，故可与之俱死"（《孙子兵法·地形篇》）。良将爱士养卒，爱兵如子，视兵如婴，就可以使将、兵共奔疆场，为保卫国家而置生死于度外。将在贤不可庸，兵在勇不在多。有了这样的良将、精兵，方可在战争中以一当十，战无不胜。

其二，李觏特别重视经济财政。他在《富国策》中说："治国之实，必本于财用。"治理国家的基础，是经济，是物质财富。所以，他反对把物质利益和道德原则，即"利"和"义"对立起来。李觏认识到，物质财富多寡不均的症结所在，是土地占有的不合理。为了解决土地问题，他专门写了一篇《平土书》，提出"均田""平土"的主张，引经据典，煞费苦心，是北宋时期不多见的经济论文。总的来说，在前期宋学诸子中，李觏博学通识，不拘泥于汉、唐诸儒的旧说，敢于抒发己见，推理经义，成为"一时儒宗"，四方学子前来就学者常数十百人，曾巩、邓润甫等都是他的学生。胡适先生称"李觏是北宋的一个伟大思想家。他的大胆，他的见识，他的条理，在北宋学者之中，几乎没有一个对手！……他是江西学派的一个极重要的代表，是王安石的先导，是两宋哲学的一个开山大师"。

问君平生所好，唯兴学而育人。范仲淹除呕心沥血地掌学应天书院一年多外，入仕三十七年中，无论是供职京师，还是任职地方政府，几乎都在兴学育人，实现自己欲强国富民，"必先崇学校，立师资，聚群材，陈正道"的耿耿初衷。且看事实：广德军、泰州、睦州、苏州、饶州、润州、越州、延州、邠州、杭州……范仲淹足迹所涉，教泽广被，育人无算。大中祥符八年（公元1015年），范仲淹授广德军司理参军，到任不久就在治所北面建立州学，是为他举办地方学校之始。天圣年间，范仲淹任兴化县令，虽在职一年，一边操心捍海大堤，一边也不忘在南津里沧浪亭旁修学宫，兴化县自此"学重于天下，而士得师矣"。景祐元年，范仲淹出守睦州，不到半年，州学兴起，"建堂宇斋庑"，并在富春江边修建了严子陵祠堂。康定元年（公元1040年），由于西北战事紧急，范仲淹被调往陕西，担任经略安抚副使，兼知延州，即使在这种艰难险恶的处境中，也未曾停止兴教育人，在州城东南兴建嘉岭书院，培养了如狄青、种世衡那样智勇双全的高级将领。庆历改革时，令"诸路州府军监除旧有学外，余并各令学"，还对州县学校的学生名额、管理、校舍、教授及学生入学资格等做了具体规定。各地纷纷建学，地方学校雨后春笋般涌现。仅江西一地，于庆历年间兴办的学校就有吉安府学、抚州府学、饶州府学、赣州府学、虔州府学、庐陵县学、崇仁县学、南丰县学、贵溪县学、德化县学、瑞昌县学、大庾县学、上犹县学、安远县学等，加上各种书院，共有八十一所。这主要都是范仲淹的心血与功劳！庆历新政失败后，范仲淹的个人处境极其艰难，引疾知邠州、邓州，也照样兴花洲书院，并亲自在春风堂讲学。皇祐元年，范仲淹知杭州，此时已是年逾花甲的老人了，且有病缠身，仍没有放松教育事业，给朝廷上书，强调学校教育的重要性，要求扩建杭州州学。随后，他离杭赴徐州任，未及而逝，至死其兴学之志未曾稍懈。

君之所好，国脉所系；君之所好，万民福祉；君之所好，万世垂范！

6. 义庄义学之义

在苏州，一拐进范庄前那条小胡同，沿古条石铺就的街面前行二百多米，右手就是景范中学古色古香的正门，门前右边不远处，树着一石碑，红漆涂出三个大字："范义庄"。这就是近千年前，范仲淹创办之义庄、义学所在地。景范中学所在位置即义庄旧址。从义庄、义学到景范中学的历史沿革，前文已有述及，不再重复，只说当年范氏义学。先有义庄，后有义学。义学的一切费用支出，以及"备师资束脩之礼，子弟笔札之费"等，皆来源于所置义田的收益。范氏义学的教育对象为本族适龄子弟，实行免费教育，还负担学生参加考试的费用。"诸位子弟得贡赴大比试者，每人支钱一十贯文。"这项措施的目的是"庶使诸房子弟知读书之美，有以激劝"。要说义学办得好，那得先说义庄办得好。

《宋元学案补遗》中有将《义庄规矩》收录。下面全文录出：

一、逐房计口给米，每口一升，并支白米。如支糙米，即临时加折。①

一、男女五岁以上入数。

一、女使有儿女在家及十五年、年五十以上，听给米。

一、冬衣每口一匹，十岁以下、五岁以上各半匹。

---

① 支糙米每斗折白米八升，逐月实支，每口白米三斗。

一、每房许给奴婢米一口，即不支衣。

一、有吉凶增减口数，画时上簿。

一、逐房各置请米历子一道，每月末于掌管人处批请，不得预先隔跨月分支请。掌管人亦置簿拘辖，簿头录诸房口数为额。掌管人自行破用或探支与人，许诸房觉察，勒赔填。

一、嫁女支钱三十贯，再嫁二十贯。

一、娶妇支钱二十贯，再娶不支。

一、子弟出官人每还家待阙、守选、丁忧，或任川、广、福建官留家乡里者，并依诸房例给米、绢并吉凶钱数。虽近官，实有故留家者，亦依此例支给。

一、诸房丧葬：尊长有丧，先支一十贯，至葬事又支一十五贯；次长五贯，葬事支十贯；卑幼十九岁以下丧葬通支七贯；十五岁以下支三贯；十岁以下支二贯；七岁以下及婢仆皆不支。

一、乡里、外姻亲戚，如贫窘中非次急难，或遇年饥不能度日，诸房同共相度诣实，即于义田米内量行济助。

一、所管逐年米斛，自皇祐二年十月支给逐月糇粮并冬衣绢。约自皇祐三年以后，每一年丰熟，椿留二年之粮。若遇凶荒，除给糇粮外，一切不支。或二年外粮有余，却先支丧葬，次及嫁娶。如更有余，方支冬衣。或所余不多，即凶吉等事众议分数均匀支给。或又不给，即先凶后吉；或凶事同时，即先尊口后卑口；如尊卑又同，即以所亡所葬先后支给。如支上件糇粮吉凶事外，更有馀羡数目，不得粜货，椿充三年以上粮储。或虑陈损，即至秋成日方得粜货，回换新米椿管。

右，仰诸房院依此同共遵守。皇祐二年十月日，资政殿学士、尚书礼部侍郎、知杭州事范押。

皇祐元年，七月，六十一岁的范仲淹赴杭州任，路过故乡苏州，与二哥范仲温商议办义庄之事,目的是赈济宗族、造福子孙。十月,义庄办成,置有上等好地一千二百亩,其中二百亩即苏州城内灵芝坊故宅地,一千亩在天平山附近,以每年所收赈济宗族之贫困者。第二年,皇祐二年九月,其兄范仲温亡故,范仲淹为之作墓志铭。十月,他拟出这份《义庄规矩》,以便更好地管理义庄。

由此,范仲淹成为历史上首创义庄者。这纯粹是一种慈善事业,非范仲淹这样的心胸不能首创,乃其天性必然。正如欧阳修在《资政殿学士户部侍郎文正范公神道碑铭》中所说:"公为人外和内刚,乐善汎爱。……临财好施,意豁如也。及退而视其私,妻子仅给衣食。"富弼也在《范文正公仲淹墓志铭》中说:"公天性喜施与,人有急必济之,不计家用有无。既显,门中如贫贱时,家人不识富贵之乐。每抚边,赐金良厚,而悉以遗将佐。在杭,尽余俸买田于苏州,号义庄,以聚疏属。而敛无新衣,友人醵资以奉葬。诸孤亡所处,官为假屋韩城以居之。《遗奏》不干私泽,此益见其始卒志于道,不为禄位出也。"再有楼钥在《范文正公年谱》中转引《宋名臣言行录》云:"公在杭,子弟以公有退志,乘间请治第洛阳,树园圃,以为逸老之地。公曰:'人苟有道义之乐,形骸可外,况居室乎?吾今年逾六十,生且无几,乃谋树第、治圃,顾何待而居乎?吾之所患,在位高而艰退,不患退而无居也。且西都士大夫园林相望,为主人者莫得常游,而谁独障吾游者?岂必有诸己而后为乐耶?俸赐之余,宜以赒宗族。若曹遵吾言。毋以为虑。'"范仲淹本人在《告子弟书》中则这样剖白:"吾吴中宗族甚众,于吾固有亲疏,然吾祖宗视之,则均是子孙,固无亲疏也。苟祖宗之意无亲疏,则饥寒者吾安得不恤也?自祖宗来,积德百余年,而始发于吾,得至大官。若独享富贵而不恤宗族,异日何以见祖宗于地下,今何颜以入家庙乎?"

这《义庄规矩》,后来由范仲淹次子范纯仁刻石存世,立于苏州天平山白云寺范仲淹祠堂之侧,要求"子子孙孙遵承勿替"。范纯仁两度出任宰相,官做得比父亲还大,俸禄也多,大多投入义庄事业,把义田增至三千亩。《宋史·范纯仁传》说他"自为布衣至宰相,廉俭如一,所得奉赐,皆以广义庄"，不光投资大，于义庄经营分心也最多。宋英宗治平元年（公元1064年），父亲范仲淹去世十二年后，范纯仁特为义庄之事题本上奏，说："今诸房子弟有不遵规矩之人，州县既无敕条，本家难为申理，五、七年间，渐至废坏，遂使饥寒无依。伏望朝廷特降指挥下苏州，应系诸房子弟有违规矩之人，许令官司受理。"英宗立马下旨照办，使范仲淹首创之义庄继续健康运转。为范仲淹作《范文正公年谱》的楼钥，还写过一篇《范氏复义宅记》，其中写道："文正公少长北地，皇祐中守杭，始至故乡，访求宗族，买田千亩，作义庄以赡之。宅有二松，名堂以'岁寒'，阁曰'松风'。因广其居，以为义宅，聚族其中，义庄之收亦在焉。……呜呼！文正公奋身孤藐，未尝赖宗人毫发之力。既达，则阖族受解衣推食之恩。天佑范氏，三子鼎贵，皆以宏才高谊上继父风，后人得维持凭借，以保其家。"这里提到的岁寒堂和松风阁，如今在景范中学还能找到遗迹。当年范仲淹为此特别写过《岁寒堂三题》，诗前配有小序，颇能注解他兴办义庄、义学时的心迹。

其序曰：

尧舜受命于天，松柏受命于地，则物之有松柏，犹人之有尧舜也。是故圣人观有心而制礼，体后凋以辨义。丁公神遇，鉴寐形焉；陶相真栖，风韵在矣。前言往行，岂徒然哉！吾家西斋仅百载，二松对植，扶疏在轩，灵根不孤，本枝相茂，卓然有立，俨乎若思。霜霰交零，莫能屈其性；丝桐间发，莫能拟其声。不出户庭，如在林壑。某少长北地，近还平江。美先人之故庐，有君子之嘉树。清阴大庇，期于千年，岂徒风朝月夕为耳目之资者哉！因命其西斋曰岁寒堂，松曰君子树。树之侧有阁焉，曰松风阁。美之以名，居之斯逸。由我祖德，贻厥孙谋。昆弟云来，是仰是则。可以为友，可以为师。持松之清，远耻辱矣；执松之劲，无柔邪矣；禀松之色，义不变矣；扬松之声，名彰闻矣；有松之心，德可长矣。念兹在兹，我族其光矣。子子孙孙，勿剪勿伐。惟吾家之旧物，在岁寒而后知。天地怜其材，而况于人乎！作诗纪之，以永长也。

《岁寒堂三题其一·岁寒堂》

我先本唐相，奕世天衢行。
子孙四方志，有家在江城。
双松俨可爱，高堂因以名。
雅知堂上居，宛得山中情。
目有千年色，耳有千年声。
六月无炎光，长如玉壶清。
于以聚诗书，教子修诚明。
于以列钟鼓，邀宾乐升平。
绿烟亦何知，终日在檐楹。
太阳无偏照，自然虚白生。
不向摇落地，何忧岁峥嵘。
勖哉肯构人，处之千万荣。

《岁寒堂三题其二·君子树》

二松何年植，清风未尝息。
天矫向庭户，双龙思霹雳。
岂无桃李姿，贱彼非正色。
岂无兰菊芳，贵此有清德。
万木怨摇落，独如春山碧。
乃知天地威，亦向岁寒惜。
有声若江河，有心若金璧。
雅为君子材，对之每前席。
或当应自然，化为补天石。

《岁寒堂三题其三·松风阁》

　　此阁宜登临，上有松风吟。
　　非弦亦非匏，自起箫韶音。
　　明月万里时，何必开绿琴。
　　凤皇下云霓，锵锵鸣中林。
　　淳如葛天歌，太古传于今。
　　洁如庖义易，洗人平生心。
　　安得嘉宾来，当之共披襟。
　　陶景若在仙，千载一相寻。

　　屈指算来，花甲开外，且喜"灵根不孤，本枝相茂"，人之将老，还能做点什么呢？此时的范仲淹会这么想吧。"由我祖德，贻厥孙谋"，还是多为后代子孙谋福祉吧。什么最宝贵呢？不如留下尧舜之心、松柏之志，只有这些精神财富，才"淳如葛天歌，太古传于今。洁如庖羲易，洗人平生心"。怎样才能达到这样的目的呢？你说，除了兴学育人之外，还有更好的路子吗？范仲淹身体一直不怎么好，如今六十开外，哥哥的死又使他悲及己悲，也许自觉来日无多，这就抓紧创办义庄、义学，如今如愿以偿，夜坐岁寒堂，月下清风过二松，松风阁上松风吟，想想"前言往行"，"有声若江湖，有心若金璧"，自己是问心无愧的。只是化作"补天石"的雄心壮志，到底难酬啊！……这一切的一切，就只好指望子孙来者了！

　　拿出自己的俸禄做慈善之事，在范仲淹之前不是没有人做过。《汉书·朱邑传》说朱邑"身为列卿，居处俭节，禄赐以共九族乡党，家亡余财"；《后汉书·任隗传》说任隗"所得俸秩，常以赈恤家族，收养孤寡"。但像范仲淹这样设立义庄、义学，成为定制，且有义田收入为不竭的资金，成为一种社会慈善范式，绵延彰显几达千年，确是空前大手笔。这对后世影响深远而广大。在教化族众、安定社会、优化风尚和普及基础教育方面，多有贡献。北宋朝廷一直加以肯定和嘉奖，"朝旨以义庄义学有补世教、申饬攸司、禁治烦扰，常加优恤"。各级朝廷官吏和士大夫们也纷纷效仿，置办义田、义庄、义学蔚然成风。当代学者孙庆在《范氏义庄制度新探》一文中，甚至评价说："范氏义庄不仅开创了宋代赈济、福利制度的先河，也成为我国近代扶贫事业的开端。范氏义庄能存在八九百年，并且逐步发扬光大，这也是其他任何义庄或家族所无法比拟的。我个人认为，范氏义庄已经完全超出了一般意义上的赈济扶贫，其制度具有崭新的现代性。"当然，见仁见智，各有所说。也有学者认为范氏义庄之设，是与"立宗子法和强化地主家族、稳定封建统治联系在一起的"，因而"助长兼并之风，对农业经济有不良的影响"（学者陈荣照《范仲淹研究》）。这样的学术论争不但是正常的，而且是必须的，理应继续下去。但我在这里要强调的是，范仲淹创办义庄、义学的初衷，或者说主观愿望，那是无可挑剔的，其用心出乎天性，发乎尧舜；其义举成乎恒志不移，得乎节俭无私。尤其这节俭无私，理应再予展示。

《宋史·范仲淹传》称："虽贵，非宾客不重肉。妻子衣食，仅能自充。"《宋名臣言行录》记载一个小故事："公子纯仁娶妇将归，或传妇以罗为帷幔者，公闻之不悦曰：'罗绮岂帷幔之物耶？吾家素清俭，安得乱吾家法？敢持归吾家，当火于庭。'"二儿子范纯仁取的王氏，可是个大家闺秀，伯祖父王旦为真宗朝名相，父亲王质乃范仲淹挚友，两人交情深且殊，后文还要细说。但是面对奢华，范仲淹就是这么不通融。父严子孝。范仲淹的四个儿子都出乎其类拔乎其萃，特别在坚持办好义庄、义学方面，皆可圈可点。由此以降，范氏门风累代不衰。就以办义庄、义学论，南宋宁宗庆元、嘉定年间，范仲淹五世后裔范之柔与兄弟范良器等，重整义庄，恢复了兵火劫余的义庄原貌。明末范允临捐助田地一百亩，清初范瑶捐助田地一千亩等，范氏子孙代有劳绩。一直到清末宣统年间，义庄仍据有田产五千三百亩，运作良好。今日范氏后裔，香港范止安先生于1997年捐资创办"景范教育基金会"，在内地贫困地区建设"景范希望小学"五十余所，在多所大学设立"奖助学金"，帮助贫困学生，鼓励优秀学生，大有其祖风范。

据说宋代官俸颇为丰厚。可能那时男人也是钱多了就变坏，吃喝游乐，生活奢侈成风。欧阳修在《归田录》中说名相寇准："公尝知邓州，而自少年富贵，不点油灯，尤好夜宴剧饮，虽寝室亦燃烛达旦。每罢官去后，人至官舍，见厕溷间烛泪在地，往往成堆。"叶梦得在《避暑录话》中说"宰相词人"晏殊："惟喜宾客，未尝一日不燕饮，而盘馔皆不预办，客至旋营之。顷有苏丞相子容尝在公幕府，见每有嘉客必留，但人设一空案一杯。既命酒，果实蔬茹渐至，亦必以歌乐相佐，谈笑杂至。数行之后，案上已灿然矣。稍阑，即罢遣声乐，曰：'汝曹呈艺已遍，吾当呈艺。'乃具笔札，相与赋诗，率以为常。"连寇准、晏殊这样有"正名声"的"好宰相"，尚且如此奢侈，其他达官显贵的生活状态则可想而知。在这个背景下再看范仲淹，其清简节俭，真到了抠门的程度。据说，范仲淹临睡前有一必做功课，心里默算全家今日之支出费用，觉得与所做事情相称，才能安心入眠，否则，睡不着。你说他真抠门吧，那义庄、义学要花他多少钱啊！

我们不去争论，理应大力发扬光大的，应该是这个！

第四章 三次碰撞

1. 碰撞解

范仲淹一生遭遇三次贬官，在我看来，他是三次碰撞失败。

前一章开头说，"范公堤"、《上执政书》、应天书院兴学，这三件非常事功让他声动朝野，名满天下，由一名地方小官员一举登上中央政坛。真可谓"好风凭借力，送我上青云"。现在我要接着说，青云虽有路，庙堂多风险。范仲淹步入权力中心之日，就是他开始碰撞之时。那么，他跟谁碰撞？是一种什么样的碰撞？怎么碰撞？这得好好说说。

在中国传统庙堂之上，站着两班人。这里说的，可不是一班文臣一班武将的那两班人，而是从政治、思想、道德层面划分的两种人：志于道的忠臣或曰君子儒，志于禄的佞臣或曰小人儒。

这里志于道的"道"，既不是老子用以说明世界本原、本体、规律或原理的道，也不是佛家所述的不堕极端、脱离二边的中道，而是源自三代、成于春秋的孔孟之道,也就是第二章中所列说的顺天理、从人情的"天人合一"之道,即《礼记·礼运》篇所说的"大道之行也,天下为公"之道;就是"以道事君,不可则止","君使臣以礼,臣事君以忠","民为重,君为轻,社稷次之"之道;就是"朝闻道,夕死可矣","士以天下为己任","天下兴亡,匹夫有责","腰无半文,心忧天下","君以国士待我,我当以国士报之"之道;就是"大丈夫行事,论是非,不论利害;论顺逆,不论成败;论万世,不论一生","贫贱不能移,富贵不能淫,威武不能屈"之道;一句话,即士君子之道。志于道者,高居庙堂,心系天下苍生,人生是为道统活着,是根据这种士君子之道来事君为官的,是以一种"帝王师"的人格标准示范天下的。他们一旦与暴君、昏君们发生冲突,则敢于挺身而出,面折廷争,冒死直谏,根本不顾自己的荣辱利害、身家性命,叫作"三军可夺帅也,匹夫不可夺志也","虽九死其犹未悔"!志于道者,此之谓也。

而那一班志于禄者则不然,他们痴迷地信奉"普天之下,莫非王土;率土之滨,莫非王臣","学得文武艺,货于帝王家"。他们对于士君子之道未必不懂,但宁可背弃也要帮着皇上维护统治;他们是功利主义者、实用主义者、机会主义者,居于庙堂之上,唯皇上马首是瞻,灵魂扔进茅厕,脑袋别在腰里,脖子安着转轴,只用舌头混饭吃;只要能博得高官显爵、荣华富贵、封妻荫子,或者能避免既得利益受到损害,他们可以奉迎皇上、指鹿为马,可以给皇上报喜不报忧,可以"该出手时就出手",毫不犹疑地打压甚至残害皇上不喜欢的一切人,搅和甚至毁掉皇上不喜欢的一切事;他们热衷并擅长的是权谋、权术,是营造帝王文化的参与者,是封建统治的执行者;与士君子碰撞时,则是噬咬士君子的鹰与犬。志于禄者,此之谓也。

总的来说,志于道者体现着、代表着中国的士君子文化,也就是道统文化;志于禄者则体现着、代表着中国的帝王文化,也就是统治文化。你想想,一个庙堂之上,同时站着代表两种不同文化的两班人,道不同不相为谋,能不碰撞吗?

前文说过,历史上,最早提出"与士大夫共治天下"的帝王是汉高帝刘邦，他似乎想减少这种"碰撞"。这个布衣皇帝曾颁诏说："今天下贤者智能，岂特古之人乎？患在人主不交故也，士奚由进？今吾以天之灵，贤士大夫定有天下，以为一家，欲其长久，世世奉宗庙亡绝也。贤人已与我共平之矣，而不与吾共安利之，可乎？贤大夫有肯从我游者，吾能尊显之。布告天下，使明知朕意。"曹操在其《求贤令》中也说："自古受命及中兴之君，曷尝不得贤人君子与之共治天下者乎？"北魏孝文帝拓跋宏也有诏说："今牧民者，与朕共治天下也。宜简以徭役，先之劝奖，相其水陆，务尽地利。使农夫外布，桑妇内勤。"这是少数几个"明君"的主观愿望，宋代皇帝更迫切点，特别提出宰相必须用读书人，要与贤大夫共治天下，都制定成了国策，超出了之前之后的任何封建王朝，叫作"三王所不及，五帝所难行"。但是，必须明确、不能忘记的是，作为帝王文化的总代表，作为统治总裁，每一个皇帝的骨子里都是唯我独尊的，是容不得任何形式的"共治"的，这是皇帝和封建专制制度的本性、天性，就连伟大的宋朝的皇帝们也概莫能外。以大宋开国宰相之一的赵普为例，他跟赵太祖赵匡胤的哥们儿关系多铁？为赵氏家族和大宋江山做出的贡献多大？可人家与他"共治"了吗？人家不但不跟他"共治"，只要他稍来点"碰撞"，来点士君子脾气，照样收拾他。只有范仲淹的老祖宗范蠡老先生聪明绝顶，不信勾践的鬼话，什么事成之后分给他一半江山，骗谁呢？骗文种去吧！范蠡带上美女西施远走高飞了！所以，从秦始皇之后，在帝王文化为主色调的大背景下，皇帝们与士君子们"共治"天下的现象极少，不能说没有，但那都是特定的、虚假的、暂时的、不可信以为真的事。而碰撞，那种源远流长、生生不息、历史空间日趋逼仄而永不言败的士君子文化，与日渐强势的帝王文化的碰撞，具体表现为忠臣与皇帝及其佞臣的碰撞，则是一种伟大的常态。

于是，这就决定了，以士君子文化武装起来的范仲淹，不管伟大宋朝的政治氛围多么宽松，他与庙堂碰撞的局面，是事属必然的。

令人惊讶的是，这个"两班人"的说法，千年之前就有人说过，而且就是范仲淹提出的。他在《上资政晏侍郎书》中说："夫天下之士有二党焉。

其一曰，我发必危言，立必危行，王道正直，何用曲为？其一曰，我逊言易入，逊行易合，人生安乐，何用忧为？斯二党者，常交战于天下。天下理乱，在二党胜负之间尔。"志于道者为一党，志于禄者为一党，诚不虚也！关于这"朋党"之说，后文还要展开探讨。

2．晏殊受惊

天圣六年（公元1028年），四十岁的范仲淹丁忧除服，可以名正言顺地返回官场做事了。他经晏殊推荐，荣升秘阁校理。前文交代过，这个职务品级不算高，但地位优越，不但可以经常见到皇帝，而且能够与闻不少朝廷大事，做好了，就踏上了一条飞黄腾达的捷径。

关于晏殊这一回推荐范仲淹，有个细节值得注意——晏殊是在别人提醒之下才予以推荐的。据楼钥的《范文正公年谱》记载，宰相王曾特别看重范仲淹，"见而伟之"，就对已经回到枢密府的晏殊说，不是得选个秘阁校理吗？"公知范仲淹，舍而他荐乎？"意思就是，你晏殊是了解范仲淹的，除了他还有更好的人选吗？于是，晏殊这就上了一道非常得力的奏表，后世多为传美，录出为妙：

> 臣伏以先圣御朝，群才效用，惟小大之毕力，协天人之统和。凡有位于中朝，愿荐能于丹宸，不虞进越，用广询求。臣伏见大理寺丞①范仲淹，为学精勤，属文典雅，略分吏局，亦著清声。前曾任泰州兴化县，兴海堰之利。昨因服制，退处睢阳，日于府学之中观书肆业，敦劝徒众，讲习艺文。不出户庭，独守贫素，儒者之行，实有可称。云云。欲望试其词学，奖以职名，庶参多士之林，允洽崇丘之咏。

---

① 范仲淹三十六岁时曾经短暂任过是职。

晏殊两荐范仲淹,范仲淹对此非常感激,一生对年龄比自己小的晏殊执弟子礼甚恭,诚心待之以师长之礼,这一点也特别让后人敬重。但师礼是一回事,国事又是另一回事,范仲淹公私分明,绝不徇情。这不,刚刚调回中央机关工作,所处职位又这么优越,只要小心经营,晋升指日可待。可他一点儿也不珍惜这难得的机遇,很快就干出一件大事,吓得晏殊心惊肉跳。

事情是这样的:

宋仁宗已年满二十岁,即位也已经六七年,但朝中大权依然掌在六十多岁的刘太后手中,大到军政大事,小到皇家细故,都由刘太后说了算,旁人不得违误。刘太后曾发话:今年冬至这天,皇儿呀,你和文武百官一起,在会庆殿给我搞个仪式,叩头庆寿。宋仁宗哪敢违拗?只好俯首答应。这刘太后咋就这么厉害呢?就这么厉害。她名叫刘娥,据说她妈庞氏生她时,一轮明月入怀,就生下了她。刘娥很小时,父亲战死疆场,母亲带她回了娘家。刘娥十三岁时,外祖父家草草将她嫁给了一个叫龚美的小银匠。为了谋生,小两口离开蜀地来到京城汴梁打工,最困难的时节,刘娥顾不得害羞,毅然抛头露面,击鼗挣钱。这鼗是什么样儿?长长的柄,鼓身两边缀有两个很灵活的小耳朵,执柄摇动时,两耳双面击鼓作响,俗称拨浪鼓。这能挣几个钱?小两口日子过得紧巴巴的。龚美脑瓜灵活,很快就结交了一个朋友张耆。张耆虽是个仆人,可不是个寻常仆人,他是襄王爷跟前的人。襄王爷是谁?便是后来的宋真宗赵恒——大宋朝的第三位皇帝。张耆见刘娥貌美,将其推荐给襄王爷;龚美则谎称刘娥是他的表妹。就这样,刘娥进了王府,成了襄王爷的情人,两人好得如胶似漆。这事很快露馅,被赵太宗赵光义知道了,气得臭骂儿子一顿,还下令把"出身低贱,来历不明"的刘娥赶出王府。赵恒还挺不忘情,悄悄让张耆把刘娥领回家中好生照看,他们私下里频频幽会。至道三年(公元997年),太宗薨,赵恒即位,成了宋真宗,立马就把"小情人"(此时刘娥已然三十六岁)接回宫中,封为四品美人。到了大中祥符五年(公元1012年),刘娥已贵为德妃,离皇后的宝座仅一步之遥了。这年的十二月二十四日,四十四岁的刘娥正式被封为大宋皇后。刘娥产下一龙子①，就是宋仁宗赵祯。不过，刘娥真正不同凡响之处在于，她意识到光凭美色是不能长久取悦男人的，自幼就刻苦自学，读书认字，坚持不懈，尤其"被坚壁"在张耆家那漫长的十五年里，她发奋恶补文化，除博览群书之外，还研习琴棋书画，终有大成。今次入宫之后，虽说徐娘半老，不仅风情不减当年，更能为皇上排忧解难，出主意时引经据典，条分缕析，真成了皇帝的贤内助。据说宋真宗驾崩前的那段日子，行施皇权者就是刘皇后。难怪她掌权上瘾，怎么也不想交给已经成年的儿子。

面对这么个既成现实，连损益最大的宋仁宗都不敢说什么，满朝文武就更无人置喙了。谁也没想到，此时却蹦出个"官微言轻"的范仲淹。晏殊不是夸范仲淹"属文典雅"吗？范仲淹便来了一篇雅文：

  臣闻王者尊称，仪法配天，故所以齿辂马、践厩刍尚皆有谏，况屈万乘之重，冕旒行北面之礼乎？此乃开后世弱人主以强母后之渐也。陛下果欲为大宫履长之贺，于闱掖以家人承颜之礼行之可也；抑又慈庆之容御轩陛，使百官瞻奉，于礼不顺。

听范仲淹这口气，虽位卑人微，却俨然一副帝王师派头：这事我可得出来说说了，皇上你想给太后祝寿，以尽孝道没错，你可以在你们皇家内廷去搞；你要带上文武百官在会庆殿这么搞，将会开个非常不好的头。你不能这么搞，这不合古礼呀！刘娥还算有涵养，心想：反正你小小范仲淹也挡不住我的事，就不计较了，表面上装作不当一回事。这是天圣七年（公元1029年）冬天的事。

皇太后假装不当回事，范仲淹可不放过。刚过完年，他又紧接着上了一道奏折，题目就极为要命——《乞太后还政奏》：

  陛下拥扶圣躬，听断大政，日月持久。今上皇帝春秋已盛，

---

① 有说是抱养李妃的。

睿哲明圣，握乾纲而归坤纽，非黄裳之吉象也。岂若保庆寿于长乐，卷收大权，还上真主，以享天下之养？

这是在"乞太后"吗？等于给太后发最后通牒。意思无外乎就是："皇上年轻有为，你掌实权他顶空名，这可不是什么吉祥事。你老人家掌权太久了，赶快把它交给皇上，自己好好保养，享享清福多活几年，不挺好？"

范仲淹一连作两篇"雅文"，可把晏殊吓坏了。他把范仲淹叫来大加责难：范仲淹呀范仲淹，你怎么回事？在哪儿祝寿，还不还政，这是人家皇家的事，皇上都不吭声，你犯什么倔呀？满朝文武谁心里不清楚，可谁站出来了？没人。就你独个跳出来。你听到议论了吗？说你"非忠非直"，不过是"好奇邀名"罢了。你想干什么、你怎么想，我管不着；可你也得替我想想呀，我好心推荐你，你这不是要连累我、害我吗？……这话说得可就重了。范仲淹想辩白几句，晏殊不让，"勿为强辩，某不敢犯大臣之威"，所以你走吧。前面说过晏殊的为人为官之道，公忠谋国，豁达大度，待人以诚，唯材是举，是他优秀的一面。另一面呢，则中庸之气稍重，处事圆通，不是那种不避风险、敢于担当的人，关键时候总会折中乃至折节。晏殊的双重性格，在后来的庆历新政期间，表现尤为明显。连他的门生欧阳修有时都看不下去，在后来的"挽辞"中这样说尊师："富贵优游五十年，始终明哲保身全。"这是后话，我们后说。

范仲淹这边，他以师礼待之的晏殊，居然这么不理解他，责难他，抱怨他，还拒绝沟通，他有点想不通。他觉得，事关大是大非，自己受点委屈不要紧，但道理一定得说明白，于是，立马给晏殊写了一封长长的《上资政晏侍郎书》，近四千字，这篇幅在古代真不短。其文非常精彩，推心置腹，引古比今，颇见心地胸襟。限于篇幅，只能摘录其片段：

天圣八年月日。具衔范某，谨斋沐再拜，上书于资政侍郎阁下……

退而思之,则自疑而惊曰:当公之知,惟惧忠不如金石之坚,直不如药石之良,才不为天下之奇,名不及泰山之高,未足副大贤人之清举。今乃一变为尤,能不自疑而惊乎!且当公之知,为公之悔,倘默默不辨,则恐缙绅先生诮公之失举也。如此,某何面目于门墙哉!请露肝膂之万一,皆质于前志,非敢左右其说,惟公之采择,庶几某进不为贤人之疑,退不为贤人之累,死生幸甚!死生幸甚!

某天不赋智,昧于几微,而但信圣人之书,师古人之行,上诚于君,下诚于民。……若以某好奇为过,则伊尹负鼎,太公直钓,仲尼诛侏儒以尊鲁,夷吾就缧绁而霸齐,蔺相如夺璧于强邻,诸葛亮邀主于敝庐,陈汤矫制而大破单于,祖逖誓江而克清中原,房乔仗策于军门,姚崇臂鹰于渭上,此前代圣贤,非不奇也,某患好之未至尔。若以某邀名为过,则圣人崇名教而天下始劝。庄叟云:"为善无近名。"乃道家自全之说,岂治天下者之意乎!名教不崇,则为人君者谓尧舜不足慕,桀纣不足畏;为人臣者谓八元不足尚,四凶不足耻,天下岂复有善人乎!人不爱名,则圣人之权去矣。《经》曰"立身扬名",又曰"善不积,不足以成名",又曰"耻没世而名不称",又曰"荣名以为宝"。是则教化之道无先于名,三古圣贤何尝不著于名乎!某患邀之未至尔。……

先王制礼之心,非万世利,则不行焉。或五帝不相沿乐,三王不相袭礼,此何泥于古乎?某谓礼乐等数,沿革可移,帝王名器,乾坤定矣,岂沿革可言哉!若谓某不知圣人之权,则孔子何以谓晋文公谲而不正,以臣召君,不可以训?《书》曰"天王狩于河阳",是讳其权而正其礼也,岂昧于权哉!小臣昧死力言,大臣未能力救。苟诚为今日之事,未量后代之患,岂小臣之狂言,大臣之未思也!某天拙之效,不以富贵屈其身,不以贫贱移其心。倘进用于时,必有甚于今日,庶几报公之清举。如求少言少过自全之士,则滔滔乎天下皆是,何必某之举也?……倘以某远而尽心,不谓之忠;言而无隐,不谓之直,则而今而后未知所守矣!

惟公察某之辞,求某之志,谓尚可教,则愿不悔前日之举,而加平生之知,使某罄诚于当时,垂光于将来,报德之心,宜无穷已。倘察某之志,如不可教,则愿昌言于朝,以绝其进。前奏既已免咎,此书尚可议责。使黜之辱之,不为贤人之累,则某退藏其身,省求其过。不敢以一朝之责,而忘平生之知,报德之心,亦无穷已。……干犯台严,不任战惧之至。不宣。某再拜。

晏侍郎啊晏侍郎!我范仲淹"不以富贵屈其身,不以贫贱移其心",假如朝廷重用我,我会比今天做得更好,肯定不枉你举荐一场;假如你喜欢那种"少言少过自全之士,则滔滔乎天下皆是",志于禄者满世界都有,你又何必举荐我呢?

真是一篇志于道者的雄文!

范仲淹初为秘阁校理,即敢言无畏,自然绝非"好奇邀名",乃道根深厚,有所凭恃,正如俗语所说"艺高人胆大"。早在应天书院时,他就写过《礼义为器赋》和《大礼与天地同节赋》。在《礼义为器赋》中有言:"礼义交举,圣贤是崇。""助政教而可大,贯古今而不坠。""岂不以为君之柄也,非礼何持?立人之道也,惟义是资。""今国家稽古不忘,宣风遐被,其礼也同二仪之节,其义也正四方之志。覆万国而无疆,通大道之不器。"在《大礼与天地同节赋》中有言:"惟大礼之有节,同二仪而可详。其大也,通庶汇之伦理;其节也,著万化之纪纲。""稽彼前经,察兹大礼,其始则生乎太一,其极则至乎无体。能长且久,定上下而不逾;原始要终,与刚柔而并启。观乎施为,人纪张,作国维。""大哉!覆载之中,其礼周通。龙泳而鳞虫咸附,凤翔而羽族来同。制作从时,赋群形而有度;周旋在我,运四序而无穷。国家乐导至和,礼崇大节。统今古而咸备,与乾坤而并列。有以见圣人节,而天下宁知大礼之攸设。"是呀,范仲淹心中早明"前经"与"大礼",

守定了前贤之道，碰到什么问题看不清呢？看不清的倒是仁宗娘儿俩，还有晏侍郎和诸多志于禄者。

范仲淹等了好久，不见宫中有动静，知道自己人微言轻，伤感之余便打报告要求下放。这回朝廷的反应倒快得出奇，诏下，贬范仲淹任河中府通判，时年四十一岁。通判是个副职，辅助知州或知府处理政务，凡兵民、钱谷、户口、赋役、狱讼等州府公事，须通判连署方能处置生效，并有监察官吏之权，号称"监州"。按说这个职权比秘阁校理还大些，可见宋代朝廷对贬官的政策还是比较宽大的。

范仲淹的可贵之处在于，他这么卫道时，根本不考虑后果怎样：你把我贬官也好，还是杀头坐牢也好，那是你们的事。我相信，像范仲淹这种传统士君子，如果活在明清时代，也是如方孝孺、杨深秀一类的刚烈志士。表面看来，会庆殿的祝寿活动照办不误，刘太后也照样大权独揽，范仲淹"碰撞"一回有什么用？其实不然，事未成而精神不倒，才更可贵。这不，朝廷刚把他贬出京城，他又送奏折上去了，碰撞这才刚刚开了头呢！就在河中府极短的贬官任上，范仲淹针砭时弊，连上了《论职田不可罢》《奏减郡邑以平差役》《谏买木修昭应寿宁宫奏》几道折子。听他说话的口气，哪像个贬官？分明还是一副"帝王师"派头，不信看一下《论职田不可罢》。所谓职田，是中国古代一种养廉举措，按官职品级授予官吏作为俸禄的土地，施行于西晋至明初，曾称菜田、禄田、职公田、职分田等。宋真宗咸平二年（公元999年），朝廷沿袭唐制复置职田，但只授予外任官。范仲淹在任上发现了问题，所以上奏道：

> 真宗初赐职田，实遵古制，盖大赉于多士，俾无蠹于生民。无厌之徒，或冒典宪，由滥官之咎，非职田之过。若从而废罢，则吏困于廉；收而均给，则民受其弊。天下幕职、州县官、三班使臣俸微禄薄，全借职田济赡，其无职田处，持廉之人例皆贫窘。囊时士员尚少，凡得一任，必五六年方有交替，到阙即日差除，

复便请给。当时条例未密，士寡廉隅，虽无职田，自可优足。今物贵，与昔不同，替罢之后，守选待阙，动逾二年。官吏衣食不足，廉者复浊，何以治化？天下受弊，必如臣言。乞深加详斟，不以一时之论，废经远之制，天下幸甚！

假如是一个志于禄的贬官，由中央下放到地方，前途未卜，肯定委屈而消沉，管什么"廉者复浊""民受其弊"，职田废不废与我无关。这就衬出范仲淹的"不事王侯，高尚其事"（《周易·蛊》）。当秘阁校理时志于道，现在虽作为贬官同样志于道，那种事我要管，这种事我也照样要管。皇上你不听我的，"天下受弊，必如臣言"！他在《谏买木修昭应寿宁宫奏》中说得更冲："昭应、寿宁，天戒不远，今复侈土木，破民产，非所以顺人心合天意也！宜罢修寺观，减定常岁市木之数，蠲除积负，以彰圣治！"简直是不容反驳。想一想此时的范仲淹，已过不惑，而且官场百态也看了十多年了，现下又是一个贬官之身，居然还不谙利害，不接受教训。这是一副什么肝胆啊！据说临出京时，秘阁同事们送他到城外，举酒饯别，看他跟没事人似的，都说，范君此行，极为光耀啊！范仲淹坦然受之，一笑作别。

《山西通志》载有范仲淹三首诗——《尧庙》《绛州园池》《晋祠泉》，是他当时游记感怀之作，颇见其志趣心胸，后面会详述。

3. 废后风波

就历代封建王朝论，大宋最"仁"；就历代帝王论，宋仁宗最"仁"。《大学》讲："为人君，止于仁。"老百姓的要求并不高，一个君王，虽然没有雄才大略、文治武功，懂得仁义，讲点良心，就够了。

宋仁宗没有忘记为他说话的范仲淹。刘太后刚去世，宋仁宗刚掌了实权，就把范仲淹召还朝中，知道他直言无私，便委以左司谏之职。《周礼》谓：

地官所属有官谏,设中士二人及史二人、徒二十人,掌道德教导,发现民间堪任国事的人才,并考核乡里治绩。至唐,置左、右补阙,分属门下省与中书省。北宋端拱元年(公元988年)改左、右司谏,掌讽谏,凡朝廷阙失,大事廷净,小事论奏。后来宋神宗时改制,升从四品。可见之前顶多是个从五品或五品官,也是品级不高而地位重要的职位。不料,这个新任右司谏范仲淹上台不久,即跟宋仁宗着实"碰撞"了一回。

明道二年(公元1033年),京东和江淮一带大旱,又闹蝗灾,老百姓苦不堪言。范仲淹心急如焚,奏请仁宗派人救灾。住在深宫中的皇帝正忙着别的,对民间疾苦不以为意,不予理会。这下,范司谏立马上朝堂,面折廷争,疾言厉色地质问宋仁宗:如果宫中半日停食,陛下该当如何?现在江淮和京东各路民不聊生,皇上怎么能不闻不问呢!宋仁宗吃惊之余,悚然醒悟,就委派范仲淹前去赈灾。范仲淹即深入灾区,每到一处先开仓放赈,救民水火,实地考察清楚以后,请求免去庐州、舒州等地的折役茶和江东的丁口盐税,回程时有心将灾民充饥救命的乌昧草带回汴梁城,让宋仁宗和宫中人等看看老百姓怎么活。宋仁宗颇为震动。

上面说了,宋仁宗正在宫中忙着别的,忙什么呢?看似一桩内宫争斗,实则一场政治风波。

宋仁宗的皇后是郭皇后。郭皇后有来历,她是后周名将郭崇的孙女。郭崇归顺大宋以后,赵太祖赵匡胤对他非常信任并加以重用。刘太后专权时,做主把郭崇的孙女选为皇后。那时仁宗不敢违背,只好从命。但他不喜欢这个郭皇后,其中一个重要原因就是她是刘太后给他指派的,用现在的离婚理由讲:两人之间没感情。但皇上是不可以离婚的,废后那是一件相当严肃重大的事,最好的解决办法就是冷落皇后,跟自己喜欢的嫔妃在一起。当时,宋仁宗宠爱两个美人,尚美人和杨美人。这能不出事吗?有一天,三个女人刚凑在一起就出事了,尚美人嘴快,挖苦了郭皇后一顿。郭皇后仗着刘太后之宠,加之个性也硬,强势得很,哪能忍得,上去就要掴耳光。宋仁宗当然不能让爱妃吃亏,上前拦挡时,便着实代吃了这一巴掌。郭皇后的指甲就在皇上的脸上划出两道血口子。皇上的脸面是别人划得的吗？仁宗当下龙颜大怒，再想到刘太后对自己的长期控制，不由得就发了狠，决定废掉郭皇后。

废后，古来就是朝廷大事。即便贵为皇上，也不敢轻易造次，他得与各方面商议才行。假如宋仁宗与一个志于道的大臣商议，比如范仲淹，就会得到劝解、宽慰，晓之以大礼，动之以亲情，就像他后来奏章所写："后者君称，以天子之配至尊，故称后，后所以长养阴教而母万国也。故系如此之重，未宜以过失轻废立。且人孰无过？陛下当面谕后失，放之别馆，拣妃嫔之老而仁者朝夕劝导，俟其悔而复其宫，则上有常尊而下无轻议矣。"（《范文正公墓志铭》）这样的话，宫中风波也会平息。谁知宋仁宗却找了个他认为最"忠"的吕夷简。此人后来长期与范仲淹不和，生出许多事情，所以得在这里介绍一番。

吕夷简比范仲淹大十一岁，字坦夫，祖籍莱州，祖父时移居安徽凤台。他出身仕宦之家，伯父吕蒙正乃真宗时名相。吕夷简本人仕途坦荡，真宗朝中进士后，很快以刑部郎中权知开封府，仁宗时便当上了宰相。仁宗亲政后，他提出八条规劝：正朝纲、塞邪径、禁货贿、辨佞壬、绝女祸、疏近习、罢力役、节冗费。皆为当时要务。仁宗虚心接受，对人夸他说："安得忧国忘身如夷简者！"《宋史》也评价说："仁宗初立，太后临朝十余年，天下晏然，夷简之力为多。""夷简当国柄最久，虽数为言者所诋，帝眷倚不衰。"皇上喜欢这种人，认为这才是忠臣，死后御题"怀忠之碑"四字以赐之。但在朝野士君子们眼中，于他则另有评价，代表说法如欧阳修之言：吕夷简为政，二十年间坏了天下，"其在位之日，专夺国权，胁制中外，人皆畏之"（《论吕夷简札子》）。《宋史》也有评说："其于天下事，屈伸舒卷、动有操术。"什么叫"屈伸舒卷、动有操术"？不就是脑瓜子灵活，屈伸自如，工于权术吗？吕夷简的这一面，正是志于禄者的典型特征。所以，宋仁宗与他商议大事，他能不"屈伸舒卷"吗？仁宗问："我想废掉郭皇后，你看怎么样？"吕夷简答："要说这是内宫之事，微臣不该多嘴，不过这郭皇后也太不像话，连皇上您都敢打，这也太……"吕夷简表面来个"引而不发，跃如也"，其实他早就记恨郭皇后了，毕竟两人有一段大过节。

刘太后一死，仁宗即着手搭建自己的核心班底，旧臣只留用两位，一位是当年的东宫老师张士逊，一位便是吕夷简。他很满意，回到后宫就随口告诉了郭皇后。郭皇后当下就没好气地说："夷简独不附太后邪？但多机巧、善应变耳。"意思就是，他难道不是刘太后的死党吗？不过是机巧善变，很会见风使舵罢了。一句话点中仁宗的心病。此时吕夷简还没有深得帝心，再则仁宗有个大毛病，就是往往主意不定，容易摇摆，这会儿一转念间，便把吕宰相当作刘太后旧党给剔出去了。有个宦官头目阎文应，一向得吕夷简的好处，二人早就内外勾连一起①，便把这事给透露出来。吕夷简气得咬牙，从此就盯上了郭皇后。终于三年等来了机会！

没想到的是，废后诏书一颁布，朝堂上一片哗然。绝大多数官员都觉得如此行事有些过分，郭皇后虽行为出格，但并无大过，就为这点"家暴"事迹而被褫夺皇后封号，于大礼不合，于人情有违，不好向祖宗和天下百姓交代。大臣们议论汹汹，仁宗有点紧张。吕夷简就给皇上壮胆：汉光武帝就废过皇后，史有先例怕什么？吕夷简也有同道，御史中丞范讽立即帮腔：光武帝乃大大的明君，尚且废后，况且这郭皇后也把皇上伤害得够呛，废掉没事。这消息传出去，文武百官更加气愤，决定要"伏阙面圣"，找皇上当面说去。可谁领头呢？范仲淹自然是一个，另一个则是御史中丞孔道辅，积极呼应者有孙祖德、宋郊、刘涣、蒋堂、郭劝、杨偕、马绛、段少连等人。前文提过孔道辅这个名字，孔子的第四十五代孙，出自晏殊门下，为人耿直敢言，此次比范仲淹还显激烈。但是，在"吕夷简们"的安排下，仁宗不出面，由吕夷简把大臣们召至中书省，说明废后一事。不等范仲淹开口，孔道辅就抢了先，直逼吕夷简："大臣之于帝后，犹子事父母也；父母不和，可以谏止，奈何顺父出母乎？"吕夷简回答说："废后有汉、唐故事。"孔道辅进逼："人臣当道君以尧、舜，岂得引汉、唐失德为法邪？"吕夷简一时语塞，退去对仁宗说，看来他们要闹到宫里来，"伏阁请对，非太平美事"。

---

① 与宫中太监之类人物暗中结盟，亦是志于禄者所共有的恶习。

正说话间，范仲淹、孔道辅和众大臣"径趋垂拱殿"，要求仁宗皇帝收回成命。吕夷简连忙让人将宫门关上。孔道辅手执铜环，叩击金扉，隔门高呼："皇后天下之母，不当轻议绌废。愿赐对，尽所言。"但是不管怎么喊，里边就是不开门。僵持多时，眼看无济于事，大家议定，明日早朝时，发动百官与吕夷简辩论，这才退去。另一边，吕夷简说台谏官如此藐视御诏，岂能轻从？务必晓以颜色。仁宗也铁了废后之心，再下诏说"谏官、御史自今并须密具章疏，毋得相率请对"，即往后禁止你们集体闹事。

当晚，据说范仲淹的妻子李氏苦苦哀求范仲淹别去招惹皇上与权相，以免招不测之祸。但范仲淹却不为所动，天不亮就头也不回地出门而去。结果，刚走到待漏院，就听有诏传下，贬他去做睦州知州。更绝的是，待他返回家中时，已有钦差"侍候"启程，十口之家等于是被押送出京的。孔道辅被贬泰州知州，别的人或贬或罚，无一幸免。

宋仁宗把台谏官们赶出京城之后，废后之举随即完成，将郭皇后打入冷宫——瑶华宫。吕夷简等人百般进劝，宋仁宗立宋初名将曹彬的孙女为新皇后。有意思的是，宋仁宗对这个曹皇后也不感兴趣，又喜欢上一个张贵妃，且喜欢得要命。可叹红颜命短，张贵妃很快去世了。仁宗大有其父之风，还挺痴情，要以皇后之礼为其发丧，而且在治丧的第四天就宣布，追封张贵妃为张皇后，赐谥"温成"。此时京中已无人敢言，吕夷简之辈志于禄者，则由着皇上瞎折腾，仿佛只要皇上高兴就满意了。仁宗一朝，一生一死两皇后，生者郭后入冷宫，死者张后受追封，成了一段旷古奇闻。这一场冲突，便是宋史上著名的"废后风波"。

对范仲淹来说，这就是他的第二次"碰撞"，其结果便是第二次贬官。那么，他的精气神倒了吗？没有，还是那么强势、那么冲。何以为证呢？先不说别的言志诗文，只看一份《睦州谢上表》。

> 臣某言：臣昨奉敕差知睦州军州事，已到任交割勾当者。献言罪大，辄效命于鸿毛；宥过恩宽，迥回光于白日。事君无远，

为郡甚荣。……臣腐儒多昧，立诚本孤。谓古人之道可行，谓明主之恩必报。而况首膺圣选，擢预谏司，时招折足之忧，介立犯颜之地。当念补过，岂堪循默！

昨闻中宫摇动，外议喧腾。以禁庭德教之尊，非小故可废；以宗庙祭祀之主，非大过不移。初传入道之言，则臣遽上封章，乞寝诞告；次闻降妃之说，则臣相率伏合，冀回上心。议方变更，言亦翻覆。臣非不知逆龙鳞者掇斋粉之患，忤天威者负雷霆之诛，理或当言，死无所避。盖以前古废后之朝，未尝致福。汉武帝以巫蛊事起，遽废陈后，宫中杀戮三百余人。后及巫蛊之灾，延及储贰。至宣帝时，有霍光妻者，杀许后而立其女，霍氏之衅，遽为赤族。又成帝废许后咒诅之罪，乃立飞燕，姊妹妒甚于前，六宫嗣息，尽为屠害。至哀帝时理之，即皆自杀。西汉之祚，由此倾微。魏文帝宠立郭妃，谮杀甄后，被发塞口而葬，终有反报之殃。后周以房庭不典，累后为尼，危辱之朝，不复可法。唐高宗以王皇后无子而废，武昭仪有子而立，既而摧毁宗室，成窃号之妖。是皆宠衰则易摇，宠深则易立。后来之祸，一一不差。臣虑及几微，词乃切直。乞存皇后位号，安于别宫，暂绝朝请。选有年德夫人数员，朝夕劝导，左右辅翼，俟其迁悔，复于宫闱。杜中外觊望之心，全圣明始终之德。

且黔首亿万，戴陛下如天，皇族千百，倚陛下如山，莫不虽休勿休，日慎一日。外采纳于五谏，内弥缝于万机。而况有犯无隐，人臣之常，面折廷诤，国朝之盛。有阙即补，何用不臧！然后上下同心，致君亲如尧舜；中外有道，跻民俗于羲黄。将安可久之基，必杜未然之衅。

上方虚受，下敢曲从？既竭一心，岂逃三黜。伏蒙陛下皇明委照，洪覆兼包，赎以严诛，授以优寄。郡部虽小，风土未殊，静临水木之华，甘处江湖之上。但以肺疾绵旧，药术鲜功。喘息奔冲，精意牢落。惟赖高明之鉴，不投退远之方。抱疾于兹，为医尚可。苟天命之勿损，实圣造之无穷。乐道忘忧，雅对江山之助；含忠履洁，敢移金石之心。仰戴生成，臣无任。

通篇气势，哪像贬官之言？遭贬的倒像是"吕夷简们"。皇上，他们给你出的什么馊主意啊！拿汉唐废后说事，看看他们废后引出的现祸与后遗症吧，那真是"前古废后之朝，未尝致福"，"危辱之朝，不复可法"，千万不能再蹈他们的覆辙呀！至于我"腐儒"范仲淹，"事君无远，为郡甚荣"，皇上把我下放到睦州，好地方啊，"静临水木之华，甘处江湖之上"，我可是"乐道忘忧，雅对江山之助；含忠履洁，敢移金石之心"。该怎么说还怎么说，该怎么做还怎么做，该怎么活还怎么活，这叫"有犯无隐，人臣之常，面折廷诤，国朝之盛"也！

范仲淹在第二次贬官期间，还写了诸多别的诗文，后文将专门介绍。

4.《百官图》事件

以我之见，《百官图》事件，是一桩"集体碰撞"事件，是以范仲淹为首的志于道派对志于禄派的小规模碰撞，是后来的大碰撞——庆历新政的一次前期试验性碰撞，而且，此次参与碰撞的志于道者，就是后来推行新政的基本班底，此次碰撞的主要目标——吏治问题，也正是后来庆历改革所瞄准的主要目标。

景祐二年，冬十月。被贬在睦州快两年的范仲淹接到新任命，"除尚书礼部员外郎、天章阁待制"，不久"召还，判国子监"，很快又"除吏部员外郎，权知开封府"。此时再回京城的范仲淹已然四十七岁。他所面对的朝廷生态如何呢？

这前后，"直而疏"的首相李迪，因斗不过"巧而密"的次相吕夷简，只好卷铺盖走人。仁宗起用被罢黜了六年的王曾，使其归相位。此时，吕夷简羽翼已丰，在朝中呼风唤雨，且甚讨仁宗欢心。他看不起王曾，却假意要把首相之位让给王曾。仁宗看不出其中奸巧，慌忙把吕夷简推上正位，只让王曾为次相。吕夷简再一次名利双收。到任后的王曾每每与吕夷简说事，人家根本不把他当回事，总弄得王曾气呼呼的。这年四月，有一天，仁宗问王曾："卿因何不怂？"王曾便怒告吕夷简"纳贿市恩"。仁宗认起真来，就把吕夷简叫来对质。吕夷简胸有成竹，只问有什么证据。王曾性子好，原本就未曾想过告状，当然也就没去收集什么证据之类，这会儿急了，只好老实说所据只是外界传闻。吕夷简据此狠狠反击：我据外界传闻，说你王曾也"纳贿市恩"可以吗？逼得仁宗也不好回护王曾，就以"言亦有失实"之名，将其再次罢相。吕夷简虽然也受了点小批评，但无碍他大权独揽，达于巅峰。那些"千里做官，为了吃穿"的志于禄者，个个心明眼亮，这下更是一窝蜂都奔着吕首相来了。当然，来是可以来，但不能白来，口袋里总得装点东西孝敬。时间一长，不就构成结党营私了吗？吕门势大，其势汹汹，谁敢掠其锋！王曾丢相后，还有人敢出头吗？朝野都在焦急地期待着。时任馆阁校勘的欧阳修期待的是范仲淹，此时他还无缘得识范公，便冒昧地写了一封长信。姜正成先生将它翻译成白话，还挺好读，其中有言：范公"您接受任命以来，我抬起头踮起后脚跟，长久地站立着想听到您的谏言，可是终于没有听到，我私下里感到困惑。……贫寒穷苦的读书人，困厄地居住在茅草屋里，坐着诵读经书史籍，常常抱怨自己不被朝廷重用。等到被任用，又说那不是我的职责，不敢进言；或者说我的地位卑微，不能进言；又说我有所等待。这样最终没有一个人进言，难道不可惜吗？希望您想想天子任用自己为谏官的本意，警惕君子百代的谴责，陈述您正直的言论，以满足众人的期望……"范仲淹很感动，对李夫人说："你看，这不是还有个忧患天下的欧阳修吗？"从此他记住了小自己十八岁的欧阳修，且最终与之成为志同道合的忘年净友。不过，欧阳修的担心还是有点多余，因为范仲淹早就发起冲锋了，回京不久即针对时弊连上四论——《帝王好尚论》《选任贤能论》《近名论》《推委臣下论》，已然把舆论造起来了，至于何时发起总攻，这要接受王相的教训，得拿出证据来，贼无赃，硬似钢啊！

景祐三年（公元1036年）夏天，某日，宋仁宗接到范仲淹一道奏议，打开一看，是一份《百官图》，并附有评论。据楼钥《范文正公年谱》载，范公"又为《百官图》以献，因指其迁进迟速次序，曰某为超迁，某为左迁，如是为公，如是为私，意在丞相"。这充满创意的《百官图》，标有官员姓名、职位、晋升时间、晋升前的职务等；指明哪位是正常升迁，哪些是用钱买的官，破格、超级提拔的；说这都是宰相吕夷简一手搞定的。有段评论更有分量："汉成帝信张禹，不疑舅家，故终有王莽之乱。臣恐今日朝廷亦有张禹，坏陛下家法，以大为小，以易为难，以未成为已成，以急务为闲务者，不可不早辨也。"张禹者何人？西汉成帝的师傅，通《易经》，精《论语》，封为诸吏光禄大夫，加官给事中，统领尚书事。此时，汉成帝的舅舅阳平侯王凤为大将军，与张禹并领尚书事，辅政专权。这汉成帝的母家王家可了不得！汉成帝自从尊母亲王政君为皇太后之后，一堆舅舅也都封侯：王凤为阳平侯，王崇为安成侯，王谭为平阿侯，王商为成都侯，王立为红阳侯，王根为曲阳侯，王逢时为高平侯。这还不算完，皇太后王政君还有一个小弟弟王曼，因为早死而没有封侯，心里老惦着。平阿侯王谭和成都侯王商等人就出主意说，王曼兄弟有个儿子王莽，将来是个人物，不如……皇太后心领神会，便追封王曼为新都哀侯，以家侄王莽嗣侯位。面对这样一个大世族，你说张禹能不学聪明点吗？王氏专权，天怒人怨，又是地震，又是日食，又是种种水旱大灾，吓得成帝问师傅这是怎么了？张禹本来精于占卜预测，此时却违心地回答说，灾变之由，深远难见，吏民多以为王氏专权所致，这不可信呀。不疑老师的汉成帝便也不疑舅家，最后终于酿成王莽之变。范仲淹借着这个西汉故事比附吕夷简，说皇上啊，你可得警惕再出一个张禹。另外，他还推荐"素有仁心，宽怀大度"的韩亿取代吕夷简为相。

这可真是要命的一击！吕夷简为相多年，羽翼众多，树大根深，逢迎巴结者众，不听招呼者几稀。不料自从出了个范仲淹，日子居然过不安逸了。

前面的事吧，吕夷简还没怎么当回事，心想反正你一个小小谏官能怎么的，再说你都快五十岁的人了，不信你还有多大的火气。可自打范仲淹这次从睦州回来，几件事做下来，吕夷简有点坐不住了。

先是，被废的郭皇后突然暴毙，内外都传是吕夷简的宫内代理人阎文应所为。之前已有谏臣弹劾此事，均无下文。此时，正好范仲淹回到京中，他一向最担忧、最痛恨的弊病之一，就是朝臣与内侍勾结，矫旨为患，作害天下。于是他挺身而出，誓死要将此事追究到底。这里说"誓死"，可不是简单说说，因为他在决定面奏宋仁宗之前，已然安排了后事，对长子范纯祐交代说，"吾不胜，必死之"，到那时家事就靠你来支撑了。当然，后来事情的发展并没有那么严重，阎文应因为恶迹昭著，被贬逐岭南，并且很快就死掉了。但这事对吕夷简震动极大，他不得不认真对付这个范仲淹了。据《范文正公年谱》记载，接着发生了这样一件事："公自还朝，论事益急。宰相（吕夷简）阴使人讽公：'待制侍臣，非口舌任也。'公曰：'论思正侍臣事，余敢不勉？'宰相知不可诱，乃命知开封府，欲挠以繁剧，使不暇他议，亦幸有其失，即罢去。"这段话什么意思呢？吕夷简看到范仲淹此次还朝，更爱管"闲事"了，就暗中派人去规劝他说，你现在是侍从官，可不是谏官，不要多管闲事。范仲淹回答说，谈论国家大事，可是每个为臣者的本分，我怎么敢失职！吕夷简一看这一招不灵，再来一招，便让范仲淹去做开封府尹，他心想："京都地区的事情又多又难办，我看你还有空多嘴多舌？如果碰巧你再出个什么错，我就罢了你的官。"司马昭之心，路人皆知。吕夷简这一招，看出门道者甚多。晏殊就提醒范仲淹说，他这是一石三鸟之计，一博爱才重才之名，二除却廷议对手，三取先予后夺之利。人们都替范仲淹捏了一把汗。

范仲淹可不是坐以论道、纸上谈兵的书生，而是一个经天纬地之人。这一点许多人还未曾领略到，尤其是下套者吕夷简。范仲淹知道开封府是吕夷简经营多年的地盘，所以一来开封府，先将吕门老班底全部辞退，给每人发一个月的薪俸，要他们自谋生路去。然后他重新选用官差，重开锣鼓重唱戏。

这釜底抽薪式的头一招，就把吕夷简打蒙了。接下来，范仲淹整顿衙门作风，厉行新规矩，尤其严禁逼供的办案恶习，力求杜绝屈打成招造成冤案冤狱的情况。为此，他特意为大家做了一个试验。让厨下蒸出一百个馒头，交一使女看管，当面点清数目后，自己悄悄藏起一个。回头来查时，怎么数都少了一个。使女叫屈不迭。范仲淹吓唬她要以家法从事。使女怕受皮肉之苦，承认自己偷吃了那个馒头。范仲淹以此为例，示警属下。其后，他经过短短几个月的整治，重审冤案，打掉黑恶团伙，京华治安状况大为改观。据说坊间这样传唱："朝廷无忧有范君，京师无事有希文。"不过这话文气了点，倒像是出自文人之口。杨德堂先生在所著《范仲淹的故事》中，还讲了一段往事，说比范仲淹年轻十岁的包拯，很早就是范仲淹的"铁粉"，还请范仲淹替他破过一个"金戒指"疑案，从此以范仲淹为师。以此推论，后来包拯权知开封府，明镜高悬，威名远扬，不能说没有受范仲淹的一点影响。

开封府不但没能让范仲淹"挠以繁剧，使不暇他议"，反而加大了他议论朝政的分量。最著名的一件事，就是他直接向宋仁宗谈起迁都问题。《范文正公年谱》记载如下：

> 夏五月戊寅朔，公论建都事，其略谓："洛阳险固，而汴为四战之地。西洛，帝王之宅，绝无储备，宜以将有朝陵为名，渐营廪食。陕西有余，可运而下；东路有余，可运而上。数年之间，庶几有备。太平则居东京通济之地，以便天下；急难则居西洛险固之宅，以守中原。陛下内惟修德，使天下不闻其过；外亦设险，使四夷不敢生心，此长世之策也。"上尝以迁都事访诸夷简，夷简谓公迂阔，务名无实。

从后来的历史看，真正迂阔的倒是吕夷简。范仲淹是知兵者，以军事家的眼光提出进退自如、长治久安之策，是很高明的。可笑的是，"太平皇帝"宋仁宗不谙玄机，因为吕夷简的一句忌恨、贬低的话就轻易放弃了。

吕夷简看着范仲淹连连施招，招招非等闲，连要命的《百官图》都捅出来了，就再也坐不住了，岂能坐以待毙？他要为生存而战、而反击了。应该说，吕夷简还是有优势的，首先是皇上看重他，认为他是最贴心的大忠臣，其次其政治势力羽翼丰满，实力雄厚。于是一旦看准机会，他就当着仁宗的面与范仲淹展开激辩。吕夷简谙熟权术，老谋深算，善于利用君主之势取胜。这次亦然，他以范仲淹"越职言事，荐引朋党，离间君臣"为论题，尤其在"荐引朋党"上放高腔让仁宗听。哪个封建帝王不对"朋党"二字过敏呀？宋仁宗即便再宽仁厚道，也概莫能外。他一想，对呀，这范仲淹可推荐了不少人，这些人虽然有才有德不假，可都不像吕夷简这样的人听话呀，一个个都挺有想法，都不是那么让朕放心，万一他们串通一气可不妙……如此一寻思，就有了主观倾向性了。此时，早有准备的韩缜蹦出来了，他是吕派的代表人物，趁机煽风点火，将范仲淹所上奏议断章取义，罗织罪名，并且提议把范仲淹所荐"朋党"名单一一列出，张挂于朝堂之上，用以惩戒所谓"越职言事者"。事情发展到这一步，宋仁宗可就得掂量清楚了，牺牲谁对自己的皇权更有利呢？《范文正公年谱》说："公亦交章辩析，辞益切，遂罢黜，落职知饶州。"这会儿"辞益切"，皇帝越忌讳，越反感，越怕，不把范仲淹打发得远远的才怪。

　　第三次贬范仲淹的势能极大，反弹力也就不小。宋朝的大臣们还是有骨气的居多。秘书监、集贤校理余靖站出来了，他对皇上说："仲淹前所言事，在陛下母子夫妇之间，犹以其合典礼，故加优奖；今坐讥刺大臣，重加谴谪。倘其言未协圣虑，在陛下听与不听尔，安可以为罪乎？……陛下自专政以来，三逐言事者，恐非太平之政也。请追改前命。"（《续资治通鉴长编》）皇上您要觉得范公讥刺吕夷简不对心思，听不听由您呀，哪能就把人家罢黜了，恐怕不算仁政吧！请收回成命吧。听听，多硬的口气。就为这几句话，余靖"落职，监筠州酒税"。

　　这就吓住人了吗？太子中允、馆阁校勘尹洙也站出来了，他对皇上说："臣常以范仲淹直谅不回，义兼师友。自其被罪，朝中多云臣亦被荐论，仲淹既以朋党得罪，臣固当从坐。……况余靖素与仲淹分疏，犹以朋党得罪，臣不可幸于苟免，乞从降黜，以明典宪。"意思就是，余靖与范仲淹平素交往并不多，还要以朋党罪收拾他，而我是范仲淹的师友，皇上快连我一起开销吧！于是，尹洙被贬为崇信军节度掌书记。

就这还是吓不住人。馆阁校勘欧阳修又站出来了。他搞出的动静可就大多了！自从《百官图》后，欧阳修是真心佩服范仲淹，认为范仲淹才是士林翘楚、国家脊梁，是自己理应效法的楷模。他决心为范公打抱不平，伸张正义。这天，他应约来余靖家，恰好座中客正满，都在议论范仲淹被贬的事，纷纷为其鸣不平。谏官高若讷也在座，不知何故，唯他对范仲淹不但不表同情，反而说三道四，讲了不少贬损的话。欧阳修一下火了，心想：你高若讷什么人呀，身为谏官，自己不敢伸张正义，别人做了而且正在蒙难，你却在此胡说八道，也太过低劣了！当时人多，欧阳修隐忍未发，回家很快草就一封信，这就是著名的《与高司谏书》。这一篇传世美文，更是中国士君子一份立世明志的宣言书，值得全文展示如下：

  修顿首再拜，白司谏足下：某年十七时，家随州，见天圣二年进士及第榜，始识足下姓名。是时予年少，未与人接，又居远方，但闻今宋舍人兄弟，与叶道卿、郑天休数人者，以文学大有名，号称得人。而足下厕其间，独无卓卓可道说者，予固疑足下不知何如人也。其后更十一年，予再至京师，足下已为御史里行，然犹未暇一识足下之面。但时时于予友尹师鲁问足下之贤否。而师鲁说足下："正直有学问，君子人也。"予犹疑之。夫正直者，不可屈曲；有学问者，必能辨是非。以不可屈之节，有能辨是非之明，又为言事之官，而俯仰默默，无异众人，是果贤者耶！此不得使予之不疑也。自足下为谏官来，始得相识。侃然正色，论前世事，历历可听，褒贬是非，无一谬说。噫！持此辩以示人，孰不爱之？虽予亦疑足下真君子也。是予自闻足下之名及相识，凡十有四年而三疑之。今者推其实迹而较之，然后决知足下非君子也。

前日范希文贬官后，与足下相见于安道家。足下诋诮希文为人。予始闻之，疑是戏言；及见师鲁，亦说足下深非希文所为，然后其疑遂决。希文平生刚正、好学、通古今，其立朝有本末，天下所共知。今又以言事触宰相得罪。足下既不能为辨其非辜，又畏有识者之责己，遂随而诋之，以为当黜，是可怪也。夫人之性，刚果懦软，禀之于天，不可勉强。虽圣人亦不以不能责人之必能。今足下家有老母，身惜官位，惧饥寒而顾利禄，不敢一忤宰相以近刑祸，此乃庸人之常情，不过作一不才谏官尔。虽朝廷君子，亦将闵足下之不能，而不责以必能也。今乃不然，反昂然自得，了无愧畏，便毁其贤以为当黜，庶乎饰己不言之过。夫力所不敢为，乃愚者之不逮；以智文其过，此君子之贼也。

且希文果不贤邪？自三四年来，从大理寺丞至前行员外，作待制日，日日备顾问，今班行中无与比者。是天子骤用不贤之人？夫使天子待不贤以为贤，是聪明有所未尽。足下身为司谏，乃耳目之官，当其骤用时，何不一为天子辨其不贤，反默默无一语；待其自败，然后随而非之。若果贤邪？则今日天子与宰相以忤意逐贤人，足下不得不言。是则足下以希文为贤，亦不免责；以为不贤，亦不免责，大抵罪在默默尔。

昔汉杀萧望之与王章，计其当时之议，必不肯明言杀贤者也。必以石显、王凤为忠臣，望之与章为不贤而被罪也。今足下视石显、王凤果忠邪？望之与章果不贤邪？当时亦有谏臣，必不肯自言畏祸而不谏，亦必曰当诛而不足谏也。今足下视之，果当诛邪？是直可欺当时之人，而不可欺后世也。今足下又欲欺今人，而不惧后世之不可欺邪？况今之人未可欺也。

伏以今皇帝即位以来，进用谏臣，容纳言论，如曹修古、刘越虽殁，犹被褒称。今希文与孔道辅皆自谏诤擢用。足下幸生此时,遇纳谏之圣主如此,犹不敢一言,何也?前日又闻御史台榜朝堂,戒百官不得越职言事,是可言者惟谏臣尔。若足下又遂不言,是天下无得言者也。足下在其位而不言,便当去之,无妨他人之堪其任者也。昨日安道贬官,师鲁待罪,足下犹能以面目见士大夫,出入朝中称谏官,是足下不复知人间有羞耻事尔。所可惜者,圣朝有事,谏官不言而使他人言之,书在史册,他日为朝廷羞者,足下也。

《春秋》之法,责贤者备。今某区区犹望足下之能一言者,不忍便绝足下,而不以贤者责也。若犹以谓希文不贤而当逐,则予今所言如此,乃是朋邪之人尔。愿足下直携此书于朝,使正予罪而诛之,使天下皆释然知希文之当逐,亦谏臣之一效也。

前日足下在安道家,召予往论希文之事。时坐有他客,不能尽所怀。故辄布区区,伏惟幸察,不宣。修再拜。

有胡中行先生译文如下,以便于读者理解:

欧阳修顿首再拜,禀告司谏足下:我十七岁时,家住随州,看到天圣二年进士及第的布告,才知道了您的姓名。当时我年纪轻,尚未与别人结交,又住在僻远的地方,只听说布告上的宋舍人兄弟,以及叶道卿、郑天休等人,因文学著称于世,因此这次进士考试号称得到了人才。而您置身其中,单单没有突出的可以称道的地方,我因而怀疑您,不知您是怎样一个人。以后过了十一年,我第二次到京师,您已担任了御史里行,可还是没有机会与您见一次面。只是常常向我的朋友尹师鲁打听您的贤与不贤,师鲁说您"正直有学问,是一位君子"。我还有些怀疑。所谓正直,就是不可弯曲;所谓有学问,就一定能明辨是非。凭借着不可弯曲的气节,有能辨是非的明智,又担任谏官的职务,却随波逐流默默无言，与一般人没有任何区别，这果真是贤者吗？这不能不使我怀疑啊！自从您担任了谏官以后，我们才认识了。您一脸正气，纵论前代之事，思路清晰十分引人；褒扬正义，贬斥奸邪，没有一点谬论。啊，据有这样的辩才向人展示，谁会不爱戴您呢？虽然是我，也私下认为您大概是个真君子吧？这是我自从听说您的姓名直到与您认识，十四年中却有三次怀疑的情况。如今推究您的实际行为再来仔细分析，然后我断然肯定您不是个君子。前几天范希文贬官以后，我和您在安道家中会面，您极力诋毁讥笑希文的为人。我开头听到这些话，还怀疑您是讲着玩的。等到碰见师鲁，他也说您极力否定希文的所作所为，然后我就不再怀疑了。希文平生刚正、好学、博古通今，他立身朝廷始终如一，这是天下都知道的，如今又因为正直敢言触怒了宰相得到罪责，您既不能为他辨明无罪，又害怕有识之士会责备自己，于是就跟着别人来诋毁他，认为他应当受到贬斥，这真是太奇怪了。说起人的性格，刚正果敢、怯懦软弱的性格都受之于天，不可勉强改变。虽然是圣人，也不会用办不到的事情去要求别人一定办到。如今您家中有老母，自身又爱惜官位，害怕忍饥受冻，顾念利益俸禄，因而不敢稍微违反宰相以致受刑遭祸。这也是平庸之辈的常情，只不过是做了一个不称职的谏官罢了。即使是朝廷中的君子，也将怜悯您的无能，而不会用必须办到来要求您的。如今却不是这样，您反而昂然挺胸十分得意，没有一丝一毫的羞愧畏惧，随意诋毁希文的贤能，认为他应当遭受贬斥，希望以此掩盖自己不据理力争的过错。应该说，有能力而不敢去做，那只是愚笨之人做不到罢了；而用小聪明来掩饰自己的过错，那就成了君子的敌人了。况且希文难道真的不贤吗？从天圣三、四年以来，从大理寺丞做到前行员外郎，他在做待制的时候，每天备做皇帝的顾问，如今同僚中没有能与他相比的人。这难道是天子仓促起用不贤之人吗？假使天子把不贤之人当作贤人，那是聪明之中的疏忽。您身为司谏之官，是天子的耳目，当希文仓促间被起用之时，为什么不马上为天子辨明他的不贤，反而默默地不讲一句话。等到他自己失败了，然后跟着别人说他的不是。如果希文真是贤人，那么如今天子和宰相因为他违背自己的心意而斥逐贤人，您就不得不出来讲话。如此说来，那么您认为希文贤，也不免遭受责备；认为希文不贤，也不免遭受责备，大概您的过错就在于默默无言罢了。从前汉王朝杀害萧望之和王章，估计当时朝廷中的议论，必然不肯明确地说是杀了贤者。相反必然把石显、王凤说成是忠臣，而萧望之和王章作为不贤之人而遭受罪罚。如今您真把石显、王凤看作是忠臣吗？萧望之与王章真的不贤吗？当时也有谏官，他们必定不肯承认是害怕灾祸而不向天子进言，也必定会说萧望之、王章应该被杀而不值得提出意见的。如今您看，他们真的该杀吗？那是只可欺骗当时的人们，而不可欺骗后代的。如今您又想欺骗现在的人们，就不怕后代人的不可欺骗吗？何况现在的人也未必就能被欺骗啊。我恭敬地以为，当今皇帝即位以来，进用谏官，采纳意见，如曹修古、刘越虽然已经去世，还被人们称扬。如今希文与孔道辅都由于敢于进谏而被提拔任用。您幸运地生于此时，碰到如此能听取意见的圣主，尚且不敢说一句话，为什么呢？前几天又听说御史台在朝廷中贴出布告，告诫百官不可超越本职谈论政事，这样，能够提意见的只有谏官了。假如您又不说话，那么天下就没有可以说话的人了。您在谏官那个位置上却不说话，就应该离职，不要妨害胜任谏官之职的他人。昨天安道遭到贬谪，师鲁也等候着罪责，您还能够有脸面去见士大夫们，出入朝廷号称谏官，那是您不再知道人间还有羞耻事了。可惜的是，圣朝有事情，谏官不说而让别人去说，这种事情记载在史书上，以后使朝廷蒙受到羞辱的，是您啊！按照《春秋》的法则，对贤者要求详尽周全。如今我还一心一意地希望您能够向天子进一言，不忍心就与您决绝，而不拿贤者来要求您。倘若您还认为希文不贤而应当斥逐，那么我今天如此为他说话，那是朋党邪恶的小人了。希望您直接带着这封信到朝廷上去，让天子判定我的罪过而杀了我，使得天下都真正了解希文应当被斥逐，这也是谏官的一大作用啊。前几天您在安道家中，把我叫去议论希文的事情。当时有其他客人在，我不能畅所欲言。因此就写了区区此信，恭敬地希望您明察。不多言了，欧阳修再拜。

欧阳修在这篇杰出的书信体议论文中，列出十四年里对高若讷的三点存疑：一疑其文名不彰，二疑其品节不高，三疑自己的判断有误，以此破题，展开对虚伪谏官高若讷的灵魂考问，再笔触猛一转，直击中心："今者推其实迹而较之，然后决知足下非君子也。"意思就是说，你高若讷绝不是一个士君子，你是一个小人儒！范仲淹"平生刚正、好学、通古今，其立朝有本末，天下所共知"，还照不出你高若讷的真面目吗？在接下来的事理对比中，两种人格与品节的高下、尊卑，道义与情感的价值评判，真实与虚假的对比取向，都层层递进，两相辉映，昭然若揭。整封信一气呵成，直陈胸臆，毫无回避矫饰，言辞之深刻，语锋之尖锐，尽显一个士君子的旷世雄风。

在这里，欧阳修是一个代表，既代表着已然被剥夺话语权的范仲淹在继续发声，更代表着当朝一批志于道者，誓将此次"小规模"的"集体碰撞"行动进行到底。这一点，很快由高若讷的言行证实。

假如高若讷是一个气节高迈的君子儒，他完全可以回信与欧阳修展开交锋，辨明是非，甚至可以找上门去，进行"高山"与"高山"的直接对话，求同存异，达成共识。然而不是这样的！高若讷与大多数志于禄者一样，完全缺乏独立个性，说得不好听点，他此时就像一条在外面挨了打的狗，立即跑回去向主子诉苦求助，离了皇上他什么事都没主意了。《宋史·高若讷传》这样记载："余靖、尹洙论救仲淹，相继贬斥。欧阳修乃移书责若讷曰：'仲淹刚正，通古今，班行中无比。以非辜逐，君为谏官不能辨，犹以面目见士大夫，出入朝廷，是不复知人间有羞耻事耶！今而后，决知足下非君子。'若讷忿，以其书奏，贬修夷陵令。未几，加直史馆，以刑部员外郎兼侍御史知杂事。"本是文人间的一桩笔墨官司，高若讷却"以其书奏"，向当权者出卖了同事，自己则升官晋级。史书记载简单，其实这场忠奸碰撞的戏演得好不精彩。两位当代女学者孙晓玲和苏馨在她们合著的《欧阳修故事》中，于此有所细述。

次日朝议，高若讷出班跪倒，向上叩头，表示自己有本上奏。……只听高若讷操着有些尖锐的嗓音，慢条斯理地说："陛下，范仲淹被贬职之后，臣四处察访，发现朝野对此事的看法与圣上的意思都是一致的。因此，臣不敢进言营救范仲淹。但欧阳修写信诋毁臣，说仲淹平生刚直，博古通今，是朝中无与伦比的人物；责备臣不为范仲淹辩护，还有脸说自己是谏官，真是不知羞耻。他还说，如今陛下跟宰相因为朝臣忤逆己意而驱逐贤人，作为谏官臣不能不说话。

"臣认为，贤者是治国的栋梁。如果陛下因为朝臣忤逆己意而驱逐之，臣应该进言；如果宰相因为朝臣忤逆己意而驱逐之，臣也应该争辩。但臣认为，范仲淹过去因为论事切直得到朝廷重用，如今又在陛下面前大放厥词，自取其辱，怎么能说是无辜呢？如果收回对范仲淹的贬官旨意，反倒坐实了陛下因为朝臣忤逆己意而贬逐贤臣的罪过，害处更大。还请陛下下令，让有司衙门好好教育一下欧阳修，不要让他妖言惑众。"讲完这一番话，高若讷从衣袋里掏出欧阳修写给自己的那封信，双手呈上。

这是欧阳修活到三十岁，从政五年来听过的最恶毒阴险的诡辩。高若讷偷梁换柱，把欧阳修对自己的谴责转嫁为对仁宗和宰相吕夷简的指责。千错万错，都是范仲淹的错。谁为范仲淹说话，谁就是指责仁宗和宰相，就是跟天子过不去。好恶毒的一招，此言一出，再没有人敢为范仲淹进言。

其实，这一"转嫁"招数，以及把私人信件当作置人死地的"铁证"交上去，恶毒是恶毒，但一点不奇怪。帝王文化本来就是由历代帝王们和小人儒们共同创造并维护的，他们是一个利益共同体，一荣俱荣，一损俱损，为了能经得住士君子文化的可怕碰撞，并战而胜之，一切恶招和诡计都可以用得上。宋代的士君子文化相对还算强势，但也常常碰壁。这一次，欧阳修跟范仲淹一样，也要倒大霉了，被贬到夷陵去了。夷陵县治在今天的宜昌市夷陵区。

回到范仲淹。此次第三次被贬出京，长亭送别的人，可就寥寥无几了。但恶势汹汹之下，还是有毫无畏惧者在，王质便是一个。王质比范仲淹小十二岁，时年三十六岁，任集贤校理，青云直上的空间还大得很，但他显然志不在禄。史料记载道：时治朋党方急，士大夫畏宰相，少肯送仲淹者。天章阁待制李纮、集贤校理王质，皆载酒往饯。质又独留语数夕。或以消质，质曰："希文贤者，得为朋党幸矣。"要知道，"载酒往饯"的王质，此时还病着，是"扶病载酒而来"，他认真地说："范君此行，尤为光耀！"范仲淹则开玩笑地答道："仲淹前后已是三光了，下次如再送我，请备一只整羊，以为祭品吧！"据说，第二天，有跟踪的人警告王质说，你昨日的一言一行，可都记录在案，你消停吧！王质听了，毫不为意，还是那句话："希文贤者，得为朋党幸矣。"意思很明显，能追随范仲淹这样的贤者，成为他的一党，是我的无上荣幸。

饶州在鄱阳湖畔。范仲淹从开封走水路到此，至少要经过十几个州。据说除扬州外，一路再无长官出面接待范仲淹。

范仲淹八年里三次遭贬：河中府近半年，睦州、苏州近两年，饶州、润州、越州近五年，贬官生涯十占八九，安居京城的日子加起来也就一年多点。怪不得我之前在开封城里打听甜水巷苦竹居范宅时，"老开封人"一问三不知呢。按寻常说，一个人荣调中央机关工作，安家于京都繁华之地，多难得的机遇！就该分外珍惜，乖乖地给皇家听差做事，熬出个加官晋爵，封妻荫子，为家庭、家族不断赚取财富与荣耀，从此成为帝都名门，累代簪缨世胄……可范仲淹根本就不是这样的人，国之不兴，兴家何为？进京只为国事谋，国事蹉跎，拼尽全力尚且于事无补，哪有心思和工夫经营小家？此时，我才忽然明白过来，即使找到甜水巷苦竹居，又会有多大收获？要去的话，也得去那贬官之地追访范仲淹，三贬之间，必有无穷故事。

那么，从河中到越州，六七年间，范仲淹是怎么度过第三次被贬生涯的呢？

第五章 被隐逸者

1. 剑胆琴心

我们的汉字,真是世所唯美。这里写下"剑胆"与"琴心",看起来十分悦目,听起来非常悦耳,细想起来更是意境无穷呀。

据专家考证,"剑胆""琴心"出自元代吴莱《寄董与几》诗:"小榻琴心展,长缨剑胆舒。"学者吴莱,字立夫,本名来凤,门人私谥渊颖先生。他是元朝集贤殿大学士吴直方的大公子,延祐间举进士不第,在礼部谋个小职。因生性清介,与礼官不合,愤而退归故里,隐居松山,深研经史做学问,大体可算是一位民间高人。著名人物宋濂就是他的学生。这样一种先仕后隐、以隐为主的经历,使其所作诗文并不完全寄情于山水,而是对当时的社会问题多有触及,讲求"德化"与"刑辟"并举,这样看来,吴莱还是挺"入世"、挺留心政治的一个文人。吴莱能诗,尤其工歌行,作品瑰玮有奇气,对元末"铁崖体"诗歌有一定影响,著有《渊颖吴先生集》。这么美的"剑胆琴心"出自吴莱之手,可谓相得益彰。

但是，我以为，众人包括吴莱在内，从来对剑胆琴心所含意义，严重评估不足。大都这么说："古代文人出行，仗剑抚琴，显得刚柔相济，任侠儒雅，既有情致，又有胆识，风流倜傥，文武双全。"也这么说："剑锋利而威猛，古琴雅而多情。有剑而无琴，剑只是一件杀人凶器；有琴而无剑，琴便是懦弱的别名。唯有剑琴合一，一刚一柔，方显张力和内蕴，耐人寻味又令人神往。"还有的这么说："什么叫《霸王别姬》？力拔山兮气盖世的项羽就是剑，质丽情深的一代美人虞姬就是琴，英雄美人便是剑琴组合，剑琴交融便是一种悲怆瑰丽的爱情传奇，便是一个很美却也很难达到的至高境界。"然而，在我看来，把一种爱情美当作剑琴组合的"一个很美却也很难达到的至高境界"，还是庸俗了。那么，"剑胆琴心"真正的意义在哪儿呢？应该说它象征并昭示着一种人格美，一种中国独有的二元文化要素浇铸的士君子人格美："入世"当作青锋剑，剑胆铮铮，修齐治平，出将入相，心系苍生，以天下为己任；"出世"即为高格琴，琴心悠远，权把剑锋暂秋藏，且放脚步走民间，"隐居以求其志"（《论语·季氏》）。不论是行为上的归隐，还是只求精神上的独立与自由，都可寄情于青山绿水、诗词歌赋、琴棋书画，读之写之，思之想之，或著书立说以醒世，或积蓄东山再起之力。如此的剑琴组合，剑胆与琴心熔为一炉，相辅相成，化作万古灵魂，才配称其为一种至美、至难、至高的人生境界。

中国士君子的剑胆，前文书中多有触及，但琴心若何？形成士君子整体人格的另一基本文化元素如何？不妨一表。

中国自古以来就有一种隐逸文化，是由中国文人内心的一种隐逸情结所造就的，当然一般不称"琴心情结"，称作"渔父情结"，源自《楚辞》中那个唱着"沧浪之水清兮,可以濯吾缨；沧浪之水浊兮,可以濯吾足"的渔父，以及《庄子》里那个跟孔子辩论的渔父。作为中国古代隐逸文化的一个意象，"渔夫"所承载的丰富内涵是隐逸情感表达的重要载体。研究这一意象，对剖析中国文人的文化心理和审美情趣，体味和感知传统文化的发展脉络，有着重要的意义。

隐逸行为，是中国士君子的一种很独特、很重要的生存方式、生命理念和人生追求。隐逸心理是一种传统文化的历史积淀。而作为一种源远流长的隐逸文化，或可与中华民族的文明史同始终。《隋书·隐逸传》云："自肇有书契，绵历百王，虽时有盛衰，未尝无隐逸之士。"从前文中提到过的传说中的许由、巢父，到有史籍可考的伯夷、叔齐，到散落在诸子记载中的长沮、接舆之属，到汉代提出隐身"金马门"，谓之"朝隐"的东方朔，到魏晋时期作"林泉之隐"的"山中宰相"陶弘景，可见早期的隐逸之风从未断绝，而至唐则不绝有变。宋代的隐逸文化别具一格，大有说头。元代特殊的社会现实，使隐逸文化出现鲜明反差：一方面显示出强烈的反叛精神，一方面则悠闲处世、淡泊存身，充满了挣脱名利羁绊后新生的喜悦和对生命自由的热爱，展现了独特的人格精神。明清的隐士，隐也无所谓隐，官也无所谓官，只有一批抗清复明的志士在国破家亡之际，落下种种悲壮绝情的"不得不隐"。

其实，孔子早就为士君子二元结构的精神世界留有充分空间，明显包含有"避世"的一面。孔子强调经世济民的"入世"，但有个条件，叫作"邦有道则仕，邦无道则可卷而怀之"。用今天的话说就是，我想当官就当，不想当就不当，这要根据实际情况而定，前提是首先得保全我的"道"，保全我的独立社会人格。孟子对此再加阐发："古之人得志，泽加于民；不得志，修身见于世。穷则独善其身，达则兼善天下。"这方面的典型实践者是颜回。孔子作为老师对他的这位学生大加赞叹，说："贤哉回也！一箪食，一瓢饮，在陋巷，人不堪其忧，回也不改其乐。贤哉回也。"有了颜回，便有了庄周。所以郭沫若后来恍然大悟道：原来庄子"出世"一派，是从颜回那儿发展来的。在中国所有的大诗人中，三闾大夫屈原是官品最高者之一，且忧国忧民之心急切。然而虽则如此，他也受道家思想很大影响，内心仍"留"着一大块出世空间，这才写出《卜居》《渔父》《悲回风》《远游》等辞章，开创了游仙诗的先河。

魏晋和魏晋以前的士君子们，在不得志时，为保有自己的独立人格，不惜"藏声于江海之上",独处于深山老林之中,过着一种极为艰难困苦的隐士生活。著名者如孙登,如公孙凤,如范粲、杨轲,如"竹林七贤"。接下来是陶渊明,他觉得"不愿为五斗米折腰"时,倒也不必非逃到薮泽荒林中去,主张"回家即隐逸",认为要想把自己的命运把握住,关键在于忘怀得失,安贫乐道,对于身在何处倒不必太计较。这也算得了孔子"饭疏食饮水,曲肱而枕之,乐亦在其中矣"的真传了。

发展到六朝时,以谢灵运为代表的一群士君子们,又更新了一种隐居模式,可以称为"亦官亦隐式"。就是:一旦不得志,可以从容退入自家的大庄园里"闭门成市",在独处中靠内心自我调节来求得解脱,既不必像陶渊明那样放弃太多的物质享受和名禄地位,又可以在回归自然(当然是庄园中的、人造的自然)的短暂时日里平心养性,赋诗抒怀,企图把迷失的自己赶紧找回来。

至唐又一大变。大唐王朝是中国历史上最开放的时代之一。这时不仅道教文化继续发展兴盛,而且佛教也从外在的宗教演变成一种内在的宗教,佛教中国化。多元文化自由交融,多种价值观互相参照并可以自由转换,给文人们提供了更为广阔的、富有弹性的心理空间。面对无限的展望和激发,他们追求独来独往的自由生活和个性解放,张扬自由意志和浪漫主义。其中,诗人们的表现尤为突出。有唐一代不到三百年,遗留下来的诗歌约五万首,比此前一千六百年间(西周至南北朝)的总和还要多出三倍以上;独具风格的著名诗人有六十多位,也大大超过此前历史上著名诗人的总和。真正的价值还不在于数量,在于大唐诗歌不论是田园诗、边塞诗、送别诗、记游诗、赠答诗、闺怨诗,还是抨击社会时政的诗等等,大都自然天成,出自我心,充满着乐观高亢的气概,渴求自由解放的热情,丰富浪漫的想象,优美通俗的语言,多姿多彩的风格,很少有那种散发着儒墨气味的理性晕染的教化痕迹。这当然不是偶然形成的。这跟写诗之人的政治抱负、创作个性和社会心态密切相关。大唐诗人们由于社会大环境相对宽松开放,比起建安文人和正始文人来,一般具有更强的"布衣感"即平民意识。不但在野时以布衣为骄傲，一旦进入庙堂，还能继续以布衣为荣。这一点也就是封建社会中作为社会精英的士君子们的骨气和品格，也就是可以与帝王文化分庭抗礼的精神凭借。他们并不缺少"入世"的希冀、奋斗和理想，"致君尧舜上，再使风俗淳"，"申管晏之谈，谋帝王之术"，"欲献济时策"，"敢进兴亡言"，"苟无济代心，独善亦何益"。他们"喜言王霸大略，务功名，尚节义"，"感时思报国，拔剑起蒿莱"，或以科举，或应征辟，或被罗致幕府，从而走进或者接近庙堂……也仍是地道的儒家追求。但难能可贵的是，他们可以从容做到"成则卿相，败则草野"，甚至敢于大发文人脾气，一旦入世受阻，立马撂挑子走人："松柏本孤直，难为桃李颜"，"安能摧眉折腰事权贵"！然后或去求佛，或去访道，或游历山川湖海，这叫作"仗剑去国，辞家远游"。正是这一份敢与帝王文化相颉颃的人性底蕴、个性、定力和精神操守，催发着诗歌天赋的脉动和喷发，谱写出前无古人的大唐诗史。

现在着重说说宋代的隐逸文化。我觉得，宋代的隐逸文化不仅极为发达，不亚于任何前朝后世，而且别具特色。

南朝刘宋范晔在《后汉书·逸民列传》的序中说，隐逸者"或隐居以求其志，或回避以全其道，或静己以镇其躁，或去危以图其安，或垢俗以动其概，或疵物以激其清"。他把隐士分为以上六种类型。学者冷成金先生在他的《隐士与解脱》一书中，则把隐士归纳为七种：孔子之隐、庄子之隐、朝隐、林泉之隐、中隐、酒隐和壶天之隐。文史学家陈传席先生又有新的分类，他在《隐士和隐士文化问题》中，把隐士分为十种：真隐、全隐；先官后隐；半官半隐；忽官忽隐；隐于朝；假隐；名隐实官；以隐求高官；不得已而隐；先真隐，有机会就出山，没机会继续真隐。那么，以上各种分类法，就把隐逸者说准确、说完全了吗？以宋代的实际情况来看，恐怕还是有点问题。

不错，用上述分类法去盘点两宋传统意义上的隐士，那还是行得通的。这样的隐士群体也很庞大，也不乏种种"名隐"。比如北宋初年著名隐士陈抟,《唐才子传》说他"字图南,谯郡人。少有奇才经纶,易象玄机,尤所精究。高论骇俗,少食寡思。举进士不第,时,戈革满地,遂隐名,辟谷练气,撰《指玄篇》,同道风偃"。《宋史·陈抟传》说他"能逆知人意""好读《易》"。他隐居武当山时作诗八十一章,名《九室指玄篇》,言修养之事,又撰有《入室还丹诗》五十首《易龙图》《赤松子诫》①《人伦风鉴》②各一卷;另有《三峰寓言》《高阳集》《钓潭集》及诗六百余首。另外,据说他传有《无极图》《先天图》等。《全宋文》收入其数篇文章。《正统道藏》题名陈抟的作品有《阴真君还丹歌注》。南宋吕祖谦所编《皇朝文鉴》,收入其《龙图序》;元张理《易象图说内篇》并收《易龙图》之序及数图式,可考见其易学象数思想。宋代曾慥《道枢·观空》录其论说,又可见其观"五空"思想。

总之,陈抟继承汉代以来的象数学传统,并把黄老的清静无为思想、道教的修炼方术和儒家修养、佛教禅观会归一流,对宋代理学有较大影响,后人称其为"陈抟老祖""睡仙""希夷祖师"等。陈抟是传统神秘文化中富有传奇色彩的一代宗师。

再就是"以梅为妻,以鹤为子"的林逋了。他字君复,幼时刻苦好学,通晓经史百家,性孤高自好,喜恬淡,勿趋荣利;长大后,曾漫游江淮间,后隐居杭州西湖,结庐孤山,常驾小舟遍游西湖诸寺庙,与高僧诗友相往还。沈括的《梦溪笔谈》记载:"林逋隐居杭州孤山,常畜两鹤,纵之则飞入云霄,盘旋久之,复入笼中。逋常泛小艇,游西湖诸寺。有客至逋所居,则一童子出,应门,延客坐,为开笼放鹤。良久,逋必棹小舟而归。盖常以鹤飞为验也。"他死后,宋仁宗赐谥"和靖先生",遂世又常呼其林和靖。其实,年轻时的林和靖并非心若止水。其祖父是吴越钱王的通儒院学士,父亲早逝,家道中落,他在十岁时成了归宋的吴越遗民,取字君复,可见其对钱王的感情和对故国的怀念,死前有绝笔诗《自作寿堂因作一绝志之》:

---

① 或作《赤松子八诫录》。
② 或作《龟鉴》。

"湖上青山对结庐，坟前修竹亦萧疏。茂陵他日求遗稿，犹喜曾无封禅书。"由此可见，他从骨子里就有些不食宋粟、不当宋官的意思。在《和靖诗集》里，其诗作平淡自然，野趣横生，境界清幽。贫穷成疾而无呻吟，愤世嫉俗而无怒吼，秋寒冬酷而无悲哀，烟火常断而无凄苦。"风回时带笛，烟远忽藏村。""鹤闲临水久，蜂懒得花疏。"可见孤山不是他的人生驿站，而是他永久的归宿。他临终前抚摸着鹤的身子说："我欲别去，南山之南，北山之北，任汝往还可也。"主人归天，鹤却流连，在他的墓前悲鸣而死。后人将它们葬于主人的墓侧，取名鹤冢。据载元代时林墓被盗，发现棺中却只有一块端砚、一支玉簪。终生未娶的林逋何以要以玉簪陪葬？一首小词如此写："吴山青，越山青。两岸青山相送迎，谁知离别情？君泪盈，妾泪盈。罗带同心结未成，江头潮已平。"也许这首以女子口吻拟写的词作中，隐藏着他灰心仕途，终老林泉的真心？顺便提及的是，小他二十多岁的范仲淹，小他三十六岁的梅尧臣，都是他的忘年交。他死后二十多年，范仲淹在杭州任上，常常独步孤山小径，苦苦找寻林和靖那曾经飘逸的身影。著名的再算上一个邵雍，字尧夫，自号安乐先生、伊川翁，后人称百源先生。其先范阳（今河北涿州）人，幼随父迁共城（今河南辉县），隐居苏门山百源之上，屡授官不赴，后居洛阳，与司马光等人从游甚密。他根据《易经》关于八卦形成的解释，掺杂道教思想，虚构了一个宇宙构造图式和学说体系，形成独特的象数之学，也叫先天学。传说他的卜术很准，定居洛阳后以教授生徒为生，仁宗嘉祐及神宗熙宁初，曾两度被荐举，均称疾不赴。富弼、司马光、吕公著、程颐、程颢、张载等退居洛阳时，恒相从游。死后赐谥"康节"。其作品有《伊川击壤集》二十卷，《宋史》卷四百二十七有传，代表作《皇极经世书》共十二卷六十四篇：首六卷《元会运世》凡三十四篇，次四卷《声音律品》凡十六篇，次《观物内篇》凡十二篇，末《观物外篇》凡二篇，其中前六十二篇是邵氏自著，末二篇是门人弟子记述。《皇极经世书》是一部运用易理和易教推究宇宙起源、自然演化和社会历史变迁的著作，以河洛、象数之学显于世。其中《观物篇》实乃邵雍之哲学、易理、历史学的理论大纲。

其余还有多少著名隐逸者呢？吴瑛算一个，可像他这样的隐士，占去宋代隐士的大半。再往下数，杨适、崔唐臣、高怿、苏云卿、周方叔、刘孟节、刘愚、谯定、宗翼、尹淳、王忠民、张志行、刘勉之、胡宪之、黄晞、陈瑾……这一庞大的"宋隐"群体，虽说都以自己的德行和卓有成效的文化活动闻名于乡里，在宋代社会中所发挥的作用不可低估，但依其数量和人文成就，还算不得两宋隐逸文化的主流。那么，主流者何？

就整体而论，宋代极为特殊，特殊到成为唯一，其奉为国策的对知识分子宽松优厚的政策，使士君子文化的整体优势，略强于帝王文化。儒学复兴，经济繁荣，文化进步，科技发达。北宋以范仲淹、王安石等为代表的庙堂士君子群体的雄起，使两宋文人对自己学问、见识和能力深感自信，"兼济天下"的入世愿望空前强烈，一时间"剑胆"横空，有无人敢掠其锋芒之势。这是一方面。但是，切莫忘记帝王文化虽略有不及，可它挟秦汉之威，尚在鼎盛时期，故常以朋党之名有力地狙击、围剿士君子文化，且时有得手，虽不取人性命，但贬官流放，让士君子颠沛流离、多灾多难，那是家常便饭。随着庆历新政和熙宁变法的失败，志士们在心理上形成浓重的危机感、失望感和退避意识，这与他们固有的使命感与责任感产生极端矛盾，使其陷入深切痛苦。于是，客观现实环境造成另一种"隐逸之风"——贬官文化甚盛。可是，如果考察这种隐逸特点及其隐逸文化成就，它却套不上前文所列的各种隐逸类型。当官被贬谪，常作山川明月之吟，频发竹节梅香之思，人格可近隐逸，却难归于隐居之流。在下才拙，姑且称这种被贬官者为"被隐逸者"，因为他们本人未必想去做传统意义上的各类隐逸者，然而一旦被贬官，被赶出庙堂，被下放民间，被迫过上"渔父"生活……剑胆空对月，琴心随流水，他们不想做隐逸者都不成。

当然，这样的"被隐逸者"，前代也层出不穷，不过显得零零散散，未曾以群体面貌整体推出罢了。屈大夫不就是个"被隐逸者"吗？他倒是很想实现自己的政治抱负，可被楚怀王逐出郢都，不得不开始了流放生涯。

楚顷襄王即位，人家还是不用他，并继续加以迫害，一举放逐他到江南去了。

"朝发枉渚兮，夕宿辰阳"，"入溆浦余儃徊兮，迷不知吾所如"，是呀，本不想离开庙堂，却不得不寄身江湖，这个"被隐逸者"深陷苦痛之中。渔父劝他"与世推移"，不要"深思高举"。世道清廉，可以出来为官；世道浑浊，可以与世沉浮。可他一时哪里想得通？还表示宁可投江而死，也不能使清白之身蒙受世俗尘埃，最后终于在绝望和悲愤之中投汨罗江而死。可他绝对没有想到的是，他在流放期间写下的诸多文字华丽、想象奇特、比喻新颖、内涵深刻的辞章，都成了不朽的传世绝唱，不仅开了游仙诗的先河，自己还成为中国隐逸文化的标志人物，其诗作标志着中国诗歌进入了一个由集体歌唱到个人独唱的新时代，成为中国文学的起源之一。

之后著名的"商山四皓"、严子陵、陶渊明、鲍照，对中国隐逸文化均贡献甚大，但人家大都不是"被隐逸者"，这里也就不提了。接下来唐代的情况有点意思，不仅最早使用了"隐士"一词，而且贡献了几位有名的"被隐逸者"，都有卓著的文化贡献，此处仅以王维、柳宗元、李泌为例。

盛唐诗人王维既擅长绘事又精于音乐，是少见的文坛多面手。可叹仕途并不顺畅，他虽然二十一岁就金榜题名，却因恩相张九龄遭到大佞臣李林甫排斥，自己的前程也大受影响，济世之志日渐消退，归隐之心日益强烈。至德元年（公元756年）六月，安禄山叛军攻陷重镇潼关，唐玄宗仓皇逃往成都。王维扈从不及，为叛军所俘，他故意服下泻药，并假装喑哑，真心不事叛贼。安禄山素知其才，把他迎置洛阳，软禁于普施寺中，强授伪职给事中。可怜他并无以死抗争的底气，遂隐忍不发。一天，安禄山于凝碧宫设宴，召梨园弟子奏乐。梨园弟子怀国破沦丧之哀，个个流泪不止，无心演奏。乐工雷海清更是不胜悲愤，扔下乐器，向西恸哭。安禄山当即大为震怒，把雷海清绑在试马殿前肢解致死。王维闻此十分悲恻而感慨，便写诗一首，《菩提寺禁裴迪来相看说逆贼等凝碧池上作音乐供奉人等举声便一时泪下私成口号诵示裴迪》："万户伤心生野烟，百官何日再朝天。

秋槐落叶空宫里，凝碧池头奏管弦。"借此，抒发自己对唐王朝的怀念之情，同时也抒发自己对叛军的憎恨，后来又写了一首《菩提寺禁口号又示裴迪》："安得舍尘网，拂衣辞世喧。悠然策藜杖，归向桃花源。"表达自己渴望脱离尘世羁绊与喧嚣，向往归隐的心情。至德二年（公元757年）十月，官军收复了东都洛阳。王维却以授受伪官事，与郑虔等人被囚禁于宣阳里杨国忠旧宅。后肃宗返回长安，凡朝官留受安禄山伪职者，根据情节不同，共分六等治罪。王维被定为三等罪。但因肃宗曾读过他的《凝碧诗》，怜他忠诚，加之其胞弟王缙时任刑部侍郎，请求削去己官为兄赎罪，肃宗特加宥免，贬其为太子中允，再迁太子中庶子、中书舍人、给事中，转尚书右丞。经过这样一场人生大折腾之后，原本天性去俗绝尘、好静懒动并独具自由适意的生命精神的王维，变成了一个彻底的"被隐逸者"，先隐嵩山，后隐终南山，最后隐居在长安东南不远的蓝田县辋川。一部《辋川集》声动文坛。"新家孟城口，古木余衰柳。来者复为谁，空悲昔人有。"（《孟城坳》）"古人非傲吏，自阙经世务。偶寄一微官，婆娑数株树。"（《漆园》）"独坐幽篁里，弹琴复长啸。深林人不知，明月来相照。"（《竹里馆》）"飞鸟去不穷，连山复秋色。上下华子冈，惆怅情何极。"（《华子冈》）"轻舟南垞去，北垞淼难即。隔浦望人家，遥遥不相识。"（《南垞》）……加上五言绝句《皇甫岳云溪杂题》五首，还有《赠裴十迪》《春中田园作》《新晴野望》《渭川田家》《田园乐》等十首，使他一举成为唐代的山水田园诗派的开创者，也得以与李白、杜甫三分天下于诗坛，李白被称为"诗仙"，杜甫被称为"诗圣"，而王维则被称为"诗佛"也！这也使唐代的隐逸文化上升到一个新的高度。

柳宗元成为"被隐逸者"，源自"永贞革新"。"永贞革新"是唐顺宗时，庙堂士君子们以打击宦官势力为主要目的一场改革运动，因发生于永贞年间，故得名。永贞元年（公元805年）正月，唐德宗死，太子李诵即位，是为唐顺宗。顺宗居东宫二十年，一直关心朝政，对朝政的黑暗腐败有深切认识，一旦即位，便立刻重用王叔文、王伾等人进行改革。二王原先都是顺宗在东宫时的老师,深得信任,遂与彭城人刘禹锡、河东人柳宗元等人一起,形成了以"二王刘柳"为核心的革新派核心集团。他们维护统一,主张加强中央集权,反对藩镇割据,反对宦官专权。但宦官刘贞亮(原名俱文珍)等反动势力,趁顺宗中风之机,将顺宗长子广陵王李淳立为太子,更名为李纯,又伪造敕书,罢去王叔文翰林学士之职。不巧的是,此时王叔文母亲去世,王叔文不得不归家守丧,革新派顿失首脑。不久,王伾又患中风,大局更为不妙。刘贞亮等趁机以顺宗名义下诏,由皇太子监国,再拥之为帝,是为唐宪宗。至此,革新派纷纷遭难:王叔文被贬为渝州司马,不久病死;其余柳宗元、刘禹锡等六人都被贬到边远州县做司马。这场史称"二王八司马"的"永贞革新"归于失败。

年轻的柳宗元,这次在政治舞台上同宦官、豪族、旧官僚进行了殊死一搏,他的革新精神与斗争意志为世人钦佩,却也得到政敌的残酷报复。唐宪宗八月即位,柳宗元九月即被贬为邵州(今湖南邵阳)刺史,走到半路,再被贬为永州(今湖南永州)司马。永州地处湖南和广东、广西交界的地方,当时甚为荒僻。同去永州的,有他六十七岁的老娘和堂弟柳宗直、表弟卢遵。一家人到永州后,连住的地方都没有,多亏一位僧人相助,寄宿龙兴寺。由于生活艰难,未及半载,母亲卢氏便离开人世,这叫柳宗元最为痛心。更可怕的是,那些恨他入骨的政敌们,依然不肯放过他,不断地造谣诽谤,进行人身攻击,把他丑化成"怪民",好些年后还骂声不绝。残酷的政治迫害,艰苦的生活环境,锥心的失亲之痛,加之几次无情的火灾,使柳宗元身心俱损,最后竟至"行则膝颤、坐则髀痹"的程度。这真是"一身去国六千里,万死投荒十二年"。这样的"被隐逸者",实在是前所未见。可这位"被隐逸者"所怀有的"虽万受摈弃,不更乎其内"的精神世界,以及所创造出来的思想、文化成就,亦是前所未见。居永州期间,柳宗元广泛而深入地钻研哲学、政治、历史、文学等方面的一些重大问题,并著述不辍,《封建论》《非〈国语〉》《天照》《六道论》等著名作品,大多是在永州完成的。其中最为世人称道者,是那些情深意远、疏淡峻洁的山水诗篇。

久为簪组累，幸此南夷谪。
闲依农圃邻，偶似山林客。
晓耕翻露草，夜榜响溪石。
来往不逢人，长歌楚天碧。

(《溪居》)

千山鸟飞绝，万径人踪灭。
孤舟蓑笠翁，独钓寒江雪。

(《江雪》)

渔翁夜傍西岩宿，晓汲清湘燃楚竹。
烟销日出不见人，欸乃一声山水绿。
回看天际下中流，岩上无心云相逐。

(《渔翁》)

伟大的"唐宋八大家"，却是唐二家（韩愈、柳宗元），宋六家（苏轼、苏洵、苏辙、欧阳修、王安石、曾巩）。柳宗元二居其一，那是褒扬他的散文成就。若要再搞个"被隐逸者"的山水田园诗大评比，可以断言，柳宗元必为中国几大家之一。

要说李泌这位"被隐逸者"，当然不及上面所列王、柳二位的名头响，却以三仕三隐为特色，如此频繁的入世、出世，在宋代以前真不多见。

李泌少年聪敏，博涉经史，善文工诗，自比有王佐之才。他是个以"隐"求进的代表人物，不屑于科举入仕，避隐嵩山，等待时机。魏晋以来，隐士颇受关注，越是隐而不出，反而名声越大，做大官的机会越多。李泌走这条终南捷径，一时未见有效，有点坐不住了，自嵩山给唐玄宗上书论政，深得玄宗赏识，令其待诏翰林，为东宫属言，不料却受到国舅杨国忠的猜忌，仅得了个卑官微职。他很是失落，就吟着《长歌行》飘然而去，再隐南岳衡山。寻常沟渠，难容吞舟之鱼；千里良驹，岂为耕种之牛。胸襟不酬，莫若再待。

这一等就等来了安史之乱。

至德元年，唐肃宗即位灵武，想起"为东宫属言"的李泌来，于是召他前来参谋军事，类为军师角色。这李泌以诸葛亮自比，运筹帷幄，连出妙招，成就了中兴名将郭子仪、李光弼的功业。又不料，宠臣李辅国等对功高名显的李泌看不顺眼，大加诬陷。而坐稳龙廷的肃宗李亨则宠爱妃，纵国戚，搞得李泌极不安生。他泪眼婆娑地对皇帝说，臣有五不可留——遇陛下太早、陛下任臣太重、宠臣太深、臣功太高和臣迹大奇，所以请陛下听臣离去，免臣于死，放归山林可也，于是复归衡岳。然而，青山绿水荡涤不尽满腹经纶，清风明月消融不了王佐之志。李泌他还要"莫若再待"。

仅仅过了五年，唐代宗李豫立，召他为翰林学士。这回该大展宏图了吧？真也是命，偏又遇着容不得他的权相元载、常衮等，大受排斥，下放做了杭州刺史。不过虽然遭贬，他还是剑胆熠熠，在杭州任上有所作为。最突出的一件事，就是解决了居民的淡水供应问题。后世苏东坡说："杭之为州，本江海故地，水泉咸苦，居民零落。自李泌始引湖水作六井，然后民足于水，井邑日富，百万生聚，待此而后食。"据说到现在还有一口古井——"相国井"，铭记着这位"被隐逸者"的功德。

为什么叫"相国井"呢？原来至唐德宗李适时，李泌官至宰相。

如果要讲到作为一位"被隐逸者"李泌的文化贡献，还得从他第一次"被隐逸"说起。肃宗李亨重用他，封为邺县侯，世人因称李邺侯。他是南岳第一个钦赐的隐士，皇帝为他在烟霞峰兜率寺侧建房，名之为"端居室"，后人称之为"邺侯书院"，据说这是中国书院史上最古老的一所书院。李泌在此隐居十二年，修身养性、纵情山水、博览群书。他的端居室成为中国最早的私人藏书馆。韩愈在《送诸葛觉往随州读书》一诗中有句"邺侯家多书，架插三万轴"，可见其藏书之多。在这里，李泌还曾随玄和先生张太虚学习道教秘文，又与懒残和尚（明瓒禅师）等高僧交往甚深，著有《养和篇》和《明心论》。此外，他"精于书法"，"尤工于诗"，"有文集二十卷"。

上述前朝这些"被隐逸者"零散出现的局面，至宋有一大变。前面说了，两宋的"被隐逸者"是以群体面貌出现的，人数众多，群星灿烂，如范仲淹、欧阳修、王安石、富弼、梅尧臣、苏东坡、陆游、辛弃疾、文天祥……可以列出一大串如雷贯耳的名字。而且，这个群体还具备另外一大特色：他们大都像李泌那样遭遇一贬再贬，并且即便在被一贬再贬后，也不像王维那样心如止水，归佛归道，超然物外，更不像三闾大夫那样以死抗争，一了百了。他们虽然被赶出权力中心，被赶到江湖民间，但依然"心在天山，身老沧洲"（陆游句），满腔"以天下为己任"的家国情怀，且看如何了却？剑锋指处，救民水火，为政一方，造福万代；同时精勤学问，著书立说，兴学育徒，歌之赋之，做出无愧于时代、彪炳于史册的文化贡献。

下面，我就以范仲淹为例，述说这一代"被隐逸者"的历史风采。

2. 睦州风光

"问汝平生功业，黄州惠州儋州。"这是老年苏轼在《自题金山画像》中对自己一生的评说。令人深思并耐人琢磨的是，苏轼一生经历仁宗、英宗、神宗、哲宗、徽宗五朝，官至正三品，头顶翰林学士、端明殿侍读学士、兵部尚书、礼部尚书等荣名，自己对此却视若无睹，倒把浸透血泪的三贬生涯奉为平生功业。这一种悲壮的调侃或非调侃，意味太深长！君不见：黄州自有千古名篇《念奴娇·赤壁怀古》《前赤壁赋》《后赤壁赋》；惠州修有东、西新桥，筑有西湖长堤，引蒲涧山泉入广州，更有一百六十首诗词和数十篇散文歌咏扬名后世；儋州更不用说了，他在此地写作诗歌一百七十余首、各类文章一百六十余篇，改定《易传》《论语说》共十四卷，新写《书传》十三卷、《志林》五卷等；同时，开学堂、办书院、育后学，开儋州一代学风……正如他所说，三贬之后，"吾上可陪玉皇大帝，下可陪卑田院乞儿，眼前见天下无一个不好人"。一个"被隐逸者"能够如此不废剑胆，琴心永驻，夫复何求？

前文提过，苏轼比范仲淹小四十八岁。他可是衷心崇拜范仲淹的"铁粉"，一生未能见到活着的范仲淹，因而遗憾地说："而公独不见，以为平生之恨。"可以想见，他虽然未能亲拜范仲淹门下，但范仲淹一生行状，尤其是三贬行状，必定是他赞叹并仿效的范本。反过来说，从苏轼的"问汝平生功业，黄州惠州儋州"中，也一定可找到范仲淹"被隐逸"后的心路历程和作为。于是，我便有了这样的考察线索：问范公平生功业，睦州、饶州、邓州。如此，虽难知他一生全貌，但总可管窥作为"被隐逸者"范仲淹的一副剑胆琴心。

这里先说"睦州风光"，但不是说睦州的自然风光，是要说范仲淹的睦州风光。

睦州设于隋文帝仁寿三年（公元603年），至北宋时，距京城汴梁三千多里路，属于边远州郡。所以，从唐代开始，这里就成了安置被贬官员——"被隐逸者"的好去处。仅代著名的人物就有：辅佐唐玄宗登上帝位的尚书左丞相刘幽求；与姚崇联手开创"开元盛世"的名相宋璟；以《封禅书》闻世、与杜甫交好的名相房琯；长于五言，自称"五言长城"的大诗人刘长卿；与李商隐齐名，时人称为"小杜"的晚唐大家杜牧等，他们都在睦州"被隐逸"过。科举正兴的唐代官员大多都是高才文士，无不写有文赋诗章。他们在睦州都写过什么？最有名的可能就是杜牧的五律《睦州四韵》了。

  州在钓台边，溪山实可怜。
  有家皆掩映，无处不潺湲。
  好树鸣幽鸟，晴楼入野烟。
  残春杜陵客，中酒落花前。

杜牧在睦州做刺史两年，几首钓台诗中以此首为最，被后世认定是他的代表作之一。依我看,全诗写得有点落寞、悲凉,过于小我,尤其最后两句,堂堂士君子,就那么一下子被残春和薄酒打倒,端的少了几分阳刚豪气。同样是个"被隐逸者",再看睦州范仲淹,在我看来,那可就是另一层次了。

对范仲淹来说,睦州之贬,是第二次被贬,而且这一贬,格外地蒙羞受辱,是让人家"钦差"催着、押着赶出京城的,是在家家团圆庆新春的大正月里被赶出来的,是全家老小一个不留地被赶出京城的。放在别人头上,这个打击就足可令人万念俱灰、一蹶不振。范仲淹呢?凛凛然一道《睦州谢上表》,照样指点朝政,说古论今,既为纲常大礼,更为万民福祉,可谓士君子气十足。一首五律《谪守睦州作》,供读者欣赏一下:

> 重父必重母,正邦必正家。
> 一心回主意,十口向天涯。
> 铜虎恩犹厚,鲈鱼味复佳。
> 圣明何以报,没齿愿无邪。

请特别注意"鲈鱼味复佳"一句。何以抗击异乎寻常的官场打压、庙堂羞辱?唯有"鲈鱼味复佳"。范仲淹在所作睦州诗文中,多次用到"鲈鱼"这个意象,后面还要提及。在这里,范仲淹的"鲈鱼情结",就是中国士君子传统的"琴心情结""渔父情结",就是那个用以对抗"邦无道"的帝王文化的士君子情结,"邦无道则可卷而怀之"。《晋书·张翰传》说:"(张翰)因见秋风起,乃思吴中菰菜、莼羹、鲈鱼脍,曰:'人生贵得适志,何能羁宦数千里以要名爵乎?'遂命驾而归。"其实,在范仲淹之前之后,以"鲈鱼"入诗的名句多了:白居易在《偶吟》中写"犹有鲈鱼莼菜兴,来春或拟往江东",元稹在《酬友封话旧叙怀十二韵》中作"莼菜银丝嫩,鲈鱼雪片肥",皮日休在《西塞山泊渔家》中吟"雨来莼菜流船滑,春后鲈鱼坠钓肥",欧阳修称"莼菜鲈鱼方有味,远来犹喜及秋风",陆游在《秋晚杂兴》中记"今年菰菜尝新晚,正与鲈鱼一并来",辛弃疾在《水龙吟》中谈"休说鲈鱼堪脍,尽西风,季鹰归未"……鲈鱼带来的是悠闲、舒适和美好的市井生活,市井远离庙堂喧嚣,充满人性的自由流淌,是中国文人灵魂永驻的港湾和天堂。此时,范仲淹的凭恃就是:我自有"鲈鱼味复佳"的另一方天地接纳我,远离庙堂怕什么?

范仲淹带着全家,由京城出发向东南行,是沿着一条什么样的路线出行的,今天已不可详考,但是,乘着客船沿淮河走过一段水路是肯定的,有《赴桐庐郡淮上遇风三首》诗为证。当时,淮河是京城通往安徽、江苏再转东南各地的黄金水道。淮河,古称淮水,与长江、黄河和济水并称"四渎",现为中国七大江河之一。它发源于河南省桐柏山主峰太白顶西北侧河谷,干流流经河南、湖北、安徽、江苏四省,南宋绍熙年间以前,它是一条独流入海的河流。现在看《赴桐庐郡淮上遇风三首》这三首诗:

圣宋非强楚,清淮异汨罗。
平生仗忠信,尽室任风波。
舟楫颠危甚,蛟鼋出没多。
斜阳幸无事,沽酒听渔歌。

妻子休相咎,劳生险自多。
商人岂有罪,同我在风波。

一棹危于叶,傍观亦损神。
他时在平地,无忽险中人。

以常理设想,一个遭贬的京官必定心灰意冷,携家去前途难卜的边远谪所,心里七上八下没有着落,途中却又遭受江河之险,吉凶不知,恰如屋漏偏逢连阴雨,船破再遇顶头风,真是倒霉透顶,晦气到家了!这样,他还有心情作诗吗？又能作出怎样的诗？与事实相对照，可就突显出范仲淹的不寻常了。因为他这位贬官，此时不仅饶有兴趣地作诗，而且作出来的哪儿像贬官诗？倒像一个优游江湖的自由派文人在随意遣兴，不过有点多愁善感而已。当朝圣上宋仁宗，当然比楚怀王、楚顷襄王仁义多了，臣民们也不会像屈大夫那样去轻生。本人忠义为本行端品正，还怕什么样的人生风波。就说眼前这场淮上风险有什么好怕的，转眼就会没事，你看斜阳正好，回头咱们还要品酒听渔歌呢。夫人哪，别抱怨了，劳劳人生自会有风险。你看同船的这些商贾们，他们又没有做错什么，不也跟咱们一样担惊受怕吗？这样的险境也真叫人揪心，又不禁令人感悟：自己平安时，可别忘了那些处在危难中的人们啊！

按照那时的车船速度，赴睦州三千里贬官路，范仲淹一家走了三个月左右。对于范仲淹来说，要命的淮上风浪尚且等闲视之，此后进入春光明媚的江南大地，还有什么可忧愁的呢？他诗兴未减，灵感大发，以"顶真"的修辞手法和艺术形式，平生第一次写出了五言绝句组诗《出守桐庐道中十绝》。

一

陇上带经人，金门齿谏臣。
雷霆日有犯，始可报君亲。

二

君恩泰山重，尔命鸿毛轻。
一意惧千古，敢怀妻子荣。

三

妻子屡牵衣，出门投祸机。
宁知白日照，犹得虎符归。

四

分符江外去，人笑似骚人。
不道鲈鱼美，还堪养病身。

五

有病甘长废，无机苦直言。
江山藏拙好，何敢望天阍。

六

天阍变化地，所好必真龙。
轲意正迂阔，悠然轻万钟。

七

万钟谁不慕，意气满堂金。
必若枉此道，伤哉非素心。

八

素心爱云水，此日东南行。
笑解尘缨处，沧浪无限清。

九

沧浪清可爱，白鸟鉴中飞。
不信有京洛，风尘化客衣。

十

风尘日已远，郡枕子陵溪。
始见神龟乐，优优尾在泥。

看得出来，这不是一组纯粹的山水田园诗，也不是一组纯粹的贬官感怀诗，而是一组范仲淹式的自我心灵对话的述怀诗，一个一流庙堂士君子坚守既有情怀、待酬补天壮志的艺术宣言。本人"致君尧舜上，再使风俗淳"的政治志向是不可更移的，敢言直谏的风骨是不可改变的，天天触犯雷霆之怒也在所不惜。虽然说君命重、臣命轻，可是为了维护千古之道与礼，本人绝不会为了封妻荫子的一己之私而稍有马虎。现在果然因言获罪，贬往睦州，像个流浪江湖的诗人一般落魄。然而，别以为这样的打击就能屈我"以天下为己任"的雄心，这样的贬黜就能使我意志消沉；恰恰相反，睦州不但可以让我大饱鲈鱼口福，还能养好我屡受磨难与屈辱的身心。孟老夫子的话可一点不迂阔，只有在天地大宇宙之间，方能消解我的浊气，养足我的浩然之气。不信看着吧，本人再进诤言，再显身手的机会有的是。高官厚禄谁不在乎？可本人在乎的是，在其位就要谋其政，真正干出政绩来，否则，那不是我的心志。哈哈，要说到本人心志，也大有云水情怀呢，就说此次东南之行，这多么惬意呀，一路上山清水秀，春光宜人，鸟儿就像在镜子里嬉戏一样，几乎让人可以忘掉尘世的一切烦恼。再想到杜牧的诗句"州在钓台边"，就要见到久久向往的严子陵钓台了。说真心话，本人有时真艳羡这位严前辈的人生取向，那才是一种自由自在的长久的神龟之乐啊。

如果说范仲淹第一次被贬河中府，刚过不惑之年，还不谙"被隐逸者"之三昧，还忙着一道一道地上奏折，比如《论职田不可罢》等，那么，第二次被贬睦州则大不同，再经过五六年中央政坛的历练，年纪已在望"知天命"，内心世界的格局大多了，可以说是：剑胆正自雄，琴心亦灿烂。就以诗歌创作论，睦州仅半年时间，却成了他平生创作的第一个高潮期，总数有近六十首之多，几乎占他全部诗歌创作成就的五分之一。有这样的诗兴诗作，是睦州之美成全了他，也是他对睦州之美的独特理解——潇洒之美成全了他。前面说了，此前来过睦州的名人多了，留有诗文名篇的也多了，却没有一个人能像范仲淹一样，以一组《潇洒桐庐郡十绝》问世，"潇洒"二字道出睦州之美，成了睦州的美誉，博得天下认同，万世称赞，至今沿用不废。这里应该说明一下的是，"萧洒桐庐"，就是"萧洒睦州"。睦州治所在现在的梅城镇，当时下辖建德、寿昌、淳安、分水等县。它历史上曾三次称郡，一为隋代时的遂安郡，一为唐代时的新定郡，一为北宋时的桐庐郡。《宋史·地理志》说，宋时每一州名之下都挂一个郡名。比如睦州是正名，别称桐庐郡。谭其骧先生说的"两宋三百年则始终只有州名，从没有叫过郡"这话，看来有待商榷。下面欣赏《萧洒桐庐郡十绝》：

一

萧洒桐庐郡，乌龙山霭中。
使君无一事，心共白云空。

二

萧洒桐庐郡，开轩即解颜。
劳生一何幸，日日面青山。

三

萧洒桐庐郡，全家长道情。
不闻歌舞事，绕舍石泉声。

四

萧洒桐庐郡，公余午睡浓。
人生安乐处，谁复问千钟。

五

萧洒桐庐郡，家家竹隐泉。
令人思杜牧，无处不潺湲。

六

萧洒桐庐郡，春山半是茶。
新雷还好事，惊起雨前芽。

七

萧洒桐庐郡，千家起画楼。
相呼采莲去，笑上木兰舟。

八

萧洒桐庐郡，清潭百丈余。
钓翁应有道，所得是嘉鱼。

九

萧洒桐庐郡，身闲性亦灵。
降真香一炷，欲老悟黄庭。

十

萧洒桐庐郡，严陵旧钓台。
江山如不胜，光武肯教来。

一般认为，《萧洒桐庐郡十绝》是范仲淹对桐庐的山水人文、经济特产、农家习俗、百姓生活所作的生动记述，同时借景抒情，表达自己的潇洒心情。这当然不错。不过，依我揣摸，这组诗的深层意境在诗外。

请将这组诗与《出守桐庐道中十绝》相比，发现它最大的不同之处在哪儿呢？一眨眼不见了"谏臣""君恩""虎符""天阍""真龙""万钟"……这样的字眼、用语，也似乎不见了作者的家国情怀，但见一片绿莹莹的草丛中，皆是民间气象，顶多露了点"悟黄庭"，求的也是养生修炼。这还像范仲淹吗？这还是范仲淹吗？这位睦州范仲淹是不是就跟睦州杜牧差不多呢？

仔细琢磨也挺有意思。

前引杜牧的《睦州四韵》，也是巧借睦州诸般好景，抒发贬官一肚子的心思，而且此时杜牧年龄在四十三岁左右，与范仲淹不差几岁，且曾同是庙堂客，而今都在沦落中，按说这言心言志的诗作也该差不多吧。然而略一品咂，殊异其趣。杜诗哪能品出半点潇洒来？一个"实可怜"，一个"落花前"，活画出失意者"对酒当歌，人生几何"的消极心情。"一世一万朝，朝朝醉中去"；刚刚"乞酒缓愁肠"，即刻又"得醉愁苏醒"。这醉也不是，醒也不是，只好"但将酩酊酬佳节"，"半醉半醒游三日"，且将此一腔酒意，万般愁绪，满腹经纶，交付给青楼佳人，红颜知己，落他个"十年一觉扬州梦，赢得青楼薄幸名"，便又怎的！睦州之后仅数年，五十岁的一代风流才子便撒手人寰，到真正的极乐世界去了。

以此观照范仲淹的《萧洒桐庐郡十绝》，能品出什么滋味呢？第一，没有半点消极；第二，真有十二分潇洒。合起来还是那个大宋第一名士君子的范仲淹。虽然此时身在睦州的田园山水中，然而，对于范仲淹来说，此时外在地夸桐庐潇洒，实际上是内在地夸自己潇洒；此时越夸桐庐潇洒，越证明他自己潇洒。最早看出这一点玄机并表达出来的，估计就数王十朋①了。他在《潇洒斋记》中这样写道："诗言志，公（范仲淹）所至以潇洒见于诗章，则胸中之潇洒可知也。……读《桐庐十诗》，至'使君无一事，心共白云空'，则知公之潇洒于一郡矣。读'区别妍媸，削平祸乱'之赋，及'先天下之忧而忧，后天下之乐而乐'之记与万言书，则其正色立朝之风采、仗钺分阃之威名、经世佐王之大略，是皆推胸中潇洒之蕴而见之于为天下国家之大者也。读《严陵祠堂记》，至'先生之风，山高水长'，又知公与子陵虽出处之迹不同，易地则皆然。山高水长，非特子陵之潇洒，亦公之潇洒也。"这又是一位铁杆"范粉"，为表明崇拜心迹，把自己在饶州的郡斋特别称为"潇洒斋"，写下如上文字之后，末尾感慨道："噫，微斯人，吾谁与归！是

---

① 王十朋，字龟龄，号梅溪，南宋政治家、诗人，出生于乐清四都左原（今浙江乐清）梅溪村，著有《王梅溪文集》等传世。

以名斋。"

温州才子真了得：说桐庐潇洒，公"则胸中之潇洒可知也"。睦州范仲淹潇洒在哪儿？他不是都忘了王事，唯浸淫于隐逸之美了吗？这从字面上似乎不好看出，那就绕到背后呀。初到睦州，范仲淹很快给晏尚书发出一封私信，并寄出自己的一首新诗《桐庐郡斋书事》。在这里，晏殊既是他的恩师、朋友，也是他与庙堂保持一种联系的、不敢轻易割舍的通道。信中虽然也大赞桐庐之美之潇洒，但一句"惟恐逢恩，一日离去"，一不小心透露出作者的"潇洒"心胸。我范仲淹寄居睦州是不会长久的，我的远大抱负尚未得偿，我的谋国宏图尚未展开，我的人生理想尚未实现，仁宗皇帝是了解我、会重用我的，整个国家和全体老百姓是需要我的；我在睦州不过是疗伤小憩，就像一只大鹏鸟落在小沼泽边上暂栖身，清理羽毛，养精蓄锐，很快就会再高飞远翔；再说，桐庐可不是什么小沼泽，它简直就是一方仙境，分明是上天给予我范仲淹的特别恩赐，"我无一事逮古人，谪官却得神仙境。自可优优乐名教，曾不栖栖吊形影。"（范仲淹《和葛闳寺丞接花歌》）正是：我赞桐庐真潇洒，桐庐送我上青云。杜牧前辈剑胆销、琴心哀的悲伤曲，我范仲淹是绝对不会重奏的，"众人之浊我可清，千日之醉我可醒"（范仲淹《和章岷从事斗茶歌》）。宁非我范仲淹之谓乎？

也许，这才是《潇洒桐庐郡十绝》的内在诗意？其诗也轻灵，其心也厚重！

在睦州，最能与范仲淹这种潇洒胸怀对接的一件事，莫过于修建严子陵祠堂了。

要说严子陵祠堂，得先说严子陵钓台。

天下出名的钓台甚多：江苏淮安有韩信钓台，武昌有孙权钓台，陕西磻溪有姜太公钓台，山东鄄城有庄子钓台，安徽贵池有萧统钓台，江苏宜兴有任昉钓台，湖北大冶有张子和钓台，北京阜成门外有金王郁钓台……但都比不过严子陵钓台。

严子陵，生于西汉末年，大约在公元前37年至公元前43年，名光，又名遵，字子陵，会稽余姚（今宁波慈溪）人。他在青少年时代就博学多才，名声很大。南朝刘宋范晔的《后汉书》有《严光传》，全文如下，不长：

  严光字子陵，一名遵，会稽余姚人也。少有高名，与光武同游学。及光武即位，乃变名姓，隐身不见。帝思其贤，乃令以物色访之。后齐国上言："有一男子，披羊裘钓泽中。"帝疑其光，乃备安车玄纁，遣使聘之。三反而后至。舍于北军，给床褥，太官朝夕进膳。司徒侯霸与光素旧，遣使奉书。使人因谓光曰："公闻先生至，区区欲即诣造，迫于典司，是以不获。愿因日暮，自屈语言。"光不答，乃投札与之，口授曰："君房足下：位至鼎足，甚善。怀仁辅义天下悦，阿谀顺旨要领绝。"霸得书，封奏之。帝笑曰："狂奴故态也。"车驾即日幸其馆。光卧不起，帝即其卧所，抚光腹曰："咄咄子陵，不可相助为理邪？"光又眠不应，良久，乃张目熟视，曰："昔唐尧著德，巢父洗耳。士故有志，何至相迫乎！"帝曰："子陵，我竟不能下汝邪？"于是升舆叹息而去。

  复引光入，论道旧故，相对累日。帝从容问光曰："朕何如昔时？"对曰："陛下差增于往。"因共偃卧，光以足加帝腹上。明日，太史奏客星犯御坐甚急。帝笑曰："朕故人严子陵共卧耳。"除为谏议大夫，不屈，乃耕于富春山，后人名其钓处为严陵濑焉。建武十七年，复特征，不至。年八十，终于家。帝伤惜之，诏下郡县赐钱百万，谷千斛。

用现代白话大致翻译一下就是：
  严光，字子陵，又名严道，会稽余姚人。年轻时就有很大名声，曾与光武帝刘秀一同游历学习。等到光武帝登基为帝，他却改换姓名，隐居不出现。光武帝知道他的才能，想重用他，就派人拿着图像去寻找他。后来齐地有人报告说："有一位男子，披着羊皮袄，坐在水边垂钓。"光武帝估计此人就是严光，就备了专车和厚礼，派遣使者去聘请严光。使者往返多次，严光才给了面子进京。光武帝让严光住在城北的精舍里，提供上等服务，早晚的饭菜都有太官亲自侍候。司徒侯霸[①]和严光一向有交情，派人给他送信，表示："听说先生您来了，本想立即拜访，但公事缠身，恐怕一时难以如愿。希望您晚些时候能屈驾光临。"严光不理，把书简扔给来人，口述回信说："你老兄如今位列三公，混得不错呀。如果你能心怀仁德，辅佐正义，就是天下百姓的福；如果你一味地阿谀奉承，唯刘秀马首是瞻，你就等着完蛋吧！"侯霸收到这个信儿，转呈给皇上。皇帝笑着说："这个狂人，还是从前那个样子啊！"皇帝当天就去了严光的住处。严光躺在床上不起来。皇帝走到严光的床边，亲热地伸手摸着他的肚子说："嗨，老同学，你真不能帮我治理国家吗？"严光闭着眼睛不搭理。过了好一会儿，他睁开眼睛打量着皇帝，说："唐尧是有德君王，巢父尚且不肯出山帮他，听了从政这种话都要赶快清洗耳朵。这就叫人各有志！你何必要逼我呢？"皇帝很无奈："子陵，我真的没办法说服你吗？"于是叹息着登车离去了。后来，皇帝又把严光请去，闲谈些过去的事情，一谈就是几天。这天，皇帝状似不经意地问严光："老同学，你看我比起过去怎么样？"严光回答说："不怎么样，就是比过去稍微胖了点。"晚上，二人睡在一起。严光睡得不客气，把脚压在皇帝的肚子上。第二天，太史奏报说，昨夜有客星犯帝星，情势很危急。皇帝笑着说："没事，昨晚我和老朋友严子陵睡在一起，他睡觉不老实啊。"不久，皇帝任命严光为谏议大夫。严光不肯接受，跑到富春山种田去了。后人把他钓鱼的地方取名为严陵濑。建武十七年（公元41年），皇帝又特别征召严光，但严光没去。严光八十岁那年，在家中去世了。皇帝很是悲伤、惋惜，特命当地政府赐给他家一百万钱、一千斛粮食。

本纪之外，还有刘秀所作《与子陵书》传世，曰："古之大有为之君，

[①] 此人也是严光同学，当年与刘秀、严光在长安结识并一同游学，后来应召入王莽朝做官，而刘秀投了起义的绿林军，严光则隐姓埋名，辟居乡间，两边都不沾。

必有不召之臣，朕何敢臣子陵哉。惟此鸿业若涉春冰，譬之疮痏须杖而行。若绮里不少高皇，奈何子陵少朕也。箕山颍水之风，非朕所敢望。"看来这事让汉光武帝刘秀抱憾终生。

单从这一传记看，严光其人，究竟有多大学问和本事？看不出来；他对社会、国家和人民有多大贡献？也看不出来；他身后留下多么丰厚的人文遗产，他著作等身，有不朽名篇？还是看不出来。那么，他的名气怎么会这样大？而且，至宋千年以来越来越大，原因何在？这是一个有难度的问题，我想随后再说。

有学者根据可靠史料推断，严光的名气在唐初就相当之大，以至于他生前在富春江边钓鱼的地方，建起了祠堂，成了世人游览凭吊的名胜之处——严子陵钓台。桐庐籍现代名人周天放、叶浅予合作发表过一篇文章《严先生祠堂》，内中引用初唐洪子舆一首诗如下：

  汉主召子陵，归宿洛阳殿。
  客星今安在，隐迹犹可见。
  水石空潺湲，松篁尚葱蒨。
  岸深翠阴谷，川回白云遍。
  幽径滋芜没，荒祠幂霜霰。
  垂钓想遗芳，掇蘋羞野荐。
  高风激终古，语理忘荣贱。
  方验道可尊，山林情不变。

二位先生在诗后写道："则严先生祠堂唐初已有。盖严先生终老富春山，子孙即以为家祠而祠之，第规模狭窄，不为世人注意耳。"初唐去子陵谢世已逾六百年之久，而钓台依然入诗名世，所以成为"荒祠"，可见其修建年月更加久远，说不定汉时就闻名于世了。

不过，应该承认的是，严子陵钓台能在全国十多处名钓台中独领风骚，其原因确如桐庐人董利荣先生所说:"在于范仲淹修建严先生祠的善举和写下著名的《桐庐郡严先生祠堂记》。"

范仲淹在谪守睦州期间都做过哪些实事?有人说除了修建严子陵祠堂之外,还创办了龙山书院,请来青年学者李觏施教,又疏浚了梅城东西湖。对此,我不敢苟同。且不说疏浚州城(那时睦州州治在梅城)东西湖确否,只这兴办龙山书院一事,即无可靠史证。北宋宣和三年(公元1121年),睦州改为严州,治所仍在梅城。仅六年后即进入南宋时代,而成书于南宋的《严州图经》和《景定严州续志》,是两部很权威的严州方志,对此均无记载,一直到明代出版的《严州府志》,也没有范仲淹创办龙山书院的记载。再一个铁证就是,青年学者李觏从未去过睦州,他是后来在饶州才与范仲淹初识的。范仲淹在睦州期间,就结结实实地修建了一座严子陵祠堂。对此,他本人前后三次提到,有白纸黑字为凭。其一,范仲淹《留题方干处士旧居》:"某景祐初典桐庐,郡有七里濑,子陵之钓台在。而乃以从事章岷往构堂而祠之,召会稽僧悦躬图其像于堂。"其二,范仲淹《桐庐郡严先生祠堂记》:"某来守是邦,始构堂而奠焉。乃复其为后者四家,以奉祠事……"其三,范仲淹《与邵悚先生书》:"十月日,右司谏、秘阁校理、知苏州[①]范某,谨奉短书于先生邵公足下:……既抵桐庐郡,郡有严子陵钓台,思其人,咏其风,毅然知肥遁之可尚矣。能使贪夫廉,懦夫立,则是大有功于名教也。构堂而祠之,又为之记,聊以辨严子之心,决千古之疑。又念非托之以奇人,则不足传之后世。今先生篆高出四海,或能枉神笔于片石,则严子之风复千百年未泯,其高尚之为教也,亦大矣哉!谨遣郡校奉此,恭俟雅命。"

看来对于这一文化工程,范仲淹不但当成头等大事来办,而且是全身心投入,虽然交由"从事章岷"打理,但不啻"一把手"亲自抓。这不,不但亲笔写出《桐庐郡严先生祠堂记》,连聘请书法家、雕刻家这样的细事,也

[①] 是年六月,范仲淹已奉调知苏州,但因故至十月后才赴任,所以此处有"知苏州"语。

都绝不假手于人，一定要亲力亲为才放心。其实，只要他说句话，让章岷先生去办，效果一点不会差。连他自己在写给晏殊的信中都这么说：章岷"富文能琴，夙宵为会，迭唱交和，忘其形体。郑声之娱，斯实未暇。往往林僧野客，惠然投诗。其为郡之乐，有如此者，于君亲之恩、知己之赐，宜何报焉！"他们之间的关系，已远非同事之谊，早是兄弟般的文友至交了。必得略表一二。

章岷，字伯镇，福建浦城人，后徙江苏镇江。宋仁宗天圣五年（公元1027年）为进士，此时任睦州从事。章岷极有诗才且善琴，陪范仲淹游承天寺时，脱口即是：

　　古寺依山起，幽轩对竹开。
　　翠阴当昼合，凉气逼人来。
　　夜影疏排月，秋鞭瘦竹苔。
　　双旌容托乘，此地举茶杯。

范仲淹惊曰："此诗真可压元、白矣！"再随口和之：

　　僧阁倚寒竹，幽襟聊一开。
　　清风曾未足，明月可重来。
　　晚意烟垂草，秋姿露滴苔。
　　佳宾何以伫，云瑟与霞杯。

这里得提一段公案。范仲淹和章岷同游的承天寺，是睦州乌龙山承天寺，还是苏州承天寺？依笔者浅见，应是前者。紧靠睦州城东北面的乌龙山，因石色乌黑，山势如飞龙而得名。范仲淹在《萧洒桐庐郡十绝·其一》中说"萧洒桐庐郡，乌龙山霭中"，写的就是这座他特别喜爱的山。他常与章岷同游此山，还写了一首《游乌龙山寺》，诗曰：

高岚指天近，远溜出山迟。

万事不到处，白云无尽时。

异花啼鸟乐，灵草隐人知。

信是栖真地，林僧半雪眉。

当时，承天寺就建在州城边的一座山上，此山即是乌龙山余脉。寺庙依山而建，寺前有一竹阁，登临其上，州城风物尽收眼底。承天寺便成了文士和州人经常光顾的好去处。

有人说范仲淹从睦州调任苏州，章岷亦随任节度推官。"此诗真可压元、白矣"的《和章岷推官同登承天寺竹阁》，就是二人同游苏州承天寺的唱和。还有一说：宋初，苏州"重玄寺改名为承天寺，当时，身为江苏人的范仲淹正任一代大儒宰相。一日，他与同僚章岷游览重元寺，作《和章岷推官同登承天寺竹阁》"。且不论章岷是否随任苏州，也不计较此时范仲淹并非宰相，仅章岷一句"古寺依山起"就把什么也说明白了。据言者考订：历史上承天寺曾几易其名，初名"重云"，误为"重玄"，后称为"承天""能仁""双峨""重元"等诸多寺名。何以建寺？说是天监二年（公元503年），梁武帝萧衍以佛治国，全国崇佛成风。某日傍晚，官员陆僧瓒见自家宅第上空祥云重叠，即奏请梁武帝，建议舍去私产，在原址兴建一座寺庙，取名"重云"。梁武帝欣然应允，并赐匾额"大梁广德重玄寺"。"重云"被御误为"重玄"，只好将错就错。重玄寺一直兴盛到中唐时代，时任苏州刺史的韦应物，曾作《登重玄寺阁》一首："时暇陟云构，晨霁澄景光。始见吴都大，十里郁苍苍。山川表明丽，湖海吞大荒。合沓臻水陆，骈阗会四方。俗繁节又暄，雨顺物亦康。禽鱼各翔泳，草木遍芬芳。于兹省甿俗，一用劝农桑。诚知虎符忝，但恨归路长。"著名诗人白居易也在寺内书写了《法华院石壁所刻金字经》碑文，认为"石经功德契如来付嘱之心"。还有皮日休前来游寺，题诗曰："香蔓蒙笼覆昔邪，桧烟杉露湿袈裟。石盆换水捞松叶，竹径迁床避笋芽。藜杖移时挑细药，铜瓶尽日灌幽花。支公谩道怜神骏，不及今朝种一麻。"……细看这些名家大腕的诗作，均不得"古寺依山起"的要领，真要身在俯瞰全城的一座山上，大诗人们不会无动于衷吧？再者，苏州城中有这么大一座山吗？

可惜的是，章岷的诗文没能全部流传下来，仅有六首诗存世，而且还不包括那首享尽时誉的《斗茶歌》，现在只能从范仲淹的《和章岷从事斗茶歌》中略得体会。

年年春自东南来，建溪先暖水微开。
溪边奇茗冠天下，武夷仙人从古栽。
新雷昨夜发何处，家家嬉笑穿云去。
露牙错落一番荣，缀玉含珠散嘉树。
终朝采掇未盈襜，唯求精粹不敢贪。
研膏焙乳有雅制，方中圭兮圆中蟾。
北苑将期献天子，林下雄豪先斗美。
鼎磨云外首山铜，瓶携江上中泠水。
黄金碾畔绿尘飞，紫玉瓯心雪涛起。
斗余味兮轻醍醐，斗余香兮薄兰芷。
其间品第胡能欺，十目视而十手指。
胜若登仙不可攀，输同降将无穷耻。
吁嗟天产石上英，论功不愧阶前蓂。
众人之浊我可清，千日之醉我可醒。
屈原试与招魂魄，刘伶却得闻雷霆。
卢仝敢不歌，陆羽须作经。
森然万象中，焉知无茶星。
商山丈人休茹芝，首阳先生休采薇。
长安酒价减千万，成都药市无光辉。
不如仙山一啜好，泠然便欲乘风飞。
君莫羡花间女郎只斗草，赢得珠玑满斗归。

斗茶，又称"茗战"，盛行于北宋时期，是古人集体品评茶品优劣的一种民间活动，而文人墨客们略加改变，多在书斋、亭园中兴办，以茶会友，以茶相知。至北宋末年时传入宫闱，连宋徽宗赵佶亦亲自与群臣斗茶，以胜为乐。范仲淹"被隐逸"到睦州后，很快进入当地民间天地，当然少不了参与斗茶活动。他与章岷等人斗茶，章岷先作《斗茶歌》，范仲淹看后佩服有加，连连称颂，即刻和韵，便是上引这首脍炙人口的斗茶诗。该诗经他悠然吟出，一气呵成，行云流水，优美无比；且用典甚多，商山四皓、首阳二贤、屈子刘伶、卢仝陆羽……全是云水高人；其中不少名句为后人反复传颂而成经典。有人评说，此诗可与卢仝的《走笔谢孟谏议寄新茶》相媲美，信不虚也。

顺便饶舌一句，范仲淹在诗中所题"溪边奇茗冠天下，武夷仙人从古栽"，这里指的是武夷山茶。武夷山茶出名甚早，商周时，它就被"濮闽族"君长进献给周武王；西汉时盛名已著；唐元和年间，孙樵在《送茶与焦刑部书》中提到的"晚甘侯"，便是武夷山茶，这是最早的文字记载。至范仲淹时代，武夷山茶已称雄茶坛，成为贡茶，故诗中才有"北苑将期献天子，林下雄豪先斗美"。而范仲淹自己如今品着贡茶，感觉那是爽极了，"不如仙山一啜好，泠然便欲乘风飞"，这灵魂儿自由得赛神仙！

范仲淹还写有一首《依韵酬章推官见赠》：

姑苏从古号繁华，却恋岩边与水涯。
重入白云寻钓濑，更随明月宿诗家。
山人惊戴乌纱出，溪女笑偎红杏遮。
来彖又抛泉石去，茫茫荣利一吁嗟。

不期然间，"惟恐逢恩"成了现实，调任苏州说明仁宗不忘仲淹，还会再有好事。然而，对此时的范仲淹来说，喜则喜之，尤有遗憾，百般心事谁知？唯有章岷知心，写诗以赠，正中下怀，遂有酬答。可以说，章岷是范仲淹睦州胸怀的知音者，范仲淹"睦州风光"的见证者。修建严子陵祠堂的重任，他不委托章岷还能信任谁？

经过范仲淹和章岷的合心合力，桐庐最著名的人文景观——严子陵祠堂重新建成了。它花去了多少时日，费去了多少银子，耗掉范、章和多少巧匠、民工的心血汗水，今日都已不可考；其实就连他们所修建的这座严子陵祠堂，今人也难得一见了。1958 年，为兴修富春江水电站，严子陵祠沉于水下。人们如今看到的景观，是 1983 年，由桐庐县人民政府重新选址修建的。今人唯有借《古文观止》中的《严先生祠堂记》来想象当年的盛景了：

先生，汉光武之故人也。相尚以道。及帝握《赤符》，乘六龙，得圣人之时，臣妾亿兆，天下孰加焉？惟先生以节高之。既而动星象，归江湖，得圣人之清，泥涂轩冕，天下孰加焉？惟光武以礼下之。

在《蛊》之上九，众方有为，而独"不事王侯，高尚其事"，先生以之。在《屯》之初九，阳德方亨，而能"以贵下贱，大得民也"，光武以之。盖先生之心，出乎日月之上；光武之器，包乎天地之外。微先生不能成光武之大，微光武岂能遂先生之高哉？而使贪夫廉，懦夫立，是有大功于名教也。

某来守是邦，始构堂而奠焉。乃复其为后者四家，以奉祠事，又从而歌曰：云山苍苍，江水泱泱。先生之风，山高水长。

有心人会问：既然严子陵祠至晚在唐初已有，范仲淹文中何以有"始构堂"之语？周天放、叶浅予的解释是"盖取行文之便耳"；董利荣的解释是，原先是私修家祠，范仲淹"是以睦州州府的名义建造"，"从这个意义上说，范仲淹最先建造严先生祠堂也没错"。我再加一种解释。此时的范仲淹，已然具备一种精神力量，一种"前不见古人，后不见来者"的强烈自信：纵观历史，环顾天下，谁能比我范仲淹更能理解严子陵呢？我来睦州，宁非天意？如此怠慢、亵渎先贤严先生，叫我范仲淹情何以堪？修子陵祠者，舍我其谁！从这种前无古人的气势看，"始建"二字也完全担当得起。

这就要回到那个"有难度的问题"了：严光何以名气这么大？再延伸一点，这个问题就是：范仲淹是如何理解并推崇严子陵的？在睦州时期，范仲淹几达知天命之年，而且其人生目标早已定好，人生价值观业已不会更改，个性鲜明而倔强。他要走的路是"入世"一途，政治依归是"民为重，社稷次之，君为轻"，社会理想是"以天下为己任"，以天下苍生为念，用电视剧《三国演义》里《卧龙吟》的歌词说，就是"丈夫在世当有为，为民播下太平春"。有宋一朝三百多年，知识分子所处的政治环境相对宽松，读书人只要努力，大都有用武之地，建功立业会有时，名垂青史看自己。所以，两宋热衷于"入世"且多有建树的士君子很多，范仲淹就是早期一位最杰出的代表人物。那么，格格不入的"出世"另类严子陵，又怎么能让范仲淹成为其铁杆崇拜者呢？他吸引并打动范仲淹的究竟是什么？为此历来都有人感叹：这谜一样的严子陵，问世间谁能真正读懂他？青山无语，绿水凝噎！

据统计，从南北朝至清朝就有一千多名诗人、文学家来过此地，留下两千多首诗文。其中名人无算，在范仲淹之前最著名者如李白、孟浩然、白居易、杜牧等，之后如苏轼、陆游、李清照、朱熹等，都留有大作。今人从这些古诗中精选上品勒石，得诗碑六十九方，供在碑廊里。李白作《古风》赞之：

> 松柏本孤直，难为桃李颜。
> 昭昭严子陵，垂钓沧波间。
> 身将客星隐，心与浮云闲，
> 长揖万乘君，还归富春山。
> 清风洒六合，邈然不可攀。
> 使我长叹息，冥栖岩石间。

李白此诗，可视为范仲淹之前"赞美类"诗作的代表。有没有道不然的呢？晚唐诗人方干就大为质疑，问严子陵："前贤竟何益，此地误垂竿。"意思就是，男子汉大丈夫，怎么能隐居此地不问国事？这不是耽误人生吗？那么，在这两种人生观、价值观中，范仲淹又将作何认定？

我已交代过，青年范仲淹世界观的形成，深受《易经》的影响。《易经》作为儒家诸经之首，经典中的元典，研究它可"究天人之际，通古今之变"，一旦造成一个人看世界的独特眼光，其品人论事，必远在儒、道、佛之上，简直就在另一个新世界。难怪今天有西方学者认为，中国《易经》乃宇宙语言，若有真正破解之日，世界将为之改观。作为北宋易学义理派的开创者，作为通解二十七卦的《易义》一书的作者，作为深谙"三才"之道，认定通彼天、地、人，即谓之《易》的范仲淹，他论严子陵必定别有角度，不为寻常褒贬所左右。你看他在《桐庐郡严先生祠堂记》中，果然从《易经》入手。《蛊》者，六十四卦之一。《蛊》之上九爻辞曰："不事王侯，高尚其事。"程子（程颐）注《蛊》上九云："士之自高尚，亦非一道：有怀抱道德，不偶于时，而高洁自守者；有知止足之道，退而自保者；有量能度分，安于不求知者；有清介自守，不屑天下之事，独洁其身者。所处虽有得失小大之殊，皆自高尚其事者也。"《屯》者，亦六十四卦之一，坎上震下，元亨，利贞。《屯》之初九，盘桓，利居贞，利建侯。阳德方亨，而能"以贵下贱，大得民也"……一个占定《蛊》上九，一个占定《屯》初九，所以，范仲淹认为"微先生不能成光武之大，微光武岂能遂先生之高哉？"而先生之志，必在"清介自守，不屑天下之事，独洁其身者"之际。

在中国的士君子群体中，从来就有一种类型，即"清介自守，不屑天下之事，独洁其身者"。他们甘于寂寞，自生自灭，一代代没于草野荒丘而不为世知。其中能留名于世者，皆因引发了各种故事所致，如许由洗耳，巢父下游饮犊，鲁仲连"义不帝秦"，严子陵不事光武……在中国隐逸者中，此类名人极少，许由、巢父尚在传说之中，鲁仲连不为秦朝办事，但他在别处忙活，还不是真正的"不屑天下之事"，唯有这严子陵，确乎是个"清介自守，不屑天下之事，独洁其身者"。前列种种类型的隐士，即便再夸他们是"高士"，总也多少脱不掉"入世"的嫌疑，就连名头最响的陶渊明先生，他也是先仕而后隐。可严子陵，新朝皇帝王莽请他出山，不去；也好，这王姓皇帝来路不正，不与他同流合污也罢。可这光武帝"根红苗正"，又是老同学，这样诚恳地一请再请，严子陵却把臭脚丫子都捣在人家肚子上，人家还是照请不误，心诚得天地可鉴，咋还不给面子呢？只要他去，那丞相还能轮到别人？偏这个严子陵，"不屈，乃耕于富春山，……建武十七年，复特征，不至"，以至于"帝伤惜之"！

范仲淹在品鉴这位特立独行的严子陵时，必定会把自己代入进去，作一种设身处地的思考：严子陵如此真心热爱精神独立与自由，视自己的羽毛如珍宝，视富贵如浮云，超凡脱俗，遗世独立，旷达、淡定、坚忍不拔……这不就是古来所说"隐居以求其志"的至高境界吗？多少士君子梦想企及而不可得呀！我范仲淹要是他，我能做到吗？某虽不才，要学学张子房、诸葛亮或为不难，但要让我像严子陵这样"长揖万乘君，还归富春山"，"潮生理棹，潮平系缆，潮落浩歌归去"（陆游《鹊桥仙》），我能做到吗？你别说，他还真没有这种打算和勇气，真缺这种"清风洒六合，邈然不可攀"的气派与修炼呢！……人，不论是什么人，总是缺什么稀罕什么，总想弥补什么。范仲淹也是人，这会儿他就最稀罕严子陵，也就最想为严子陵做点什么，好好修一个严先生祠堂，是对一种高逸的士君子精神与人格的认同、赞美、向往和追求，是一个自我心理享受的圆梦之举。假如没有这样一种内心世界作依托，他能发出"云山苍苍，江水泱泱。先生之风，山高水长"的万古绝唱吗？他讴歌严子陵，其实也是在讴歌一种"范仲淹理想"啊！

范仲淹有这种伟大的"出世"理想吗？正像每一个古代士君子一样，他也有。别看他勤于王事，心系民瘼，百事操劳，克己奉公，严厉无私，但他始终保有"琴心"。他不仅能够从心理上认同甚或赞赏历代各种隐逸之士，而且在他的现实交往圈子里，根本不乏此类知己朋友。这里只举石曼卿一例。

石曼卿比范仲淹小三岁，名延年，曼卿是他的字，又字安仁，别号葆老子。他祖居幽州，后迁居宋城，就是今天商丘市睢阳区。石曼卿身负奇才却官运不通，考一回落第一回，累试不中。宋真宗惜才，"录为三举进士，以为三班奉职"。石曼卿却"耻不就"！宰相张知白大为惊异，问他："你母亲年龄那么大了，你怎么养活她？还挑三拣四呀！"一句话打动了他，这才勉强就职。从此他连续做了一路的芝麻小官，如金乡知县、永静军推官、大理评事、馆阁校勘、光禄寺承、大理寺丞之类。石曼卿生性豪放旷达，不拘小节，如今才高而未大遇，遂饮酒自放，愤世嫉俗，青山绿水便成了他经常光顾的去处。他说他一到山水之间，便会心生融入青绿色彩之间的美妙感觉，于是乘兴读书、弹琴、饮酒、写诗，大得其乐。他的酒量极大，大到什么程度，有个说法。他在京城开封时，结识了一位叫刘潜的布衣酒友，这一天，二人相约去一家新开的王氏酒楼喝酒。两人的喝法是见面不说话，好酒即好话，开喝就是。两人一杯接一杯，一坛接一坛，喝个没完没了，从上午喝到中午，从中午喝到下午，眼看日落西山，还不肯放下手中的酒杯。这可把王掌柜看呆了，以为是神仙光顾，打起精神侍候着。天黑了，点灯了，两人仍然面无醉色，随手撒下一把银子，扬长而去。围观者看得目瞪口呆，此事即刻传遍京城，说有两位神仙到王氏酒楼喝酒，如何如何，这般这般，传成了一段佳话。知者曰：什么神仙不神仙，那是石延年和刘潜！

石曼卿的诗才和书艺皆精。《蓼花州闲录》中有这样一则记载：一次雅士聚会，以"天若有情天亦老"为上联，各出下联，以竞风流。此句乃出自李贺名诗《金铜仙人辞汉歌》，在宋以前就早已闻名，欲对名人名句，那可得见真功夫。石曼卿随口就是："天若有情天亦老，月如无恨月长圆。"一语既出，惊动四座，众人皆五体投地。

据说，石曼卿为人与庄重、严正的范仲淹不同，活泼洒脱，谈吐幽默，而且善谑。《资谈异语》载："石曼卿善谑，尝出御马，一日失鞍马惊，曼卿坠地，从吏慌忙扶掖升鞍。曼卿曰，赖我是石学士，若是瓦学士，岂不跌碎乎？"随口几句妙语，既解了自家狼狈，也消除了从吏们的担心，一阵笑声过后，尽皆释然。虽说生活中豪放旷达，可他办起大事来亦不糊涂。宋与西夏国开战期间，石曼卿受命于危难之际，很短时间内在河北、河东、陕西等地组织起数十万大军，开往前线作战。仁宗皇帝因此赏赐他绯衣银鱼。可惜行将得到重用时，他却一病不起，去世时年仅四十八岁。斯人之死也极浪漫，相传死后成了木芙蓉的花神。宋代盛传在虚无缥缈的仙乡，有一个开满红花的芙蓉城，据说有人在此遇到过他，他告之说："吾乃芙蓉城主，十月芙蓉花神是也。"真是个妙人！

石曼卿的秉性、才气和人缘俱佳，在当时广为人知，与范仲淹、欧阳修、梅尧臣、蔡襄、滕宗谅等人都是好朋友。他与范仲淹何时何地相遇相知，尚未见记载，但因诗、酒、琴及其"渔夫情结"结缘，必不错矣。石曼卿曾作《太清宫九咏》，范仲淹为其作序。其序云：

> 谯有老子庙，唐为太清宫，地灵物奇，观者骇异。历代严护，景概所存。若灵溪、涡河、九龙井、左纽再升天桧，皆附于图籍，发呼咏歌，而风人之才，难其破的。余友曼卿，将命斯来，实董宫事，嗜道之外，乐乎声诗，览灵仙之区，异其八物，益以宫题，而成九咏。观其立意，皆凿幽索秘，破坚发奇，高凌虹蜺，清出金石，有以见诗力之雄哉！……

令人叹惜的是，石曼卿所作《太清宫九咏》已失传。

从范仲淹的作品中，还可得与石曼卿相关的一诗、一书、一祭文，很能表明二人交情与各自胸臆，兹录于下。

其诗，《送石曼卿》：

> 河光岳色过秦关，英气飘飘酒满颜。
> 贾谊书成动西汉，谢安人笑起东山。
> 亨途去觉云天近，旧隐回思水石闲。
> 此道圣朝如不坠，疏封宜在立谭间。

其书，《与石曼卿》：

某再拜。去冬以携家之计，驻赢东郊，朋来相欢，积饮伤肺，赖此闲处，可以偃息。书问盈机，修答盖稀。足下亦复懒发，绝无惠问，非求存慰，欲知起居之好尔。近诗一轴，寄于足下与滕正言。达于诸公，必笑我也。

其祭文，《祭石学士文》：

维庆历三年九月日，具位某，谨致祭于故友曼卿学士之灵。呜呼！曼卿之才，大而无媒，不登公卿，善人为哀。曼卿之笔，颜精柳骨，散落人间，宝为神物。曼卿之诗，气雄而奇，大爱杜甫，独能嗣之。曼卿之心，浩然无机，天地一醉，万物同归。不见曼卿，忆今如生。希阔之人，必为神明。尚飨！

范仲淹其诗、书、祭文，未见有专家学者专门考订阐述，我才力不逮，更不敢置喙，唯请注意祭文中之"曼卿之心，浩然无机，天地一醉，万物同归"。石曼卿心胸"浩然无机"到可同"天地一醉，万物同归"的地步，其与"云山苍苍，江水泱泱。先生之风，山高水长"的子陵境界，还有几多差别呢？范仲淹有心与石曼卿深交，焉知不是追求严子陵境界的一种举动？

顺便一提，石曼卿英年早逝，在以范仲淹为首的一大群士君子朋友中反响强烈。欧阳修写了《哭曼卿》和《石曼卿墓表》，梅尧臣写了《吊石曼卿》，蔡襄写了《哭石曼卿》……这里仅引欧阳修的作品为例。

其诗，《哭曼卿》：

嗟我识君晚，君时犹壮夫。
信哉天下奇，落落不可拘。

轩昂惧惊俗，自隐酒之徒。
一饮不计斗，倾河竭昆墟。
作诗几百篇，锦组联琼琚。
时时出险语，意外研精粗。
穿奇变云烟，搜怪蟠蛟鱼。
诗成多自写，笔法颜与虞。
旋弃不复惜，所存今几余。
往往落人间，藏之比明珠。
又好题屋壁，虹霓随卷舒。
遗踪处处在，余墨润不枯。
朐山顷岁胐，我亦斥江湖。
乖离四五载，人事忽焉殊。
归来见京师，心老貌已癯。
但惊何其衰，岂意今也无。
才高不少下，阔若与世疏。
骅骝当少时，其志万里涂。
一旦老伏枥，犹思玉山刍。
天兵宿西北，狂儿尚稽诛。
而今壮士死，痛惜无贤愚。
归魂涡上田，露草荒春芜。

石曼卿死后，欧阳修派人为其修墓，并亲到墓前祭奠，其祭文曰：

呜呼曼卿！生而为英，死而为灵。其同乎万物生死，而复归于无物者，暂聚之形；不与万物俱尽，而卓然其不朽者，后世之名。此自古圣贤，莫不皆然。而著在简册者，昭如日星。

呜呼曼卿！吾不见子久矣，犹能仿佛子之平生。其轩昂磊落，突兀峥嵘，而埋藏于地下者，意其不化为朽壤，而为金玉之精。不然，生长松之千尺，产灵芝而九茎。奈何荒烟野蔓，荆棘纵横；风凄露下，走磷飞萤！但见牧童樵叟，歌吟而上下，与夫惊禽骇兽，悲鸣踯躅而咿嘤。今固如此，更千秋而万岁兮，安知其不穴藏狐貉与鼯鼪？此自古圣贤亦皆然兮，独不见夫累累乎旷野与荒城！

呜呼曼卿！盛衰之理，吾固知其如此，而感念畴昔，悲凉凄怆，不觉临风而陨涕者，有愧乎太上之忘情。尚飨！

范仲淹在睦州期间，还有一件事，使他充分展现其博大浩渺的"琴心情结"、云水襟怀，这就是两访方干故里。

且说这天的祠堂工地上，范仲淹在章岷等人的陪同下进行视察，隔江望去，但见对面山势不俗，白云冉冉，深处似有村落显现。章岷告知，那就是"官无一寸禄，名传千万里"的唐处士方干故里。范仲淹一闻其名，即说："啊，早知桐庐有方干故里，就在这儿呀，这得郑重拜访，走！"

"睦州诗派"是唐代一个地域性的诗歌流派。它的提出，首见于谢翱《睦州诗派序》，云：

惟新定自元和至咸通间，以诗名凡十人，视他郡为最。施处士肩吾、方先生干、李建州频、喻校书凫，世并有集。翁征君洮，有集，藏于家。章协律八元、徐处士凝、周生朴、喻生坦之，并有诗，见唐《间气》及《文苑》诸书。皇甫推官以文章受业韩门。翱客睦，与学为诗者，推唐人以至魏汉，或解或否，无以答。友人翁衡取十先生编为集，名曰睦州诗派，以示翱。翱曰："子，睦人也，请归而求之，毋贻皇甫氏。所云舍近而寻远，则诗或在是矣。"癸巳夏五书双碛精舍。

这个序作于元代至元三十年（公元1293年），距宋亡已十五年。可知所谓睦州诗派，命名者为谢翱的门生翁衡。谢翱在序中没有细述翁衡编集原因，或为推崇隐逸精神，或仅为表扬睦州，就不得而知了。不过，从这段文字可知，翁衡所说的"睦州诗派"，包括晚唐的施肩吾、方干、李频、翁洮、章八元、徐凝、周朴、喻凫、喻坦之、皇甫湜十位睦州籍诗人。这里我只说方干。

前文引过方干的两句诗："前贤竟何益，此地误垂竿。"彼方干即此方干。听他这口气，分明是"入世"一脉，自己是要忠君爱国，建功立业，匡时济民，名垂青史的了。可事实上呢？

方干，字雄飞，但没能在科举一途雄飞起来。他不是考试成绩不好，而是相当优异，屡试不中的原因说起来甚为可笑，是他小时玩耍跌伤嘴唇破了相，于是有司奏报说："干虽有才，但科名不可与缺唇人，不使四夷闻之谓中原鲜人士也。"意思就是，残疾不雅观的人要是都能中进士做状元，岂不是要被外族听了觉得泱泱大国居然没个全乎人吗？这样一来，方干一生与做官无缘，羞于见桐庐父老，于是跑到会稽鉴湖和仙居板桥隐居起来。这个结果真是始料未及，所以对他打击特别大，再读自己的"前贤竟何益，此地误垂竿。"不知将作何感想？正是这个原因，晚唐多了一大家，有了一位与贾岛、项斯等齐名的著名诗人，睦州诗派才得以有了一位领军人物也。方干从小即善吟咏，深得外公章八元喜爱。章八元是进士出身，大历、建中年间颇负诗名，有"章才子"之称誉。当时另一位诗书大家徐凝也极为看重方干，将其收为门生，悉心点拨。方干后又和贾岛、李群玉、陈陶、喻凫、李频、曹松、吴融等交往酬唱，诗风大振。他为诗刻苦，自称"吟成五字句，用破一生心"（《感怀》），"才吟五字句，又白几茎髭"（《赠喻凫》）。《鉴戒录》称"干为诗炼句，字字无失"。其作《旅次洋州寓居郝氏林亭》中"鹤盘远势投孤屿，蝉曳残声过别枝"一联，尤为历来传诵，在当时已颇负盛名。吴融在《赠方干处士歌》中这么写："句满天下口，名聒天下耳。"孙郃在《方玄英先生传》中说方干："广明、中和间，为律诗，江之南未有及者。"《四库全书总目》亦称其诗曰："气格清迥，意度闲远，于晚唐纤靡俚俗之中，独能自振,故盛为一时所推。"方干去世后,门生弟子尊他为"玄英先生",搜集诗作三百七十多首,编为十卷本《玄英先生集》。

生能博得"官无一寸禄,名传千万里"的赞誉,一个深受屈辱、伤害的灵魂也该在天堂悠悠然安息了吧。

我相信,范仲淹是怀着与敬重严子陵同样的心情,前去造访方干故里的。事实正是如此。

方干祖籍新定县,即今天的淳安县,后来才迁居桐庐县鸬鹚源,今名芦茨湾,就在严子陵钓台斜对面。范仲淹初访鸬鹚源的具体日期,没有什么记载,四月抵桐庐,此时严子陵祠堂也大致完工,推算下来,时间总在夏末秋初了吧?这当然不太重要,重要的是他真的瞻仰了方干故里,且得到了一个令他深感意外的惊喜。这个意外惊喜分三个层次:第一,发现方干后人"尚多儒服",都是读书人呀,好,好;第二,方干八世孙方楷,前几年刚中了王拱辰榜进士,真是光宗耀祖呀,方高士地下有知该有多高兴;第三,方楷正好在家!哎呀太好了,快请来见见!可以想象,当时的范仲淹是多么欣喜,不由得诗兴大发,挥笔就是一首《留题方干处士旧居》:

风雅先生旧隐存,子陵台下白云村。
唐朝三百年冠盖,谁聚诗书到远孙?

诗的末尾标有自注:"时裔孙楷方登进士科。"清康熙本《范文正公集》附有诗序:

某景祐初典桐庐,郡有七里濑,子陵之钓台在。……见东岳绝碧,白云徐生,云方干处士之旧隐,遂访焉。其家子孙尚多儒服,有楷者新策名而归。因留二十八言,又图处士像于严堂之东壁。楷请刊诗于其左。

范仲淹此诗一出，鸬鹚源也便有了"白云源""白云村"之称。他意犹未尽，再赠方楷本人一诗：

> 高尚继先君，岩居与俗分。
> 有泉皆漱石，无地不生云。
> 邻里多垂钓，儿孙半属文。
> 幽兰在深处，终日自清芬。

方楷乃新科进士，出任鄱阳主簿，又迁上元县令，返家欢聚，本自十分得意，如今蒙赫赫有名的范仲淹大驾光临，且亲赠双诗，更是喜出望外了，遂作诗回赠范公："莫言寸禄不沾身，身后声名万古存。幸得数篇传宇宙，得无余庆及儿孙。"此时，估计方楷不会想到，范仲淹仅仅过了个把月，居然会二度造访白云村，并且住了一夜。

楼钥《范文正公年谱》说："夏六月壬申，徙苏州。"这话也对也不对。说对，朝廷任命"徙苏州"的调令，的确是在"六月"下达的；说不对，因为事实是范仲淹一直拖拉到"十月"才离开睦州，去苏州上任的。这是怎么回事？看看他写给曹都官的信，便可略知一二。那信中有言："既守桐庐郡，大为拙者之福。朝廷念其无他，移守姑苏。以祖祢之邦，别乞一郡，乃得四明。以计司言，苏有水灾，俄命仍旧。"原来范仲淹接到调任苏州的诏书，顾忌到那里是自己的老家，所以不想去，想回避一下，就给上头打报告说，请重新安排一个地方。上面同意，就通知说那你去明州吧。可他还没来得及去明州，苏州就遭了大水灾，朝廷觉得范仲淹有过成功的治水经历，就又说，你还得先去苏州才行。古代封建机制的办事效率，从来都差不多。这么来来回回一折腾，过去三五个月也不算慢。所以，范仲淹这才有时间修成严子陵的祠堂，有时间过江探访方干故居，这会儿也有时间再访鸬鹚源里白云村。那么，怎么知道范仲淹在睦州一直待到十月才离开呢？也有个确证。范仲淹有一首七绝诗《桐庐方正父家藏唐翰林画白芍药予来领郡事因》，诗曰：

治乱兴衰甚可嗟，徒怜水调诉荣华。

开元盛事今何在，尚有霓裳寄此花。

　　关键是诗题之后，有一行小字写得明白："景祐元年十月七日"。这就是说，至少在这年的十月初，范仲淹还在睦州无疑。二访方干故居必定在这以后，因为他是在赴苏州上任途中，再访鸬鹚源的。

　　范仲淹第二次造访方干故居，显然带有告别的意思，因为之前先去凭吊了严子陵钓台。他在前引《依韵酬章推官见赠》一诗前有小记："仲淹自桐庐移守姑苏，由江而上登严陵钓台，移小舟南岸宿方处士旧居，章从事闻之有诗见寄，依韵和之。"是呀，在桐庐虽然只盘桓了短短半年，但饱享了"拙者之福"，乃平生最轻松惬意的一段日子，现在就要离开，也许永远不再回来，临行前不再看看白云钓台、明月诗家，这心里搁不下呀。从诗的内容看，范仲淹是到了苏州任上才写这首和诗的。身在苏州繁华地，心在桐庐山水间，才有"姑苏从古号繁华，却恋岩边与水涯"之句。想来他在严子陵钓台流连了大半天，自忖给地方办了一件实事，总算对得起桐庐百姓，也对得起自己了。看看天色不早，趁着余兴就来在对岸方家。方楷自然上任去了，但因其家人盛情接待，他就在此留宿了。"更随明月宿诗家"，上次方楷有诗回赠，方家当然是诗家了。明月在天，入住时已然不早了。第二天村民看到自己，男女老少不免感到十分惊喜，甚至小姑娘们还有点害羞呢。这样的生活美好又短暂，官身不自由，自己还得在名利场上挣扎，哪里是个头啊！全诗像范仲淹对自己的"睦州时光"作了个艺术性小结，也是对自己内心那个"琴心情结"的简短告别词。"萧洒桐庐"令自己潇洒了，再仗剑胆行天下，苏州也就算不了什么！看得出来，此时的范仲淹口中虽叹"茫然荣利一吁嗟"，但心情是愉悦的，气势十足，信心满满，没把自己当成个年近半百的人。

　　后来，方干的九世孙，也就是方楷的儿子方蒙，品学兼优，文武全才，高中英宗朝许安世榜进士，官至殿中侍御史，荣归故里后，头一件事就是临溪建起"清芬阁"，意出"幽兰在深处，终日自清芬"，以纪念范仲淹。这个富春江边的小村庄，仅在两宋期间，连同孙楷一共出了十八名进士，其详细难以在此叙出，但大名值得一书：方干的八世孙方楷，九世孙方载、方蒙、方鼎、方参，十世孙方可行、方安行、方元若、方悫、方元昭，十一世孙方壮猷、方挺之、方奇之，十二世孙方懋功、方懋烈、方炳，十三世孙方秘、方登。这当然是方家积有祖德，但若说与范仲淹两次造访、勉励没有一点点关系，也有失公道吧。

3. 两篇《灵乌赋》

　　以"《百官图》风波"为标志的第三次碰撞，是以范仲淹为首的庙堂士君子，与以吕夷简为首的志于禄者，两个群体的小规模集体碰撞事件，其结果是范仲淹被贬饶州，欧阳修被贬夷陵，余靖被贬筠州，尹洙被贬郢州……其他"朋党"也都没什么好日子过，大家只好祭出看家本领，"进者道之行，退者道之止"（范仲淹《访陕郊魏疏处士》），那就暂且让龙泉入鞘，古琴张弦，寄志山水，诗赋传情，而且是"诗书对周孔，琴瑟亲羲黄。君子不独乐，我朋来远方"（范仲淹《书海陵滕从事文会堂》）。君子不言败，要在一种高蹈之乐中舐舔伤口，贻养元气，在相互搀扶与鼓励中打磨剑锋，造东山再起之势。

　　范仲淹的饶州之贬，似应把他徙知润州、越州也计算在内，时间上是连续的，其间的诗文作品，也都围绕一个主旨。这一时期可算他一生又一个创作高潮期。如何领略范仲淹这一时期的剑胆琴心呢？以我愚见，读好他的《灵乌赋》最为关键。

　　要读懂范仲淹的名作《灵乌赋》，先得读懂梅尧臣的《灵乌赋》。要读懂梅尧臣的《灵乌赋》，先得读懂梅尧臣其人。

　　梅尧臣在特意写作《灵乌赋》以赠范公仲淹时，是一个什么样的人生状态呢？这一年他三十四岁，正在任建德县令。此前一路走来，梅尧臣活得并不容易。宋真宗咸平五年（公元1002年）四月十七日，梅尧臣出生于安徽宣城。父亲梅让，一生在乡务农。二叔梅询，字昌言，二十六岁时中进士，官至工部郎中，直集贤院。梅尧臣的老朋友欧阳修后来写道：尧臣"幼习于诗，自为童子，出语已惊其长老"。传说他在村头一块长条青石板上读书写字，时间长了，竟将青石板磨得光溜溜的，后来人称"读书石"。梅尧臣原名圣俞，怎么后来叫成尧臣而以圣俞为字呢？原来有一年，宣城东乡有人要把那块"读书石"拉走做墓碑，乡亲们不让，说这是圣俞读书石。东乡人一听有"圣谕"，吓得即刻退去。圣俞自己也觉得这谐音"圣谕"二字有点不妙，便改名"尧臣"，立志将来要做个尧帝那样的圣明君王的贤臣。梅尧臣十二岁那年，叔叔梅询改任襄州通判，把这个富有诗才的侄儿带走，想将其栽培成才，使其通过科举成名。于是，梅询一路走过襄州、鄂州、苏州、陕西京兆府、怀州、池州和广德军诸地，也就把侄儿带了一路。然而，就像命中注定似的，梅尧臣科场蹉跎，屡试不第，始终没能挣得进士身份。叔叔急了，只好让侄儿走"门荫"一途。宋朝有一种"门荫制"，即一人得道，可以带挈子孙做官，官大的还可以带挈兄、弟、侄、甥，甚至诸种门客等做官。梅尧臣就补了一个太庙斋郎的缺。何谓太庙斋郎？就是人家太庙举行祭祀时，充当各种执事，是个比芝麻粒还要小的官儿，如果这还算作官儿的话。负名才子不能通过正途进仕，却当了个劳什子斋郎，这让年轻好胜的梅尧臣觉得很没面子，心灵很受伤，这块心灵隐伤甚至影响了他一生的做人做事风格。

且说宋初诗坛上，有一个声势很大的诗歌流派，以《西昆酬唱集》得名，故人称"西昆诗派"。其代表人物有杨亿、刘筠、钱惟演等，其诗风师法晚唐李商隐的雕润密丽、音调铿锵，呈现出整饰、典丽的艺术特征。但是要从总体上看，西昆体诗的思想内容比较贫乏，与时代和社会隔绝较大，诗人很少抒写自己的真情实感，缺乏生活气息。梅尧臣初学写诗走的是西昆诗派的路子，而且因缘际会，还成就了一门婚事。他的夫人谢氏乃谢绛（字希深）之妹，而谢绛乃西昆诗派名家杨亿和钱惟演所最为宝爱、器重者。谢绛之父是太子宾客谢涛，也颇负才名。此时梅尧臣二十六岁，《宛陵先生年谱》载：

"天圣五年（公元 1027 年），梅尧臣娶谢氏夫人，乃太子宾客涛之女，知制诰绛之妹也，年二十归于梅氏。""宛陵先生"者，梅尧臣别称也。婚后不久，梅尧臣调任桐城主簿，掌"出纳官物、销主簿书"一类职责。两年后，梅尧臣再调任河南县主簿，且河南县是西京洛阳的首县，当视为升迁，他的岳父谢涛正在西京任事。不久，妻兄谢绛调任河南府通判，因要近亲避嫌，调尧臣转任河阳县主簿，这样一来，光小小主簿就连任了三回。梅尧臣心里憋屈，决心再应进士试，结果还是考砸了。所幸官职没丢，于景祐三年知建德县，虽说是七品芝麻官，毕竟做了主官，布衣之身摸爬滚打了三十多年之后，总算修出一点正果，入了仕宦正途，或可更上层楼也未可知，这真不容易呀，这真得珍惜呀……梅尧臣就是在这种生存状态下，着意为贬在饶州的范仲淹奉上自己的《灵乌赋》的。

> 乌之谓灵者何？噫，岂独是乌也。夫人之灵，大者贤，小者智。兽之灵，大者麟，小者驹；虫之灵，大者龙，小者龟；鸟之灵，大者凤，小者乌。贤不时而用，智给给兮为世所趋；麟不时而出，驹流汗兮扰扰于修途。龙不时而见，龟七十二钻兮宁自保其坚躯。凤不时而鸣，乌鸦鸦兮招唾骂于邑间。乌兮，事将兆而献忠，人反谓尔多凶。凶不本于尔，尔又安能凶。凶人自凶，尔告之凶，是以为凶。尔之不告兮，凶岂能吉？告而先知兮，谓凶从尔出。胡不若凤之时鸣，人不怪兮不惊。龟自神而刳壳，驹负骏而死行，智骜骜而日役，体勋勋兮丧精。乌兮尔灵，吾今语汝，庶或汝听：结尔舌兮钤尔喙，尔饮喙兮尔自遂。同翱翔兮八九子，勿噪啼兮勿睥睨，往来城头无尔累。

梅尧臣在北宋当时已是成名大诗人。他的好友欧阳修称其诗"譬如妖韶女，老自有余态"，始终称大他五岁的梅尧臣为"诗老"；稍后点的王安石、刘敞、苏氏三父子等，均对梅尧臣称赞有加；到了陆游，更是对其最为佩服，在《读宛陵先生诗》中说，"李杜不复作，梅公真壮哉。岂惟凡骨换，要是顶门开。锻炼无遗力，渊源有自来。平生解牛手，余刃独恢恢"；南宋后期的诗人刘克庄，在《后村诗话》里，甚至盛赞梅尧臣为宋诗的"开山祖师"……盛名之下，谁敢言非？一旦要为尊者讳，连梅公的其他诗文都在在言好，即便有不妥之处，也轻轻一笔带过。比如这篇《灵乌赋》究竟好不好？从来未见切评，大都像叶梦得在《石林燕语》中那样简略表述："范文正……坐贬饶州。梅圣俞时官旁郡，作《灵乌赋》以寄。"顶多再加一句好话：乃梅尧臣对范仲淹的劝慰之作。有人说，梅尧臣出于对朋友的一番好意，特意撰写了一篇《灵乌赋》赠之，告诫范仲淹要学人中贤、兽中麟、虫中龙、鸟中凤，该出声的时节再出声，千万别学不识时务的乌鸦，老是报凶不报吉，"招唾骂于邑间"。最后还特别提醒他说，从此管好自己的嘴巴，留着吃饭就行，和你那一帮子弟兄们，不该看的不看，不该说的不说，唯其如此，才会活得不累啊！只有胡适敢说真话："这篇赋的见解、文辞都不高明。"记有胡适这一评价的文章，我在后面还要引述。至于对梅尧臣先生《灵乌赋》的艺术品格作评，我是门外汉，不敢置喙。若从受赠者范仲淹先生的角度看，我觉得梅公此赋的内容和见解，确如胡公所言——"不高明"，甚至是不高明之至！

这得先说说范仲淹与梅尧臣的既往交情。宋仁宗明道元年（公元1032年）春，四十三岁的范仲淹结束了在山西河东的第一次被贬生涯，调往陈州任职。他在赴任途中经过西京洛阳，想顺便探望一下老同年、老朋友谢绛。谢绛比范仲淹小五岁，但发迹早，二十二岁时就与范仲淹成了同榜进士。吃饭叙旧中，谢绛指着座中一位三十岁左右的青年才俊对范仲淹介绍说，他是我的妹夫梅尧臣，你们认识一下。这就是范、梅相识之始。此时的洛阳城里，以欧阳修为首，聚集着一大批青年文人，所谓"洛下才人"集团，除梅尧臣以外，还有尹洙（字师鲁）等多人。宋人王辟之在《渑水燕谈录》中有过这样的记载："天圣末，欧阳文忠公文章三冠多士……为西京留守推官，府尹钱思公、通判谢希深皆当世伟人，待公优异。公与尹师鲁、梅圣俞、杨子聪、张太素、张尧夫、王几道为七友,以文章道义相劘。率尝赋诗饮酒,间以谈戏,相得尤乐。凡洛中山水园庭、塔庙家处,莫不游览。"此时的范仲淹已然文名、政声在外,更因河中首贬这件壮举,成为欧阳修这辈年轻文人眼中的明星人物。在洛期间,或有谢绛从中联络,他至少与这些粉丝们同游过一次嵩山,遂有《和人游嵩山十二题》,高古名句如"英雄惜此地,百万曾相距","试问捣衣仙,何如补天女","天威不远人,孰起欺天意","惟抱夷齐心,饮之可无愧"……有欧阳修的《嵩山十二首》以为对照。青年欧阳修与范仲淹的交谊,前文已详细述过,后面还会再有章节叙述。至于梅尧臣与范仲淹相识后如何继续来往,有什么诗文唱和,我所见不多,倒是见过一首名为《读范桐庐述严先生祠堂碑》的诗,如下:

二蛇志不同,相得榛莽里。
一蛇化为龙,一蛇化为雉。
龙飞上高衢,雉飞入深水。
为蜃自得宜,潜游沧海涘。
变化虽各殊,有道固终始。
光武与严陵,其义亦云尔。
所遇在草昧,既贵不为起。
翻然归富春,曾不相助治。
至今存清芬,炟赫耀图史。
人传七里滩,昔日来钓此。
滩上水溅溅,滩下石齿齿。
其人不可见,其事清且美。
有客乘朱轮,徘徊想前轨。
著辞刻之碑,复使存厥祀。
欲以廉贪夫,又以立懦士。
千载名不忘,休哉古君子。

如此看来，梅尧臣似乎凭吊过严子陵钓台，是应范仲淹之邀还是自行游览，这就不好说了。不过总的来看，两人的交往不是很多，诗文唱和也不会多，深层次的相知也就谈不上，接下来能看得到的记载，就是范仲淹这次做了"三黜人"，谪守饶州，二人以《灵乌赋》相应和了。不过，可以肯定的是，不论二人过从疏密、交情深浅，在以"《百官图》事件"为顶峰的政坛搏击中，甚至包括之前的几次政治风浪中，梅尧臣尽管身处局外，但态度是鲜明的，是站在"范仲淹们"一边的，对朝中那些范之政敌"吕夷简们"，是持厌恶、嘲讽和批判姿态的。这有他一系列的诗作为证。如《聚蚊》：

> 日落月复昏，飞蚊稍离隙。
> 聚空雷殷殷，舞庭烟幂幂。
> 蛛网徒尔施，螗斧讵能磔。
> 猛蝎亦助恶，腹毒将肆螫。
> 不能有两翅，索索缘暗壁。
> 贵人居大第，蛟绡围枕席。
> 嗟尔于其中，宁夸觜如戟。
> 忍哉傍穷困，曾未哀癃瘵。
> 利吻竞相侵，饮血自求益。
> 蝙蝠空翱翔，何尝为屏获。
> 鸣蝉饱风露，亦不惭喙息。
> 薨薨勿久恃，会有东方白。

如《彼𪆴吟》：

> 断木喙虽长，不啄柏与松。
> 松柏本坚直，中心无蠹虫。
> 广庭木云美，不与松柏比。

臃肿质性虚，朽蝎招猛觜。
　　主人赫然怒，我爱尔何毁。
　　弹射出穷山，群鸟亦相喜。
　　唧啾弄好音，自谓得天理。
　　哀哉彼鸳禽，吻血徒为耳。
　　鹰鹯不搏击，狐兔纵横起。
　　况兹树腹怠，力去宜滨死。

如《巧妇》：

　　巧妇口流血，辛勤非一朝。
　　莠荼时补缀，风雨畏漂摇。
　　所托树枝弱，而嗟巢室翘。
　　周公诚自感，聊复赋鸱鸮。

如《啄木二首·其一》：

　　城头啄枯杨，城下啄枯桑。
　　朝啄不停咮，暮啄不充肠。
　　寒风正洌洌，蠹穴虫且僵。
　　况兹园林迥，剥剥响何长。

尤如《猛虎行》：

　　山木暮苍苍，风凄茅叶黄。
　　有虎始离穴，熊黑安敢当！
　　掉尾为旗纛，磨牙为剑铓。

> 猛气吞赤豹，雄威蹑封狼。
> 不贪犬与豕，不窥藩与墙。
> 当途食人肉，所获乃堂堂。
> 食人既我分，安得不为祥？
> 麋鹿赤非命。其类宁不伤。
> 满野设置网，竟以充圆方。
> 而欲我无杀，奈何饥馁肠。

这里，范仲淹所指斥并与之作坚决斗争的吕夷简，在梅尧臣看来，已经不是小小的恶蚊，而是变成吃人的恶虎了。朱东润在《梅尧臣诗选》中评："从猛虎的吃人逻辑出发，讽刺辛辣，为自古诗中所罕见。"待到此次交战有了结局，范仲淹和自己的铁哥们儿欧阳修惨遭打击、迫害，被赶出朝堂之后，梅尧臣觉得只写点寓言式的诗，已然不足以泄愤释怀了，便写了《闻欧阳永叔谪夷陵》和《闻尹师鲁谪富水》等。其《闻欧阳永叔谪夷陵》如下：

> 共在西都日，居常慷慨言。
> 今婴明主怒，直雪谏臣冤。
> 谪向荆蛮去，行当雾雨繁。
> 黄牛三峡近，切莫听愁猿。

梅尧臣心里想：欧阳修是知交，什么话都好说。对范仲淹可就心态复杂多了：不说点什么吧，他是如今文坛领袖、朝廷重臣，我和欧阳修这些哥们儿还得借重于他，他再要这么不顾后果地与朝廷对着干，于他于我们都不妙，那不是一切都完了吗？一定得说说。可怎么说呢？自己跟他也不是特别熟，听说老先生又是那种倔脾气，还是绕个弯儿，借物喻事，就写《灵乌赋》吧。写着写着，诗人性情大发，也就忘了自己的身份，连"吾今语汝，庶或汝听"这样不客气的话都说出来了。

说梅尧臣不高明，并不在他所用的句式、他的表达手法，其不高明在于：范仲淹此时在想什么，其实梅尧臣根本没有摸清。

依我揣摸，此时的范仲淹，还沉浸在对"《百官图》事件"的深深反思之中。比起前两次的"朝贺""废后"风波，这一次关乎"吏治"的斗争太重要了。从青年范仲淹的《奏上时务书》《上执政书》，到后来的"庆历新政"，改革吏治一直是他的首要关注点和奋斗目标。但自他进入朝堂之后，发现吏治之腐败，远远超过自己的想象，让人深感震惊、痛心和失望。这些身居庙堂之高的文武大员们，谁不是从小饱读圣贤书，且绝大多数人都是万里挑一、经过层层科考选拔出来的尖子，他们有什么不懂呀！为什么一事当前，就不谨守事君之道呢？就不"信圣人之书，师古人之行，上诚于君，下诚于民"呢？就丢掉"忠臣之事君也，莫先于谏"，"事君有犯无隐，有谏无讪"的古训呢？即便做不到"奉君忘身，徇国忘家，正色直辞，临难死节已矣"，也该做个直言之士，决不为一己之私去"逊言逊行"，这很难做到吗？就说吕夷简，身为辅臣，怎么就不学学贤相吕蒙正呢，他可是你的老祖宗呀！还有这个高若讷，你身为谏官，怎么可以如此下作地打压、坑害欧阳修呢？朝中有他们这样一批青年俊秀，这可是国家与百姓的宝贵财富，你忘了你是怎么成长起来的吗？你看看，你看看，这当朝还有古风犹存的士君子吗？仅仅把我范仲淹贬到饶州，就吓得没几个人敢来送别，一个个像缩回脖子的寒鸦一般①。其实有人送别与否，我范仲淹还在乎这些世俗小节吗？不是的，由此显现出来的士风萎靡，不知高风亮节为何，才实在让我痛心啊！再说说当今圣上，也算我心目中的一位贤明君王，是懂得尧舜之道的啊，"先王建官，共理天下，必以贤俊授任，不以爵禄为恩。故百僚师师，各扬其职，上不轻授，下不冒进。此设官之大端也"，"自古帝王，与佞臣治天下，天下必乱；与忠臣治天下，天下必安。然则忠臣骨鲠而易疏，佞臣柔顺而易亲。柔顺似忠，多为美言；骨鲠似强，多所直谏。美言者得进，则佞人满朝；直

---

① 司马光在《涑水记闻》中记述此事时，用了"缩颈"一词，传神之极，真千古绝笔！

谏者见疏，则忠臣避世。二者进退，何以辨之？但日闻美言，则知佞人未去，此国家之可忧也；日闻直谏，则知忠臣左右，此国家之可喜也。"（范仲淹《奏上时务书》）怎么一让"吕夷简们"围住，开口闭口"朋党"长"朋党"短，您就跟着犯糊涂呢？① 就比如此次政争，是非很清楚，可您怎么能放纵坏人打击好人呢？这样下去，君不君，臣不臣，国将不国，我们大宋向何处去？真让身为臣子的我伤心、担心，想不通，更不服气呀……正当范仲淹在饶州贬所满心失望、怨愤、担忧，尤其是不服气，加上李夫人刚刚仙逝，自己老病新犯，心里五味杂陈的时节，有人却指点他说："你老兄别这样好不好，是你这'乌鸦'路走得不对，你不能再往前走了，你得换一种活法，你得扔掉三代之风，你得学会明哲保身，沉默是金，难得糊涂呀！……"可以想想，这个人高明吗？说轻点这叫根本不理解范仲淹，说重点这叫老大不识趣。多亏范仲淹沉稳厚重，涵养极深，知道朋友也是为自己好，只能以赋应赋，一来不失交友之道，二来，也是更为重要的，则要借赋言志，向满天下重申自己的崇高理念和伟大抱负，以及不改初衷、永不言败、坚忍不拔的精神。唯其如此，才会有范仲淹所作的境界高广、博大雄奇的《灵乌赋》。他在赋前有小记曰："梅君圣俞作是赋，曾不我鄙，而寄以为好。因勉而和之，庶几感物之意同归而殊途矣。"正文如下：

> 灵乌灵乌，尔之为禽兮，何不高翔而远翥？何为号呼于人兮，告吉凶而逢怒？方将折尔翅而烹尔躯，徒悔焉而亡路。彼哑哑兮如愬，请臆对而心谕：我有生兮，秉阴阳之含育；我有质兮，处天地之覆露。长慈母之危巢，托主人之佳树。斤不我伐，弹不我仆。母之鞠兮孔艰，主之仁兮则安。度春风兮，既成我以羽翰；眷庭柯兮，欲去君而盘桓。思报之意，厥声或异。警于未形，恐于未炽。知我者谓吉之先，不知我者谓凶之类。故告之则反灾于

---

① 宋仁宗可没有犯糊涂，何时该表现宽仁，何时该表现霸道，他心里明镜似的。历来倒是像范仲淹这些儒门精英常犯糊涂，是为愚忠之悲。

身，不告之者则稔祸于人。主恩或忘，我怀靡臧。虽死而告，为凶之防。亦由桑妖于庭，惧而修德，俾王之兴；雉怪于鼎，惧而修德，俾王之盛。天听甚迩，人言曷病。彼希声之凤皇，亦见讥于楚狂；彼不世之麒麟，亦见伤于鲁人。凤岂以讥而不灵，麟岂以伤而不仁？故割而可卷，孰为神兵；焚而可变，孰为英琼。宁鸣而死，不默而生。胡不学太仓之鼠兮，何必仁为，丰食而肥。仓苟竭兮，吾将安归？又不学荒城之狐兮，何必义为，深穴而威。城苟圮兮，吾将畴依？宁骥子之困于驰骛兮，驽骀泰于刍养。宁鹓雏之饥于云霄兮，鸱鸢饫乎草莽。君不见仲尼之云兮，予欲无言。累累四方，曾不得而已焉。又不见孟轲之志兮，养其浩然。皇皇三月，曾何敢以休焉。此小者优优，而大者乾乾。我乌也勤于母兮自天，爱于主兮自天；人有言兮是然，人无言兮是然。

开篇就是梅尧臣及其他不解胸怀者问："你呀你呀，怎么回事？长着翅膀不知道远走高飞，偏给主家报忧不报喜，不是自找倒霉吗？等人家灭了你，后悔可就来不及了。"范仲淹及其他志于道者答："生命不易，那是天地化育，雨露滋养，叫作生命诚可贵！再说父母恩情大，君王待我们亦不薄，能有作为时，就得记着感恩，记着报答。尤其是作为人臣，为了国事与百姓福祉，就得直言敢谏，在危机成形、灾难爆发之前，提早报知君主才是正道。当然，做个先知先觉者极难，理解的说你做得很对，不理解的说你不识时务，专来搅人好事。结果往往是，你说了真话却惹来横祸害自己，可不说的结局更惨，让天下老百姓遭罪受难。权衡之下，还是以'奉君忘身，徇国忘家，正色直辞，临难死节已矣'为准绳吧！为人在世一场，都能让人说你好吗？高贵如凤凰、麒麟，不也遭人诟病和伤害吗？能因此而不彰显自己的价值吗？麟伤再久，浴火重生，活着就得站直了说话，绝不为偷生苟活而保持沉默！当然，可以学学官仓之鼠，养尊处优，不干好事，虽然眼前吃得胖乎乎的倒是活得不赖，可等到官仓里再也收不到民粮时，硕鼠怎么办？还可以学学荒城之狐,躲在自家一方小天地里作威作福,称王称霸,可一旦城破,且问狡狐再往哪里跑?说来说去,还是坚信孔孟之道,养吾浩然之气,以天下为己任吧!我们忠君体国,仁义为本,追求大道古风,完全出自本性使然与修养所得,你们理解是这样,不理解也是这样,想说什么说去吧!"

品一品吧,就内容、内涵、价值取向、道德高度、个性和气势论,范仲淹这一"勉(此一'勉'字太有深意了)而和之"的《灵乌赋》,能与梅尧臣的《灵乌赋》"同归而殊途"吗?完全是殊途殊归,来自两种境界的不同人生观、价值观。一句"宁鸣而死,不默而生",振聋发聩,除柔怯懦,震古烁今,这是一支怎样的生命壮歌!前面提到胡适,他是新文化运动的著名人物,兼具中西方文化涵养的现代学者,于1955年4月,写了一篇短文,题目就是《宁鸣而死,不默而生》。

千年过去,"宁鸣而死,不默而生",依然具有无穷的生命张力与现实意义。

胡适在《宁鸣而死,不默而生》中提到范、梅后事,有《谕乌诗》《灵乌后赋》之类,称范、梅二人关系由疏远而演变至反目,结局很僵。虽为他们的"私事",但极有探讨价值。

据查:范仲淹在饶州时,还邀请梅尧臣同游过庐山。酒席上,梅尧臣即兴作《范饶州坐中客语食河豚鱼》诗,有"春洲生荻芽,春岸飞杨花。河豚当是时,贵不数鱼虾"之句,足见那时二人的关系尚可。那二人的关系何时恶化的呢,以至于梅尧臣作恶诗相向?难道就因为后来范仲淹再度出山,身为边帅却无视梅尧臣积极从军的意愿?或者重掌大权后未曾关照怀才不遇的梅尧臣?这确如胡适所说,算"一件疑案"。我一向无释疑才具,况千年公案乎!这里只想从范仲淹与李觏的交往历史,反观一下范梅之疑。

范仲淹贬饶州,李觏千里奔波求教,留一段"一字师"佳话等,这在前文已有记述。李觏字泰伯,比梅尧臣小七岁,两人也算同辈文人。他与梅尧臣相似的是,也是打小聪颖,文场运蹇,屡试不第。不同的是,李觏父亲早逝,由母亲抚养成人;梅尧臣有一个好叔叔,使他得"门荫"之利,在基层官场打拼消磨许多年。李觏可就苦多了，他在后来的《上孙寺丞书》中回忆说："觏，邑外草莱之民也，落魄不肖。生年二十三，身不被一命之宠，家不藏担石之谷。鸡鸣而起，诵孔子、孟轲群圣人之言，纂成文章，以康国济民为意。余力读孙吴书，学耕战法，以备朝廷犬马驱指。肤寒热，腹饥渴，颠倒而不变。"青年李觏在艰难忧患和刻苦研读中，砥砺意志，拓展胸怀，在民间草野中呼吸自由空气，树立人生追求，其志已不在庠序之间，而在"康国济民"之境了。这一点，让人很容易想起范仲淹的"醴泉苦读"和"南都求学"来。

李觏的交友之道是："古之所谓知己者，信其道也，非徒利其身也。不然何山之深而不可庐，何水之广而不可渔？著书传道，求闻于后世，不犹愈于碌碌食众人之食乎？"（《上富舍人书》）因此，青年李觏早把范仲淹视为自己的至尊师友了，"《百官图》事件"发生前后，他就在京都汴梁城里备考，想去拜访范仲淹却找不到机会，"卒无所遇，彷徨而归"。等到范仲淹落难饶州，朝野大都"缩颈"之时，他觉得机会来了，这才风尘仆仆赶奔过去，拜师求教，范仲淹长李觏二十岁，遂订忘年之交。

在饶州相聚其间，"一字师"之外，李觏必定要向自己服膺并信赖的范老师尽倾所学所思，经济、吏制、朋党、教育、边务……无所不谈，估计范仲淹后来主持庆历新政时，他特上《庆历民言》三十篇，其梗概便出于此次饶州长谈中。在《庆历民言》中，李觏把"开讳"作为改革前提，开讳就是打破禁忌，广开言路，言论自由，"闻死而愠，则医不敢斥其疾；言亡而怒，则臣不敢争其失。疾不治则死，或非命；失不改则亡，或非数"。只有先行"开讳"，这才谈得上《富国策》《强兵策》《安民策》……关于"康国济民"的文章，除《庆历民言》和上述三策之外，他还写有《周礼致太平论》《潜书》《礼论》《平土书》等。

李觏的思想极有锋芒，直言风格亚赛范仲淹。"康国济民"是他全部思想的核心部分："天生斯民矣，能为民立君，而不能为君养民。立君者，天也；养民者，君也。非天命之私一人，为亿万人也。民之所归，天之所右也；民之所去，天之所左也，天命不易哉！民心可畏哉！是故古先哲王皆孳孳焉，以安民为务也。"（《旴江集》卷十八）基于此："生民病伤，四海冤叫。汤武之臣，不得以其斧钺私于桀纣"，富国强兵，兴利图霸的目的是在安民、济民，而不在于尊君。李觏文思深沉，文笔犀利，不拘成见，比如他以"孔子之言满天地，孔子之道未尝行"之语，辛辣地讥讽那些以孔孟之徒自命，实则貌袭仁义而学无足用的俗儒。他大声疾呼："救弊之术，莫大乎通变"，"通其变，使民不倦，神而化之，使民宜之，则自天佑之，言无不利矣"。儒家贵义而贱利，李觏则批判这一传统思想，公开倡言："利可言乎？曰：人非利不生，曷为不可言？欲可言乎？曰：欲者人之情，曷为不可言？言而不以礼，是贪与淫，罪矣。不贪不淫而曰不可言，无乃贼人之生，反人之情，世俗之不喜儒以此。孟子谓'何必曰利'，激也。焉有仁义而不利者乎？"（《旴江集》卷二十九）他在《富国策》中开篇即把讲求财利放在富国的首要位置。他说："愚窃观儒者之论，鲜不贵义而贱利，其言非道德教化则不出诸口矣。然《洪范》八政，一曰食，二曰货……是则治国之实，必本于财用……礼以是举，政以是成，爱以是立，威以是行。舍是而克为治者，未之有也。是故贤圣之君，经济之士，必先富其国焉。"（《旴江集》卷十六）在李觏看来，礼、政、爱、威是建立在"财用"的物质基础上，只有讲财利、先富国，才能有所成功。他所倡导的这种新义利观，在"正其谊而不谋其利，明其道而不计其功"的宋朝思想界显得特立独行。出生于社会下层的李觏，对社会问题独具洞察力，社会矛盾的核心原因何在？他说："法制不立，土田不均，富者日长，贫者日削，虽有耒耜，谷不可得而食也。"（《旴江集》卷十九）"自阡陌之制行，兼并之祸起，贫者欲耕而或无地，富者有地而或乏人。野夫有作惰游，况邑居乎！沃壤犹为芜秽，况瘠土乎！饥馑所以不支，贡赋所以日削。"（《旴江集》卷六）那么，想要解决贫富不均，缓和阶级矛盾，其根本办法是变革土地制度，为此，李觏反复论证平土均田、抑制土地兼并的重要性和紧迫性。他强调指出"平土之法"是自古以来的"王政"之始，并将成周时代的井田制看作解决土地问题的基本方案。李觏尤其关注农民疾苦："古人有言曰：'谷甚贱则伤农，贵则伤末。'谓农常枭而末常籴也，此一切之论也。愚以为贱则伤农，贵亦伤农。贱则利末，贵亦利末。"为什么无论谷价贵贱都伤农呢？由于"具服器""营昏丧"缴纳赋税、偿还借贷等急需现金，纷纷大量出售谷物，"枭者既多，其价不得不贱。贱则贾人乘势而罔之"，"故曰：敛时多贱，贱则伤农而利末也"。新谷出售后，农民储备的粮食不够，便又不得不向市场购买，购买者一多，粮价"不得不贵，贵则贾人乘势而闭之"，"故曰：种时多贵，贵亦伤农而利末也"（《盱江集》卷十六）。从而超越了前人对谷物价格与农业生产关系的认识，具有积极的社会意义。难怪古人评李觏的文章是"言言药石，字字规戒"，"虽在畎亩，忠赤为能自己"。难怪胡适称"李觏是北宋的一个伟大思想家。他的大胆，他的见识，他的条理，在北宋学者之中，几乎没有一个对手！……他是江西学派的一个极重要的代表，是王安石的先导，是两宋哲学的一个开山大师"。也难怪范仲淹对这位忘年小友心怀敬重，称其为"奇士"而念念不忘，饶州之后迁润州，即修书请李觏去执教："今润州初建郡学，可能屈节教授？"能得到范仲淹的亲笔邀书，多大的荣幸？再有事也要应约。可李觏正忙于撰写《潜书》，不愿分心。这让范仲淹更为佩服，再迁越州后，估计那书也该写完了，就再次修书请李觏赴浙，其书有云"此中佳山水，府学中有三十余人，缺讲贯与监郡诸官，议无如请先生之来，必不奉误……请一来讲说，因以图之，诚众望也"。这一次李觏如约而来，二人再次欢聚洽然。不久，范仲淹因边事紧急调回中枢任职，李觏并无他求，欣欣然返回故里，继续兴学育人，著书立说，那真是"志不在庠序"也！

还有更值得拍案叫好的一笔呢。范仲淹以副宰相之身搞庆历新政时，不是收到过李觏的《庆历民言》三十篇吗？其时还附有一封《寄上范参政书》，信中非但没有半点仰尊之意，反而大发苛责之论，开头就是"喜忧论"："窃闻明公归自塞垣，参预朝政……忧喜交战。喜者何？谓冀明公立天下之功。忧者何？谓明恐公失天下之名。"为什么呢？李觏接着是"危言耸听"一大段话："若曰患更张之难，以因循为便，扬汤止沸，日甚一日，则士林称颂不复得如司谏、待制时矣。此所谓恐明公失天下之名也。嗟乎！当今天下可试言之欤！儒生之论，但恨不及王道耳，而不知霸也、强国也，岂易可及哉？管仲之相齐桓公，是霸也。外攘戎狄，内尊京师，较之于今何如？商鞅之相秦孝公，是强国也。明法术耕战，国以富而兵以强，较之于今何如？是天子有帝王之质而天下无强国之资，为忠为贤可不深计？"其大意略谓：你如今主持改革大政，确有"更张之难"，万不可知难而退，因循守旧，扬汤止沸，走走过场，真这样，你当年做司谏和待制时赚得的天下英名可就丢失了。这一点不客气的口气，似与梅尧臣那"吾今语汝"的架势颇像，但结果却大相径庭。范仲淹不仅不生气，反而向仁宗皇帝连上两道奏折，力荐李觏出来做官。有一道奏议是连同胡瑗一起保举的，前文已经引用，这里再看另一道奏折：

臣伏见建昌军草泽李觏，十余年前曾撰《明堂图》并序一首，大约言周家之制，见于《月令》及《考工记》《大戴礼》，而三家之说少异，古今惑之。觏能研精其书，会同大义，按而视之，可以制作。臣于去年十一月录进前人所业十卷，其《明堂图序》为一卷，必在两制看详。今朝廷行此大礼，千载一时，何斯人学古之心上契圣作。臣今再录其《图》并《序》上进，伏望特赐圣览，于朝廷讨论之际，庶有所补。仍乞群臣前奏，殊加天奖，以劝儒林。取进止。六月日。

李觏终于大器晚成，四十岁那年由范仲淹荐为太学助教，后升直讲，所以后世遂有"李直讲"之名。以布衣起家，以庙堂归宿，这样一个古人眼中还算比较完满的人生结局，肯定是李觏始料不及的。查一下范仲淹的文集，他一生诚心力荐的人物，见于文字的多达数十人，却独未见保举梅尧臣的奏状。难怪叶梦得在《石林燕语》中记载，"……及公（范仲淹）秉政，圣俞久困，意公必援己，而漠然无意，所荐乃孙明复、李泰伯。圣俞有违言，遂作《灵乌后赋》以责之,略云:'我昔闵汝之忠,作赋吊汝。今主人误丰尔食,安尔巢,而尔不复啄叛臣之目,伺贼垒之去,反憎鸿鹄之不亲,爱燕雀之来附。'意以其西帅无成功。世颇以圣俞为隘。"梅尧臣在此有点气急败坏:我这样的"鸿鹄"你不亲近,胡瑗、李觏那样的"燕雀"你却看得金贵,我不骂你几句能行吗?有今人评说这桩公案,作如是说,梅尧臣的经历很有代表性。他诗写得极好,连皇宫里也有很多他的粉丝,经常送给他宫内的佳酿。可是这位著名诗人却生活困顿,而且一生都郁郁寡欢,因为在科举方面,他是个失败者,一辈子没尝过考试成功的滋味,一直到五十岁,同龄人都当宰相了,才被赐了个同进士出身。在那个时代,当不上像样的官,就不能活得像个人,所以在和那些高级文人朋友们交往时,他的很多行为就显得有点吊诡。除了对范仲淹老大不客气,对同代挚友欧阳修也不惜伤害。欧阳修应该算得上是梅尧臣的"贵人"了,主持科举考试时,把梅尧臣也带上当考官。欧阳修曾写过一首诗:"韩孟于文词,两雄力相当……孟穷苦累累,韩富浩穰穰……郊死不为岛,圣俞发其藏。"这是在夸奖梅尧臣,说韩愈和孟郊两个,在文采上其实旗鼓相当,但是人生境遇却大相径庭,孟郊一辈子穷困潦倒,韩愈则富贵逼人,孟郊死了之后,贾岛并没有得到他的衣钵,现在是梅尧臣继承了孟郊的风骨。可是对这个夸奖,梅尧臣并不认账,他向苏辙发牢骚说:"永叔(欧阳修字永叔)自己要做韩退之(韩愈字退之),却想要强行指派我当孟郊!"没有明着责难,可不满的情绪呼之欲出——我梅某人难道就应该受穷吗!或许,在和朋友们交往中,梅尧臣表现出了一些小心眼和过激行为,但是这种敏感,正是来自他内心最隐秘的暗伤——一个诗人,不是科举出身,也没有什么经济基础和社会地位,在朋友圈里始终位于下层,怎么着也不开心。

  我以为,梅尧臣虽有性格上的缺陷,仍不失为一位大诗人,作诗整整三十年,留下一部共六十卷的《宛陵先生文集》,约二千九百首诗歌、散文和赋,还不包括集外墨宝。

  范仲淹此次谪守地包括饶州、润州、越州三处,处处都留有这位"被隐逸者"的诗文歌赋，组合起来又是一部"琴心"交响曲，如果把《灵乌赋》看作主旋律，那么它理应还有副部主题、和声、变奏……各部不可或缺，并且也应该是非常美妙的，非常值得一同欣赏。先粗略列出一个清单如下：

《饶州谢上表》

《庐山瀑布》

《题芝山院》

《同年魏介之会上作》

《滕公夫人刁氏墓志铭》

《瀑布》

《升上人碧云轩》

《秋香亭赋》

《和谢希深学士见寄》

《依韵酬黄灏秀才》

《鄱阳酬泉州曹使君见寄》

《赠钟道士》

《郡斋即事》

《赠茅山张道士》

《江城对月》

《润州谢上表》

《移丹阳郡先游茅山作》

《京口即事》

《滕子京魏介之二同年相访丹阳郡》

《西湖筵上赠胡侍郎》

《过余杭白塔寺》

《与李泰伯书》

《与胡安定屯田书》

《刻唐祖先墓志于贺监祠堂序》

《诸暨道中》

《越上闻子规》

《兵部侍郎致仕胡公墓志铭》

《赠兵部尚书田公墓志铭》

《题翠峰院》

《清白堂记》

《祭胡侍郎文》

《祭蔡侍郎文》

  如果说，范仲淹在睦州的诗文，总体透出一种潇洒之美的话，那么之后在饶州形成的诗文，在历经《百官图》风雨和"缩颈"世态后，潇洒之上多了一层刚烈之美。或许可以这样表述，范仲淹一生诗文的总体风格，就是刚烈中见潇洒，潇洒中见刚烈。剑胆刚烈，体现出"以天下为己任"的雄心壮志，豪迈无畏，气吞山河，坚定不移，虽死无悔；同时又琴心潇洒，早从《易》中识破天机，彻悟人生，云水襟怀，超凡脱俗，清风明月，从容安适。这一种诗魂文魄，在《灵乌赋》之外的饶、润、越诗文中，同样可以看得很清楚，即便在别人写来很单纯轻灵的山水田园诗，范笔也要为其注入刚烈与潇洒，造出一个"迥与众流异，发源高更孤"的独特境界。《饶州谢上表》中的"有犯无隐，惟上则知；许国忘家，亦臣自信"。《和谢希深学士见寄》中的"谁怜多出处，自省有本末。心焉介如石，可裂不可夺。……回头谏净路，尚愿无壅遏"。《郡斋即事》中的"三出专城鬓似丝，斋中潇洒过禅师。每疏歌酒缘多病，不负云山赖有诗。半雨黄花秋赏健，一江明月夜归迟。人间荣辱何须道，问着衰翁也自知"。《依韵酬黄灏秀才》中的"再贬鄱川信不才，子规相爱劝归来。客心但感江山助，天意难期日月回。白雪孤琴弥冷淡，浮云双阙自崔嵬"。《赠钟道士》中的"人间无复动机心,挂了儒冠岁已深。唯有诗家风味在,一坛松月伴秋吟"。《酬叶道卿学士见寄》中的"一入谏诤司,鸿毛忽其身。可负万乘主,甘为三黜人。岂量尧舜心,如日照孤臣。薄责落善地,雅尚过朝伦。……拙可存吾朴,静可逸吾神"。《瀑布》中的"迥与众流异,发源高更孤。下山犹直在,到海得清无"。《题芝山院》中的"云飞过江去,花落入城来。得食鸦朝聚,闻经虎夜回"。《升上人碧云轩》中的"澄宵半床月,淡晓数峰云。……只应虚静处,所得自兰芬"。《移丹阳郡先游茅山作》中的"竭节事君三黜后,收心奉道五旬初"。《赠茅山张道士》中的"有客生平爱白云,无端年老尚红尘"。《同年魏介之会上作》中的"心存阙下还忧畏,身在樽前且笑歌"。《滕子京魏介之二同年相访丹阳郡》中的"风波岂不恶,忠信天所扶。相见乃大笑,命歌倒金壶。……功名若在天,何必心区区?莫竞贵高路,休防谗疾夫。孔子作旅人,孟轲号迂儒。吾辈不饮酒,笑杀高阳徒"。《润州谢上表》中的"臣……徒竭诚而报国,弗钳口以安身。……重烦上听,再贬远方。削天阁之班资,夺神州之寄任。重江险恶,尽室颠危,人皆为之寒心,臣独安于苦节。萧望之口陈灾异,盖无负于本朝;公子牟身处江湖,徒不忘于魏阙。……敢不长怀霜洁,至效葵倾。进则持坚正之方,冒雷霆而不变;退则守恬虚之趣,沦草泽以忘忧"。特别在《清白堂记》中,写自己于《易》中求道,寓意弥深:"观夫大《易》之象,初则井道未通,泥而不食,弗治也;终则井道大成,收而勿幕,有功也。其斯之谓乎?又曰'《井》德之地',盖言所守不迁矣。'《井》以辨义',盖言所施不私矣。圣人画《井》之象,以明君子之道焉。予爱其清白而有德义,为官师之规,因署其堂曰清白堂。又构亭于其侧,曰清白亭。庶几居斯堂,登斯亭,而无忝其名哉!"……

其实,"三黜人"范仲淹在饶、润、越三州四年多时间里,能与其《灵乌赋》境界相呼应、相匹配的,除上列嘉言之外,还有众多懿行印证。诸如兴建饶州新州学,修建城北庆明堂,至今留存的范公柏、海棠树,以头名进士彭汝砺为代表的饶州学风文脉。据后人推想,润州府学也是范仲淹在此作"迁客"时兴建的。越州任上,范仲淹最能传颂的义举,莫过于救助户曹孙居中遗属还乡了。

回到本章开头所说的范公平生功业,睦州、饶州、邓州。关于邓州功业,当在庆历新政之后,后文会有记述。

第六章 书生秋点兵

1. 范仲淹与韩琦

楼钥《范文正公年谱》载:"康定元年庚辰,三月,公复天章阁待制,知永兴军,用陕西安抚使韩琦之言也。"韩琦此名,这是在《范文正公年谱》中第一次出现吗?我未去细究。

与范仲淹不同,韩琦早贵,《宋史·韩琦传》开头就说:"韩琦,字稚圭,相州安阳人……琦风骨秀异,弱冠举进士,名在第二。方唱名,太史奏日下五色云见,左右皆贺。"二十岁就差点当了状元,而且祥云缭绕,果然是个仕途幸运儿。另外他出身也与范仲淹迥异,生于世宦之家,父韩国华累官至右谏议大夫。"既长,能自立,有大志气。端重寡言,不好嬉弄。性纯一,无邪曲,学问过人。"要找点相似处,一是三岁时父亲就死了;二是生母社会地位也不高,是个婢女。韩国华任泉州刺史时,与婢女生下韩琦。但是,作为大宋臣属,韩琦与范仲淹最大的共同点是,敢于犯颜直谏,诤言谠议,特别在担任谏官的三年时间内,"凡事有不便,未尝不言,每以明得失、正纪纲、亲忠直、远邪佞为急,前后七十余疏"。关于韩琦,流传最广的美谈发生在宝元元年,韩琦以一道《丞弼之任未得其人奏》奏章,参倒当朝宰相王随和陈尧佐,还搭上参知政事韩亿和石中立,四人同日罢职,震动京华。还一件大功德,韩琦也与范仲淹当年江淮赈灾一样,特能以天下苍生为念,于宝元二年(公元 1039 年),身为益、利路体量安抚使,在四川实行救灾,首先减免赋税,"逐贪残不职吏,汰冗役数百",将当地常平仓中的粮食全部发放给灾民,在各地添设稠粥,救活饥民达一百九十万人,蜀民无不感激地说:"使者之来,更生我也。"

康定元年正月,西夏元昊举重兵侵犯大宋国的延州(今陕西延安),经三川口一战,宋朝名将刘平全军覆没,兵败被俘,其上司范雍自然难逃干系,降职他调,一时敌焰方炽,边关吃紧。韩琦此时刚好从四川回到京城,危难之际,被朝廷任命为陕西安抚使。韩琦自觉势孤,环顾朝廷上下,可济国难者何在?遂力荐范仲淹,认为只有他可堪大任。这就是开篇《范文正公年谱》说的"用陕西安抚使韩琦之言也"。

这里有点意思。韩琦比范仲淹小十九岁,与他可算两辈人。他们的忘年交是怎么回事?若说交情不深,非为知己,如此火急情势下,韩琦能冒险推荐范仲淹吗?这里用"冒险"二字,一点不错,范仲淹因"朋党"罪名被贬于饶州,"缩颈"者甚多,再迁润、越,冷板凳已坐了快五年,此时韩琦偏偏要力荐范仲淹出任边帅,没有风险吗?如果真没有风险的话,他就不会在荐举奏章中说这样的话:"若谓雍节制无状,势当必易,则宜召知越州范仲淹委任之。方陛下焦劳之际,臣岂敢避形迹不言?若涉朋比,误国家事,当族。"(《续资治通鉴长编》卷一百二十六)意思是说,皇上,我韩琦不怕谁嚼舌头,说我和范仲淹是一伙儿的,我以老韩家大小性命担保,起用范仲淹绝对没错!可以想见,一个人如果不了解另一个人,不信任另一个人,不将其引为同道知己,谁肯以身家性命作保?可是话又说回来,若说范、韩交情深,怎么个深法?又是怎么相识相交相知的?我眼浅,看到的相关资料委实不多,二三十封《与韩琦书》,都是在西北前线共事以后的事,之前莫非只是"神交已久"？且待能者指教。事实是：经韩琦举荐，仁宗皇帝重新起用范仲淹，三月知永兴军，四月改任陕西都转运使，五月为龙图阁直学士、陕西经略安抚副使，总揽鄜延路方面的军机事务。而韩琦则为枢密直学士、陕西都转运使，旋又改为陕西经略安抚副使，总揽泾原路方面的军机事务。两位大书生一下子都成了高级"军事干部"。今人可能觉得奇怪：他们既不是军事院校毕业，也从未打过仗，不都是进士出身的文官吗？怎么说改行就改行，立马要去统率千军万马上战场，他们能行吗？他们知兵吗？谁要这么问，就是有点不懂宋朝了，不懂宋朝的文人了。

一般说，中国从古代流传下来的兵书共有七部：《孙子》《吴子》《司马法》《六韬》《黄石公三略》《尉缭子》《李卫公问对》。只有到了宋代，才由皇帝颁诏，将这七部兵书统一校定，号"武经七书"，以官方名义颁行。同时，考试时以"七书"论士，使兵学取得了与儒家经典同等重要的地位。此后，《武经》本《孙子兵法》成为后世流传的最主要的版本。

《孙子兵法》是中国古代最伟大的军事理论著作，也是世界上最早的一部军事理论著作，比欧洲克劳塞维茨的《战争论》早两千三百年。其内容博大精深，思想精邃富瞻，逻辑缜密严谨，所阐述的谋略思想和哲学思想，被广泛地运用于军事、政治、经济、外交等领域。自从公元1772年法国传教士钱德明，最早将《孙子兵法》翻译成法文以后，至今将近两个半世纪过去，除法文版外，英文版的《孙子兵法》就有十七种之多，此外还有德文、俄文、日文、朝鲜文、西班牙文、捷克文、缅甸文、希伯来文、罗马尼亚文、泰文、意大利文、荷兰文、阿拉伯文等版本。《孙子兵法》是中国经典著作在全世界影响最大者之一。

如果问，《孙子兵法》为什么会产生在春秋时期？问得好。远古的战争实践，特别是春秋时期频繁、激烈、多样的战争实践，是《孙子兵法》产生的基础和源泉；之前丰富的兵学理论成果，如《军志》《军政》《司马法》及令典等，则是《孙子兵法》脱颖而出、跃上峰巅的铺路石。这个时期的社会思潮特别活跃，形成百花齐放、百家争鸣的局面，成了《孙子兵法》取之不竭的思想文化资源。当然，齐人孙子的天赋和创造力也很关键，这与崇武尚智的齐文化不无关系。不过据说至战国时，《孙子兵法》才开始流行起来，所谓"藏孙、吴之书者，家有之"。有一点值得说明，这个时期的孙武后学们，对"十三篇"做了大量解释、阐发、增益的工作，而银雀山汉墓出土的《吴问》《四变》《黄帝伐赤帝》《地形二》《见吴王》等，都是他们解释、阐发、增益"十三篇"之作，被《汉书·艺文志》收录在《吴孙子兵法八十二篇》之内。

到了汉代，张良、韩信"序次"，对《孙子兵法》予以整理，带点官方色彩。之后，汉武帝时，由军政扬仆"捃摭遗逸，纪奏兵录"，又搞了一次整理。汉成帝时，任宏"论次兵书"，将其分为"兵权谋""兵形势""兵阴阳""兵技巧"四种，此为第三次官方整理。这三次整理对《孙子兵法》的定位、定形和流传都具有重要意义。

三国曹操是最早为《孙子兵法》作注解的人，注释本名曰《孙子略解》。欧阳修有言曰："世所传孙子十三篇多用曹公、杜牧、陈皞注，号三家。"宋吉天保有《十家孙子会注》，十家指的是曹操、李筌、杜牧、陈皞、贾林、孟氏、梅尧臣、王皙、何延锡、张预。曹操在《孙子略解序》中批评《孙子兵法》的"况文烦富，行于世者，失其旨要"，应包括《吴孙子兵法八十二篇》中"十三篇"之外的各篇在内。杜牧《注孙子序》中说："武所著书，凡数十万言，曹魏武帝削其繁剩，笔其精切，凡十三篇，成为一编，曹自为序，因注解之。"这里的"削"（删除）其"繁剩"，应包括"十三篇"之外的六十九篇，"笔（校、注）其精切"，则是指的"十三篇"。曹操只注"十三篇"，称《孙子略解》，因而使其得以广泛流传，其余则因其"烦富"且"失其旨要"而陆续散佚。曹操《孙子略解》的问世，标志着《孙子兵法》真正进入了注解的时期。曹操注重文字训解，他本人又是军事家，更重实际运用，因此，其注理论性、实践性兼备，对后世有重大影响。

唐代是《孙子兵法》注释的高峰期之一，有《李筌注孙子》、有《贾林注孙子》、有杜佑在《通典》中训解《孙子》，最值得一提的是《杜牧注孙子》。后人评杜牧"其学能道春秋战国时事,甚博而详",其注纵谈横论,广征博引,多有新见。但我个人更推崇的是,他还原"文武同源"理论的杰出贡献。杜牧在《注孙子序》中写道:"冉有曰:'即学于孔子者,大圣兼该,文武并用,适闻其战法,犹未之详也。'复不知自何代何人分为二道,曰文曰武,离而俱行。因使缙绅之士,不敢言兵,或耻言之,苟有言者,世以为粗暴异人,人不比数。呜呼!亡失根本,斯最为甚。"这段话至少揭示出两个史实:一是在孔子那个时代,士君子们个个都是文武全才,"大圣兼该";二是后来就步入歧途,文武"分为二道""亡失根本",异化知识分子"斯最为甚"。

如果说晚唐杜牧从理论上还原了先秦时期"文武同源"主张的话,那么,两宋的士君子们则以实际行动践履之。一方面,宋人对孙子研究做出了崭新的重大贡献,学术上的代表作是《十家孙子会注》。学界一般认为,此书就是现今存世的《十一家注孙子》。由于编辑者将各家之说集编一起,突显其重要的军事和史料价值,因而成为后来《孙子兵法》研究者的必读书。此后,《武经》本《孙子兵法》和《十一家注孙子》这两个版本为底本不断发展,形成了传世版本的两大基本系统。《梅圣俞注孙子》《张预注孙子》、郑友贤的《孙子十注遗说》、施子美的《七书讲义》等,代表了这一时期《孙子兵法》注解的新成就,对后世影响较大。尤其是张、施二人,《张预注孙子》集诸家之长,成一家之言,博而切要,多有阐发,文字亦好,有杜牧之风;施子美的《七书讲义》,开疏解、阐发《孙子兵法》之先河。最令人惊喜的是,宋与西夏国长期的边境冲突实践,还催生了西夏文版本的《孙子兵法》的问世,这是国内迄今所见最早的少数民族文字译本。

另一方面,两宋文人回归经典,上承"文武同源"的先秦遗绪,直接从《孙子兵法》中汲取精神营养,比如"兵者,国之大事,死生之地,存亡之道,不可不察也",比如"将在外,君命有所不受"……并以此为行动准则和内在动力,投身到兵学实践中去。还应该注意到,宋代先进的文官制度和士人崇高而自由的社会地位,为他们实现"文武同源"的伟大抱负提供了保证。可以发表谈兵论军的理论见解，如梅尧臣《梅圣俞注孙子》、曾公亮和丁度的《武经总要》、苏洵的《权书》、苏轼的《孙武》《策问》、苏辙的《私试武学策问二首》、秦观集《将帅》《奇兵》《谋主》诸篇为一体的《进策》……可以就兵事发表具体意见，如苏舜钦、苏辙的《论西事状》、欧阳修的《论御贼四事札子》、张方平《论讨岭南利害九事奏》、晁补之的《上皇帝论北事状》、胡宿的《论边事》……可以与同道交流、切磋、论辩，如沈起找范仲淹论兵，据《宋史·沈起传》载："起生平喜谈兵，尝以兵法谒范仲淹，仲淹器其材，注孙武书以自见。"还有前文书中说过的那位知兵者李觏，大老远跑到饶州找范仲淹谈什么？当时西北边事正吃紧，他们能不谈谈用兵打仗的事吗？至于投笔从戎，或率军出战，或参赞军务，或出使番邦……只要有人举荐即可。君不见，尹洙"自西兵起，凡五六岁，未尝不在其间，故其论议益精密，而于西事尤习其详，其为兵制之说，述战守胜败之要，尽当今之利害"（欧阳修《尹师鲁墓志铭》）。君不见，梅尧臣急于从军，写诗言志曰"军客壮士多，剑艺匹夫衒。贾谊非俗儒，慎无轻寡变"，其后又给夏太尉竦写信，未果；再给范仲淹写信，也未果，气得他把范仲淹着实数落了一回……说来说去一句话，宋代书生皆知兵，数一数吧，从中涌现出许多优秀的儒将，而范仲淹、韩琦者，不过是两位代表人物而已。

那么，书生秋点兵，他们要大显身手了！

2. 伴着边患成长

范仲淹与韩琦受命于危难之际，不敢稍息，分头日夜兼程赶奔边防任所履新。月余后，二人返回京城，联名给仁宗上奏一本，题为《奏陕西河北和守攻备四策》。开头一段：

……臣等闻三代以还，皆有戎狄之患，以至侵凌中国，被于渭洛。齐晋逐之于前，秦汉驱之于后，中原始清，人伦乃叙。逮于西晋之弱，群胡猾夏；天宝之末，石晋之际，中国不幸皆罹其害。自周世宗北征之后，虽疆土未复，夷夏稍分。我祖宗奕世修备，大庇生民。今西北二方，复相交构，夹困中国。元昊率先叛命，兵犯延安，次犯镇戎，杀伤军民，曾无虚岁。

范仲淹和韩琦的意思是：事实上，从古至今，中国人始终伴着边患成长。这里只说范仲淹，他就是伴着西夏边患长大的。

苏东坡在《江城子·密州出猎》中有名句"会挽雕弓如满月，西北望，射天狼"，这"天狼"何谓？本指天上犬星，旧说专指侵掠，如屈原在《楚辞·九歌·东君》中就说："举长矢兮射天狼。"苏词之"天狼"，则专指作乱西北的西夏国。

在中国西北地区，曾存在过一个由党项人建立的封建政权，以夏州（今陕西榆林横山区）为国都，称"大夏"，因其在西方，宋人称之为"西夏"。其统治范围大致在今宁夏、甘肃、新疆、青海、内蒙古以及陕西部分地区，疆域方圆数千里，东至黄河，西至玉门，南界萧关（今宁夏同心南），北控大漠，幅员十分辽阔。其实，西夏的历史可以一直追溯到唐初。党项是羌族的一支，隋书说"党项羌者，三苗之后也"。那时，党项和吐谷浑经常联合起来对抗强大的吐蕃。唐高宗时，吐谷浑被吐蕃所灭，失去依附的党项羌请求内附，被安置于松州（今四川松潘）。后来，党项羌逐步繁衍成数个大部落，其盟主部落拓跋氏占据今青海东南和甘肃南部地区。到了唐开元年间，为躲避吐蕃军队的劫杀，他们向唐玄宗求救，被迁至庆州（今甘肃庆阳）。安史之乱起，郭子仪怕党项羌跟着叛乱，将当时在庆州的拓跋朝光部迁至银州（今陕西榆林）以北和夏州以东地区，略相当于今天内蒙古鄂尔多斯东南。这个地区也有来头，乃南北朝时匈奴人赫连勃勃的"大夏"旧地，当时称为平夏。所以，迁来的拓跋朝光部就称为平夏部，成了此后西夏皇族的先人。唐僖宗时，党项首领拓跋思恭因平黄巢有功，被赐以国姓李，封夏国公。从此以后，拓跋思恭及其后代便成为当地的藩镇势力，其武装被称为定难军，领地范围以夏州为中心，包括夏、绥、宥、银四州，即今鄂尔多斯南部地区。平夏地区极为富饶：以地斤泽地区为核心的肥美牧场，以七里平为核心的农业区，还有特产的上好青盐，年产量可达一万五千斛左右，为平夏部党项羌日后立国争雄打下了坚实的经济基础。

到了宋代，宋太祖虽然坚削藩镇兵权，但对平夏部还算客气，"许之世袭"。但宋太祖一上台，就把李氏亲族"请"到京城，准备根除西北割据势力。此时的夏国公名叫李继捧，本事有限，不敢反抗。但他有个族弟李继迁非比寻常，深知一旦入京，无异于蛟龙失水，虎落平阳，没什么活头了。于是他借故逃离，遁入茫茫草原。不料李继迁、李德明、元昊祖孙三代，给堂堂大宋造出掀天的边患。且说李继迁脱逃后，在外连娶多位当地豪强之女为妻妾，以此积聚力量，势力渐盛。就在范仲淹出生前三年，宋雍熙三年（辽统和四年，公元986年）二月，李继迁盘算利害，投奔大宋宿敌辽国，被封为定难军节度使，转年再封夏国王，而李继迁故技重演，娶大辽宗室女义成公主为妻，以张其势。李继迁颇具政治智慧，在宋辽之间见机跳转，两头取利，手段极为娴熟老辣：

范仲淹三岁时，即宋淳化二年（辽统和九年，公元991年）七月，李继迁归宋，被封为银州观察使，赐国姓赵，名保吉。

范仲淹六岁时，即宋淳化五年（辽统和十二年，公元994年）年初，李继迁叛宋而去。宋派其族兄李继捧进剿，败，兵马器物被夺。第二年三月，李继迁抢夺宋军送往灵州的辎重，宋军死伤惨重。同年五月，攻击宋西凉府。

范仲淹九岁时，即宋至道三年（辽统和十五年，公元997年）年底，李继迁再次脱辽归宋，新即位的宋真宗授其为定难军节度使，领银、夏等五州之地。但李继迁并不认账，次年就再次劫夺宋军送往灵州的辎重。

范仲淹十四岁，早已长成有志少年，知道何为边患了。宋咸平五年（辽统和二十年，公元1002年），三月，李继迁身为宋官，却挥兵攻陷灵州，第二年正月改灵州为西平府，设立官衙，按国都规制打造，接着又攻占了西凉府。

范仲淹十六岁时，即宋景德元年（辽统和二十二年，公元1004年）年初，李继迁被六谷蕃兵射杀，李德明即位，一如其父手段，随即投辽，受封为西平王。

范仲淹十八岁时，即宋景德三年（辽统和二十四年，公元1006年）十月，李德明一转身再归宋，被册封为西平王、定难军节度使。不久，辽攻高丽得手，一时势大，李德明便暗中通款投靠，被册封为夏国王。就在范仲淹进士及第，初入官场不久，李德明把都城由西平府迁往兴州（今宁夏银川）。这前后，宋真宗病死，宋仁宗即位。李德明的儿子元昊也正式出场了，他比范仲淹小十五岁，可二十四岁就统率大军袭占甘州（今甘肃张掖市），再攻占凉州（今甘肃武威市），李德明一死，他正式即位。真正建国称帝，搅得大宋惶惶不可终日的，正是元昊。

元昊生于宋景德元年农历五月初五。据说他在灵州（今宁夏灵武）呱呱坠地时，啼声响亮，双目炯炯。尚在髫龄之年，就颇有主见。有一次，李德明遣使臣到宋朝贸易，因换回的东西不合心意，便怒斩使臣。元昊于是发话道："吾戎人本从事鞍马，今以易不急之物已非策，又从而杀之，则人谁肯为我用乎？"又据说，青年元昊中等身材，魁梧雄壮，长着一副圆圆的面孔，亮目下，鹰钩鼻子高高耸起，刚毅中带着几分霸气。他喜欢穿白色长袖衣，头戴黑冠，身佩弓矢，与一班亲随卫士纵横驰骋。还说他喜读兵书，对《野战歌》《太乙金鉴诀》一类兵书，更是手不释卷，精心研读。另外其文才也不错，精通汉、藏多种语言文字，又懂佛学，后来的西夏文字就是以他为首创造出来的。在宋、夏边境地区，流传过这样一种说法：宋军边帅曹玮早想一睹元昊风采，派人四处打探他的行踪，听说他常到沿边榷市行走，遂几次等候，以期会面，但总不能如愿。于是派人暗中偷画了元昊的形象，一见不由得惊叹："真英物也！"并由此预见到此人日后必为宋朝大患。曹玮的预见很准，青年元昊野心勃勃，对父亲的对宋政策日益不满："吾部落实繁，财用不足。苟失众，何以守邦？不若以所得俸赐，招养蕃族，习练弓矢。小则四行征讨，大则侵夺封疆，上下丰盈，于计为得。"父亲李德明心下暗喜，以言相激曰："吾久用兵疲矣，吾族三十年衣锦绮，此宋恩也，不可负！"元昊正色道："衣皮毛，事畜牧，蕃性所便，英雄之生，当王霸耳，何锦绮为？""英雄之生，当王霸耳"，其实，李德明在被辽国册封为夏国王以后，早有霸图，动用数万民夫在延州西北的敖子山上，修建宫室，绵亘二十余里，极其豪华壮丽，他从夏州出巡敖子山行宫时，"大辇方舆卤簿仪卫"，俨然可与宋朝皇帝比肩。宋大中祥符九年（公元1016年），他就"僭帝制"，追谥其父李继迁为"应运法天神智仁圣至道广德光孝皇帝"，"庙号武宗"。第二年夏天，李德明作迁都准备，说："西平土俗淳厚，然地居四塞，我可以往，彼可以来。不若怀远，西北有贺兰之固，黄河绕其东南，西平为其障蔽，形势利便，洵万世之业也。况屡现休征，神人允协，急宜卜筑新都，以承天命。"于是，改怀远镇为兴州，正式定都。如今看到儿子如此争气，李德明更为得意了，着意派元昊对河西回鹘作战，结果大胜，遂立其为太子，立元昊的生母卫慕氏为后。第二年，李德明仿父亲李继迁娶义成公主的故事，再向辽国为儿子请婚，娶辽国宗室女兴平公主为妻。宋明道元年（公元1032年）十月，五十一岁的李德明在为儿子做好建国称帝的各项准备之后死去，他相信这个儿子必定有大作为。后来的事实也确实如此。元昊于宋宝元元年（辽重熙七年，公元1038年）十月，在尽得河西之地之后，正式建国称帝，国号大夏，年号为天授礼法延祚元年。此时，范仲淹整整五十岁，年在知天命，刚从饶州贬所迁到润州。要再过一年多，历史才会把他推在元昊对面，与其进行一番政治加军事较量。

3．积极防御

当大宋两位超一流文臣范仲淹、韩琦戎装出塞，来到西北前线各自的任所时，面前是一个怎样的阵势呢？这得先从横山山脉说起。

横山是一条东北—西南走向的山脉，位于陕西省北部地区，其北是一望无垠的毛乌素沙漠，其南是陕、甘黄土高原，历来是屏障关中畿辅的战略要地，至宋代，则成为与西夏国的天然分界线，时人和史家多呼其为"山界"。面对西夏犯兵侵入大宋的七条惯常路线，宋朝分环庆路、泾原路、鄜延路三点布防，成掎角之势。环庆路的环、庆（今甘肃省环县、庆阳）地面，山川险固，易守难攻，西夏兵轻易不犯。泾原路的泾、原（今甘肃泾川、固原）地面，向称"关陇锁钥"，这里从来壁垒森严，驻军雄厚，也多为犯兵所不取。鄜延路以延州为首，虽然号称"三秦锁钥"，但在宋时却一向疏于防守，特别是承平至安远段二百里许，长宁至黄河段一百里许，"地阔寨疏"，防务基础差，兵员亦不足。这一个薄弱环节，被机敏的元昊抓住。宋朝著名的"三败"之一的"三川口之败"，就发生在这一地区。

宋景德元年正月，自称大夏皇帝的元昊"御驾亲征"，统率十万大军兵出塞门川（延河上游），先行偷袭金明寨。金明寨是延州北面门户，当时由化州刺史、金明县都监李士彬把守。李士彬并非汉人，乃党项族的一位酋长，骁勇善战，号称"铁壁相公"，手下有十八寨羌兵十万之众，周围又有保安、塞门诸寨互为依托，不好对付。元昊当然不傻，先使反间计，让人把一封相约"同叛"的信，以及锦袍玉带等物送给李士彬，故意让其上司生疑，结果未得逞；接着再来诱降计，派人悄悄渗入金明寨劝降，来使被李士彬立斩了，只留一个活口回去报信。元昊两计不成，再生一计，他派小股将士不断与李士彬部接战，刚一接战，迅即后撤并大肆放风说"我等闻铁壁相公之名，莫不胆坠地也"，如此重复，不久便有了效果。李士彬的软肋正是经不住夸赞，不免自得自傲起来，有谁敢来劝他则严刑责罚，部属多有怨言。元昊乘机派亲信贺真率部前来诈降，一面继续吹捧李士彬，一面暗中拉拢怨恨李士彬的部属，贿以重金，以为内应。贺真再抵延州面见延州知州范雍，说元昊"欲改过归命"，再投大宋。史书上讲范雍这个人还不错，只是"怯懦无谋"，没有做将帅和封疆大吏的真材实料。他一听元昊来降，不辨真伪，连忙给朝廷报喜，至于守备一事便不管了。元昊看到时机成熟，又使出一个声东击西的招数，明攻保安军，暗夺金明寨。范雍闻信又上当了，急忙派主力去援救保安军。金明寨这边，李士彬也放松了警惕，将士们解甲就寝。凌晨时分，西夏主力猛攻金明寨，贺真率内应大开寨门，夺下金明寨，杀死了李士彬和他的儿子，并一举攻占周边安远诸寨，挥师南下，直逼延州。

延州城内只有数百名士兵，几乎是座空城。范雍大为惊恐，慌忙调鄜延路副都部署石元孙和驻兵庆州的另一名副都部署刘平前来救援。加上其他三股援兵，宋军约集中援兵万余人，行至三川口（今陕西志丹县南），已然完全掉进元昊预设的陷阱。

兵不厌诈，元昊派人化装成"急脚子"，即宋军中传递紧急文书的铺兵，向刘平假传范雍的指令："延州范太尉传语，已等候于城之东门，然暮夜纳众入城，恐透漏奸细，请分队进发，以辨别真讹也。"刘平哪知有诈，便分队而发，约间隔五里许再发一队，结果被西夏兵分而歼之。刘平见发出去五十队人马杳无回报，心生疑虑，再找"急脚子"时踪迹全无，情知大事不妙，慌忙整队齐发。大军行至延州城外五龙川，离城只有五里之遥，未见有什么意外，刚要放下心来，但听一声号炮响过，四下里涌出元昊所统率的千军万马，将宋军团团围困。正是塞外严寒季节，平地积雪数寸，宋军无备，顷刻间土崩瓦解。刘平、石元孙力竭被擒。宋军全军覆没。元昊乘胜驱兵猛攻延州城，七日不下，忽然天降暴雪，奇寒袭人，只好撤军。延州城侥幸没有陷落，但城北横山一带广大地区从此落入西夏掌控。这就是大宋对西夏用兵史上的著名"三败"之首——三川口之败。这里要为刘平惋惜一笔：他是景德三年进士，当过正直敢言的侍御史，遭时宰丁谓报复，不得已转为武职，效力边关，功劳卓著，是极难得的一代儒将，可惜死于朝廷用人不当，主官昏聩无能，令人扼腕。

败绩传入汴梁，宋廷上下一派乱象。照例，谁也不敢问责皇上，把枢密院三位主官当作替罪羊撸掉了事，当然范雍也是逃不脱的，被贬职他用。下一步怎么办？吵来吵去，这才只好请出韩琦和范仲淹，前去救国于危难之中吧。可还是有点不放心呀，于是任夏守赟为陕西经略安抚招讨使，任夏竦为陕西都部署兼经略安抚使,去临阵节制范、韩二人。至于运用何种战略战策,对不起,没有,你们俩先提个方案吧。

翻一翻范仲淹的文集,涉及西夏用兵的奏疏、荐举、榜约、牒、札子、状、议种种文本近百篇,其中至少有十四份奏疏是与韩琦合奏,这于《韩魏公集》中可作印证。总览这些文字,完全可以勾画出范仲淹的总体御敌方略——积极防御战略,并且能够看出,这一具体方略虽然是到达抗敌前线之后的成果,但筹谋之早,用心之深,着眼点之高,措施之完备,可行性之强……毕三十年工夫而成。也就是说,伴着边患成长的范仲淹,可能早在青少年时期就留心于此了!当年的《奏上时务书》《上执政书》等文章,其"备戎狄"之主张,已然念兹在兹,"论武于朝"了。

战争是什么?战争的最终目的是什么?后者这一条,谁的着眼点最高,其总体战略则最优秀。熟读史书尤其是兵书的范仲淹,善于活学活用,古为今用,他在《上攻守二策状》中,巧妙借用汉孝文帝刘恒之口,道出自己对西夏用兵的最高和最终目的。汉将军陈武问征讨之计于汉孝文帝,汉孝文帝说:

> 兵,凶器,难克所愿,动亦耗病,谓百姓远方何?……今匈奴内侵,军吏无功,边民父子,荷兵日久。朕带动心痛伤,无日忘之!今未能消距愿,且坚边设候,结和通使,休宁北陲,为功多矣,且无议军。

战争,可不是什么好事情,就算你打胜了,也没办法实现你所有的心愿,况且劳民伤财,造成的恶果让人痛心。还是积极防御吧,加强国防,有备无患,与对方和平相处,共同发展,好处说不完,且能永不言兵。范仲淹紧接着刘恒说:"故百姓无内外之徭,得息肩于田亩,天下富贵,鸡鸣犬吠,烟火万里,可谓和乐者乎!"这才是战争的最高和最终目的,一切负责任的战争方略,都应该围绕这个目的而制订、实施。事实上,范仲淹的对西夏用兵方略——积极防御战略，正是由是而生。

范仲淹在《上攻守二策状·议守》篇中，审时度势，引经据典，从宏观上论证，为何要以战略防守为上策。

> 臣观西戎居绝漠之外，长河以北，倚远而险，未易可取。建官置兵，不用禄食。每举众犯边，一毫之物，皆出其下，风集云散，未尝聚养。中国则不然。远戍之兵，久而不代，负星霜之苦，怀乡国之望。又日给廪食，月给库缗，春冬之衣、银、鞋，馈输满道，千里不绝。国用民力，日以屈乏，军情愁怨，须务姑息。此中原积兵之忧，异于夷狄也。臣谓戎虏纵降，塞垣镇守，当务经远。古岂无谋臣，观汉赵充国兴屯田，大获地利，遂破先零。魏武于征伐之中，分带甲之士随宜垦辟。故下不甚劳，大功克举，数年之中，所在积粟，仓廪皆满。唐置屯田，天宝八年，河西收二十六万石，陇西收四十四万石。孙武曰："分建诸侯，以其利而利之，使食其土之毛，实役其人氓之力。"故赋税无转徙之劳，徭役无怨旷之叹。……倘朝廷许行此道，则委臣举择官员，约古之义，酌今之宜，行于边陲，庶几守愈久而备愈充，虽戎狄时为边患，不能困我中国。

首先，实行总体防御战略，是客观环境决定的。西夏兵远在漠北，风集云散，行踪无定，四处偷袭，成本很低。大宋则不同，设防御敌，却不得不长期驻军，而"远戍之兵"，换防不易，又受苦又想家，军心可是个大问题。再说吃、穿、用，这些军用物资的长途运输也不好办……这些都是不同于西夏国的实际情况。那么，有什么好办法吗？汉将赵充国兴屯田，曹操分兵军垦，都是养兵备战的成功事例。再说这种做法，孙武老前辈早就予以肯定了。现在，只要皇上同意这一总体战略，我范仲淹吸取前人经验，结合我们的客观实际，立马实施。也只有这样，才能彻底消弭西夏边患。

当然，有了积极防御的总体战略，还远远不够，还得有一整套实施方案。于此，范仲淹已有出色的筹划与安排，其大者如下。

其一，严边城，修堡寨，实关内。

范仲淹在《论西事札子》中写道：

> 臣闻兵家之用，在先观虚实之势，实则避之，虚则攻之。今缘边城寨有五七分之备，而关中之备无三二分。若昊贼知我虚实，必先胁边城，不出战则深入，乘关中之虚，小城可破，大城可围。或东阻潼关，隔两川贡赋。缘边懦将不能坚守，则朝廷不得高枕矣。为今之计，莫若且严边城，使之久可守；实关内，使无虚可乘。西则邠州、凤翔为环、庆、仪、渭之声援，北则同州、河中府扼鄜、延之要害，东则陕府、华州据黄河、潼关之险，中则永兴为都会之府，各须屯兵三二万人。若寇至，使边城清野，不与大战。关中稍实，岂敢深入？

是呀，要守，要守得住，你得先有坚实牢靠的边防线。范仲淹不光有这样的理论，也有这样的实践。这里试举一例。范仲淹来到延州前线后，视察时发现延安之西至庆州之东的百多里地区，中间金汤、白豹和后桥三座边寨为西夏所有，像打进宋界的一个大楔子，"阻延、庆二州径过道路，使兵势不接，策应迂远"，乃兵家大忌。他立即动手解决，与相关各方协商，调鄜延路步兵一万二千名，骑兵三千名；泾原路步兵九千名，骑兵一千名；环庆路马步军一万八千名；军外番兵若干，共不到四万人马，一举夺回金、白、后三寨，收复失地，使整个边防线连成一片，便于布防设险。接着，范仲淹要"大为城寨，以据其地"：觉得这座堡寨还行，就下令增修加固；觉得那座堡寨并不占地利之便，就撤掉它，另行选择兵家要地，予以重建。他向朝廷报告说："俟城寨坚完，留士兵以守之。方诸旧寨，必倍其数。……必严其戒曰：贼大至，则明斥候，召援兵，坚壁清野以困之；小至，则扼险设伏以待之；居常高估入中及置营田以助之。"这才是积极防御之道的实际应用。

范仲淹积极防御之"严边城，修堡寨"，最成功的范例莫过于修建大顺城了。《宋史·范仲淹传》记其事："庆之西北马铺砦，当后桥川口，在贼腹中，仲淹欲城之，度贼必争，密遣子纯祐与蕃将赵明先据其地，引兵随之。诸将不知所向，行至柔远，始号令之，版筑皆具，旬日而城成，即大顺城是也。"大顺城遗址今称二将城，位于山庄乡雷圪崂村芋台组，地处二将川河与铁匠沟水交汇处南侧山梁，全城地跨两山，周长三千五百米，城墙残高四五米，中间被一条小沟分为南、北二城。北城依山势而建，很不规则，占地约二十万平方米；南城呈长方形，又分为内、外城，占地三十万平方米。大顺城始建于宋天禧五年（公元1021年），整整二十一年后，范仲淹复筑之，宋仁宗御赐"大顺城"，现为甘肃省省级文物保护单位。

范仲淹是庆历元年，也就是他五十三岁时修大顺城的。《范文正公年谱》记载："五月壬申，公徙知庆州，兼管勾环庆路都部署司事。……十月，公以龙图阁直学士、户部郎中、管勾环庆路都部署司事，兼知庆州。"由鄜延路调环庆路，仍在抗敌第一线。他此前在鄜延路时，还修筑了青涧城，修复了承平寨和永平寨，现在换了地方，但既定方略不变，修成了至今还享有盛誉的大顺城。大顺城处在庆州西北方向马铺寨后桥川口，而后桥川正是西夏出兵必经之地，有大顺城在此，就等于卡住了一处咽喉要道。这一点，精明的元昊当然明白，所以他是不会让大宋在此筑城的。而范仲淹决心要在人家眼皮子底下办成这事，这就得跟元昊斗智斗勇了。《续资治通鉴长编》第一百三十六卷记载说：

> 庆之西北马铺寨，当后桥川口，深在贼腹中。范仲淹欲城之，度贼必争，密遣子纯祐与蕃将赵明先据其地，引兵随其后。诸将

初不知所向，行至柔远，始号令之，版筑毕具，旬日城成。是岁三月也，寻赐名大顺。贼觉，以骑三万来战，佯北，仲淹戒勿追，已而果有伏。大顺既成，白豹、金汤皆截然不敢动，环庆自是寇益少。

看来还是范仲淹智商高，办法妙，瞒过元昊，十天筑一城，这效率不知在世界筑城史上怎么排名。关于这一段筑城美谈，欧阳修在他这位师友去世后，于《资政殿学士户部侍郎文正范公神道碑铭》中又专作记述，与上引文字大同小异，不再重复，唯有一句"于是诸将皆服公为不可及"，必须昭示一下。事过又是二十多年，大顺城下有一战，史称"大顺城之战"，充分证明范仲淹高出元昊一筹。

宋治平三年（西夏拱化四年，公元1006年）三月，西夏遣使祭奠宋仁宗，并贺英宗即位。此时，元昊已然死去十八年了，由他的儿子毅宗李谅祚当国。因为礼仪发生争执，引起西夏怨愤。这年秋天，西夏以"侮其使"为由，发兵十万进攻宋之秦凤、泾原路，宋夏战争再起。夏毅宗李谅祚亲率步骑数万围攻大顺、柔远等城寨。宋环庆路经略安抚使蔡挺得报，牢记范公[①]攻守大略，集边民于诸城堡，坚壁清野，令诸军扼守要地，严加戒备，毋轻出战。他认定范公大顺城，城坚难破，固守为上，只是派人秘布铁蒺藜于城外池壕中，倒是觉得柔远城防不固，遂命副都总管张玉率重兵援防。西夏军猛攻大顺城，强渡池壕者伤亡惨重，急得谅祚近前督战，吃了宋军一弩，差点在大顺城下丢了性命，没法子了，又转去进攻柔远寨。张玉是范公"积极防御"的隔代受益者，以逸待劳多时了，遂率精兵三千人马夜袭敌营，西夏军多日苦战，夜半惊魂，只能溃守金汤城。大顺城之战以完胜告慰范仲淹的在天之灵，再次佐证范公"积极防御"的无比正确。

其二，选良将，练精兵。

有了进可攻、退可守的稳固防线，谁来攻守呢？必须良将精兵。范仲淹

---

① 此时，范公已仙逝十四年之久了。

针对边防前线"将帅常患少人"的问题，在《奏乞督责管军臣寮举智勇之人》折中，发表自己的见解说："国家奄有四海，未必乏才，岂天地生人，厚于古而薄于今？盖选将之未精，用之未至。今诸军诸班必有勇智之人，多被管军臣寮人员等递互弹压，不得进用，坐至衰老。"他举例说："只如朱观，元是军班出身，因历边任，方得将名。"所以，"伏望圣慈专督管军臣寮等，于诸班中搜罗智勇之人，各举一名，不以将校长行，或试以武艺，或观其胆略出众，便可迁转，于边上任使"。在这里，范仲淹还别出心裁，提出一种奖惩办法："如将来颇立战功，则明赏举主；或屡败军事，亦当连坐。"只有这样，"诸路渐次得人，不致频有挪移，免使戎狄谓大国乏才，愈增骄气。况西北二方，将帅之阙实非细事，乞国家常为预备，早加迁擢"。范仲淹进一步建议说："专于选将者，委枢密院于合门祇候使臣以上选人，三班院于使臣中选人，殿前马步军司于军旅中选人。或有智略，或有材武，堪边上试用者，逐旋进呈，据选到人数，以籍记之，候本路有缺，则从而差授。如此则三二年间，得人多矣。"范仲淹在心目中，对古代选将之法颇为欣赏。他在《论西事札子》中，以戍边名将李牧为例，向往道：

> 然则唐汉之时，能拓疆万里者，盖当时授任，与今不同。既委之以兵，又与之税赋，而不求速效，故养猛士，延谋客，日练月计，以待其隙。进不俟朝廷之命，退不关有司之责，观变乘胜。如李牧①之守边，可谓善破虏矣。

李牧"善破虏"，是君王信任他，自主权大。在这里，范仲淹借古喻今，是有所指的。宋代虽然以"重文抑武"为国策，但执行起来并不坚决，摇摇摆摆，时好时坏，太祖、太宗之后越来越不济，总以"朋党"大棒时不时敲打士大夫。这个问题，留待后面细说。范仲淹针砭时弊，也要顺便敲打敲打君王，而且他接下来说得更具体、更严峻，在《奏乞许陕西四路经略司回易

---

① 战国赵人，与白起、王翦、廉颇并称"战国四大名将"，抗击匈奴有功。

钱帛》中写道：

> 西陲用兵以来，沿边所费钱帛，万数浩瀚，官司屈乏，未能充用。其鄜、延等四路帅臣，虽有管本路粮草之名，然转运司终是本职，故不敢专行计置。若不委之经度，即边计常是不足。臣等欲乞特降指挥，下鄜延、环庆、泾原、秦凤路经略使司，应本路州军所管钱帛，并许选差除廉干使臣公人等任便回易。其收到利钱，明入省帐收附。所有勾当人等，如能大段回易得利息，委本司具数保明闻奏，特与相度酬赏。所贵有助军费，少纾民力。

范仲淹把将帅主动权的问题，提高到理论高度加以强调，在《上仁宗论夏贼未宜进讨》折中，他引用古代兵法经典说，"兵法曰：战道必胜，主曰无战，必战可也；战道不胜，主曰必战，无战可也。"

什么意思？这仗应该打，战争有取胜把握时，皇上说别打，那一定得打；战争不能取胜时，皇上说要打，那还是别打得好。"将在外，君命有所不受"之谓也！范仲淹认为，一个将帅如果没有这样的气派和担当，那就不是一个好将帅。正是按照这样的思路和标准，范仲淹与韩琦一起从诸军班中选拔了一大批将校级人才，列表报送朝廷审批。为此二人联名写了一道专折《奏边上得力材武将佐等第姓名事》，开头写道："臣等在边上体量得材武可用将佐人数如后。"这个名单极有史值，不长，兹全录于下：

第一等

泾原路部署狄青，有度量勇果，能识机变。

鄜延部署王信，忠勇敢战，身先士卒。

环庆路权铃辖、知环州种世衡，足机略，善抚驭，得蕃汉人情。

环庆路铃辖范全，武力过人，临战有勇。

第二等

鄜延路都监周美，谙练边情，及有武勇。

知保安州军刘拯，有机智胆勇，性亦沉审。

秦凤路都监谢云行，勇力有机，今之骁将。

延州西路巡检使葛宗古，弓马精强，复有胆勇。

鄜延路都监谭嘉震，勇而有知，战守可用。

泾原路都监黄士宁，刚而有勇，可当一队。

鄜延路钤辖任守信，能训练，有机智。

泾原路都监许迁，训练严整，能得众情。

秦凤路钤辖安俊，勇而有辩，仓卒可使。

环庆路都监张建侯，知书戢下，可当军阵。

鄜延路都监张宗武，精于训练，可备偏裨。

在名单最后，举荐人特别加了这样一段话："数内刘拯、张建侯、张宗武，虽曾改转一资，比诸将未至优异。臣等今同罪举保此三人，乞各转两资及移易差遣。"这是成心要让刘张张三人连升两级并保举其担任更高的职务。在此，要特别讲一下范仲淹与狄青的故事。

前些年有一部共五十二集的动画连续剧《大英雄狄青》，在中央电视台少儿频道银河剧场首播，以每晚八点半一集的形式播出。它讲的就是狄青，由一个不谙世事的小男孩，成长为战西夏、平叛乱的一代英雄的故事。其写实的风格，清雅的画风，幽默的人物语言，富于民族气息的音乐……不看有点可惜。这个狄青，正是范、韩举荐名单上那个排在一等头名的狄青。他生于北宋大中祥符元年，比范仲淹小十九岁，与韩琦同龄，字汉臣，汾州西河（今山西汾阳）人。狄青出身贫寒，十六岁的时候，他哥哥与乡人斗殴犯事，狄青挺讲义气，自愿代兄受过，被"逮罪入京，窜名赤籍"[①]，由此开始了他的军旅生涯。他骁勇善战，而且"战状"极为骇异，每战必披头

---

① 所谓赤籍，即尺籍，军籍。赤，通尺。

散发，戴一铜面具，冲锋陷阵，勇冠三军，四年间参加大小战役二十五次，身中八箭，虽身负重伤亦"闻寇至，即挺起驰赴"，继续冲锋陷阵。因为他脸上有刺字，人称"面涅将军"。范仲淹十分偏爱狄青，只是觉得他胸无韬略，于前途有碍，遂有心栽培，授以《左氏春秋》。《续资治通鉴长编》第一百二十九卷记其事曰，"仲淹以《左氏春秋》授之曰：'将不知古今，匹夫勇耳。'青折节读书，悉通秦汉以来将帅兵术，由是益知名。"知名到什么程度？历官泰州刺史、惠州团练使、马军副部指挥使，皇祐四年六月，推枢密副使，死后还被追赠为狄武襄公。

对于练精兵，范仲淹更是有一套。他认为：欲练精兵，先得会养兵。范仲淹在《奏论陕西兵马利害》折中说：

> 臣窃知陕西禁军、厢军不下二十万众，防秋在近，必须养育训练，以期成功。在乎丰以衣食，使壮其力；积以金帛，示有厚赏，牛酒以悦之，律罚以威之。如此，则兵有斗志，将以增气。虽二十万众，合为一心，有守必坚，有战必强，平寇之期，臣可卜也。若饥不足其食，寒不足其衣，出无壮力，入无厚赏，军有退志，将必丧气。虽二十万众，或有二心，守则不坚，战则不强，平寇之期，未可卜也。

范仲淹这段话的核心意思，简要点说，就是一要爱兵，二是要赏罚分明，此乃养兵三昧。那么，在西夏作战前线养兵，又要养什么样的兵呢？以范仲淹多次反复所强调的内容来看，老弱病残当然首先要淘汰，但最重要的一点是多养"土兵"，少养"东兵"。以我个人理解，他所说的"土兵"，当指防区本地所征之兵；"东兵"，则指内地所征之兵。他在《上攻守二策状》中说："臣观今之守边，多非土兵，不乐久戍；又无营田，必烦远馈。久戍则军情危急，远馈则民力将竭。岁月绵久，恐生他患。此守御之末利也。"他在《奏陕西河北和守攻备四策·陕西守策》中，再予详细阐述：

又久守之计，须用土兵，各谙山川，多习战斗，比之东兵，战守功倍。然缘边次边，土兵数少，分守不足，更当于要便城寨招置土兵。若近里土兵愿改隶边寨者，即迁其家而团集之。……征夫不保其家，离妇颇多犯法，人情不免，久则怨起。如得并迁其家于缘边住营，更免出军，父母妻子，乐于完聚，战则相救，守则相安。或谓若士兵携家居于塞下，则全分请给，其费尤多。不然。士兵月给差少，又素号精强，使之戍边，于东兵数复可减，然于逐路渐为增益。二年以来，方能整习，固非一朝可骤改也。

那么，现役军中的老弱与东兵怎么安置呢？有办法。范仲淹在同一奏折中说：老弱"不堪战阵者，宜沙汰之，使归于田亩，既省军费，复增农力。然后东兵三分中一分屯边，以助土兵之势；一分移入次边，或屯关辅，以息馈饷之困；一分归京师，以严禁卫之防"。

沙汰老弱，土兵为主，爱心养之，强将训之，这样一来，还愁练不出精兵吗？还怕元昊入侵吗？范仲淹在《论元昊请和不可许者三大可防者三》中满怀自信地展望道：

一二年间训兵三四万，使号令齐一，阵伍精熟，又能使熟户蕃兵与正军参用，则横山一带族帐可以图之。降我者使之纳质，厚其官赏，各令安居，籍为熟户；拒我者以精兵加之，不从则战。我军鼓行山界，不为朝去暮还之计。元昊闻之，若举国而来，则我退守边寨，足以困彼之众；若遣偏师而来，我则据险以待之。蕃兵无粮，不能久聚，退散之后，我兵复进，使彼复集，每岁三五出。元昊诸厢之兵多在河外，频来应敌，疲于奔命，则山界蕃部势穷援弱，且近于我，自求内附，内选酋豪以镇之，足以断元昊之手足矣。

其三，主动出击寻战，讲求策略战术。

战略防御可不是消极防御，等着挨打，恰恰相反，它要在天时、地利、人和都齐备时，不断地主动出击，积小胜为大胜，一能练兵，二能反过来巩固边防。翻一翻《续资治通鉴长编》，相关记载不少。其中卷一百二十八载："范仲淹遣殿直狄青、侍禁黄世宁攻西界芦子平，破之。"卷一百二十九载：范仲淹派"鄜延钤辖朱观等袭西贼洪州界郭壁等十余寨，破之"。卷一百三十载：范仲淹遣军"卒城承平等前后十二寨，蕃汉之民，相踵复业"。卷一百二十八还载有最著名的一次军事行动，收复延州门户金明寨以后，都监周美给范仲淹提建议："贼新得志，其势必复来。金明当边冲，我之蔽也，今不亟完，将遂失之。"这话正中范仲淹所虑，"因属美复城如故。数日，贼果来，其众数万，薄金明，阵于延州城北三十里。美领众二千力战，会暮，援兵不至，乃徙军山北，多设疑兵，贼望见以为救至，即引去。既而贼出艾蒿寨，遂至郭北平，夜斗不解。美悉众使人持一炬从间道上山，益张旗帜，四面大噪，贼惧走，获牛羊、橐驼、铠甲数千计，遂募禁兵筑万安城而还。"在《范文正公年谱·补遗》中还记载有这样的史实：范仲淹"牒朱观将领兵军，计会王达、朱吉、王守琪、张宗武，自鄜州西北入德静寨，进兵讨掠族帐。又牒葛怀敏将带周英、郑从政部领兵马离延州，往保安军逼逐蕃贼。仍差刘政充先锋，取路深入，破荡部署。"看来真是用兵频繁，攻必克，战必胜。

打仗还得用谋略，讲求阵仗、战术。此前宋军有一积弊，于阵前对垒极为不利。宋有诏令：部署一级军官将兵一万名；钤辖一级军官将兵五千名；都监一级军官将兵三千名。一旦临阵，先由军阶最低的都监迎战，不敌，再依次出钤辖、部署。这显然很荒唐。范仲淹面对此弊，主张虽诏令亦必革除，他说："将不择人，以官为先后，取败之道也。"遂选出精兵一万八千名，分属六将，每将统三千名，"分命裨佐训敕，不数月，举为精锐。士气大振，莫不思战。"（富弼《范文正公仲淹墓志铭》）迎战时视来敌多少，灵活变阵，首尾照应。据《续资治通鉴长编》卷一百二十八载：从此，"贼不敢犯"，"无以延州为意，今小范老子腹中自有数万兵甲，不比大范老子可欺也"。这里的"大范老子"，当指范雍。

范仲淹熟知兵法，贵能实用，而且胸中有全局，于排兵布阵以及接战之法，均有上等运筹。他在《奏陕西河北和守攻备四策·陕西守策》中早就提出高招，即活用吴起"三师破楚"之策，应对西夏强敌。

> 臣等请于鄜延、环庆、泾原路各选将佐三五人，使臣一二十人，步兵二万，骑兵三千，以为三军。以新定阵法，训练岁余，俟其精勇，然后观贼之隙，使三军互掠于横山，更进兵。……假若鄜延一军先出，贼必大举来应，我则退守边寨，或据险要，不与大战。不越旬日，彼自困敝，势将溃归，则我环庆之军复出焉。彼若再图点集，来拒王师，则又有泾原之师乘间而入，使贼奔命不暇，部落携怨，则我兵势自振。如宥州，绥州金汤、白豹、折姜等寨，皆可就而城之。其山界蕃部，去元昊且远，求援不及。又我以坚城据之，以精兵临之。彼既乐其土，复逼以威，必须归附，以图安全。三五年间，山界可以尽取。此春秋时吴用三师破楚之策也。元昊若失横山之势，可谓断其右臂矣。刬汉唐之旧疆，岂今日之生事也。

其四，创建永久性后勤保障体系。

兵马未动，粮草先行。无论古代战争，还是现代战争，后勤保障都是头等重要的事情。具体到与西夏对垒的西北战场，军需、军运问题更是特别突出。对此，范仲淹一早就了然于胸。他不主张进攻战略，不主张大军深入敌区寻战，后勤问题是忧患之最。他在《论西事札子》中一针见血地指出："缘大军之行，粮车甲乘，动弥百里。房骑轻捷，邀击前后，乘风扬沙，一日数出。进不可前，退不可息，水泉不得饮，沙漠无所获，此所以无功而有患也。"又在《上攻守二策状》中再三强调："绝漠风沙，迷失南北。馈运辎重,动有钞掠。"绝对不可长途奔袭。然而,即便实行积极防守战略,后勤保障依然是个大问题,范仲淹如何解决?纵观他治边三年作为,大致可以看出其主导思想是,以屯田、入中、开榷场为三大杠杆,在西北战区建立一套永久性后勤保障体系。

范仲淹行屯田,前文已然道出,不再重复。唯屯田一法,古已有之,这里略作叙述。中国历代都有边界战争,往往持续时间很长,有长达几十年者。为了维持军需,就要建立一定形式的粮食生产基地,而这种粮食生产基地,最好建在距离战区不远的地方,以方便转输。这种方法,就是屯田。政府利用戍卒或农民、商人垦殖荒地,由此取得军饷和税粮。有军屯、民屯、商屯之分。屯田始于秦汉。秦以前的战争,持续时间都不长,无须屯田。到秦始皇与匈奴开战,最先遇到了后勤保障问题,于是"始皇帝使蒙恬将十万之众,北击胡,悉收河南地,因河为塞,筑四十四县城,临河,徙适戍以充之"。这可以说是屯田之先声。

汉文帝时,匈奴国力强盛,时常犯边。晁错进策,认为士卒轮流戍边不是长久之计,主张用招募之法,有计划地移民,发展边疆地区的生产,把卫国和保家联系在一起,其实施步骤是:先把国家授拜爵位所获得的粮食用于边防屯垦事业,再选择水草丰茂的边地作为移民地点,筑城修堡,给移民提供房舍以及农具、种子,配备医生和巫师等。汉文帝采纳了晁错的意见,成效不错。而范仲淹前举赵充国屯田例,是汉宣帝时期的事。那时,西北羌人发动武装叛乱,进犯过境,攻占城镇,残害边民。名将赵充国已经七十岁了,毛遂自荐,挂帅出征。他在对粮食辎重等后勤保障状况进行了详细调研后,觉得只有在边塞屯田,方可不误战事。于是,以一万多名军士,开垦田地两千余顷,"留屯以为武备,因田致谷,威德并行"。西羌的五万兵马,竟然被赵充国陆陆续续消灭了四万六千余人,几乎消灭光。赵充国由此总结出著名的"留田便宜十二事",即屯田的十二大好处。想必范仲淹早就熟读此文,铭记在心。

范仲淹还熟知曹操屯田一事。建安元年(公元 196 年),曹操采纳枣祗和韩浩的建议，在许都（今河南许昌市）附近进行屯田。屯田的土地是无主荒地，劳动力、耕牛、农具是在镇压黄巾起义中虏获的，也有一部分劳力是招募的。据说当年屯田收获谷物百万斛，"于是州郡列置田官，所在积谷，征伐四方，无运粮之劳，遂兼并群贼，克平天下"。(《三国志·魏书·武帝纪》)曹魏屯田有民屯和军屯两种。民屯每五十人为一屯，屯置司马，其上置典农都尉、典农校尉、典农中郎将，不隶郡县。其收获与国家分成：使用官牛者，官六民四；使用私牛者，官民对分。屯田农民不得随便离开屯田。军屯以士兵，六十人为一营，一边戍守，一边屯田。曹魏屯田对安置流民，开垦荒地，恢复农业生产发挥了重要的作用，为曹操统一北方创造了物质条件。

自此经两晋、南北朝、隋唐以降，再到宋代范仲淹，各代都推行过边防屯田。纵观屯田史，其利远大于弊。如果没有屯田，历代中央王朝统一西域的进程是难以实现的。西域地处西陲，距内地路途遥远，古代交通不便，要想靠内地军资去支持一支戍边大军，那困难是难以想象的。征和四年（公元前89年），汉武帝派军攻打车师，胜则胜矣，但付出的代价惨重。他慨叹道："汉军破城，食至多，然士自载不足以竟师，强者尽食畜产，羸者道死数千人。"颇堪为不兴屯田者戒。有了屯田，就可以避免由内地向边境地区长途运输所造成的巨大消耗。请注意，造成这种巨大消耗的主体，倒不是军队本身，而是运输物资的民夫。有学者研究汉简得出结论说：汉代从关中运粮到河西走廊西部，每运到一石粮食，路途消耗多达十石，若要到达西域，则会消耗更多。史书也有记载，《汉书·主父偃传》称："起于黄、腄、琅玡负海之郡，转输北河，率三十钟而致一石。"多高的成本消耗啊！范仲淹面对现实，以史为鉴，力行屯田古法，为建立永久性后勤保障体系兹立大功。

在范仲淹的文全集里，有一道奏疏，《奏为陕西四路入中粮草及支移二税》，主体部分如下：

> 臣窃见陕西四路各屯重兵，所入中粮草，又无定数，并支却

京师钱帛，久而行之，府库须竭。又支移关辅二税，往边上送纳，道路险阻，百姓劳费，亦已调弊。至于转运司经画财利，应副边上，每年亦无定额。纵使元昊纳款，未能顿解，边兵悠久，何以支济？自来朝廷已差逐路经略兼计置粮草，即未责事任。伏望圣慈指挥，更选差朝臣四人，充陕西四路经略计置判官，专管本路税赋课利，及图回营田等事。仍令三司将逐路军马并见在粮草数目，约度今后每年各计入中若干石，于京师支给见钱，比旧日十分中减下三分，各令陕西转运司约度逐路税赋课利数目外，每年各令支助钱帛若干。既粮草钱帛皆是定额，自然各务省节，须拣精锐养赡，及将蕃部弓箭手相兼使用，不更占冗兵。既沿边入中有数，必自那移军马入次边及近里州军驻扎。其四路经略计置判官，便当知州差遣与本路经略使及知州军等。如能依次减省入中万数，及图回财用不致亏误，即加奖擢。此军国之大计，乞圣慈留意。

这里，对年轻读者来说，首先得搞清何为"入中"。所谓"入中"，就是古时招募商人向指定的沿边地点入纳粮草，政府给予钞引，凭钞引去京城或其他地方领取现钱，或者金银、盐、茶、香药等。有时，羽毛、筋角、胶漆、铁炭、瓦木之类军需物资，亦用入中法。沈括《梦溪笔谈·官政一》："商人先入中粮草，乃诣京师算请慢便钱，慢杂钞及杂货。"

按说，入中是北宋长期实施的制度，对沿边地区储备军用粮草和充裕京师财政有重要作用。入中制度的不断变化，反映了政府与商人分割争夺茶盐之利。戴裔煊《宋代钞盐制度研究》中说："所谓入中，即商人以刍粟等物输纳于政府之义，所以亦称为'中纳'或'入纳'。不论入纳刍粟或实钱或其他物，又不论入纳于塞下或其他州军，不论入纳在京榷货务或折中仓，凡此种入纳之事，俱得谓之'入中'。"这种买卖关系有两个特点：其一，商人入纳得到的酬偿，不同于市场上的现钱现货交易，而是期权交易，异地兑付，由入纳地政府发给有价凭证——钞引，到京师或其他州军兑付；其二，对商人入纳物货的支偿，并不完全按当地市价，而是根据入纳地的远近等因素，估值进行折算。北宋时期，河北、河东、陕西三路长期屯驻重兵，军储不可或缺，本地租赋又"不足以供兵费，屯田、营田岁入无几"，使民运粮又扰民太甚，于是丰熟之际"市刍粟，广储蓄，以息编民飞挽之役"，而收"贸易商赀以实边，农人不扰，而西鄙足用"之效。这里试举一例：河东十三州二税收入为三十九万二千余石，赋外"岁给和籴钱八万缗"，随税科籴八十二万四千余石。……诏罢支河东籴本，"以其钱付转运司市粮草"，其本钱主要来自河东永利监榷盐收入，"商人输钱于麟、府……州军，给券，于东、西监请盐"，"其卖到盐钱系应副本路收粮草，别无盐钞"。永利监年产盐六百二十五万斤，合三万一千三百席，按中价每席五十五贯计，年收入约十七万二千贯。此外，赐河东"京钞见钱"十五万缗，"末盐钱"二十万缗"市籴粮草"，加上原来支拨的籴本八万贯，中央支付给河东的"年额"籴本为六十万二千贯，可籴买粮斛一百万石左右。河东籴本绝大部分由永利监盐、末盐（东南盐）、京钞构成，说明入中是筹措军粮的主要方式。正是出此考虑，范仲淹方才奏请朝廷，特为陕西四路入中粮草，以加强后勤保障体系。

开榷场。榷者，专利、专卖之意。榷场，特指宋、辽、西夏、金多个政权并立时期，各在边界地区设置的互市市场，也就是现在所说的"边贸市场"。榷场贸易满足边民经济交流的需要，对各自政权的统治者来说，还有控制边境贸易、安边绥远的作用。所以榷场的设置，常因政治关系的变化而兴废无常。宋与西夏之间，最先于景德四年，在保安军（今陕西志丹）置榷场互市，后来又在镇戎军（今宁夏固原）等地置榷场。榷场贸易受官方严格控制。官府有贸易优先权。榷场领辖于所在地区的监司及州军长吏，又另设专官，稽查货物，征收商税。交易的货物中，中原主要是农产品、手工业制品，以及海外香药之类；辽、金、夏地区则主要是牲畜、皮货、药材、珠玉、青白盐等。双方的战马、铜铁、硫黄、焰硝、箭笥之类军用物资，一般都严禁出境。榷场商税是官府一笔不小的财政收入。

范仲淹广开榷场，并不是单单为了活跃市场，增加税收，而是有着更为深切的政治、思想追求。前文写过范仲淹的战争观，最终还是要争取和平，让双方的老百姓都能安居乐业，和睦相处，过上一种幸福而又富裕的生活。那么，如今宋、夏边境地区交战多年，老百姓逃亡在外，流离失所，怎么办？如果边境安宁些了，逃亡户口返家就业，可一片战争废墟何以安家？所以，关键是发展生产，活跃经济，济民富民。范仲淹正是为此而广开榷场。他下令在许多城寨设置榷场，由官方带动商贸活动，边境贸易一时红火起来。范仲淹了解到，西夏地区生产青盐，是从盐湖中直接采出的盐，或以盐湖卤水为原料晒制而成的盐，可食用，可防腐，也是制碱等物事的原料，很是宝贵。所以他就鼓励以布帛等物换取青盐，运至庆州、环州一带销售，利润翻倍，既可军民两用，还筹措了丰厚的军费。

综上所述，范仲淹通过屯田、入中和开榷场等得力举措，很快建立起一个永久性后勤保障体系，成为他整个积极防御系统的坚实的物质基础。

然而，对于这一范氏积极防御战略体系，一开始并不是所有人都能予以理解、予以支持的，事实甚至是，包括他的许多亲密战友、朋友在内，大多数人都看不上它，认为是范仲淹"保守""怯战"的证明。

4. 伟大的坚守

韩愈《伯夷颂》称：

> 士之特立独行，适于义而已。不顾人之是非，皆豪杰之士，信道笃而自知明者也。一家非之，力行而不惑者，寡矣；至于一国一州非之，力行而不惑者，盖天下一人而已矣；若至于举世非之，而不惑者，则千百年乃一人而已耳。若伯夷者，穷天地、亘

万世而不顾者也。昭乎日月不足为明,崒乎泰山不足为高,巍乎天地不足为容也。

伯夷是否够得上"适于义"的"特立独行"之士,后世大有争议,在此不涉及,只谈士君子勇于坚守的道德风骨。何谓"大丈夫能屈能伸"?世有误读,主要在这个"屈"字,以为道义受阻时,即可屈节苟活,以图保全。非也!恰恰相反,中国古来真正的士君子大丈夫,伸则进取,剑胆布道,济世救民,建功立业,留万世英名;屈则坚守,不移道义,即如韩昌黎所言,虽"一家非之""一国一州非之""举世非之",亦琴心护剑胆,守道如命,决不出卖原则,改易立场。此乃"穷天地、亘万世"而"千百年"方能出现一位的"特立独行"之士。

以上如此小引,我是想说,范仲淹正是这样一位能屈能伸的"特立独行"之士,而本节只说他"伟大的坚守"。坚守什么?就是他认定唯一正确的"积极防御战略"。为什么要坚守?因为它遇到了空前强大的质疑与挑战。出乎意料,首先提出否定意见的,竟是同道边帅韩琦将军,他力主积极进攻,主动深入西夏境内,集中优势兵力与元昊主力决战,以便快速、彻底地解除西北边患。他在给皇上的奏议中说:

> 臣以贼昊倾国入寇,不过四五万,老弱妇女,举族而行。吾逐路重兵自守,势分力弱,故遇敌不支。若大军并出,鼓行而前,乘贼骄惰,破之必矣!今中外不究于此故,遂乃待贼太过之故。屯二十万重兵,只守界壕,中夏之弱,自古未有!臣恐边障日虚,士气日丧,经费益蹙,师老思归,贼乘此有吞陕右之心。

他不光说,还与范仲淹的另一位好友尹洙(时任经略判官)一起,制订出了具体作战方案上报朝廷。这是怎么回事?范、韩二人不是联名上奏近二十道奏议,共同提出积极防守之大计方针吗?莫非韩琦原本就有异议,只是出于尊重范仲淹才附议的吗？或者后来因战局变化而韩琦别生谋划？其中内情，我已无从考证。但韩琦成为速战速决思想的代表人物之一，已经是不争的事实。

韩琦造成的压力，在以几何倍数快速膨胀，因为他的进攻方略，不仅得到许多前方将帅的认同，而且深得朝廷欣赏，具体说，就是仁宗皇帝对此如获至宝，认为这才是解决西夏问题的上等良策。当然，帝王有帝王的考量，从他的角度看，也是大有道理的。西北前线"今三十万之兵食于西者二岁矣，又有十四五万之乡兵，不耕而自食其民。自古未有四五十万之众连年仰食，而国力不困者也"（《续资治通鉴长编》卷一百二十九）。仁宗早就下诏给夏竦等交代说："以老师费财，虑生他变，令早为经画，以期平定。"（《续资治通鉴长编》卷一百三十一）在皇帝心目中，"费财"并非最怕，"虑生他变"才是皇家的要命心病。他家老祖宋太宗就道破其中厉害："国家若无外忧，必有内患。外忧不过边事，皆可预防。惟奸邪无状，若为内患，深可惧也。帝王用心，常须谨此。"话说得够明白了，内患重于外忧，赶紧把西夏灭了回来吧，保卫朕才是最最要紧的事！你说皇家操着这份心事，能不欢迎速战速决吗？

此时，假如有个"志于道"的好宰相，可以进进直言、良言，给头脑发热的仁宗皇帝敷条冷毛巾，比较比较攻守利弊，庶几或可弥补。但是如今宰相还是那个"于天下事，屈伸舒卷，动有操术"的吕夷简。这天，宋仁宗病愈临朝，命速召两府（即中书省和枢密院）大臣。吕夷简闻命，却不急着应召，过了数刻才动身。他是押班宰相，缓步而行，辅臣们谁也不敢走在他前头。有人请吕夷简走快几步，他却"愈缓步"。宋仁宗问："朕久疾方平，喜与公等相见，何故迟迟才来？"吕夷简慢语道："陛下不豫，中外颇忧，陛下忽召臣等入觐，臣等若奔驰以进，恐旁人将有妄议，使国人惊虑。"宋仁宗闻听后，极赞吕夷简曰："得辅臣之体。"再举一例。一次，曹皇后对见访的吕夫人说："皇上喜吃糟淮白鱼，祖宗却立过禁令，不许宫人于四方取食材，吕相世居寿州，当有此物。"吕夫人归府后，就让人装了十笈筐淮白鱼进献。吕夷简却说："两筐即可。"夫人讶问吕相公："此为陛下下箸之物，有何可惜？"吕夷简徐徐言道："皇宫所无之物，人臣之家何能有十筐！"瞧瞧，这位吕宰相，就是这样"动有操术"，"平生朝会，出入进止，皆有常处，不差尺寸"。但吕夷简倒不是个没有度量的人，此次西北有事，韩琦荐帅，仁宗有意起用范仲淹，怕吕相反对，要做二人的和事佬，不料吕夷简却主动表态，"即请皇帝擢用范仲淹"。范仲淹心胸远大，与吕相原无私仇，何较锱铢，自然会以国事为重，有著名的《上吕相公书》为证。范仲淹所作的《上吕相公书》一连三封，绝非泛泛通款，都很长，所言皆恳恳然军国大计，颇见对攻守之略的深思熟虑，非常精彩。限于篇幅，略示一二。

某启：仲秋渐凉，伏惟相公台候万福。某奉命此行，至重至忧。……今延安兵马二万六千，患训练未精，将帅无谋。问以数路贼来势，何策以待，皆不知所为，但言出兵而已。此不可不为忧也。或得其人，精练士卒，山川险恶，据以待寇，俟有斩获，乘胜深入。贼势一破，鸟散穷沙，复旧汉疆，宜有日矣。如未克胜，贼势不衰，纵入讨除，岂肯逃散？或天有风雨之变，人在山川之险，粮尽路穷，进退有患，此宜慎重之秋也！自延州至金明四十里，一河屈曲，涉者十三度，此言山川之恶也。或遇风雨，不敌自困。……

十一月四日，具位某，谨东望再拜上书于昭文仆射相公阁下：窃以文武之道一，而文武之用异。然则经天下，定祸乱，同归于治者也。传曰："天下安，注意相；天下危，注意将。"斯则将相之设，文武之殊久矣。后世多故，中外不恬，二道相高，二权相轧，至有大将军而居三司之上，盖时不得已也。五代衰乱，专上武力，诸侯握兵，外重内轻，血肉生灵，王室如缀，此武之弊也。皇朝罢节侯，署文吏，以大救其弊，立太平之基。既而四夷咸宾，忘战日久，内外武帅，无复以方略为言。惟文法钱谷之吏，驰骋于郡国，以克民进身为事业，不复有四方之志。一旦戎狄叛常，爰及征讨，朝廷渴用将帅，大患乏人，此文之弊也。也前则刘平陷没，范资政去官，次则韩琦与某贰于元帅，不能成绩，以罪失职。复以夏、陈分处二道，期于平定。近以师老罢去，而更张之。三委文帅，一无武功，得不为和门之笑且议耶？今归之四路，复皆用儒，彼谓相辅大臣朋奖文吏，他日四路之中一不任事，则岂止于笑？当尤而怨之。用儒无功，势必移于武帅。彼或专而失谋，又败国事。况急而用之，必骄且怨，重权厚赏，不足厌其心。外寇未平，而萌内患，此前代之可鉴。……某不避近名之嫌，有表陈让，愿相公与两府大臣因而图之。如鄜延、环庆二帅，一路以文，一路以武。……既文武参用，二路兼资，均其事任，同其休戚，足以息今日之谤议，平他时之骄怨，使文武之道，协和为一，何忧乎边患矣！

……

某谓朝廷用儒之要，莫若异其品流，隆其委注，众皆望风凛畏，以济边事。……某胸中甚白，无愧于日月，无隐于廊庙，惟相公神明其照，某岂得而昧之！……

范仲淹如此披肝沥胆，直陈边事灼见，忠诚报国，其心其情，吕夷简岂能无动于衷？甚或十分感动。但在皇上圣裁已定，不信"或天有风雨之变，人在山川之险，粮尽路穷，进退有患，此宜慎重之秋也"的逆耳之言时，他将持何"操术"是可想而知的，他肯定会毫不游移地站在皇上一边，贯彻执行韩琦的进攻方略，至于违心不违心那就顾不上了。于是乎，君、相国策既定，又是颇能展示大宋国威的进攻方略，一时朝野欢呼，同仇敌忾，举国上下弥漫着言攻的无边兴奋。

庙堂之上，有头脑冷静的吗？这会儿至少有三个人，范仲淹除外，一个是御史中丞杜衍,一个是西北前线第一主帅夏竦。杜衍此时已年过花甲,但依然敢于直言强谏,他给进攻方略泼冷水说:"侥幸成功,非万全计!"但已然难阻洪流。此人在后来的庆历新政时,尚有惊人之举,容后仔细介绍。这里单说举足轻重的夏竦。

夏竦比范仲淹大三岁,字子乔,虽非进士出身,也属文人一脉,文学造诣很深,有很多作品流传后世,又是古文字学家。宋真宗景德元年,他以父夏承皓战死,录官润州(今江苏镇江)丹阳县主簿(此前范仲淹曾知润州);擢光禄寺丞,通判台州(今浙江天台),在此赋有《国清寺》《石梁》《琼台双阙铭》等诗词,颇负诗名;再迁国史编修,后与王旦等同修宋真宗《起居注》;天圣五年,为枢密副使;天圣七年官参知政事;天圣九年(公元1031年)进兵部侍郎、兵部尚书左丞。他是力襄宋真宗"天书封祀"的"五鬼"之一。到了仁宗朝,夏竦依然官运亨通,先是知青州,修南阳桥[①];再任刑部尚书、户部尚书;西北军兴,兼陕西四路经略、安抚、招讨使,知永兴军,是名副其实的西北前线第一大帅。这样一位拥有实权的人物,他对攻守方略的取舍,显然握有极大的发言权。

原先,他发挥自己的远见卓识,对西北军事大局有透彻而精辟的分析:"继迁当太宗时,遁逃穷蹙,而累岁不能剿灭。先帝(宋真宗)惟戒疆吏,谨烽候,严卒乘,来即逐之,去无追捕。然自灵武陷没,银、绥割弃以来,假朝廷威灵,其所役属者不过河外小羌耳。况德明、元昊相继猖獗,以继迁穷蹙比元昊富实,势可知也;以先朝累胜之士较当今关东之兵,勇怯可知也;以兴国习战之帅方今沿边未试之将,工拙可知也……若分兵深入,粮糗不支,进则贼避其锋,退则敌蹑其后,老师费粮,深可虞也。"可见,夏竦是反对进攻战略,主张防御战略的,为此他献出十策如下:

一、教习强弩以为奇兵;

---

① 青州南阳桥,被大多数科学家认定为我国最早出现的虹桥。

二、羁縻属羌以为藩篱；

三、诏唃厮啰①父子并力破贼；

四、度地形险易远近、砦栅多少、军士勇怯，而增减屯兵；

五、诏诸路互相应援；

六、募土人为兵，州各一二千人，以代东兵；

七、增置弓手、壮丁、猎户以备城守；

八、并边小砦，毋积刍粮，贼攻急，则弃小砦入保大砦，以完兵力；

九、关中民坐累若过误者，许人入粟赎罪，铜一斤为粟五斗，以赡边计；

十、损并边冗兵、冗官及减骑军，以舒馈运。

这是夏竦早范仲淹三年提出的比较具体的积极防御战略，真是英雄所见略同啊！在西北前线，范仲淹最初提出防御战略时，有人质疑。夏竦还为之打抱不平，对皇上说："仲淹亦奏称非是怯惧，候将来春暖大为攻取之计；又奏西界春暖马瘦人饥，易为诛讨，及可扰其耕种之务，与臣前所陈攻策并同，但时有先后尔。"可以想见，如果他能以朝廷重臣和前敌大帅的双重身份挺身而出，坚决反对速战速决，那份量比杜衍要重得多，或可让宋仁宗回心转意。可惜的是，这位名臣志道不坚，在关键时刻以名禄为重，舍弃道义，完全否定了自我，投向帝王文化一边，于国于己，都酿成一段千古之恨。于此，《宋史》诟病他说："倾侧反覆，世以为奸邪！"为了迎合仁宗和吕夷简，他不但转而支持进攻，而且比谁都激进，坚持主张来年正月即大举征讨，振振有词地批驳范仲淹说："贼界已知所定进兵月日，岂得退却？"为了让范仲淹屈服，他把自己的超人精明派上了用场，令范仲淹的好朋友尹洙出马做说客，你范仲淹不是一向重情重义吗？我就投其所

---

① 吐蕃部落首领。

好,看你怎么着。魏泰在《东轩笔录》第七卷中,载有这场历史性的范、尹对话片段:

> 范公曰:我师新败,士卒气沮,当自谨守,以观其变。岂可轻兵深入耶?以今观之,但见败形,未见胜势也。
>
> 洙叹曰:公于此乃不及韩公也!韩公尝云:"大凡用兵,当先置胜败于度外。"今公乃区区过慎,此所以不及韩公也!
>
> 范公曰:大军一动,万命所悬,而乃置于度外,仲淹未见其可。

尹洙是进攻派的中坚人物之一,面对"顽固的"老朋友,他在延州一住二十多天,居然毫无结果,一气之下,这话说得相当不客气,甚至失态得有点无礼,当面指责一个人不如另一个人,这是带有严重羞辱性的。好在范仲淹不是寻常度量,还是就事论事,平和得让人望尘莫及。要知道,此时范仲淹所面临的压力有多大吗?真到了韩愈公所说的"举世非之"的程度,而自己几乎是孤身奋战。他会屈服吗?这里有他的三封奏折存世,是完整展示给世人的时候了。

其一,《论夏贼未宜进讨》:

> 臣闻昨贼界投来山遇,尝在西界掌兵,言其精兵才及八万,余皆老弱,不任战斗。始,贼众深入,盖为官军以分地自守,既不能独御贼锋,又不能并力掩杀。
>
> 彼得其便,继为边患,其虏劫生口牛羊亦不曾追夺,故安然往来,如蹈无人之境。今延州东路合提防之处,已令朱吉与东路巡检驻军延安寨;其西路亦委王信、张建侯、狄青、黄世宁在保安军每日训练;及令西路巡检刘政在德青寨,张宗武在政县,密令分布兵马,候贼奔冲,放令入界,会合掩击。若数路并入,且并众力御敌,或破得一处,即便邀击别路。其环庆路已遣通判马

端往报总管司，令一如鄜延路设备。如此，则可以乘胜而破贼也。今须令正月内起兵，则军马粮草动逾万计，入山川险阻之地；塞外雨雪，暴露僵仆，使贼乘之，所伤必众。况鄜延路已有会合次第，不患贼先至也。贼界春暖，则马瘦人饥，其势收易制，及可扰其耕种之务，纵出师无大获，亦不至有他虞。

自刘平陷没之后，修城垒，运兵甲，积粮草，移士马，大为攻守全胜之策，非为小利而动。如重兵轻举，万一有失，将何继之？则必关朝廷安危之忧，非止边患之谓也。苟自今贼至不击，是臣之罪也。兵法曰："战道必胜，主曰无战，必战可也；战道不胜，主曰必战，不战可也。"臣昨于九月末至鄜延路，便遣葛怀敏、朱观入界掩袭族帐，盖与今来时月不同，非前勇而后怯。今若承顺朝旨，不能持重王师，为后大患，虽加重责，不足以谢天下。苟俟春暖举兵，犹未为失策。

且元昊稔恶以来，欲自尊大，必被奸人所误，谓国家太平日久，不知战斗之事，又谓边臣无备，所向必破，所以恣桀慢之心，侵扰不已。今边鄙渐饬，度其已失本望。况已下敕招携族帐首领，臣亦遣人探问其情，欲通朝廷柔远之意，使其不僭中国之号，而修时贡之礼，亦可俯从。

今鄜延是旧日进贡之路，蕃汉之人颇相接近。愿朝廷广天地包荒之量，存此一路，令诸将勒兵严备，贼至则击；但未行讨伐，容臣示以恩意，岁时之间，或可招纳。如先行攻掠，恐未能擒其聚落，如白豹之功，官军既退，戎类复居，狼心重报，增其怨毒，边患愈滋，无时敢暇。若天兵屡动，不立大功，必为夷狄所轻。臣又近召张亢到延州熟议，亦称愿与戎人相见于界上。臣所以乞存此一路者，一则惧春初盛寒，士气愈怯；二则恐隔绝情意，偃兵未期。若施臣之鄙计，恐是平定之一端。苟岁月无效，遂举重兵取绥、宥二州，择其要害而举之，屯兵营田，作持久之计。如此，则横山一带蕃汉人户去昊贼相远，惧汉兵威迫，可以招降，或即奔窜。则是去西贼之一臂，拓疆制寇，无轻举之失也。

其二，《谏深入讨伐西夏奏》：

去秋遣朱观等六道掩袭，所费不赀，皆一宿而还。近者密诏复遣王仲宝等，几至溃败。或更深入，事实可忧。臣与夏竦、韩琦皆一心速望平定，但战者危事，或有差失，则平定之间，转延岁月，所以再三执议，非不协同。

其三，《乞先修诸寨未宜进讨》：

臣近准陕西都招讨使夏竦牒，连到朝廷指挥，所有行军所须，令三司与韩琦等商量，疾速擘画应副者。臣今据鄜延路部管葛怀敏等申，所要军须粮草共四状，缴连进呈。臣相度前项军须粮草万数不少，必是一两月办集未得。如今办搬运上项随军辎重粮草，又须用厢军二三万人，必虑诸处厢军数少，起发不得。或使骆驼骡子一二万头，即山路险隘，与兵马三二百里，转难主管。若多差人夫，即恐有雨雪之变，崎岖暴露，稍有惊危，便多逃散，抛弃粮草，为贼之资。

臣窃见延州废却承平、南安、长宁、安远、塞门、栲栳六寨之后，自延州去贼界三程，斥堠渐远，贼马动息卒不可知。又退却疆界，贼转深入。又况延州东路废却诸寨归明弓箭手尽皆流移，著业未得。又诸寨侧近蕃部亦多惊起，在近里与汉户杂居，今春未有土田耕种，若不修复旧寨，其蕃部既无活路，恐纠率打劫近边人户，走入横山贼界，则其患不细。臣又闻得横山蕃部散入岩谷，多设堡塞，控扼险处，入界之时，兵少则难近，多则难行。假使主将智勇，能夺其险，彼则远遁，我无所获，须过横山后方到平沙，却无族帐可取。其讨伐之计，须是将帅出奇兵从天落，则有非常之功，似今重累而行，实忧不利。

臣虽密奏朝廷，留此一路，未速讨伐，以示招来之意，其边界旧塞不可不谋。乞作圣意指挥，遣近上使命急至鄜延路，令与臣催促诸将，于二月半后出兵万余人，于废寨中拣有利处先次修复，未须大段军须，只以随军运粮兵夫，因便兴工，候著次序，选骁捷将兵以守之。既逼近蕃界，彼或点集人马，朝夕便知，大至则闭垒以待隙，小至则扼险以制胜。彼或放散人马，亦朝夕便知，我则运致粮草，以实其备。彼若归顺，我已先复旧疆；彼未归顺，我已压于贼境。横山一带，在我目中，强者可袭，弱者思附，此亦御边之一事。然修复诸寨，亦动军民，烦费不少，比之入界劳敝，则有经久之利，而无仓卒之患，且安存得东路熟户蕃部并归明弓箭手。乞圣慈裁酌。

请问读过这三篇奏议有何感想？我初读掩卷，甚感意外，范公怎么会如此平静，平静得难见情感之波澜起伏？又怎么会如此平实，平实得似乎有点细微琐碎？在这朝议汹汹、举国争战的特殊时期和关键时刻，作为旋涡中心人物的范公，其奏疏居然会这般不温不火，如数家常，倒像一份寻常战报，更像一位边帅静夜整理的一篇战地日志。敌情如何如何；我军如何如何；我是怎么让"王信、张建侯、狄青、黄世宁"他们练兵的；我又是怎么"修城垒，运兵甲，积粮草，移士马"的；去秋朝廷是怎么强"遣朱观等六道掩袭"，"近者密诏复遣王仲宝等"出击，结果你看，后果真的是不佳呀；所以，我还是认为不要盲目进攻的好，不说别的，光"军马粮草动逾万计，入山川险阻之地；塞外雨雪，暴露僵仆，使贼乘之，所伤必众"；况且，皇上不是已经"下敕招携族帐①首领"吗，我已"遣人探问其情，欲通朝廷柔远

---

① 所谓族帐，指那时西北边境地区设帐聚族而居的部族。

之意",同时这事我也与张亢"熟议"过了,他表示"愿与戎人相见于界上",一条和议的路子还是应该留下的吧;另外,"蕃汉之人颇相接近",希望"朝廷广天地包荒之量",照顾到蕃部①的利益……听听,简直是小溪潺潺,泉水叮咚。能不让人感到意外吗?设身处地想一想,这么好的一整套御夏方略无人赏识,而且惨遭否决,不仅皇上和满朝文武大员看不上它,一个战壕里的前敌战友都不理解它,甚或背叛它、出卖它,就连共过患难的同道朋友也鄙视它、羞辱它。这事摊在谁身上,能没有一点儿失望,一点儿委屈,一点儿抱怨,一点儿悲愤、悲哀、悲痛?"知我者,谓我心忧;不知我者,谓我何求。"这是古来多么令人心碎的事!然而范仲淹就是范仲淹,他总会给人以意外!读过这三篇"抗疏激辩"的文字,我最深切、最形象的感受就是:巍巍高山,已不在乎乱云飞渡,它会从容坚守着自己的安命立场;滔滔长河,已不在乎支流倒灌,它会从容坚守着自己的前进方向;洋洋大海,已不在乎风骤雨狂,它会从容坚守着自己的宽广胸怀。从容的坚守,伟大的坚守,泰山崩于前而不惊,每临大事有静气,这就是范仲淹。而且事实很快证明,举国皆错,唯有范仲淹的坚守非常正确。这便是比"三川口之败"还要惨痛的"好水川之败"。

5. 好水川之败与焚书风波

对范仲淹的奏议,刚过而立之年的青年仁宗并非一点不重视,战守之间亦有所游移。先是,前一年十月,元昊又挥兵连下宋军乾沟、乾福和赵福三大据点,气焰嚣张。而韩琦果断出兵,派环庆副总管任福领兵七千名,夜间急行军七十里,突袭白豹城,击败西夏驻军,"焚其积聚而还",打了个不大不小的胜仗,由此证明元昊也不是不可战胜的。于是,韩琦进攻之志愈坚,

---

① 在环州、庆州、原州边缘地区,分布着大量的吐蕃部落,他们人数众多,族属复杂,政治态度及其去留,对宋、夏双方都至关重要。

再次向仁宗请战。仁宗与韩琦年纪相仿,都在血气方刚之际,遂下诏依韩琦所定,派鄜延、泾原两路兵马同时出战,与元昊主力一决雌雄。不料,范仲淹依然不为所动,说什么也不出鄜延之兵。箭在弦上的韩琦顾不得那么多了,决意孤军出征。这下,可正中了元昊的心思。

韩琦还是有点小瞧元昊了。且不说元昊身边的能臣武将,单他本人的能耐,在三川口之战中已然小试牛刀,其谋略运筹深得兵法要义。此时,他亲率十万大军,目的正是冲着韩琦所部之泾原宋军而来,从折姜(今宁夏同心预旺东)出发,经天都寨(今宁夏海原),沿瓦亭川(今葫芦河)南下,悄悄将主力埋伏在好水川口(今宁夏隆德至西吉两县之间地区),却派出偏师佯攻怀远(今宁夏西吉东部),故意大造声势说要倾全力攻打渭州(今甘肃平凉),直取关中。

聪明的韩琦竟然上当,特派得胜将军任福出击,以期再创佳绩,以耿傅为行军参谋,以桑怿为先锋,率所部一万八千人驰援渭州,率部从行的还有大将朱观、武英、王圭等,总兵力约三万人。行前,韩琦面授机宜:要求任福率军经怀远向西至德胜寨(今宁夏西吉将台乡),再向南至羊牧隆城(今宁夏西吉兴隆乡),迂回到西夏军背后待机。韩琦特别交代:这一线诸寨之间相距不远,大约四十里,粮饷军资运送方便,非常有利于我军。如果没有战机,不可轻举妄动,据险设伏,以逸待劳,伺机出战以断敌归路。韩琦再三强调:胆敢"苟违节制,有功亦斩"。

庆历元年农历二月二十二日,任福与泾原驻泊都监桑怿率轻骑数千先发,钤辖朱观、都监武英等后继。第二天,进至捺龙川(今宁夏固原彭堡),听说镇戎军西路都巡检常鼎、刘肃等,正与西夏军战于张义堡(今宁夏固原张易)南,遂挥军转道南进,急趋交战处参战。一阵掩杀,斩获数百,"敌弃马羊、橐驰,佯北,桑怿引骑追之,福踵其后"。任福为小胜冲昏头脑,居然不知是计,脱离辎重,紧追不舍。武英机警,提醒大家说可能有诈,不可穷追。但任福和诸将不听,一气追至好水川。此时,天已黄昏,宋军由于长途追击,人困马乏,饥渴交迫,却得不到粮草接济,决定就此屯兵。朱观、武英部屯兵于五里开外的笼络川（今宁夏西吉东南），相约"明日会兵川口，必使夏人匹骑无还"，浑不知早已陷入元昊重围。元昊命手下大将克成赏率五万人马围困朱观、武英部，自将其余全部主力对付任福。十四日一早，任福、桑怪引军循川西行，出六盘山下，至羊牧隆城东五里处，忽然发现道旁放着好几个银泥盒，惊疑间打开盒盖，但见百余只带哨军鸽轰然飞出，原来这是元昊预设的合击信号。宋军乃行军状态，哪里来得及列阵迎敌，随即被西夏骑兵冲得七零八落。混乱中宋军企图据险抵抗，又见西夏军阵之中，忽地立起一杆两丈余高大旗，旗往左边挥，左路伏起杀出；旗往右边挥，右路伏兵杀出，千军万马，居高临下，左右夹击，宋军再也招架不住了。先锋桑怪大呼一声，拼死冲入敌阵，想给任福创造一个布阵机会，可惜为时已晚，随即战死。此时，以逸待劳的西夏军愈战愈勇，已将宋军的退路彻底堵死。到这个时候，任福才明白过来，然而败局已定。他拼死力战，身中十余箭，仍挥舞四筒铁锏左冲右突。小校刘进劝他乘间突围，任福不听，大声喊道："吾为大将，兵败，以死报国耳！"遂手自扼喉自杀。其子任怀亮和大将刘肃、武英、王圭、赵津、耿傅等均先后英勇战死，"士卒死者万三百人"。唯朱观一部千余人杀出重围，退守民垣，然后借夜色逃归。元昊的军师张元看着满川宋军将士的遗骸，题诗讽刺："夏竦何曾耸，韩琦未是奇。满川龙虎举，犹自说兵机。"落款："太师、尚书令兼中书令张元随大驾至此。"这厢，韩大帅痛不欲生，上书自劾。而阵亡将士的亲属数千人拦在路旁，持故衣纸钱为烈士招魂，哭声震天动地："韩招讨回来了，你们却死了，你们的亡灵跟着韩招讨一起回来呀！……"韩琦"掩泣驻马不能进"。

好水川之败证明，以骑兵见长的西夏军，运动快捷，来去无踪，速战速决，加之元昊足智多谋，神出鬼没，要想集中兵力深入敌区寻战，胜算极小；只有实施积极防御战略，修建纵深立体防线，据险固守，持久不懈，以逸待劳，捕捉战机，小规模主动出击，积小胜为大胜，方能有效消弭西夏边患。

对于好水川之败，清人吴广成在《西夏书事》中别持非议，有这样两段话：元昊"因顺范仲淹之说，遣使约和，盖其志犯秦、渭，惟恐延州赴援，借此为款兵计耳。仲淹遣书答之，堕其术中矣"，假如范仲淹能与韩琦共同出征，"使乘此时令诸将直捣兴、灵，疾雷不及掩耳，元昊善谋，亦难为备"，如此，便不会有好水川之败了。我以为，这是后人罔顾史实，站着说话腰不疼。就算两路出兵，谁来统领？自是夏竦无疑。夏大帅此时持何心思，前文已有分析，其必然只信韩琦及其求战心切的"诸将"，而此时全体盲目到认为西夏"倾国"之兵，亦"不过四五万"，"而且老弱妇女，举族而行"，根本没有战斗力。如此轻敌轻战的军队，远离后方以及粮草辎重，深入到茫茫大漠寻战看不见影儿的敌人主力，有胜算的可能吗？别说两路兵马，纵是三路五路，不败在好水川，也得败在别的地方。战略、战术都错了，还打什么胜仗？

且元昊曾派蕃官骨披等四人趋泾原诈降，通款请和，被韩琦识破。后来元昊再派宋军降将高延德携书趋延州向范仲淹求和。范仲淹能上当吗？他对元昊的认知远比韩琦透彻，有奏本《论元昊请和不可许者三大可防者三》为证。这份奏议可能是范仲淹所有奏折中篇幅较长者之一，近三千五百字。在此不便全文录出，只好择要选读了。范仲淹在文章开头即态度鲜明，表露心迹："今元昊遣人赴阙，将议纳和。其来人已称六宅使、伊州刺史，观其命官之意，欲与朝廷抗礼。臣恐不改僭号，意朝廷开许，为鼎峙之国；又虑尚怀阴谋，卑辞厚礼，请称乌珠，以缓国家之计。臣等敢不为朝廷思经久之策，防生灵之患哉！"关于元昊祖孙三代的做派和请和目的，范仲淹一针见血地指出："臣等谓继迁当时用计脱身，窃弄凶器；德明外示纳款，内实养谋；至元昊则悖慢侮常，大为边患。以累世奸雄之志，而屡战屡胜，未有挫屈，何故乞和？……乃求息肩养锐，以逞凶志，非心服中国而来也。"既然如此，范仲淹认为至少有三个理由拒绝与西夏议和，并且要从三个方面来加强防范，引经据典，头头是道。最后，他再次陈其心志曰："臣等早蒙圣奖，擢贰清班，西事以来，供国粗使，三年塞下，日劳月忧，岂不愿闻纳和，少图休息？非乐职矢石之间，盖见西贼强梗未衰，挟以变诈，若朝廷处置失宜，他时悖乱，为中原大祸，岂止今日边患哉！臣等是以不敢念身世之安，忘国家之忧，须罄刍荛，少期补助。其元昊来人到阙，伏望圣慈于纳和御侮之间，审其处置，为圣朝长久之虑，天下幸甚！"范仲淹的这道奏折，上奏时间虽晚在庆历三年，但他对和战、攻防的整体设想早就成形，可谓始终如一，看看他的其他有关西事的诸多奏议即可明白。所以，范仲淹要的是真议和，像派高延德前来投书议和这种小把戏，他和韩琦一样，是绝对不会上当的。不过，他又与韩琦的处理方式不同，不是简单地拒绝了事，而是"即以其人之道，还治其人之身"，你玩假和谈，我即奉陪之，乘便给你做点"政治思想工作"。所以，范仲淹收到高延德转来的元昊书信，亲笔写了答书，先表扬表扬元昊"以休兵息民之意"的做法，再回顾回顾自真宗景德初年以来宋夏间友好往来的历史，这可一定要珍惜呀，最后严正指出，自你"僭位号"、兴边患以来，后果极为恶劣，"耕者废耒，织者废杼，且使战守之人，日夜豺虎吞噬，边界萧然，岂独汉民之劳敝耶？"所以，真想为双方百姓做好事，那就只能真心议和，接下来就是列出各种条件。吴广成正是从此处说起，都怨你范仲淹"遣使约和"，这才中了元昊的缓兵之计。显然，这是没有说服力的。范仲淹出兵与否，那早是铁板钉钉的事，与高延德带不带来元昊书，根本就没有逻辑关系。范仲淹真想出兵，别说是元昊书，就是元昊本人跪在面前磕头作揖，也都不抵事！不过，倒是这事，竟意外酿出一桩"焚书"大案，又成范仲淹平生一劫。

关于这场边事风波的事情经过、来龙去脉，事主范仲淹有一份《耀州谢上表》写得明白，不妨全文照录。

> 臣某言：伏奉敕命降授户部员外郎，依前充职知耀州，已到任礼上讫。雷霆之威，足加死责；天地之造，曲致生全。
>
> 臣中谢，窃念臣运偶文明，世专儒素。靡学孙吴之法，耻道桓文之事。国家以西陲骚动之际，起臣贬所，特加奖用。臣自知甚明，岂堪其任；但国家之急，不敢不行。自兼守延安，莫遑寝

食。城寨未谨，兵马未精，日有事宜，处置不暇。而复虞内应之患，发于边城；或反间之言，行于中国。百忧具在，数月于兹。

而方修完诸栅，训齐六将，相山川，利器械，为将来之大备。不幸昨者高延德来自贼庭，求通中国之好，其僭伪之称，即未削去。臣以朝廷方命入讨，岂以未顺之款，送于阙下。此不可一也。或送于阙下，请朝廷处置，又恐答以诏旨，则降礼太甚；若屏而不答，则阻绝来意。此不可二也。兼虑诈为款好，以给诸路之兵，苟轻信而纳之，贼为得计。此不可三也。又宝元三年正月八日，曾有宣旨：今后贼界差人赍到文字，如依前僭伪，立便发遣出界，不得收接。臣所以却令高延德回去，仍谕与本人，须候礼意逊顺，方可闻于朝廷，亦已一面密奏。臣又别奉朝旨，依臣所奏，留鄜延一路，未加讨伐，容臣示以恩意，岁时之间，或可招纳。臣方令韩周等在边上探伺，彼或有进奉之意，即遣深入晓谕。适会高延德到来，坚请使介同行；况奉朝旨，许臣示以恩意，乃遣韩周等送高延德过界，以系其意。或未禀承，则于臣为耻，于朝廷无损。及韩周等回，且言初入界时，见迎接之人，叩头为贺。无何前行两程，便闻任福等有山外之败。去人沮气，无以为辞，贼乃益骄，势使然矣。其回来文字，臣始不敢开封，便欲进上。都钤辖张亢恳言曾有朝旨，若得外界章表，须先开视；及僭伪文字，应有辞涉悖慢者，并须随处焚毁，勿使腾布。臣相度事机，诚合如此。章表尚令先开，况是与臣文字，遂同张亢开封视之。见其挟山外事后，辞颇骄易，亦有怨尤，与贺九言赍来文字，意度颇同，非戎狄之能言，皆汉家叛人所为枝叶之辞也。恐上黩圣聪，或传闻于外，为轻薄辈增饰而谈，有损无益。臣寻便焚毁，只存书后所求通好之言；及韩周等别有札到邀求数事，并已纳赴枢密院。今于泾原路取得宝元二年七月十四日圣旨札子一道，并如张亢之言。其所来文字，果合焚毁，则臣前之措置，皆应得朝廷处分。唐相李德裕与将帅王宰书，为游弈将收得刘稹章表，悖慢无礼，不便毁除。令向后得贼中文字所在焚之，亦与今来意合。其札到数事，内一事如臣所谕，取单于、可汗故事，故称兀卒，以避中朝之号。此大事稍顺，余皆可与损益。

　　倘朝廷欲雪边将之耻，当振皇威，大加讨伐，亦系朝廷熟议，必持重缓而图之。或朝廷欲息生民之弊，屈一介之使，重谕利害，苟能听服，亦天下之幸也。臣前所措置，于此二道并未有妨。然以臣之愚，处兹寄任，岂得无咎，何敢自欺？伏蒙皇帝陛下至仁广度，不欲彰臣子之恶，特因此量行薄责，斯天之造也，臣之幸也。臣敢不夙夜思省，进退惕厉。犬马有志，曾未施为；日月无私，尚兹临照。臣无任。

　　元昊不是派降将高延德持书求和吗？这个高延德向范仲淹"坚请使介同行"，什么意思呢？就是要求范仲淹也派出一个使臣，随同他回去说事。正好，朝廷同意范仲淹"留鄜延一路，未加讨伐"，伺机向对方"示以恩意，岁时之间，或可招纳"，所以这一段时间，范仲淹就委派韩周等人在边境一带打探消息，一旦发现对方有和谈真意，再立即前往接洽。既然高延德有这个请求，那就正好派韩周去吧。韩周等人初入西夏境内，对方前来迎接的官员叩头称贺，礼数周全，颇为恭敬。可是再"前行两程"时，传来宋军惨败好水川的消息，"去人沮气，无以为辞，贼乃益骄，势使然矣"。韩周等人当下没了底气，还有什么好说的呢？而对方也立马来了个一百八十度大转弯，态度越来越骄横。结果是可想而知的，带回来的元昊书信，其言辞能有好听的吗？范仲淹原来都不想打开看看，打算直接转呈朝廷。多亏都钤辖张亢提了个醒说，朝廷可是有过诏令，"若得外界章表"应如何处理，所以必须先打开看看，如果发现有"僭伪文字"或者"辞涉悖慢者"，应该就地焚毁，别让它们泄露出去四处流传。范仲淹觉得张亢说得有理，章表尚且可以打开检查，何况这是写给自己的书信，"遂同张亢开封视之"。这一看果然问题严重,"辞颇骄易,亦有怨尤",于是便依照朝廷诏令予以焚毁,"只存书后所求通好之言,及韩周等别有札到邀求数事",报送枢密院审查。范仲淹做事严谨,怕有闪失,特从泾原路找到宝元二年七月十四日的圣旨查看,内容果然与张亢之言相符,方才完全放了心。这就是"焚书"的整个过程。

但是,朝廷却不这么看,具体说,就是宰相吕夷简和参知政事宋庠不这么看。吕宰相对宋副宰相说:"人臣无外交。希文何敢如此?"这么以来,"焚书"一下就成了一个重大事件,就成了一个目无君王的悖逆行为。一听吕夷简这口气,宋庠心里打起了小算盘,他与吕夷简有点并驱争先之意,觉得你肯定是要整范仲淹了,那么,我比你还要狠点。所以当宋仁宗上朝议处这件事时,宋庠抢班提出"请斩仲淹"的意见。顿时,事态严重,朝堂气氛一下紧张起来。那位正直敢言的枢密副使杜衍首先挺身而出,力言不可,范仲淹是依旨而行,何罪之有?不少大臣也持此论。宋仁宗为难了,就让吕夷简开口表态。宋庠满以为这次吕相可落在自己后面了,正得意间,却听吕夷简慢条斯理地说:"杜衍之言是也,止可薄责而已。"最后的"薄责"是降一级使用的意思,"降授户部员外郎,依前充职知耀州"。这也就是《耀州谢上表》的出处。

在范仲淹看来,个人吃点亏不算什么,可万千将士白白地捐命沙场,这是多大的损失啊!然而,年轻气盛的宋仁宗有些恼羞成怒,不能正确接受好水川之败和定川寨之败(这是继好水川之败后的又一个大失败,此处从略)的教训,还想着要与元昊决一死战,以挽回大宋的面子。范仲淹不顾自己新受处分,不计宠辱,再上专折《论不可乘盛怒进兵奏》。其奏文语重心长,引古比今,情真情切,披肝沥胆,高风亮节,令人动容动心,颇堪存世久读。

    任福已下,勇于战斗,贼退便追,不依韩琦指踪,因致陷没。
  此皆边上有名之将,尚不能料贼,今之所选,往往不及,更令深入,祸未可量。大凡胜则乘时鼓勇,败则望风丧气,不须体量,理之常也。但边臣之情,务夸敢勇,耻言畏怯,假使真有敢勇,则任福等数人是也,而无济于国家。孙子曰:"胜兵先胜而后求战,败兵先战而后求胜。"今欲以重兵密行,军须粮草,动数万人,呼索百端,非一日可举。如延州入贼界二百余里,营阵之进,须是四程。况贼界常有探候,兼扼险隘,徒言密切可无喧闹。其行营名目,切恐虚有废罢。自古败而复胜者,盖将帅一时之谋,我既退衅,彼必懈慢,乘机进战,或可图之。……臣愚以为报国之仇,不可仓卒。昔孟明之败,三年而后报殽之役。孙子曰:"王不可以怒而兴兵,将不可以愠而致战。合于利而动,不合于利而止。故明主谨之,良将警之,安国之道也。"又曰:"利而诱之,怒而挠之,引而劳之。"今贼用此策,不可不知。若乘盛怒进兵,为小利所诱,劳敝我师,则其落贼策中,患有不测,或更差失,忧岂不大?自古用兵之术,无出孙子,此皆孙子之深戒,非臣之能言也。

以臣所见,延州路乞依前奏,且修南安等处三两废寨,安存熟户并弓箭手,以固藩篱,俯彼巢穴。他日贼大至则守,小至则击,有间则攻,方可就近以扰之,出奇以讨之。然复寨之初,犹虑须有战斗,比之入界,其势稍安。其诸路并乞且务持重,训练奇兵。先乞相度德靖寨西至庆州界,环州西至镇戎军界,择要害之地堪为营寨之处,必可久守则进兵据之。其侧近蕃族,既难耕作,且惧杀戮,又见汉兵久驻可倚,贼不能害,则去就之间,宜肯降附,庶可夺其利而取其民也。若只钞掠而回,不能久守,侧近蕃族,必无降附之理。今乞且未进兵,必恐虚有劳敝,守犹虑患,岂可深入?

臣非不知,不从众议则得罪必速,奈何成败安危之机,国之大事,臣岂敢避罪于其间哉!臣非不能督主官员,须令讨击,不管疏虞，败事之后，诛之何济！惟圣慈念之。

  鄜延路罢行营文字，臣且令部署许怀德收掌，别听朝旨。臣一面依此关报夏竦、韩琦，商量申奏。如所议未合，乞朝廷取舍。臣方待罪，不敢久冒此职，妨误大事。

  面对范仲淹这样的忠臣直议，最主要的是，面对三川口、好水川和定川寨三大败绩，面对整个西北前线唯有范仲淹统率的一路大军岿然不动，宋仁宗并非庸君，能不受到大触动？能不进行大反思？后来的事实是，他权衡攻守利弊，终于认识到范仲淹的积极防御战略，才是应对西夏边患的上策、良策。他颁诏将沿边陕西州府分为秦凤、泾原、环庆、鄜延四路，任用范仲淹管勾环庆路部署司事兼知庆州，韩琦管勾秦凤路部署司事兼知秦州，王沿管勾泾原路部署司事兼知渭州，庞籍管勾鄜延路部署司事兼知延州。更为重要的改变是，朝廷不再遥控指挥前线的军事行动，准许范仲淹和韩琦等（此时夏竦已调职离开）如遇紧急军情，可以便宜行事，给边帅以实际指挥权。

  韩琦真不亏一代英明将帅，一旦认识到速战速决的进攻方略不可取，即刻认同并采纳了范仲淹的持久防御战略。范、韩联手加强防务，筑堡建寨，招募蕃部，屯田安民，爱抚士卒，共同探讨和议之策……使元昊不敢轻易犯边，而渐有和谈意愿。据说当时边境地区流传一首民谣："军中有一韩，西贼闻之心骨寒；军中有一范，西贼闻之惊破胆。"尽管大有文人气味，权且信是民谣吧。

  顺便提一句，在后来与西夏进行和议谈判时，朝廷采纳了范仲淹的"退让"建议，即放弃早被占领的塞门等地，速签和约，尽快休兵养民，恢复国力。庆历四年十月，元昊向宋朝进奉誓表，情愿削去帝号称臣；大宋则向元昊赐下誓诏，册封元昊为夏国主，赐岁币：绢十三万匹，银五万两，茶二万斤等。双方握手言和，表示世代友好。

  范仲淹一生这段特别的军旅生涯，也就到此光荣结束，但这段经历还能为后世诠释什么呢？

6. "重文轻武"之辩

在大宋朝的脸面上,一直贴着不光彩的两大标签,一曰"积贫",一曰"积弱"。何以造成如此局面?不少学者斩钉截铁地说,"关键"是"重文轻武"的国策所致,要害就是说,宋朝太重视和太重用知识分子了!可事实真是这样吗?我不以为然。不过,我不是善于辩冤平诬的历史学家,前文虽对"积贫"一说略陈史实以辩,现在不妨故技重演,再为"积弱"和"重文轻武"顺便说几句公道话。当然,《苏三起解》中的崇公道说得好:"公道不公道,只有天知道。"

持大宋"积弱"说者,一般列三条:老打败仗;割地,赔款,签屈辱条约;皇帝做俘虏。

先说老打败仗。这话也对也不对:说对,三川口之败,好水川之败,定川寨之败,连战连败;说不对,宋朝能够结束五代十国长达半个世纪的血腥战乱局面,是国祚最长久的统一国家,老打败仗怎么行?宋太宗对辽国作战,虽说有"高梁河之败",但战满城,辽军惨败,宋军斩首万级,俘三万,败敌约八万人。再战雁门,破敌二十五寨,斩首三千余级,俘获万人。三战于徐河,辽军名将耶律休哥的手臂差点被砍断。《宋史》记载:"杀其将皮室一人。皮室者,契丹相也……寇兵随之大溃,相蹂践死者无数。"宋军追击几十里,在曹河再次伏击,又使辽军死伤不少。徐河战后,宋辽战争的形势为之一改,此后十年辽军不敢言战。就说宋与西夏对阵,历史上也不是屡战屡败,真要这样,也不会逼得西夏王一会儿归宋,一会儿归辽。宋太宗雍熙二年(公元985年),元昊的爷爷李继迁又叛宋,诱杀宋军名将曹光实,攻陷河西三寨、银州等地,进围抚宁。但战胜过耶律休哥的大宋名将李继隆出马,和大将王侁一道并肩出击,浊轮川一战,杀敌五千。李继迁狼狈逃窜。宋军收复银州后再破悉利族,斩首三千余级,出开光谷西杏子坪,降服三族首领析八军等三千余众。这不过是胜仗中的一例罢了。后来面对范、韩防线,西夏一筹莫展。到宋神宗元丰伐夏,名将章楶发明了堡垒推进的"浅攻"战术,一度将西夏逼入绝境，最后将强大的西夏打得"不复成军"。况且李继迁、李德明、元昊三代扰边而终未得逞，到了最后还是俯首称臣，于大宋国祚丝毫无碍，要真"积弱"会是这种结果吗？

后世人多诟病"澶渊之盟"，认为那是屈辱的"卖国条约"。其实澶渊之役，宋军是打了胜仗的，宋军勇夺瀛、莫二州，那仗打至白热化时，胆子小点的宋真宗亲临前线，宋军士气大振，小将石保吉阵斩契丹名将南院大王萧挞凛，迫使萧太后签订城下之盟，承认宋朝占有关南三州，这就是"澶渊之盟"。现在，有相当多的学者专家认为，"澶渊之盟"是一项对宋朝非常有利的条约，战略要地瀛、莫二州归宋，宋朝每年支付三十万贯"岁币"，双方约为"兄弟之国"，也迎来了长达一百二十年的和平时期。

当然，宋有"靖康之耻"是不争的事实。宣和七年（公元1125年），金兵灭辽后南下攻宋，宋徽宗慌忙让位给太子但也无济于事。靖康元年（公元1126年）闰十一月，金兵攻陷首都汴梁，北宋亡。次年五月，徽宗、钦宗父子二帝，连同后妃、皇子、公主等三千多人，皇室少女、妇女、宫女、官女、民女等一万五千多人被掳，最初关在金上京城（今哈尔滨白城），再改囚于五国城（今哈尔滨依兰城北）。徽宗、钦宗二帝先后死于此。这样的奇耻大辱十分罕见，但在中外历史上不算孤例。晋惠公经韩原一战，兵败被擒，无人敢笑晋国贫弱；勾践失国，在吴国被监禁三年，也无人敢笑越国怯弱；汉、唐帝国和罗马、波斯帝国，也都有过都城被攻陷，或被迫迁都，君王蒙受羞辱的史实，可谁也不能抹杀它们的强盛与伟大。

当代作家李国文先生在《宋朝的誓碑——中国文官制度由宋肇始》中写道："两宋王朝对于文人的优容，对于文化的扶掖，对于文明的提倡，对于文学和文艺的宽纵，也许是中国历史中最值得肯定的时期了。"德国汉学家库恩在《宋代文化史》中的这段话，或许更为切要："中国在11世纪至13世纪发生了根本的社会变化，首先，文官政治取代了唐朝的以藩镇为代表的军人政治，受到儒家教育的文人担任政府高级行政官员；孟子以王道治国的思想第一次付诸实施。"那么，孟子"王道"的核心思想是什么？我以为就是"民为重,社稷次之,君为轻"。这也是整个士君子文化的核心价值观之一,太了不起、太伟大了!赵匡胤能让"孟子以王道治国的思想第一次付诸实施",能与赵普这样的文人集团结成执政同盟,绝对是史无前例,厥功至伟!

我个人以为,赵氏兄弟的最大贡献是,在近四十年的时间里,不间断地重教育,兴科举,培养出一代新学人。所谓新学人,主要是指直接地上接先秦学风,回归儒家原典,特别是成为唐末提出的回归"文武同源"理想的实践者。他们的文治能力自然无须怀疑,便是军事功底也可谓空前绝后。可以说,宋代学士少有不知兵者,不光理论上能论兵,能整理和注释兵法,能道出前人所不能道,而且勇于实践,挂帅出征、戍边定邦、参赞军务、出使敌方,没有不能胜任的。看看范仲淹、韩琦之前的名将录,潘美、曹彬、曹玮、郭进、石守信、石保吉、杨业、杨延昭、李继隆、李继宣……战功赫赫之外,有几个是不会作文写诗的?再看看范仲淹、韩琦之后的名将录,狄青、王韶、章楶、种师道、种谔、李纲、宗泽、岳飞、张浚、刘锜、韩世忠、辛弃疾……又有几个不是儒门学士?所以,两宋的士君子们,大多文武全才,怎么扯得上"重文轻武"?

所以我说,即便宋朝越往后越有点"积贫积弱",但也绝不能把病根归结到"重文轻武"上,倒是恰恰相反,实乃太宗以降,宋朝历代君主对太祖的"祖宗家法",即"重文轻武",理解偏差,执行走样,严重脱离实际之祸。北宋中期造成这三大弊端的根本原因,恰恰相反,是宋真宗,尤其是宋仁宗,开始偏离了"与士大夫治天下"的"祖宗家法",开始失去了宋初对文人的尊崇、诚信、热情与渴求,开始以帝王之尊而发所谓"朋党"之忧,对士君子开始了猜忌、防范、分化、扼制和打击,开始被一群庙堂上的"志于禄"者所欺瞒、所迷惑、所左右了。这才是问题的实质。

范仲淹在《论元昊请和不可许者三大可防者三》中,早就一针见血地指出,"或曰:今王师不利者数四,而未思戢兵,何也?臣等谓不然。国家太平日久,将不知兵,兵不习战,以致不利。非中国事力不敌四夷,非今之军士不逮古昔,盖太平忘战之弊尔。"是谁享"太平忘战"了?不是文臣武将,而是仁宗自己!他生于太平,长在深宫,既无老祖宗起于草莽、发于征战的铁血经历,又无知人善任、深谙使文臣治国之三昧,唯知紧紧守住君权而不容旁落,这才造成"将不知兵,兵不习战"的"积弱"态势。

再一个招致弊端的重要原因,就是"将从中御",根子也在皇帝身上。宋初以降,皇帝严格操控用兵之权,每到临战出征,皇帝才"以阵图授诸将",而且还要从内廷派个"监军",实行的是监军制度。将帅几乎没有什么指挥实权,至于相对独立的财赋之权,就更不用提了。这就叫"将从中御"。太祖、太宗时代,他们本人就曾多次身临战阵,全局在胸,这么干也还行得通。再往后这些皇帝,从小身居九重,知道两军对垒是什么阵势吗?他们遥控得了千万里之外的无常军机吗?继续守着"中御",能不出问题吗?范仲淹看得真切,所以初到前线,即《奏乞许陕西四路经略司回易钱帛》,为前方将士争财权。"沿边所费钱帛,万数浩瀚,官司屈之,未能充用……若不委之经度,即边计常是不足。"这些话真是说到点子上了。就因为仁宗不了解前方实际情况,又对前方将士不放心,这才发生了滕宗谅、张亢蒙冤案。范仲淹为此连上三道奏议辩冤。这三奏是《奏雪滕宗谅张亢》《再奏辩滕宗谅张亢》《再奏雪张亢》。此案很能说明"积弱"深因,这里不妨一叙。

康定元年九月,西北多事。滕宗谅以刑部员外郎、职直集贤院、知泾州(今甘肃泾川北),开始长达四年的边地生涯。庆历二年闰九月,元昊举兵进犯泾、原一线。渭州马步军都部署、经略安抚招讨使王沿,派副都部署葛怀敏迎战。葛怀敏不听规劝,分四路向定川寨(今宁夏固原北)进击,结果陷入西夏军的包围圈,葛怀敏战死,近万人被俘。这就是三大败中的"定川寨之败"。葛怀敏兵败,沿边郡县吃紧,西夏军打到渭州时,距滕宗谅所在的泾州只有一百二十里,一日数惊。别看滕宗谅平日里大大咧咧,但知兵且有胆,沉着应对,动员数千百姓共同守城,又招募勇士,外出侦探敌情,决心与泾州共存亡。后来范仲淹率军急解泾州之危。滕宗谅则张罗粮草军需,为确保作战胜利，立下一份汗马功劳。得胜后，滕宗谅大设牛酒宴，犒劳宋军和助战有功的羌族首领等各路人士，又按边疆当地风俗，在佛寺为定川寨战役中死亡的将士祭神祈祷，并安抚死伤者亲属，后事料理得颇为得体。不料一年多后却由此惹祸上身。先是，他由范仲淹推荐，接替范仲淹知庆州。庆历三年，他刚奉调回京不久，就有驻扎在泾州的陕西四路马步军都部署、经略安抚招讨使郑戬告发他，说上一年在泾州时，他滥用官府钱财，"使钱十六万贯，其间有数万贯不明"。朝中即有人随风跟进，监察御史梁坚立马给仁宗皇帝打报告，严行弹劾。仁宗虽仁，却从骨子里不信任这些有"朋党"嫌疑的士君子，立遣中使检视，务必严惩。滕宗谅此人还真有点义气、骨气，他唯恐株连众多无辜，遂将被宴请者、被安抚者的姓名、职务等所有原始资料，一把火烧个精光，一人做事一人当。这下可把仁宗惹怒了，下诏先将滕宗谅、张亢抓起来。其实，这些前线花费也属正常，滕宗谅也不是那种贪占小人，可高高在上的宋仁宗哪会理解这些有胸怀的文士？于是作为亲历现场者的范仲淹、韩琦、欧阳修等人，都为滕宗谅打抱不平，上表辩诬，尤以范仲淹为最，不仅面君言事，还一连"三奏"辩诬。这三奏表面看是为滕、张事，实际上是言外有意，直刺当前国家"病灶"，不啻给宋仁宗以当头棒喝，非常精彩。下面先看《奏雪滕宗谅张亢》：

> 臣昨日面奏滕宗谅事，天威震怒之际，臣言不能尽。又章得象（时任宰相）等不知彼中事理虚实，皆不敢向前。惟臣知从初仔细，又只独自陈说，显涉党庇。宗谅虽已行勘鞫，必能辨明虚实。然有未达之情，须至上烦圣听。今具画一如后。
>
> 一、梁坚元奏滕宗谅于泾州贱买人户牛驴，犒设军士。臣切见去年葛怀敏军败之后，向西州军官员惊忧，计无所出，泾州无兵，贼马已到渭州，只是一百二十里，滕宗谅起遣人户强壮数千人入城防守。其时兵威已沮，又水冰寒苦约十日，军情愁惨。得滕宗谅管设环庆路，节次策应军马四头项一万五千余人，酒食柴

薪并足，众心大喜。当仓卒之时，有此才力，虽未有大功，显是急难可用之人，所以举知庆州。缘其时贼马逼近，收买牛驴犒军，纵有亏价，情亦可恕。

二、梁坚奏滕宗谅在邠州声乐数日，乐人弟子得银楪子三二十片者。臣与韩琦到邠州筵会一日，其时众官射弓，各将射中楪子散与过弓箭军人及妓乐，即非宗谅所散与人，而罪归于滕宗谅。又云"士卒怨嗟"，况边上筵会是常，当直军人更番祗候，因何得其日便函有怨嗟？

三、梁坚奏称滕宗谅到任后，使钱十六万贯，其间有数万贯不明。今来中使体量，却称只是使过三千贯入公用，已有十五万贯是加诬。钱数料是诸军请受，在十六万贯之内。岂可诸军请受，亦作宗谅使过？臣在庆州日，亦借随军库钱回易，得利息二万余贯，充随军公用支使外，却纳足官本。今来宗谅所用钱数物料，必亦是借官本回易，所得将充公用。

四、环庆一路四州二十六寨，将佐数十人，兵马五万。自宗谅勾当，已及八九个月，并无旷阙；边将军民，亦无词讼；处置蕃部军马公事，又无不了。若不才之人，岂能当此一路？

五、边上主帅，若不仗朝廷威势，何以弹压将佐军民，使人出死力御捍强敌？宗谅是都部署、经略使，一旦逐之如一小吏，后来主帅岂敢便宜行事？亦无以立威，人皆知其自不可保。且将帅树威者，是国家爪牙之威也，须假借势力，方能集事。

六、防秋是时，主帅未有显过，而夺其事任，将令下狱，若遇贼兵寇境，未知令何人卒然处置此路？又差王元权之，况王元在河东沮法，已曾责降，今且在边上备员，岂可便当一路委寄？恐更误事。

七、宗谅旧日疏散及好荣进，所以招人谤议，易为取信。

八、台谏官风闻未实，朝廷即便施行。臣目击非虚，而未蒙朝廷听纳。臣若是诞妄之人，不当用在两府①。既有目睹之事，岂可危人自安，误陛下赏罚？兼西北未宁，见搜求稍可边上任用之人即加奖擢，岂宜逐旋破坏，使边臣忧惕不敢作事？虽国家威令不可不行，须候见得实情，方可黜辱。

……

仍乞以臣此奏宣示台谏官，候勘得滕宗谅、张亢确有大段乖违过犯及欺隐入己，仰台谏官便是弹劾，臣甘与二人同行贬黜。臣所以极言者，盖陛下委寄边臣，使一向外御，而无外忧之祸，则边上诸路人人用心，不至解体，有误大事。

如果说此奏还多在陈述事情经过原委，彰显范仲淹深心深意的语句不多的话，那么，在《再奏辩滕宗谅张亢》中，便锋芒闪烁了，兹取特别段落如下：

臣闻议论太切，必取犯颜之诛；保任不明，岂逃累己之坐？彝典斯在，具寮式瞻，臣自边陲误膺奖擢，授任不次，遇事必陈。

……

臣所以激切而言者，非滕宗谅、张亢势力能使臣如此竭力也，盖为国家边上将帅中，未有曾立大功可以威众者。且遣儒臣以经略部署之名重之，又借以生杀之权，使弹压诸军，御捍大寇，不使知其乏人也。若一旦以小过动摇，则诸军皆知帅臣非朝廷腹心之人，不足可畏，则是国家失此机事，自去爪牙之威矣。唐末藩镇多杀害、逐去节度使，于军中自立帅臣，而当时不能治者，由帅臣望轻，易于摇动之故也。

……

---

① 时范仲淹调回京城，为枢密副使。

其干连人党，盛寒之月，久在禁系，皆是非辜。若令燕度勘问二人，既事非确实，必难伏辨。或逼令认罪，又是陛下近臣，不可辱于狱吏。或至录问有辞，即须差官再勘。其合干人党，转不聊生，兼边上臣察见此深文，谓朝廷待将帅少恩，于支过公用钱内搜求罪戾，欲陷边臣。且塞下州郡，风沙甚恶，触目愁人，非公用丰浓，何以度日？岂同他处臣寮，优游安稳，坐享荣禄。陛下深居九重，当须察此物情，知其艰苦，岂可使狱吏为功，而劳臣抱怨？

……

如在臣则已有不合保此二人罪状，乞圣慈先次贬黜，免令臣包羞于朝，受人指笑。倘圣慈念臣不避艰辛，尚留驱使，即于河东、河北、陕西乞补一郡，臣得经画边事，一一奏论；或补二辅近州，臣得为朝廷建置府兵，作诸郡之式，以辅安京师。臣之此请，出于至诚，愿陛下不夺不疑。况臣久为外官，不知辅弼之体，本是粗材，只堪犬马之用，若令臣待罪两府，必辱君命，且畏人言。臣无任祈天望圣请命，激切屏营之至。

从这些奏议中，完全可以感觉出来，范仲淹面对国家当前的种种弊端，早就忧思忧虑，痛心疾首，此次不过是滕宗谅、张亢事由，可巧触发其思虑与心痛，不免有点义愤填膺，不吐不快。当然，这是给皇上的奏折，还得有所收敛。但在另一篇《答窃议》中，面对一群谀君害政的小人儒，其笔锋锐利雄沉，于上下捭阖间精光闪烁，更其彰显范仲淹之刚烈心性了：

汉高祖以黄金四万斤付陈平，而不问其出入，时陈平未有功也。唐高祖将斩李靖而恕之，时李靖未有功也。是前代帝王先布之以恩，后责之以效也。我太祖尝谓近臣曰："安边御众，须是得人心。优恤其家，厚其爵禄，多与公用钱及属州课利，使之回图,特免税算。听其召募骁勇,以为爪牙。苟财用丰盈,必能集事。朕虽减后宫之数,极于俭约,以备边费,亦无辞也。"命将帅李汉超等十三人分守西北诸州,家族在京者,抚之甚厚。凡军中事,悉许便宜。每来入朝,必召对,命坐,赐与优厚,抚而遣之。由是边臣悉富于财,得以养士用间,洞见番夷情状。每戎狄入寇,必能先知,预为之备,设伏掩击,多致克捷,二十年间,无西北之忧。故兵力雄盛,武功盖世,由此而致也。

今滕宗谅为一路经略安抚使,兼兵马都部署,以公用钱回图,管设使命将校并蕃部首豪,或赠遗官员游士。而梁坚弹奏滕使过钱十六万贯,有数万贯不明。及置狱研穷,才用三千余贯,复有所归,无分毫入己。是未见贪吏之状也。宣抚田舍人,朝之端人也。至庆州,目击军民蕃部等借留滕侯,遮壅于道,足下何得谓之豺狼?主上仁圣,不深罪宗谅、张亢二人,仍降诏诞告边臣,依祖宗故事,使回图公用,一如平日。中宪不知内朝有此诏命,闻群口横议,遂伏阁请加责二人,以正宪律。既下法寺,则宗谅合赎铜而不当去官。是前断已坐。亢罪将公用钱并酒散与军人,当更追一官。又朝廷既已降诏贷之,亦难反汗。足下责我保庇此人,固不敢避。自古文法常害边功。今天子仁圣,有西北之忧,孜孜求人,以捍大患。帅臣用度小过,不害边事。居辅弼者,固当竭力辨明,恐误朝廷机事,为天下之忧,岂暇私于二人哉!

……

今之士大夫高谈时政,皆谓不能拔人,限以资级,使才者多滞,而朝廷乏贤;及见殊命越一等,则嚣然聚议,以为过优,何薄之甚耶!

假如宋仁宗能读到此文,或可大为震动且长思之。重温一下这些汉唐故事和先祖行状,对照一下自己不谙实际,偏听偏信,背离"祖宗家法"所造成的种种弊端，不该好好地反省吗？想想不久后他即重用范仲淹、韩琦等人，掀开庆历新政，或者正是发端于此吧。

说大宋"积弱"病因不在"重文轻武"，而在皇帝不争，又"轻文"又"轻武"，还有一个特别有意思的反证。

元昊自从继承西夏王位，便正式立国大夏，自称"始文英武兴法建礼仁孝皇帝"。他在发给宋朝的通知书中很有底气："臣偶以狂斐，制小蕃文字，改大汉衣冠，革乐之五音为一音，裁礼之九拜为三拜。衣冠既就，文字既行，礼乐既张，器用既备，吐蕃、鞑靼、张掖、交河，莫不服从。军民屡请愿建邦家，是以受册即皇帝位。"（《续资治通鉴长编·卷一百二十三》）于是，很快以边地小国而屡败大宋。欲问其中主要原因，最重要的一条就是，他像大宋开国皇帝赵匡胤一样"以文人治国"，像重用赵普一样重用西夏文人，有讽刺意味的是，这些文人大多是投奔过去的汉族知识分子。

且说陕西华州有两位书生，一位叫张元，一位叫吴昊，"负气倜傥，有纵横才"，慨然有经略天下之志，不幸科场不利，屡试不第，遂结伴出游塞上以广胸怀。这一时期，他们向一宋廷边帅毛遂自荐，受了冷遇，一气之下狂饮三日浇其块垒，在项羽庙乘醉题壁，有"秦皇草昧，刘项吞并"之壮语，从此，叛宋西去，决心在西夏讨前程，结果被抓了起来，送至元昊处。元昊早就有令，注意收罗从中原过来的文士。因为张元和吴昊二人的名字连起来是元昊，大犯忌讳。所以元昊亲自审问，即从这一点发话责问。二人神色自若，反讽道："姓尚未理会，乃理会名耶？"因为此时元昊还叫赵元昊，那是大宋皇帝恩赐的"国姓"，还没有更改过来，遂有此讽，意思就是，你赵元昊还有脸打问我们的名字吗？元昊又惊又喜，亲解其缚，敬为上宾，授官赐爵，尊宠用事，他们因此成为西夏国最重要的两名"谋主"。洪迈在《容斋随笔》中记有此事并发千古之叹："西夏元昊'之叛'，其谋皆出于张元、吴昊。"后来"三大败"，那可不是西夏偶胜大宋！还记得那首讽刺诗吗？"夏竦何曾耸，韩琦未是奇。满川龙虎举，犹自说兵机。"落款是："太师、尚书令兼中书令张元随大驾至此。"平心而论，以夏竦之学识才具，以韩琦之文韬武略，真就不及张元、吴昊吗？当然不是。问题就出在：张、吴有赵普之大运，元昊有太祖之雄风，君臣相得，风云际会，不胜而何？反过来，夏竦投机取巧，韩琦"将从中御"，全怨这个宋仁宗一无先祖之风，又轻文又轻武，不败而何？

宋仁宗还算头脑清楚，有所自省，接下来这才重用范仲淹、韩琦等"庆历新人"，大搞改革，在中国历史上划过一道闪电。对此，我将在下一章中交代。

庆历元年十月左右，五十三岁的范仲淹在西北前线写了一首《渔家傲·秋思》：

塞下秋来风景异，衡阳雁去无留意。四面边声连角起，千嶂里，长烟落日孤城闭。

浊酒一杯家万里，燕然未勒归无计。羌管悠悠霜满地，人不寐，将军白发征夫泪。

塞上秋景与内地大不同，一片肃杀苍凉，南飞的大雁都一点儿不留恋它。连营军阵的号角四处响起，但见崇山峻岭间，长烟缭绕，残阳斜照，守着一座紧闭的孤城，真是让人感慨无限。乡关万里，谁不思亲，可只能把酒遣胸怀，窦宪出塞三千余里，至燕然山刻石记功而还，可我们离这个目标还早着呢。夜深霜重，羌笛声声，让人难以入睡，想想战争是多么冷酷，将军悲白发，无数征人泪。

据魏泰在《东轩笔录》中说，这首被欧阳修誉为"穷塞外之词"的《渔家傲·秋思》，原为组词，有数阕，皆以"塞下秋来"为首句，但流传至今的却只有此一首。有评家如是说："作为两宋边塞词之滥觞，这首《渔家傲·秋思》剑走偏锋，风骨遒劲，把民族命运、动荡时局填入词曲，景中有情，情中有景，以其守边的实际经历首创边塞词，有王维《使至塞上》诗

'大漠孤烟直,长河落日圆。萧关逢侯骑,都护在燕然'的千古悲凉,更有'小范老子胸中自有百万甲兵'的冲天豪迈,一扫花间派柔靡无骨的词风,为苏、辛豪放词风导夫先路。"遂发浩叹曰:神仙一阕《渔家傲》,读破希文一片心!

说到人夸范仲淹,猜猜还有哪位大名人夸过他?笔者说出来,准是惊大家一跳。盖棺论定的大奸臣秦桧,专门写过一首诗,真心实意地赞颂范仲淹和韩琦。诗题是《题范文正公书〈伯夷颂〉后》,诗曰:

高贤邈已远,凛凛生气存。
韩范不时有,此心谁与论?

秦桧此诗,真乎?伪乎?我考证不来,先道出它的出处。吾友杨璐兄原为北京古籍出版社总编辑,退休后挟"三才"之利,独辟蹊径,专门搜集、整理、注释历代大奸大才名臣的诗词歌赋,已正式出版的有《和珅诗集》《严嵩诗词全集》,目下正在做秦桧所作诗词的整理工作。上引此诗,即杨璐兄刚刚发给我的。在此作为本章收束,或也别致。

第七章 闪电新政

1. 一位另类皇帝

一道闪电划过夜空,明亮而又短促,恰如庆历新政。

以我之见,中国真正的变法,始于北宋。从宋仁宗庆历三年至宋神宗元丰八年(公元1085年),四十二年间,先有范仲淹发起的"庆历新政",后有王安石受命主持的"熙宁变法",是真正的变法。我在此不惮语病之嫌,连用两个"真正的",何解?用王安石的话说就是,"方今之法度,多不合乎先王之政故也。孟子曰:'有仁心仁闻,而泽不加于百姓者,为政不法于先王之道故也。'"(《上仁宗皇帝言事书》)请特别注意"泽不加于百姓者"这七个字!我以为,一切的改革变法,如果不能像孟子指出的那样,对天下老百姓有利,对他们的吃住穿用、教育医疗以及活养死葬有利,一句话,对他们过上有尊严的好日子有利,那就绝对不是真正的变法。正是从这一点说,北宋的两次变法虽然都以失败告终,但它们兼顾民利,泽被百姓,确乎是一种有别前代的真正的变法。纵观前史,一个朝代有两次重大变法的,只有宋朝;而且就发生在半个世纪之内,绝对是世界纪录；一个帝王亲自主持或者策划两次变法，到目前为止，全球也只有中国皇帝宋仁宗赵祯一人而已。宋仁宗是一位不负人类历史的另类皇帝。

王安石在上引那封《上仁宗皇帝言事书》中，是这样夸顶头上司的：

> 臣窃观陛下有恭俭之德，有聪明睿智之才，夙兴夜寐，无一日之懈，声色狗马、观游玩好之事，无纤介之蔽，而仁民爱物之意，孚于天下，而又公选天下之所愿以为辅相者，属之以事，而不贰于谗邪倾巧之臣，此虽二帝、三王之用心，不过如此而已，宜其家给人足，天下大治。

下面，我通过一些史载故事，诠注一下王安石老先生对宋仁宗的评语。

作为一个想有建树的皇帝，"夙兴夜寐，无一日之懈"，这种勤政劲头儿是必须的，是应该的，不算稀奇。我最看重的不是这个，早前说过，大宋朝之伟大，在于尊崇并重用知识分子，以为国策。而开国皇帝赵太祖之后，宋仁宗是力行此一国策最好的皇帝。他对文官、文士之尊崇，之重用，之体恤，之宽容，可以说是空前绝后的，流传后世的佳话之多，也可谓空前绝后。下面试举几例。

"唐宋八大家"，一门占三席，然而，要不是宋仁宗，苏辙得早早掉脑袋，父兄得受株连，"唐宋八大家"就成了没影儿的事。且说嘉祐二年（公元1057年），苏轼、苏辙兄弟俩一起参加科考。年轻气盛的苏辙一时犯倔，在试卷里写了这么一段话，大意是：我在路上听人说，宫中美女数以千计，终日里歌舞饮酒，纸醉金迷。皇上既不关心老百姓的疾苦，也不跟大臣商量治国安邦的大计。这让阅卷官大惊失色，这不是无中生有、恶意诽谤吗？立马报告宋仁宗，要求严加治罪。宋仁宗却极其淡定地说："朕设立科举考试，本来就是要选拔敢言之士。苏辙一个小考生，敢于如此直言，应该特予功名。"一句话成就了"一门三学士"和"唐宋八大家"。

或者有人会说，苏辙太有才了，故仁宗爱才心切，网开一面，下不为例。那么再听一个故事。还是个四川读书人，普通得可以忽略其名，有一天他也犯傻，作了一首诗献给成都太守，内中有这样两句——"把断剑门烧栈阁，成都别是一乾坤"。有这样的意思：太守大人，你完全可以据蜀自立呢。成都太守一看，吓得灵魂出窍，当即把此人捆绑结实，派得力手下押送京城，请朝廷制裁，以明心迹。这要按封建律例，"谋大逆"是重罪中的重罪，其惨烈血腥之后果可想而知。但宋仁宗说了下面一段话："嗨，这是老秀才急于想做官，写一首诗泄泄愤，怎么能治罪呢？不如就给他个官做做吧。"于是，这个书生反而因祸得福，平白做了个司户参军。

还有个故事，更富传奇而浪漫的色彩。中国谁不知道柳永？文学史上为青楼写词者！可谁知道，这也是人家宋仁宗成全的。年轻的柳永赴京赶考，两次都名落孙山，不免郁闷之极，于是随手写下《鹤冲天》，以遣牢骚，其末云："忍把浮名，换了浅斟低唱。"佳句啊佳句！一时广为流传。连宋仁宗都知道了，心里有点不悦，佳句固然是佳句，可一个年轻书生怎么会如此消极不争呢？所以，当柳永第三次应考时，虽然考官录取了他，但在仁宗这儿有点耽搁，他御笔一挥，从即将发放的金榜上划掉了柳永的名字，说道："且去浅斟低唱，何要浮名！"此处，仁宗也有不是，四川那位写逆诗的作者尚可给官，何必断送柳永前程？不过一句文人的牢骚。好在这个柳永想得开，自称"奉旨填词柳三变"！这么吆喝可有点大犯忌讳，假传圣旨是欺君大罪，闹不好是要掉脑袋的。估摸这事儿宋仁宗不会听不到，可结果什么事没有，生生成就了一位文坛大词人。

一般说，谏官都是正直敢言的文官，级别未见其高而耿介大有传承。皇帝与谏官的关系如何，颇显君王气度。那么，且看仁宗。包拯做监察工作期间，遇到这样一件事。仁宗有个宠妃张贵妃，她的伯父名叫张尧佐，大沾其光，不仅出掌三司使，还想着更大的权力。为此，众官合力弹劾之，并与仁宗在朝堂上争论不休。包拯更是态度激烈，滔滔不绝，坚持必须拿掉张尧佐三司使的职务。据说，他的唾沫星子直溅得仁宗一头一脸。仁宗一面用衣袖擦脸,一面为难地提了个变通法,要不让他去外地当节度使?不料包拯不依不饶,而且态度更加强硬。仁宗脸上有点挂不住了,生气地说:"岂欲论张尧佐乎?节度使是粗官,何用争?"包拯即刻顶回:"太祖、太宗皆曾为之,节度使恐非粗官。"仁宗一时无语,拂袖回了后宫,倒把一肚子火气冲向张贵妃:"你就知道为你伯父要官,可你知道不,朕要面对的是包拯吗?"有人感慨说,纵然是一代明君李世民,明知魏徵说得对,可那个吵吵劲儿,也几次受不了,差点宰了他。

还有一个仁宗从谏如流的故事。夏竦去世后,宋仁宗想给他个体面的谥号"文正",不管怎么说,此人长期以来为朕分忧,两度担任枢密使,西北有事时,又出任陕西四路经略安抚招讨使,虽说军功不著,也有一番苦劳。另外,文才不错,著作等身,留有文集百卷、《策论》十三卷、《笺奏》三卷、《古文四声韵》五卷、《声韵图》一卷等。再者说了,人都死了,虚赐一个像样点的谥号也不算什么。但是,负责考核的官员刘原父挺较真,说:"夏竦还真有点不够格。"这时,司马光也上书道不然:"'文正'这个谥号呀,门槛太高,夏竦真不合适……"面对这么一个意料之外的局面,仁宗皇帝也只好哈哈一笑,收回成命,同意将谥号改为"文庄"。想想也是,只有范仲淹这样的千古名臣才配谥"文正"呢!这事记在宋人王辟之《渑水燕谈录·卷一》。

宋仁宗不但喜欢谏臣,不记恨谏臣,还能保护谏臣。宋人朱弁的《曲洧旧闻》里载有这么一个生动故事。某日退朝后,仁宗回到寝宫,直嚷头痒难受。内侍传来专门梳头的女官,忙为仁宗服务。女官看到皇上怀里还抱着文书,就问什么公事这样急。仁宗说:"最近老天下雨不止,频示异象,朝中谏官认为是宫中阴气太盛所致,故上书让裁减嫔妃侍女。"女官恃宠惯了,不屑地说:"这些个宰相、御史,自家多养着歌姬舞女,即使普通官员,也大多如此。皇上身边才几个人呀,他们反倒大喊什么'阴气太盛',也太过分了吧。"仁宗听了没吭声。女官又问:"皇上,你真听他们这个建议吗?"仁宗说:"谏官的建议,说得对,哪能不执行!"这女官就假装赌气地说:

"皇上一定要办的话，就先把奴家裁掉吧。"仁宗当即站起身，让掌管后宫名册的内侍过来，立马将梳头女官以下共三十人裁掉，责其尽快携带私人物品从内东门出宫。事后，皇后始终不敢问原因，直到饭后喝茶，才小心翼翼地问道："皇上，梳头女官是你平日最为恩幸的人，为何第一个就把她裁减出宫？"仁宗说："她居然要朕不接受谏官的建议，能把她留在左右吗？"

除了珍爱文臣、文士，宋仁宗另类于寻常帝王之处，还在于他富于人性、人情味儿，时时可以显示出自己是个活生生的凡人。

有一次，宋仁宗在宫中散步，时不时地老回头看，随从们均不解其意。回到寝宫，仁宗急对嫔妃喊道，朕渴坏了，快倒水来。皇后觉得奇怪，问仁宗，你在哪里不能喝呀，怎么会渴成这样？仁宗说，朕回头看了好几回，他们确实没准备水壶，如果朕要水喝，回头肯定有人要被处罚的！何必为这种小事害他们呢？

还有一次，时值初秋，一位官员献上时鲜蛤蜊。仁宗问："你从哪里弄来的？"那位官员说："是臣从远道买来的。"仁宗又问："要多少钱？"那位官员说："每枚一千钱，共二十八枚。"仁宗说："朕平常是怎么告诫你们的？一定要节俭。现在吃几枚蛤蜊就得花费两万八千钱，朕不吃！"

有天深夜，仁宗处理政务，又累又饿，忽然很想吃一碗"羊肉热汤"，但他硬是忍着没有说出来。第二天说闲话告知了皇后，皇后一听就心疼地说："陛下日夜操劳，龙体最贵重，一碗羊肉汤算什么呀，一句话的事！"仁宗对皇后说："可不是这么简单的事，你想呀，朕一索取，他们肯定当成惯例，夜夜给你进羊肉汤，你吃不下不说，御厨夜夜宰杀，一年要杀生几何？于心何忍？朕倒宁愿忍一时之饿。"

又有一次，谏官王素正直无私，有天单独见驾，劝年轻的仁宗千万不要贪恋女色，贻误国事。仁宗回答说："你不说朕还忘了，近日，王德用[①]，还

---

① 王德用，字元辅，十七岁随军出击西夏李继迁，勇为先锋，率万人战铁门关，俘获甚多，遂成一代名将。明道间拜保静军节度使、定州路都总管，使契丹慑服议和，以功拜同中书门下平章事，封祁国公，改冀国公，皇祐三年以太子太师致仕。

真给朕送来几个美女,如今就在宫中,挺可人的。你说怎么办?"

王素想了想说:"看来臣今日进谏,正在时机,陛下务必不能留下她们!"

仁宗听了,面有难色,思忖良久,还是下了决心,命令太监说:"王德用送来的女子,每人各赠钱三百贯,马上送她们离宫,办好后务要回报朕。"

王素倒有点不忍,说:"陛下,你做得对,可也不必如此匆忙,这些女子既然进了宫,暂留一段时间也未尝不可呀。"

仁宗忽然湿了眼圈,说:"朕虽为帝王,可也和寻常百姓一样有感情,将她们留久了,难免日久生情,打发到哪里也会不忍心啊!"

这就是宋仁宗,一个理解士君子情结和人性美的绝无仅有的封建帝王。那么,他来提议并支持一场史无前例的"民主"改革,完全是他的独特个性使然。当然,客观形势所逼也是最重要的外在因素。

宋仁宗赵祯生于大中祥符三年,五岁封庆国公,九岁被立为太子,十三岁承继大统,二十岁亲政,面前是一个边患多发、国库空虚的烂摊子。更有内乱频发:沂州(今山东临沂)士卒王伦率众起事;张海和郭邈山在商山(今陕西商州东南)起事。令仁宗吃惊的是,这些起事人马所到州县,本朝官吏或作鸟兽散,或以兵甲为礼迎合之。内忧外患,使得仁宗皇帝感受到了皇权危机,形势之严峻。《宋史·宋祁传》中记载,宋祁看到陕西用兵,调费日蹙,遂上疏言事曰:

> 兵以食为本,食以货为资,圣人一天下之具也。今左藏无积年之锱,太仓无三岁之粟,尚方冶铜匮而不发。承平如此,已自凋困,良由取之既殚、用之无度也。朝廷大有三冗,小有三费,以困天下之财。财穷用褊,而欲兴师远事,诚无谋矣。能去三冗、节三费,专备西北之屯,可旷然高枕矣。
>
> 何谓三冗?天下有定官无限员,一冗也;天下厢军不任战而耗衣食,二冗也;僧道日益多而无定数,三冗也。三冗不去,不

可为国。请断自今，僧道已受戒具者姑如旧，其他悉罢还为民，可得耕夫织妇五十余万人，一冗去矣。天下厢军不择孱小尪弱而悉刺之，才图供役，本不知兵，又且月支廪粮，岁费库帛，数口之家，不能自庇，多去而为盗贼，虽广募之，无益也。其已在籍者请勿论，其他悉驱之南亩，又得力耕者数十万，二冗去矣。国家郡县，素有定官，譬以十人为额，常以十二加之，即迁代、罪谪，随取之而有。今一官未阙，群起而逐之，州县不广于前，而官五倍于旧，吏何得不苟进，官何得不滥除？请诏三班审官院内诸司、流内铨明立限员，以为定法。其门荫、流外、贡举等科，实置选限，稍务择人，俟有阙官，计员补吏，三冗去矣。

何谓三费？一曰道场斋醮，无有虚日，且百司供亿，至不可赀计。彼皆以祝帝寿、奉先烈、祈民福为名，臣愚以为此主者为欺盗之计尔。陛下事天地、宗庙、社稷、百神，牺牲玉帛，使有司端委奉之、岁时荐之，足以竦明德、介多福矣，何必希屑屑之报哉？则一费节矣。二曰京师寺观，或多设徒卒，添置官府，衣粮率三倍他处。居大屋高庑，不徭不役，坐蠹齐民，其尤者也。而又自募民财，营建祠庙，虽曰不费官帑，然国与民一也，舍国取民，其伤一焉，请罢去之，则二费节矣。三曰使相节度，不隶藩要。夫节相之建，或当边镇，或临师屯，公用之设，劳众而飨宾也。今大臣罢黜，率叨恩除，坐靡邦用，莫此为甚。请自今地非边要、州无师屯者，不得建节度；已带节度，不得留近藩及京师，则三费节矣。

臣又闻之，人不率则不从，身不先则不信。陛下能躬服至俭，风示四方，衣服起居，无逾旧规，后宫锦绣珠玉，不得妄费，则天下响应，民业日丰，人心不摇，师役可举，风行电照，饮马西河。蠢尔戎首，在吾掌中矣！

"三冗""三费"问题，的确是北宋进入中期以后最头疼的社会问题，有目共睹，智者共识。青年范仲淹于此早有关切与建言，并一直在思谋解决之道。宋仁宗少即聪慧多思，面对老爸这份"三冗""三费"的遗产，心下也是着急得很，立志要改革求变。他在亲政前，就发现范仲淹是个罕见奇才，颇堪大用，对这位长自己二十一岁的臣下以师礼敬之，尤其是范仲淹为自己亲政的事甘冒风险，据理力争，连遭贬谪，更是感佩难忘。他本想重用范仲淹，怎奈太后垂帘，老臣掣肘，诸事不顺，更有西夏犯边，一直也就没个合适机会。再说了，这范先生也太过耿直，遇事绝不转圜，有时候你还真不好回护他，只好暗中予以关照，虽作了贬官，也让他有点"薄责落善地""谪官却得神仙境"的感想，知道我不会忘了他，还会重用他。现在西事略缓，老臣凋零，而范、韩名望日隆，欲建中兴伟业，不起用范仲淹更待何时！

别说，宋仁宗看人还真准，此时意欲变法，厉行新政，舍范仲淹担纲扛鼎而外，真是别无最善。如果说，范仲淹连遭三贬之后，以其道德文章和不畏权势、刚正磊落的风骨，已然成为当时士大夫和天下士子心目中的楷模人物的话，那么，当下这位文武双全、德高望重的沙场英雄，虽年过半百，却赫赫然成了北宋朝堂的灵魂人物，成了史上一个最有地位的庙堂士君子群体的核心人物，甚至成了一代世风的缔造者。伟大如苏东坡，以未能拜识范仲淹引为终身之憾，且在他的文章中这样评说，范仲淹影响所及，"天下争自濯磨，以通经学古为高，以救时行道为贤，以犯颜纳说为忠"。（《六一居士集·叙》）后世学人任友龙在《澧州范文正公读书堂记》中也这样说："问学精勤，立大志于穷约者，莫如范公；名节不屈，成大勋于显用者，亦莫如范公。学者所宜宗师。"

宋仁宗既然认准了范仲淹，决心起用他实行变法，就得很快把他从前方调回来，这好办，已经下了诏令。同时，他还想着实地为范仲淹再做点什么事，创造些有利条件，做什么呢？……正在此时，监察御史孙沔题本弹劾宰相吕夷简，此奏属重磅炸弹，有点影响，不妨在此一录：

自夷简当国，黜忠言，废直道，及以使相出镇许昌，乃荐王随、陈尧叟代己。才庸负重，谋议不协，忿争中堂，取笑多士，政事寝废。又以张士逊冠台席，士逊本乏远识，致隳国事。盖夷简不进贤为社稷远图，但引不若己者为自固之计，欲使陛下知辅相之位非己不可，冀复思己而召用也。陛下果召夷简还，自大名入秉朝政，于兹三年，不更一事。以姑息为安，以避谤为智。西州将帅累以败闻，契丹无厌，乘此求赂。兵歼货悖，天下空竭，刺史牧守，十不得一。法令变易，士民怨嗟，隆盛之基，忽至于此。今夷简以病求退，陛下手和御药，亲写德音，乃谓"恨不移卿之疾在于朕躬"，四方义士传闻诏语，有泣下者。夷简在中书二十年，三冠辅相，所言无不听，所请无不行，有宋得君，一人而已，未知何以为陛下报？天下皆称贤而陛下不用者，左右毁之也；皆谓憸邪而陛下不知者，朋党蔽之也。比契丹复盟，西夏款塞，公卿忻忻，日望和平。若因此振纪纲，修废坠，选贤任能，节用养兵，则景德、祥符之风，复见于今矣。若恬然不顾，遂以为安，臣恐土崩瓦解，不可复救。而夷简意谓四方已宁，百度已正，欲因病默默而去，无一言启沃上心，别白贤不肖，虽尽南山之竹，不足书其罪也。

宋仁宗明知范仲淹胸襟宽广，对吕夷简并不记挂私怨，但毕竟道不同难与谋，将来共事是个问题。但他禀性仁慈，尽管吕夷简已经以年老多病为由提出辞职，他就是对这个乖巧顺从的老臣下不了手。可巧此时孙沔一奏，耸动朝堂，吕夷简更是坚决不干了，宋仁宗也就顺势放手，任晏殊、章得象为相，同时，擢杜衍为枢密使，富弼为枢密副使。这样，国家政务和军事机关的一二把手，都成了赞赏和支持范仲淹的师友同道；章得象虽然史称"无所建明"，平庸一点，但绝对是个忠厚人。宋仁宗继续做好事，又特任欧阳修、蔡襄、王素知谏院，余靖为右正言，时称"四谏"，亦誉称"四贤"。这些人当年在"《百官图》事件"中,可都是"舍命陪君子"的人物,大都选择与范仲淹共进退。尤其蔡襄那五首《四贤一不肖》诗,赞誉范、余、尹、欧阳四人而讽刺高若讷,一时京城洛阳纸贵,士人争相传抄,书贩大获红利,连辽国使者都偷偷买了一本,回国张贴在幽州(今北京西南)的馆舍里。对于富弼此人,前文交代不多,在此必须补叙一下,他和欧阳修可是庆历新政中范仲淹的左膀右臂呢。

我寻访青州时,进过那里的三贤祠,一排三大间厅堂,正厅供着范仲淹,右为欧阳修,左为富弼,是为三贤。他们昔为名臣,今成先贤,香烟缭绕中令人不禁思接千载。范仲淹与富弼的渊源要深点,三十五岁的范仲淹在兴化修捍海堤坝时,二十岁的富弼就前去拜访。范仲淹奇其禀赋之高,誉为"王佐之才",遂定师友忘年交。范仲淹主持应天书院教务时,富弼即为在校生,其间,还成就了富弼的好姻缘。《邵氏闻见录》载,"一日,晏(殊)谓范(仲淹)曰:'吾一女及笄,仗君为我择婿。'范曰:'监中(应天书院)有二举子,富皋(富弼原名)、张为善[1],皆有文行,他日皆至卿辅,并可婿也。'晏曰:'然则孰优?'范曰:'富修谨,张疏俊。'晏曰:'唯。'即取富皋为婿,后改名,即富公弼也。为善后亦更名方平云。"当然,富弼一生追随范仲淹,并不在乎这种世俗关系,君子之交,唯道也。他对范仲淹的感情有多深,可以从后来所作《祭范文正公文》中看出来:

> 某昔初冠,识公海陵。顾我誉我,谓必有成。我稔公德,亦已服膺。自是相知,莫我公比。一气殊息,同心异体。始未闻道,公实告之。未知学文,公实教之。肇复制举,我惮大科,公实激之。既举而仕,政则未谕,公实饬之。公在内史,我陪密幄,得同四辅之仪;公抚陕西,我抚河北,又分三面之寄。公既罢去,我亦随逝。从古罪人,以干魑魅。公我明时,咸得善地。自此蛊孽,

---

[1] 即张方平,后亦为北宋名臣。

> 毁誉如沸。必置其死,以快其志。公云圣贤,鲜不如是。出处以道,俯仰无愧。彼奸伊何,其若天意?我闻公说,释然以宁。既而呦呦,果不复行。于是相勖以忠,相劝以义。报主之心,死而后已。

可以想见,"一气殊息,同心异体",两个人好得像一个人似的。现在富弼做了枢密副使,这对即将统领改革大计的范仲淹意味着什么?再加上另一位患难与共的欧阳修,还有比这更为得力的搭档和帮手吗?再加上范仲淹的老师友晏殊、杜衍贵为军政首脑,余靖、蔡襄等把守监察要津,真可谓万事俱备,只待东风,就等着范仲淹、韩琦二位回来就职。这简直就是一个超豪华的明星组合啊!如此看来,宋仁宗这是要全力支持变法了!

就在宋仁宗优化整合之初,还有一个小插曲,不但很有意思,而且事关重大,重大到关乎变法成败。是这么回事:先是,宋仁宗想把西北前线的正副统帅一并委用,夏竦任枢密使,范仲淹、韩琦任枢密副使。可令仁宗皇帝没想到的是,夏竦这个人选,竟然遭到新任台谏官们的一致反对。谏官欧阳修、余靖和御史中丞王拱辰等,认为夏竦在西北前线期间,平庸怯懦,毫无建树,而且"世以为奸邪",诡计多端,不可重用。仁宗还是有点游移,心说:朕都下诏叫人家回来"面圣"了,再把人家打发回去,这不好吧?但又连续收到不少反对夏竦入京的奏疏,真有点朝议汹汹的架势,仁宗这才不得不下定决心,重新下诏以杜衍取代夏竦,派杜衍担任了举足轻重的大宋枢密院正卿枢密使。而夏竦只好继续留在蔡州,心头之恨可想而知!在这一重大人事变动中,新任谏官发挥了关键作用,将一个可能的"害群之马"排除在外,成就了一个理想的"明星组合",为庆历新政打下了可靠的组织基础。但事情往往就是祸福相依,拿掉夏竦固然好,却也就此埋下了一个隐患。后来,正是这位连煮熟的鸭子也吃不上的夏竦,恼羞成怒,成为最可怕的反对派首领,采用"模仿笔迹""伪造诏书"等一系列最卑劣、最阴毒的手段,陷庆历新政于困境与绝路。此事留待后面细说。

且说宋仁宗庆历三年的春天,京都汴梁城中阳光灿烂,繁花似锦,百鸟争喧，气氛祥和、温馨而美好。朝野上下都期待着一睹归来的沙场功臣范仲淹、韩琦，期待他们就职履新，将皇帝构想的变法蓝图变成现实，为大宋带来好运。

2. 履新之忧

在人们急切的期盼中，眼看入秋了，仍未等到范仲淹和韩琦的身影，却等来他俩联名上奏的《除枢密副使召赴阙陈让》，而且这样的"陈让表"，是一连五状，反复表示我们俩不愿意当这个枢密副使，自愿继续守边御寇，特向皇上陈述理由。这五状完整地收录在范仲淹的文集中。五状内容大同小异，兹将第一状和第五状选录于下。

第一状：右，臣等各准中书札子，奉圣旨，令臣等交割本职公事与郑戬管勾讫，乘递马疾速发来赴阙者。臣等未立边功，忽承召命，必虑别有进擢，实不遑宁。伏缘臣等自领经略之任，竭心戎事，其于边上利害，军中情伪，年岁之后，方能谙悉。至若仓卒之际，贼谋百端，熟于见闻，始可料度。且朝廷举天下之力应副西事，于今累年。贼气尚骄，屡为边患，是朝廷责臣等立效之秋，臣等尽节报国之日。况贼界虽来请和，或恐盟约未合，近复却有点集事宜，将来倍须御备。今去防秋，只是百余日间，夙夜经营，犹恐阙漏。臣等若更离去，或致疏虞，不惟上误朝廷，愈长寇孽，显是臣等自贪宠异，移过后人，虽当万死，何以塞责！兼近蒙差降中使宣谕臣等，候边事稍宁，用在两地。臣等寻具奏闻，且乞依旧陈力。此由衷之请，天鉴可明，即非今来虚有陈让。伏望圣慈念边事至大，不可差失，特降中旨，允兹至诚，许臣等且在本任，庶竭疲驽，得裨万一。臣等无任。

第五状：右，臣等近者忽承诏旨，俾赴阙廷，继上奏封，且乞在任，未量圣慈，果悉愚诚？夙夜震惶，若无所措。

伏念臣等自西寇猖獗，久当戎事，虽才不逮志，未有成绩，若其裁处军政，审料敌情，既逾年岁，粗亦详练。故边防忧患之急，臣等去就之分，前奏备列，不敢烦陈。今所切者，昊贼累次盗边，必先伪达诚款，伺我少懈，随即奔冲。今又遣人请和，往复迁延，即过夏月，其或盟约未合，必是又图侵轶。而朝廷当经营防秋之际，动易帅臣，送故迎新，众情自扰。则于御捍之事，不无废阙。贼如乘我不备，适足遂其奸谋，则是朝廷以西事为轻，而以进擢微臣为重。或因此有误大计，更滋寇孽，则臣等贪冒宠异，情何以安！

臣等所以知远在朝廷，不若亲临疆场，盖耳目所接，指踪为便，庶于仓卒，不失事机。况今干戈未宁，民力渐屈，忠义思奋，圣宸重忧。宜拔非常之才，待以不次之位，使其恢宣贤业，讲求庙算。臣等自当奔走塞下，奉行胜略。如此则内资帷幄之议，外期节制之行，用以相须，冀乎必济。伏望圣慈察，臣等忠荩之恳，素有本末，实不以内外之职，轻重于心，早赐俞允，使尽臣子之节。臣等无任。

一连五道"陈让表"，目的就是不想赴任。这让人有点意外又奇怪：范仲淹少有谋国利民之心，早立经天纬地之志，学有三代治世之术，三十七岁写下《奏上时务书》，三十九岁写下《上执政书》，洋洋洒洒万言书，今天有机会遂霄汉之志，创建不世之功，因何又退缩如许？边事再大再重，能过于匡正国家之大政大局吗？以范仲淹的胸怀眼光，不会连这个也掂不清。那么，原因何在？值得琢磨。翻检史籍今篇，于此似少有指点迷津者。

今人顾宏义先生在其《天倾》中不著出处地披露道："范仲淹虽然以倡导道德教化为己任，写下'先天下之忧而忧，后天下之乐而乐'的名句，勠力鼎新政治，兴致太平，但从大局出发，对石介此类冲动狂放过激而不计后果的言行极不满意。他看见石介的诗后，不无忧虑地告诉韩琦，'大事要坏在这些怪鬼之辈手中！'"

此话从石介诗引出，这又是怎样回事？石介（字守道）此人，前文已有交代，就是那"宋初三先生"之一，山东人性格，耿直敢言，《宋史》本传说他"指切当时，是是非非，毫无顾忌"。他早在景祐二年就提醒朝廷说："吾尝观天下，西北险固形。四夷皆臣顺，二鄙独不庭……蘖芽遂滋大，蛇豕极膻腥。渐闻颇骄蹇，牧马附郊坰。"指出要严防西北边患。然而年轻的仁宗受吕夷简、夏竦等老臣左右，加之"三冗""三费"问题严重，竟然几无作为。及至看到仁宗奋发，起用贤良，组建起变法团队，要大兴变法之道，石介不禁欣喜若狂，不谙官场险恶的书呆子本性发作，挥笔写下一首《庆历圣德颂》，大赞革新派，大贬保守派，诗人情怀发挥得淋漓尽致，却少有政治智慧。其诗如下：

于维庆历，三年三月。皇帝龙兴，徐出闱闼。
晨坐太极，昼开閶阖。躬揽英贤，手锄奸蘖。
大声沨沨，震摇六合。如乾之动，如雷之发。
昆虫蹢躅，妖怪藏灭。同明道初，天地嘉吉。
初闻皇帝，咸然言曰：予父予祖，付予大业。
予恐失坠，实赖辅弼。汝得象殊，重慎徽密。
君相予久，予嘉君伐。君仍相予，笙镛斯协。
昌朝儒者，学问该洽。与予论政，传以经术。
汝贰二相，庶绩咸秩。惟汝仲淹，汝诚予察。
太后乘势，汤沸火①热。汝时小臣，危言蘦蘦。
为予司谏，正予门闱。为予京兆，圣予谏说。

---

① 《徂徕集》《宋文鉴》均为"大"。

赋叛于夏，往予式遏。六月酷日，大冬积雪。
汝暑汝寒，同于士卒。予闻辛酸，汝不告乏。
予晚得弼，予心弼悦。弼每见予，无有私谒。
以道辅予，弼言深切。予不尧舜，弼自答罚。
谏官一年，奏疏满箧。侍从周岁，忠力尽竭。
契丹亡义，梼杌饕餮。敢侮大国，其辞慢悖。
弼将予命，不畏不慑。辛复旧好，民得食褐。
沙碛万里，死生一节。视弼之肤，霜剥风裂。
观弼之心，炼金锻铁。宠名大官，以酬劳渴。
弼辞不受，其志莫夺。惟仲淹弼，一夔一契。
天实贵予，予其敢忽。并来弼予，民无瘥札。
曰衍汝来，汝予黄发。事予二纪，毛秃齿豁。
心如一分，率履弗越。遂长枢府，兵政毋蹶。
予早识琦，琦有奇骨。其器魁礧，岂视居楔。
其人浑朴，不施刿劂。可属大事，敦厚如勃。
琦汝副衍，知人予哲。惟修惟靖，立朝谳谳。
言论硈砢，忠诚特达。禄微身贱，其志不怯。
尝诋大臣，亟遭贬黜。万里归来，刚气不折。
屡进直言，以补予阙。素相之后，含忠履洁。
昔为御史，几叩予榻。至今谏疏，在予箱匣。
襄虽小臣，名闻予彻。亦尝献言，箴予之失。
刚守粹悫，与修俦匹。并为谏官，正色在列。
予过汝言，无钳汝舌。皇帝明圣，忠邪辨别。
举擢俊良，扫除妖魃。众贤之进，如茅斯拔。
大奸之去，如距斯脱。上倚辅弼，司予调燮。
下赖谏诤，维予纪法。左右正人，无有邪孽。
予望太平，日不逾浃。皇帝嗣位，二十二年。

> 神武不杀，其默如渊。圣人不测，其动以天。
> 赏罚在予，不失其权。恭己南面，退奸进贤。
> 知贤不易，非明不得。去邪惟难，惟断乃克。
> 明则不贰，断则不惑。既明且断，惟皇之德。
> 群下踧踖，重足屏息。交相告语，曰惟正直。
> 毋作侧僻，皇帝汝殛。诸侯危栗，堕玉失舄。
> 交相告语，皇帝神明。四时朝觐，谨修臣职。
> 四夷走马，坠镫遗策。交相告语，皇帝神武。
> 解兵修贡，永为属国。皇帝一举，群臣慑焉。
> 诸侯畏焉，四夷服焉！

石介此诗，一时传遍天下，连当时的四川少年苏东坡都知道了，后来在《范文正公文集序》中回忆说，"庆历三年，轼始总角入乡校，士有自京师来者，以鲁人石守道所作《庆历圣德诗》示乡先生。轼从旁窃观，则能诵习其词，问先生以所颂十一人者何人也？先生曰：'童子何用知之？'轼曰：'此天人也耶，则不敢知；若亦人耳，何为其不可！'先生奇轼言，尽以告之，且曰：'韩、范、富、欧阳，此四人者，人杰也！'时虽未尽了，则已私识之矣。"

当然，"少年不识愁滋味"。可别人读罢石介诗，就没有少年味了。另一位"宋初三先生"孙复读罢说了一句话："石介兄呀，你的灾难从此开始了！"夏竦读罢，掩卷而切齿。

此时的范仲淹已然五十五岁，历经大风大浪，久涉宦海沧桑，深谙政治三昧，识尽君心人心，读罢石介诗，不会看不出这是好心帮倒忙，所以真切地预感到："大事要坏在这些怪鬼之辈手中！"后来在《与朱校理书》中，范仲淹对这位朋友再说"怪鬼"："石先生芒角太高，常宜宽之。"

我由此暗忖：范仲淹与韩琦再三推诿不就新职，难道一点不受这种不祥预感的影响吗？下意识中，他们是否还在期待更为成熟的参政时机呢？

3. 条陈十事的真价值

有道是：君命难违。尽管范仲淹和韩琦连上五道"陈让表"，情愿不受"宠异"，继续守边御寇，可抗不过宋仁宗的锐意改革，只好奉旨而行，束装就道。范仲淹在《与中舍书》中说："制恩擢贰枢府，此盖祖宗之庆下及家世，累让不允。今月二日，已签署勾当。至十二日，蒙恩改参大政。"这就是说，庆历三年八月十二日，范仲淹终于以副宰相的身份，临朝议事，进入自己人生的巅峰时期。

这中间还有一段值得回味的情节。

其实，范仲淹春末时已经回到阔别了七年之久的京都汴梁，这年七月，被仁宗任为参知政事。但是，范仲淹拒绝上任。这又是怎么回事呢？得从欧阳修说起。作为谏官的欧阳修给仁宗题奏说，以范仲淹和韩琦之殊才，回京之后这些日子，"只是逐日与两府随例上殿，呈奏寻常公事外，有机宜大处置事，并未闻有所建明，陛下亦未曾特赐召对，从容访问"。（《续资治通鉴长编·卷一百四十一》）急巴巴地把他们调回来，怎么不重用呢？为了给仁宗再来一点压力，他又联合余靖、蔡襄等谏官，上奏弹劾现任参知政事王举正，说他无所作为、尸位素餐，应该立马撤掉；同时，力荐范仲淹，说："范仲淹大有宰辅之才，只把他放在枢密院当个副使，于己未尽其才，于国大有损失，理应出任参知政事。"仁宗觉得他说得在理，这才有了上述任命。那么，范仲淹为什么要拒绝呢？原来宋代设置谏官，可以监察监督二府的工作，但没有决定二府首脑人选的权力，这是皇上的事。所以，范仲淹认为此次任命"不合朝廷法度"，故不予履新。此处，颇能看出范仲淹机虑之深，远超常人：一来严守法度，表率朝纲；二来，已有石介之诗在前，如今欧阳修诸人力荐在后，这可都是自己一班同道之友呀，朋党之鉴不远，夏竦一伙耸峙在侧，能不堵塞一切漏洞以防祸于未然吗？此事一直僵持到这年八月，宋仁宗不得不二次颁诏任命范仲淹为参知政事，才算了结。

这年九月，宋仁宗连连催促范仲淹等人，尽快拿出革新措施，以便改变局面。范仲淹会同富弼和韩琦,连夜起草改革方案。特别是范仲淹,认真总结自己从政二十八年来的改革思想,很快呈上了著名的新政纲领《答手诏条陈十事》,提出了十项改革主张,它的主要内容是:

一、明黜陟。即严明官吏升降制度。那时,升降官员不问政绩如何,只以资历为准。故官员不求有功,但求无过,因循苟且,无所作为。范仲淹提出破格提拔有大功劳和明显政绩的官员,撤换有罪和不称职者。

二、抑侥幸。即限制侥幸做官和升官的途径。当时,荫官制弊病严重,大官每年都要自荐其子弟充京官,一个学士以上的官员,经过二十年,一家兄弟子孙出任京官的就有二十人之多,这样一个接一个地进入朝廷,不仅增加了国家开支,而且这些纨绔子弟又不干正事,只知相互包庇,结党营私。所以,为了国家的政治清明和减少开支,必须限制大官的恩荫特权。

三、精贡举。即严密贡举制度。为了培养有真才实学的人,首先应该改革科举考试的内容:把原来进士科只注重诗赋,改为重策论;把明经科只要求死背儒家经句,改为要求阐述经书的意义和道理。范仲淹在"精贡举"条下指出:"今诸道学校,如得明师,尚可教人六经,传治国治人之道。而国家乃专以辞赋取进士,以墨义取诸科,士皆舍大方而趋小道,虽济济盈庭,求有才有识者,十无一二。况天下危困,乏人如此,将何以救?在乎教以经济之业,取以经济之才,庶可救其不逮。"他奏请诸路州郡有学校处,"举通经有道之士,专于教授,务在兴行",考试方法则"进士:先策论而后诗赋","诸科:经旨通者为优等,墨义通者为次等","使人不专辞藻,必明理道",如此则"天下讲学必兴,浮薄知劝,最为至要"。显然,庆历新政的"精贡举"就是要贯彻推行范仲淹在屡次上书中提出的改革科举,兴办学校,砥砺士风,培养人才。

四、择长官。针对当时分布在州县两级官吏不称职者十居八九的状况,范仲淹建议朝廷派出得力人选,往各路①检查地方政绩,奖励能员,罢免不

---

① 北宋州以上的一级监察和财政区划。

才；另外，选派地方官要通过认真的推荐和审查，以防止冗滥。

五、均公田。公田，即职田，是北宋地方官的定额收入之一，但分配往往高低不均。范仲淹认为，供给不均，怎能要求官员尽职办事呢？他建议朝廷均衡一下他们的职田收入；没有发给职田的，按等级发给他们，使他们有足够的收入养活自己。然后，便可以督责他们廉洁为政，对那些违法的人，则予以惩办或撤职。

六、厚农桑。重视农桑等生产事业。范仲淹建议朝廷降下诏令，要求各级政府，关注农田利害，兴修水利，并制定一套奖励人民、考核官员的有效制度。

七、修武备。范仲淹建议在京城附近地区募强壮男丁，充作京畿卫士，用来辅助正规军。这些卫士，每年大约用三个季度的时光务农，一个季度的时光练武，寓兵于农。如果京师试点成功，就推向全国各地。

八、推恩信。即广泛落实朝廷的惠政和信义。主管部门若有人拖延或违反公文的施行，要依法从重处置。另外，还要向各路派遣使臣，巡察各种惠政是否施行。

九、重命令。即要严肃对待和慎重发布朝廷号令。范仲淹认为，法度是要示信于民，不可随发随改，为此朝廷必须制定可以长久推行的条令，删繁就简，便于实行。

十、减徭役。范仲淹认为，由于战争，如今户口已然减少，而民间负担却没有调整，更加繁重。应将户口少的县裁减为镇，将各州军的使院和州院并为一院，公署杂役，可派一些州兵去承担，原来的差役人等，即可回村务农。这样，民间便不再为服劳役而受困扰了。

《答手诏条陈十事》写成后，范仲淹立即呈送给宋仁宗。宋仁宗采纳了其中大部分意见，施行新政，便以诏令形式颁发全国。诏中书、枢密院同选诸路转运使和提点刑狱，规定官员必须按时考核政绩，以其政绩好坏分别升降。更定荫补法：规定除长子外，其余子孙须年满十五岁、弟侄须年满二十岁才得恩荫；而恩荫出身的必须经过一定的考试，才得补官。又规定地方官职田之数。庆历四年三月，更定科举法。接着颁布减徭役、废并县、减役人等一系列诏令。于是，北宋历史上轰动一时的庆历新政，就这样拉开了序幕。在范仲淹的主持下，新政实施短短几个月，政治局面就焕然一新：官僚机构开始精简；以往凭家世做官的子弟，受到一些限制；对昔日单凭资历晋升的官僚，增加了考核业绩品德等手续；有特殊才干的人，得到破格提拔；科举中，突出了对经世济用学问的考核；全国普遍办起了学校；等等。最关键的一条改革是：范仲淹主张改变中央机关多元领导和虚职分权的体制，扩大宰臣的实权（请特别关注这一点，这是士君子文化的良性扩张，与帝王文化碰撞），以提高行政效率。

为了切实扩展相权，就必须撤换各级不称职的长官。范仲淹一朝权在手，就把令来行，选派了一批精明干练的按察使分赴各地，检查官吏优劣善恶，再根据按察使的汇报，将不称职官员从名册中勾掉。富弼看他一手举簿，一手执笔，俨然如阎罗判官，便说："你这大笔一勾，可就有一家人要哭！"范仲淹用笔点着贪官的名字愤慨地说："一家人哭，总该比几个州县的百姓哭好吧？"在范仲淹的严格考核下，一大批贪官污吏和尸位素餐者被除了名，一批清廉肯干的能员被提拔到重要岗位，吏治为之一振，整个国家的政治局面大有起色。

历来史家都认同，庆历新政主要集中在吏治改革。范仲淹所上《答手诏条陈十事》，其中五项均与吏治相关。按照邓广铭先生的看法，"大概范仲淹认为，通过这样五项措施，就可以培育和选拔出贤明能干的官吏，能爱惜百姓，均其徭役，宽其赋敛，使百姓各获安宁，便不致再爆发反抗斗争"。我以为，这确乎是史实，也许这就是范仲淹变法的初衷。不过，从今天的眼光看，统观全局地看，很客观地看，不能不特别留心《答手诏条陈十事》中的另外五条：第三条"精贡举"，办好教育，让更多的民间士子有出头之日；第六条"厚农桑"，解决好农民的问题，让老百姓过上温饱日子；第八条"推恩信"和第九条"重命令"，要取信于民，把惠民政策落在实处，不能说话不算数；第十条"减徭役"，要爱惜民力，要给老百姓"减负"，不搞劳民伤财的各种工程。可以看得很清楚，这"五条"的眼光是直接向下的，着力点是要老百姓得实惠，完全体现了孟子的民本思想，即仁政，就是要让老百姓得好处，而那些"泽不加于百姓者"，其变法不是最好的变法，变法者不是最好的变法者。庆历新政的闪光点正在这里，可以说它是史无前例的！如若不信，可作系统比较。

齐国管仲变法。"相地而衰征""案田而税"，就是把田地按土质好坏、产量多少分为若干等级，按等级高低，征取数量不等的租税；"作内政而寓军令"，就是把居民的组织和军队的编制统一起来；士农工商分居，职业世代相传，以保证社会生产稳定，避免因谋职业而使社会动荡不安。改革的眼光是向上的，着眼点是解决齐国的财政危机，壮大国家的经济基础，直接为齐桓公称霸春秋服务。

魏国李悝变法。其主要内容：第一，"选贤任能，赏罚分明"，改变世卿世禄制。第二，"尽地力"，提倡在一块土地上杂种各种粮食作物，要求农户在住宅周围栽树种桑，充分利用空闲地扩大农副业生产。第三，实行"平籴法"，设置"常平仓"，在收成好的时候，政府以平价收购多余的粮食作为储备，保证粮价不至于暴跌；在收成不好的时候，政府再以平价出售粮食，保证粮价不至于暴涨。第四，任用吴起改革军制，精选武士，创建"魏武卒"，使得"秦兵不敢东向"。

赵国公仲连变法。公仲连的主要功劳是推荐了牛畜、荀欣、徐越三位有志于改革的人才。"牛畜侍烈侯以仁义，约以王道"，"荀欣侍以选练举贤，任官使能"，"徐越侍以节财俭用，察度功德"。赵烈侯委三人以重任，并奖赏荐才有功的公仲连。

楚国吴起变法。其主要变法内容是：第一，"均楚国之爵，而平其禄，损其有余，而继其不足，厉甲兵以时争于天下"，"封君之子孙，三世而收爵禄，绝灭百吏之禄秩，损不急之枝官，以奉选练之士"。就是要取消世袭封君的爵禄制度，用从封君那里得到的爵禄去奉养经过挑选的有功将士。第二，废除无用、无能的官职，剥夺王室贵族的威权，使他们不能徇私情，因私废公。"废公族疏远者,以抚养战斗之士。""禁游客之民,精耕战之士。"削减无用的开支,以奖励真正为国出力报效的战斗之士。第三,拓土移民。吴起对楚悼王说:"荆所有余者,地也,所不足者,民也。今君以所不足,益所有余。"什么意思呢？原来春秋至战国期间,楚国用武力灭掉许多国家,开濮地、伐杨粤等,得到了广大领土,却都未及开发。吴起的意思就是,让楚国一些与王室关系疏远的贵族到僻远的地方去搞开发,拓土移民以强国力。

秦国商鞅变法。其主要内容有：第一,废除分封制,建立县制,编制户口,实行"什伍连坐"。第二,"开阡陌封疆""废井田"。第三,废除"世卿世禄"制度,按军功大小授予爵位。第四,"平斗桶、权衡、丈尺",颁布标准度量衡器。第五,"燔诗书而明法令",搞文化专制主义。

韩国申不害变法。其主要做法是：第一,整顿"强族",加强君主集权统治。在韩昭侯的支持下,首先向挟封地自重的侠氏、公厘和段氏三大强族开刀,收回其特权,摧毁其城堡,清理其府库财富充盈国库。第二,以"术"治国,大行"术"治,整顿官吏队伍,加强考核和监督,"见功而与赏,因能而授官"。第三,整肃军兵,将贵族私家亲兵收编为国家军队,与原有国家军队混编,进行严酷的军事训练。第四,鼓励发展手工业,特别是兵器制造,遂有"天下之宝剑韩为众""天下强弓劲弩,皆自韩出"的说法。

燕国乐毅变法。其主要做法是：第一,实行郡县制。全国设五郡,郡下设县,郡守和县令由燕王直接任命。第二,改革军政体制,设相国和将军,分掌政治、军事大权。第三,实行论功授爵授禄,制定严格的刑法。

新朝王莽"托古改制"。其主要内容是：第一,"更名天下田曰王田",私人不得买卖,用恢复井田制的办法来解决土地问题。第二,改奴婢为"私属",亦不得买卖。第三,实行"五均六筦",即在国都长安及五大城市设立五均官,政府管理五均赊贷及管理物价,征收商税,由政府经营盐、铁、酒、铸钱和征收山泽税。第四,改革币制。第五,改革中央机构,调整郡、县划分,改易官名、地名。第六,改变少数民族族名和首领的封号。

北魏孝文帝改革。其主要做法是：第一,创建俸禄制。第二,地方上设立三长制，五家立一邻长，五邻立一里长，五里设一党长。第三，实行均田制和租调制。第四，厉行汉化，易汉服、讲汉话、改汉姓、通汉婚、定门第、改籍贯；学习汉族典章制度，尊儒崇经，兴办学校。

以上所列，大致就是庆历新政之前，中国历史上出现过的变法与改革。由此可以看出来，春秋末至战国时期，变法最为频繁，尤其"战国七雄"，各自都在实行变法。为了灭掉别国，就得富国强兵；为了不被灭掉，也得富国强兵。相同的是，变法者都是眼睛朝上，为了辅佐自家君王成就霸业。其中的商鞅变法最为成功，使秦国成为"虎狼之国"，而其他六国则不得不自强，以使"秦兵不敢东向"。请问它们哪一国的变法，顾及民生问题和老百姓的切身利益？难怪气得孟子大发议论曰："有仁心仁闻，而泽不加于百姓者，为政不法于先王之道故也。"

这里，为了特别彰显庆历新政的优点，我不得不在此为读者更正一个相沿已久的历史谬误，即所谓商鞅在土地制度上的"三大改革"，似乎对老百姓有利。具体说：一是废除井田，把阡陌封疆都开垦成可耕地；二是"民得买卖"土地，这是由奴隶社会的土地不准买卖的官有制变为封建社会的土地可以买卖的私有制；三是"訾粟而税"，说是朝廷只抽取土地所有者的粮谷的十分之几作为地税。有人说就是商鞅这"三大改革"，一举摧毁奴隶主剥削农业奴隶的旧制度，建立了地主剥削农民的新制度，云云。简而言之，就是说商鞅一举废除了井田制，实行了土地私有制，从而改变了社会制度。但此说完全不符合中国古代历史发展的事实，绝对属于谬论之列。

在《晋作爰田考略》中，林鹏先生写道：

> 后世肯定商鞅变法的人，谈论最多的是商鞅废除了井田制，从而改变了社会制度。似乎只要有个别杰出人物自上而下地进行变法改良就可以改变社会制度，而忽视生产力的一定发展，以及当时社会的普遍要求这一客观条件。……其实废井田的"废"字，亦训"置"（详见洪亮吉《春秋左传诂》卷九"废六关"的解释），

周制一百步为一亩，商鞅改为二百四十步为一亩，自然要"决裂"原来的阡陌，"开立"他所创制的新阡陌。所谓阡陌就是井田。商鞅废井田其实是废了旧井田制，创置了新井田制。古者三年爰土易居，商鞅变法规定，"上地一夫百亩，中地一夫二百亩，下地一夫三百亩"爰自在其处，不复易居。有些人把晋作爰田同商鞅变法混同起来，结果把"爰"，易也，变成了"爰"，不易也。歧路亡羊，以致于此。本来这种不易居的办法在三晋早就有了。魏文侯时西门豹为邺令，好地一夫百亩，次地一夫二百亩，这就是不复易居了。《周礼·地官》中记载着许多把土地分成三等的材料，这些材料的来源肯定早于商鞅。其中上地不易，中地一易，下地再易的记载，说的是休耕制，自然是易居的井田制；而上地一夫百亩，中地一夫二百亩，下地一夫三百亩的记载，虽然说的也是休耕制，但是显而易见它们是由前者发展而来的不复易居的新井田制。同时，由于古代注释家们对晋作爰田有过"移其疆畔"的解释，而商鞅变法也有"决裂阡陌"的记载，所以也很容易将两者混同起来。

为了进一步厘清商鞅变法并非废除井田制，林鹏先生特别回顾了春秋时期的变法历史。他写道：

春秋时期各国所进行的一系列变法运动，它的最主要最根本的内容就是取消公田，改八夫一井为九夫一井，改老助法为新助法即什一之税。在晋作爰田之后，相隔五十一年，鲁国"初税亩"。《春秋榖梁传》说："初税亩，非公之去公田而履亩十取一也。"可见"初税亩"，即取消公田改行什一之税。关于鲁国的"初税亩"，后世学者谈论极多，说法不一。这些分歧多半是由"三传"本身一半正确一半错误的解释造成的。例如在注释"初税亩"时，《左传》

说,"谷出不过藉";《公羊传》说,"古者什一而藉";《春秋穀梁传》说,"古者什一,藉而不税"。藉者借也,借民力以治公田。既曰谷,既曰什一,就是取消公田以后的事情了。虽然什一之税也叫作助(藉),但它同在公田里服劳役的"藉而不税"不是一回事情,它的实际内容是不藉而税。可见战国以后的人们,对春秋变法以前八夫一井的情况已经不甚了解,以致产生了用已非古礼的什一之税,来批判鲁国的税亩制度。经师们忽略了取消公田这个大界限,他们只是着重攻击鲁宣公的"履亩而税",于是近代以来的历史家们也就着重在"履亩而税"四个字上做文章,得出了从此土地已经私有的结论。鲁宣公的"履亩",与周宣王的"料民"颇有相似之处,他们之所以有权料之履之,正是因为"普天之下,莫非王土;率土之滨,莫非王臣"(周宣王为应付战争,刻意搜求,只得狠狠地勒啃中小奴隶主们;鲁国的执政为了应付齐国的军事压力,想出了履亩而税的办法)。履亩是履中小奴隶主的亩,不是履农夫的亩。农夫一夫百亩是死规定。直至商鞅时,由于铁制农具和牛耕的普及,商鞅也用改小亩为大亩加重奴隶的劳动强度,却不敢改变一夫百亩的古制。

既然商鞅并没有真正废除井田制,自然就谈不上"民得买卖"和"訾粟而税"了。西周是"普天之下,莫非王土;率土之滨,莫非王臣",到秦始皇时,也照样是"六合之内,皇帝之土;人迹所至,无不臣者"(《史记·秦始皇本纪》)。有什么本质上的区别吗?没有。所以从实说来,在此之前土地私有以及自由买卖种种,都是子虚乌有的事。

也许有人会说,史书有载,秦始皇三十一年(公元前216年),始皇下令"使黔首自实田",这不就是要人民向政府据实登记所有田地,按亩纳税,这还不能说明实行的是土地私有制吗?就算是这样,可法令是法令,真正实行过吗?后来的考古证据《云梦秦简》和《青川秦牍》均无可争辩地证明,从商鞅变法到秦始皇执政，其土地政策是货真价实的国有制，要修阿房宫，要修长城，要修驰道……谁的私有土地能保住？总之一句话，不管说商鞅变法有多大的功劳，它都是"泽不加于百姓者"，对老百姓几乎没有多大实惠，与范仲淹的庆历新政绝对不可同日而语。

再来看王莽改制。世人对此人此制，至今多为负面评价，当然，最近也有人在为他翻案，此处不究。王莽是针对当时土地兼并、奴婢泛滥的社会现实下药的，王田制是井田制形式下的限田和均田，其实质是要限制土地兼并，缓和阶级矛盾；而不许买卖奴婢等，看起来似乎略含关心民间疾苦、保护和扶植小农利益的色彩，或者具有一定的合理因素。但他变法的结果很不妙，不但没有实现预期的目的，反而激化了各种社会矛盾，最终导致新朝政权短命而亡。至于北魏孝文帝的变法行为，不过是急于汉化而已，谈不上想要改善老百姓的生活质量。

庆历新政的最大亮点，不在它要解决吏治和"三冗""三费"问题的具体设想，以及解决得如何，而在它所折射出来的民本思想的光辉，充分证明其改革者已然超越前人，站在一个新的思想制高点，不仅想到要为帝王谋国以尽忠，也衷心想到为民谋福祉以尽道，实现传统的士君子文化的核心价值观。而且值得骄傲同时又令人悲哀的是，以范仲淹和王安石为代表的改革者所达到的这个"高度"，至封建社会终结，悠悠千年岁月，可叹再无人跨越。

4．皇帝的软肋

庆历四年初夏的一天，宋仁宗忽然看到一封紧急密奏，有台官[①]声称，他们破获了一起"谋逆大案"。首犯两人，一个是枢密副使富弼，一个是国子监直讲石介。其罪状是：石介与富弼相勾结，商议阴谋废黜宋仁宗，另立

[①] 御史台长官的统称。《宋史·职官志四》："台官职在绳愆纠谬，自宰臣至百官，三省至百司，不循法守，有罪当劾，皆得纠正。"

新主云云。其证据是：石介写给富弼的亲笔信，内为谋逆内容。罪犯、罪状、罪证等一应俱全。仁宗皇帝又惊又疑，不由联想起最近的朝野传闻，陷入长久沉思……

半年以来，范仲淹和他的改革团队雷厉风行，推行新政。庆历三年十月十二日，首先颁布"择官长"诏令："盐铁副使、工部郎中张昷之为天章阁待制；河北都转运按察使、兵部员外郎、知谏院王素为天章阁待制；淮南都转运按察使、盐铁判官、兵部员外郎沈邈为直史馆、京东转运按察使。用富弼、范仲淹等之言也。"先是，范仲淹等为"择官长"一条进有专章如下：

> 古者内置公卿、士大夫，助天子司察天下之政；外置岳牧、刺史、方伯、观察使、采访使，统领诸侯、守宰，以分理之。内外皆得人，未有天下不大治者也。今转运按察使，古之岳牧、方伯、刺史、观察使、采访使之职也；知州、知县，古者诸侯、守宰之任也。内外官虽多，然与陛下共理天下者，唯守宰最要尔。比年以来，不加选择，非才、贪浊、老懦者，一切以例除之。以一县观一州，一州观一路，一路观天下，则率皆如此。其间纵有良吏，百无一二，是使天下赋税不得均，狱讼不得平，水旱不得救，盗贼不得除。民既无所告诉，必生愁怨，而不思叛者，未之有也。民既怨叛，奸雄起而收揽之，则天下必将危矣。今民方怨，而未甚叛去，宜急救之。救之之术，莫若守宰得人。欲守宰得人，请诏二府通选转运使，如不足，许权擢知州人。既已得人，即委逐路自择知州，不任事者奏罢之，令权擢通判人。既已得人，即委逐州自择知县、县令，不任事者奏罢之，令权擢幕职。如是行之，必举皆得人。凡权入者，必俟政绩有闻，一二年后方真授之。虽已精择，尚恐有不称职者，必行降黜，直俟人称职则后已。仍令久其官守，勿复数易。有异政者，宜就与升擢之。若然，官修政举，则天下自无事矣。朝廷唯总其大纲而振举之可也。

宋仁宗正是根据上述奏议，颁布了第一批"择官长"名单，随后又有一系列实施诏令。半个月后，十月二十八日，再颁"明黜陟"之诏令。

唐、虞稽古，建官惟百，能哲而惠，克明峻德。然犹三载考绩，三考黜陟幽明。周制：太宰之职，岁受官府之会，以诏王废置，三载则大计群吏之治而诛赏之。故考课之法旧矣。祥符之际，治致升平，凡下诏条，主于宽大，考最则有限年之制，入官则有循资之格。及比年事边，因缘多故，数披官簿，审阅朝行，思得应务之才，知亏素养之道。然非褒沮善恶，则不激励；非甄别流品，则不愤发。特颁程式，以懋官箴。自今两地臣僚，非有勋德善状，不得非时进秩；非次罢免者，毋以转官带职为例。两省以上，旧法四年一迁官，今具履历听旨。京朝官磨勘年限，有私罪及历任尝有赃罪，先以情重轻及勤绩与举者数奏听旨；若磨勘三年，赃私罪杖以下经取旨，徒以上再经取旨，其能自新无私犯而有最课及有举者，皆第迁之。自请厘物务于京师，五年一磨勘，因举及选差勿拘。凡有善政异绩，或劝农桑获美利，鞫刑狱雪冤枉，典物务能革大弊，省钱谷数多，准事大小迁官升任，选人视此。若朝官迁员外郎，须三年无私罪，而有监司若清望官五人为保引，乃磨勘。迁郎中、少卿监亦如之。举者数不足，增二年。迁大卿监、谏议大夫，弗为常例，悉听旨。又定制，监物务入亲民，次升通判，通判升知州，皆用举者。举数不足，毋辄关升。

过了二十天，十一月十九日，"抑侥幸"的实施诏令又颁发下来，其行文几乎脱胎于范仲淹条陈十事之"抑侥幸"条。诏曰："自今见任、前任两府及大两省以上官，不得陈乞子弟、亲戚馆职，并读书之类。进士三人以上，一任内无过犯者，许进著述召试，取优等者充。遇馆职阙，取曾有两府二人、两省三人同罪举充者，仍取著述看详试补。"谏臣欧阳修认为此诏于馆职要求还不严格，上疏提出自己的建议。宋仁宗觉得说得在理，就根据欧阳修"先择举主"的建言再颁诏令："今后馆阁阙官，即据合举人数，降敕委学士院与在京龙图阁直学士以上，或舍人院与在京待制，同共保举有文字德行官员，具姓名并所著述该时务文字十卷以闻。"

十一月二十八日，"限职田"实施诏令颁发；庆历四年三月十三日，"精贡举"实施诏令颁发；五月二十八日，"减徭役"实施诏令颁发。这真是紧锣密鼓，大张旗鼓，半年多点时间，就将范仲淹条陈十事中的六条化作诏令，在全国推行实施。这里有必要把与天下民间读书人最为相关的"精贡举"诏令展示出来。

诏曰：儒者通天地人之理，明古今治乱之源，可谓博矣。然学者不得骋其说，而有司务先声病章句以拘率之，则夫英俊奇伟之士，何以奋焉？士有纯明朴茂之美，而无教学养成之法，其饬身励节者，使与不肖之人杂而并进，则夫懿德敏行之贤，何以见焉？此取士之甚弊，而学者自以为患，议者屡以为言。比令详酌，仍诏政事府参定。皆谓本学校以教之，然后可求其行实。先策论，则辨理者得尽其说；简程式，则闳博者可见其才。至于经术之家，稍增新制，兼行旧式，以勉中人。烦法细文，一皆罢去。明其赏罚，俾各劝焉。如此，则待才之意周，取人之道广。夫遇人以薄者，不可责其厚也。今朕建学兴善，以尊子大夫之行。而更制革弊，以尽学者之才。教育之方，勤亦至矣。有司其务严训导，精察举，以称朕意。学者其进德修业，无失其时。凡所科条，可为永式。

其令曰：州若县皆立学，本道使者选属部官为教授，三年而代。选于吏员不足，取于乡里宿学有道业者，三年无私遣，以名闻。士须在学习业三百日，乃听预秋赋；旧尝充赋者，百日而止。亲老无兼侍，取保任，听学于家，而令试于州者相保任。所禁有七：曰隐忧匿服；曰尝犯刑责；曰行亏孝弟，有状可指；曰明触宪法，两经赎铜，或不经赎罚，而为害乡党；曰籍非本土，假户冒名；曰父祖犯十恶四等以上罪；曰工商杂类，或尝为僧道，皆不得预。

  进士试三场：先策，次论，次诗赋。通考为去取，而罢帖经墨义。又以旧制用词赋，声病偶切，立为考式，一字违忤，已在绌格。使博识之士，临文拘忌，俯就规检，美文善意，郁而不伸。如白居易《性习相近远赋》、独孤绶《放驯象赋》，皆当时试礼部，对偶之外，自有义意可观。宜许仿唐体，使驰骋于其间。士子通经术，愿对大义者，试十道。以晓析意义为通，五通为中格。三史科取其明史意而文理可采者。明法科试断案，假立甲乙罪，合律令，知法意，文理优，为上等。

  宋仁宗作为皇帝，能认识到"儒者通天地人之理，明古今治乱之源"，能做到"建学兴善，以尊子大夫之行。而更制革弊，以尽学者之才。教育之方，勤亦至矣"，委实不易。就算这诏令乃臣下所拟，他能认同并认可推行，也实属难得。若他能这样坚持下去，把已然铺排开来的改革局面再行扩展，更坚定地支持以范仲淹为首的改革班子，那么历史上的庆历新政就会是另外一种结局，不会只是一道短促的闪电。可惜，宋仁宗再开明，再宽仁，再伟大，他毕竟还是一个封建皇帝。皇帝就有皇帝的软肋，而宋仁宗的软肋一旦被击中，庆历新政就要在劫难逃了。

  还在范仲淹刚刚就任参知政事的庆历三年七月，宋仁宗就收到一封长达数万言的奏折。你道作者是谁？正是那位煮熟鸭子没得吃的夏竦。这次打的是一张悲情牌，又是一次试探，说自己多么无辜，多么忠诚，现在又多么可怜，皇上您得替我做主，还我清白，让我再为您尽犬马之劳吧。前文说过，夏竦极有文才，《宋史》本传说他"为文章，典雅藻丽"，奏折写得声情并茂，颇能打动人。宋仁宗还真有点感动。不过，此时尚改革心切，正想重用范仲淹和韩琦等人来解决国家难题，如果再起用夏竦，为了不添乱，他思忖多时,还是让学士孙抃代拟诏书,内中有言:你夏竦如果想"图功效,莫若罄忠勤;弭谤言,莫若修实行"。意思无非就是暂时不考虑。夏竦一看,此招不灵呀,怎么样才能打动皇上呢?思谋良久,忽然自己骂了一声自己"糊涂虫",当年吕夷简是怎么治范仲淹的?不就在"朋党"二字上做文章吗?这才是皇上的软肋呀!于是,几乎就在庆历新政风起云涌之际,一股"暗潮"也有铺天盖地之势。

宋仁宗不是改革心切吗?新政诸君子不是首以"明黜陟""择官长""抑侥幸"开刀整顿吏治吗?特别是范仲淹不是向各地派出按察使,实地考察官吏优劣善恶情形,然后由他铁笔点断,宁肯让"一家人哭,总该比几个州县的百姓哭好",从而断送了很多贪官和庸官的前程吗?这就直接触怒了既得利益集团,破坏了人家的特权链和旧有秩序,从而招致忌恨与反扑,这本是必然的反应。老练的夏竦正好借风扬沙,乘势作祟,那真该叫"策划于密室,点火于基层",大造范仲淹等人"荐引朋党"的舆论。当时,夏竦尤以什么"江东三虎"和"山东四伥"为攻击焦点,借此打击范仲淹等人的庆历新政。所谓"三虎""四伥",即指那些被派往各地巡视的按察使们。这里掉一闲笔。"江东三虎"史有误传:原指杨纮、王鼎、王绰三人,他们受新政集团委任,提点江东刑狱,竞相揭露举发贪官隐罪,无所宽贷,遂被称为"江东三虎",而南宋人葛立方《韵语阳秋·卷二》云:"咸平、景德中,钱惟演、刘筠首变诗格,而杨文公与王鼎、王绰,号江东三虎,诗格与钱、刘亦绝相类,谓之西昆体,大率效李义山之为丰富藻丽,不作枯瘠语。"其后持此说者颇多,如清人汪诗韩《诗学纂闻》云:"逮宋而杨大年与钱、刘号江东三虎,诗宗李义山,谓之西昆体。大年复编叙十七人之诗为《西昆酬唱集》。"其实这是错误的。"江东三虎"之名是在杨亿死后二十多年的庆历年间才出现的,不是指诗风,而是指为政;不是指杨亿与钱惟演、刘筠,而是指杨亿之侄杨纮与王鼎、王绰,根本与杨亿无关。《宋史·杨纮传》载:"纮御下急,常曰:'不法之人不可贷。去之,止不利一家尔,岂可使郡邑千万家,俱受害邪?'闻者望风解去,或过期不敢之官。与王鼎、王绰号'江东三虎'。"

且说"朋党"之议起,宋仁宗分外留心在意。从前"朋党"之说起自朝堂,仁宗知道那是吕夷简一党所为,心中有数;如今却多起自于坊里民间,飞短流长,仁宗可就一下子摸不着头脑了,于是便有些心里发慌。找谁落实一下这事呢?范仲淹正为朕所重用,虽则他是舆论中人,可绕过他也不合适是吧?那就先问问他吧。《范文正公年谱》记载:"四年甲申……四月,上与执政论及朋党事。"范仲淹是怎么回答的呢?讲得率真而深切:

> 方以类聚,物以群分。自古以来,邪正在朝,未尝不各为一党,不可禁也,在圣鉴辨之耳。诚使君子相朋为善,其于国家何害?

是呀,物以类聚,人以群分,这是没有办法的事。那就看皇上的心胸和鉴别力了,您如果能让士君子们道结为党,给国家和老百姓真正做点实事有什么不好呢?宋仁宗听了这话做何反应,史无记载,我估计宋仁宗不但不会太满意,而且更放心不下了。且说皇帝还正自惊疑间,忽又有一声惊雷,是与范仲淹一样被舆论攻击的欧阳修,激于义愤,一笔挥就雄文《朋党论》。该文不仅当时震撼朝野,而且成为流传千古的瑰丽篇章,文章不足千字,全篇如下:

> 臣闻朋党之说,自古有之,惟幸人君辨其君子小人而已。大凡君子与君子以同道为朋,小人与小人以同利为朋,此自然之理也。然臣谓小人无朋,惟君子则有之。其故何哉?小人所好者禄利也,所贪者财货也。当其同利之时,暂相党引以为朋者,伪也;及其见利而争先,或利尽而交疏,则反相贼害,虽其兄弟亲戚,不能相保。故臣谓小人无朋,其暂为朋者,伪也。君子则不然。所守者道义,所行者忠信,所惜者名节。以之修身,则同道而相益;以之事国,则同心而共济;终始如一,此君子之朋也。故为人君者,但当退小人之伪朋,用君子之真朋,则天下治矣。

尧之时，小人共工、驩兜等四人为一朋，君子八元、八凯十六人为一朋。舜佐尧，退四凶小人之朋，而进元、凯君子之朋，尧之天下大治。及舜自为天子，而皋、夔、稷、契等二十二人并列于朝，更相称美，更相推让，凡二十二人为一朋，而舜皆用之，天下亦大治。《书》曰："纣有臣亿万，惟亿万心；周有臣三千，惟一心。"纣之时，亿万人各异心，可谓不为朋矣，然纣以亡国。周武王之臣，三千人为一大朋，而周用以兴。后汉献帝时，尽取天下名士囚禁之，目为党人。及黄巾贼起，汉室大乱，后方悔悟，尽解党人而释之，然已无救矣。唐之晚年，渐起朋党之论。及昭宗时，尽杀朝之名士，或投之黄河，曰："此辈清流，可投浊流。"而唐遂亡矣。

夫前世之主，能使人人异心不为朋，莫如纣；能禁绝善人为朋，莫如汉献帝；能诛戮清流之朋，莫如唐昭宗之世；然皆乱亡其国。更相称美推让而不自疑，莫如舜之二十二臣，舜亦不疑而皆用之；然而后世不诮舜为二十二人朋党所欺，而称舜为聪明之圣者，以能辨君子与小人也。周武之世，举其国之臣三千人共为一朋，自古为朋之多且大，莫如周；然周用此以兴者，善人虽多而不厌也。

夫兴亡治乱之迹，为人君者，可以鉴矣。

一如范仲淹所持之论，欧阳修并不讳言朋党，而是直截了当地指出："朋党之说，自古有之！"有君子党，有小人党，关键看皇帝怎么辨别，怎么对待。而且引经据典，从尧、舜一直说到不远的前朝唐朝，看皇上学什么样，是要共工、驩兜等四人呀，还是要八元、八凯十六人，就像尧王爷一样；是要皋、夔、稷、契等二十二人，不害怕他们"并列于朝"，就像舜王爷一样；是像商纣王一样，"有臣亿万"却各怀私心，还是像周文王一样，"有臣三千"却万众一心；或者像汉、唐末帝一样"尽取天下名士囚禁之"，将"此辈清流"残忍地"投之黄河"……全凭皇上决断。

看来宋仁宗没能从范仲淹和欧阳修的"朋党论"中汲取正能量，没能像尧舜周武一样坚信君子党，他被"朋党"二字吓着了，陷入了夏竦一伙搅起的朋党旋涡，加上富弼和石介又在"谋大逆"，草拟什么废立诏书，还有石介的亲笔信为证，连他自己都无言以对。再者，他二人没有背景吗？他俩可都和范……宋仁宗都不敢往下想了。此时，被夏竦收买的内侍蓝元震则上书说："范仲淹、欧阳修、尹洙、余靖……以国家爵禄为私惠，胶固朋党，递相提挈，不过二三年，布满要路，则误朝迷国，谁敢有言！"对目下的宋仁宗来说，蓝元震这话特别入耳，一击即中，仁宗便对富弼和石介这案子更重视了。

那么，石介和富弼以及他们的私信等，究竟是怎么回事呢？

夏竦衔恨于范仲淹等新政派，尤其将之前坏他好事的石介视为眼中钉，发狠要拿他开刀，倒范害政，以解心头之恨。他真下了大功夫，将府中一女婢训练成书法家，而且专门学的是石介的书法。在北宋文人中，石介的行楷极出色，唯一存世的《与长官执事札》，具有重要的历史和艺术价值。2005年6月19日，在北京翰海2005春季拍卖会上，有五件北宋名人书札以二千二百二十七千万五千元人民币高价成交，其中成交价最高的就是石介的《与长官执事札》，成交价达五百五十万元人民币。其他四件是：左肤的《与通判承议札》，成交价为四百八十四万元；富弼的《儿子帖》，成交价为四百六十二万元；何栗的《屏居帖》，成交价为三百八十五万元；吕嘉问的《与元翰札》，成交价为三百四十六万五千元。且说婢女学成之后，夏竦就指使她摹仿石介笔迹，伪造了一封石介写给富弼的信，就是宋仁宗手里这封"谋逆信"。宋仁宗年过三十，却一直没有子嗣，对皇位继承问题极为敏感。这封伪造信的巧妙与恶毒之处就在于此，紧扣仁宗心思，说石介与富弼企图废掉仁宗，另立新君。具体内容据说是这样的：石介确曾给富弼写过一封信，鼓励他的朋友"行伊、周之事"，就是像伊尹、周公那样，辅佐明君干一番大事业。夏竦听说有这封信，就改为"行伊、霍之事"，这性质可就大变了。

霍光位高权重，在汉昭帝去世后，曾先立昌邑王刘贺为帝，旋即又废之，再改立刘询为汉宣帝。以此影射势力日大的改革派，已然威胁到宋仁宗的君权了。宋仁宗能不惊心动魄吗？就算他宅心仁厚，不相信范仲淹、富弼等人会干出这种事，可由此勾起帝王们看家的疑心和戒心，那则是必然的。宋仁宗的猜忌心一起，改革团队还有好日子过吗？

范仲淹何等敏锐，且早对新政的结局多有预感，此案一出，百口莫辩，心知大事已不可为，遂"不敢自安于朝"，与富弼请求外放。宋仁宗马上表态同意，于是，庆历四年八月，范仲淹以参知政事出京宣抚河东，富弼以枢密副使宣抚河北。厉行庆历新政的两名大帅黯然离去，火热的改革能不受害？于是新政戛然而止。次年，悲愤难平的石介气成大病，他被赶出国子监，下放到濮州（今山东鄄城北）去做通判，未及到任所便死在家中，年仅四十一岁。

夏竦的报复到此为止了吗？这个黑心的文人还不罢手，又策划了一场更为惊人的大案。也是该着有事：徐州有个孔直温，与石介有旧，有人说他是石介的学生。此人于庆历五年（公元1045年）谋反，败露后被抄家，这一抄可坏了，抄出了石介与孔直温的来往书信。夏竦借此大做文章，向仁宗上奏说："皇上你该相信了吧，他们真的有谋反之心，而且据臣所知，石介其实并没有死，是被富弼派往契丹借兵去了，这边则由富弼做内应，这是一个更大的逆谋。如若不信，开验尸，空棺为证。"此时的宋仁宗已然鬼迷心窍，平日的宽仁劲儿一点都不见了，竟然听信夏竦的荒唐主意，下诏发棺验尸，想要看看棺材里到底有没有石介。此诏一下，轰动朝野。《宋史·石介传》这样记载说：

> 会徐狂人孔直温谋反，搜其家，得介书。夏竦衔介甚，且欲中伤杜衍等，因言介诈死，北走契丹，请发棺以验。诏下京东访其存亡。衍时在兖州，以验介事语官属，众不敢答，掌书记龚鼎臣愿以阖族保介必死，衍探怀出奏稿示之，曰："老夫已保介矣。

君年少,见义必为,岂可量哉。"提点刑狱吕居简亦曰:"发棺空,介果走北,孥戮非酷。不然,是国家无故剖人冢墓,何以示后世?且介死必有亲族门生会葬及棺殓之人,苟召问无异,即令具军令状保之,亦足应诏。"于是众数百保介已死,乃免斫棺。子弟羁管他州,久之得还。

宋仁宗这件事干得真是又阴狠又愚蠢,非常不得人心。欧阳修为此写有长诗《重读徂徕集》,真道出了时人的无比义愤。此诗被后世誉为"英辨超然,能破万古毁誉",非展示不可:

我欲哭石子,夜开徂徕编。
开编未及读,涕泗已涟涟。
勉尽三四章,收泪辄忻欢。
切切善恶戒,丁宁仁义言。
如闻子谈论,疑子立我前。
乃知长在世,谁谓已沉泉。
昔也人事乖,相从常苦艰。
今而每思子,开卷子在颜。
我欲贵子文,刻以金玉联。
金可烁而销,玉可碎非坚。
不若书以纸,六经皆纸传。
但当书百本,传百以为千。
或落于四夷,或藏在深山。
待彼谤焰熄,放此光芒悬。
人生一世中,长短无百年。
无穷在其后,万世在其先。
得长多几何,得短未足怜。

惟彼不可朽，名声文行然。
谗诬不须辩，亦止百年间。
百年后来者，憎爱不相缘。
公议然后出，自然见媸妍。
孔孟困一生，毁逐遭百端。
后世苟不公，至今无圣贤。
所以忠义士，恃此死不难。
当子病方革，谤辞正腾喧。
众人皆欲杀，圣主独保全。
已埋犹不信，仅免斫其棺。
此事古未有，每思辄长叹。
我欲犯众怒，为子记此冤。
下纾冥冥忿，仰叫昭昭天。
书于苍翠石，立彼崔嵬巅。
询求子世家，恨子儿女顽。
经岁不见报，有辞未能诠。
忽开子遗文，使我心已宽。
子道自能久，吾言岂须镌。

事过两年，庆历七年（公元1047年）六月，犹有人为石介以及范仲淹、富弼等辩冤鸣屈，追讨公道。比如侍御史知杂事张昪和御史何郯，在其奏疏中这样说：

伏闻朝廷近降指挥，为疑石介，遍根问旧来曾涉往还臣僚，以审存没。中外传闻，颇甚骇异。缘石介平生，颇笃学问，所病者，道未周而好为人师，致后生从学者多流荡狂妄之士。又在太学日，不量职分，专以时事为任。此数端是可深责，其于他事，计亦不为。

况介前年物故，众已明知，万一使介尚存，一眇小丈夫，亦何所图？臣闻此事造端全是夏竦。始初阴令人摹拟石介书迹，作与前来两府臣僚简尺，妄言事端，欲传播入内，上惑聪明。夏竦岂不知石介已死，然其如此者，其意本不在石介。盖以范仲淹、富弼在两府日，夏竦曾有枢密使之命，当时亦以群议不容，即行罢退。疑仲淹等同力排摈，以石介曾被仲淹等荐引，故欲深成石介之恶，以污忠义之臣。皆畴昔之憾，未尝获逞。昨以方居要位，乃假朝廷之势有所报尔，其于损国家事体，则皆不顾焉。伏望圣慈照夏竦之深心，素来险诈，亮仲淹、弼之大节，终是忠纯，特排奸谋，以示恩遇。其石介存没，亦乞更不根问，庶存大体。自夏竦力行此事，中外物议，皆知不可，然而未尝有敢言者，盖虑时论指为朋比尔。臣若更不陈始末明辨，即是深负言责，伏惟圣明矜其愚而图之，则天下幸甚！

颇可深责的是宋仁宗，以他从前表现的圣明仁厚，他能听不到"中外物议，皆知不可"？看不出"此事造端全是夏竦"，"其意本不在石介"，"故欲深成石介之恶，以污忠义之臣"，而对范仲淹、富弼"有所报尔"？只能说明此时的宋仁宗，已然对庆历新政及范仲淹等人猜忌良深，完全改变了自己的变法初衷。唯其如此，这才放任或者说怂恿夏竦之流，对改革派反攻倒算，愈演愈烈，接着导致了苏舜钦、王益柔事件。

范仲淹、富弼虽然离开了权力中心，但参知政事和枢密副使的头衔还在，说明还有可能再重掌权柄，再行新政；另外朝中还有杜衍、韩琦等一大批新政精英人物在，随时可能发起反击，维护新政；再者，新政虽然中止不行，但所颁布实施诏令犹在，待范仲淹等人回朝，新政仍可如春风野火。这些，都让夏竦和他的团伙成员们坐卧不宁。他们绞尽脑汁，挖空心思，一日不将政敌"一举网尽"，一日不歇心断念。说"团伙成员"，主要指御史中丞王拱辰和御史刘元瑜。这两个人在庆历新政中反复变化，很值得探讨。王拱辰是宋仁宗天圣八年（公元1030年）状元，年仅十七岁，深得仁宗赏识，赐名拱寿，通判怀州，入集贤院，历监铁判官，修起居注，庆历元年为翰林学士，累拜御史中丞。新政前他是反对夏竦的，曾论夏竦不宜官枢密。宋仁宗不予采信，起身要走，王拱辰上前一把扯住"帝裾"，坚持自己的意见，"竦遂罢"。再者，他与欧阳修乃同榜进士，后来两人又结为连襟，与改革派诸公也曾交游甚洽，他本人也发表过不少主张改革的言论。刘元瑜，字君玉，也是进士出身，初为舞阳县主簿，改秘书省著作郎、知雍丘县，通判隰、并二州，知鄞州，后以太常博士为监察御史。当年范仲淹因"《百官图》事件"遭贬时，他曾为范仲淹、余靖、尹洙、欧阳修"四贤"鸣不平；后来朝廷因西夏边事调范仲淹回京，他还上表为其请命，说"范仲淹以非罪贬，既复天章阁待制，宜在左右"，留在皇上身边辅政最好；又为尹洙、余靖、欧阳修抱不平，认为他们"皆以朋党斥逐，此小人恶直丑正者也"，理应得到重用。按说这两位都该是主张改革的人士，最后却与夏竦同流合污，成了最为激烈的反对派。个中缘由，容后探究。目下只说"苏、王案"，也称"进奏院狱"。

什么是进奏院？这得解释一下。汉朝初建时称邸，其职能是：各地官员到京师朝见皇帝或办理其他事务时的落脚地，也是本地进京官员的联络处；负责向朝廷报告本地情况，呈递本地表文，向本地及时报告朝廷及其他各地情况，传达朝廷诏令、文牒，办理本地向朝廷上供赋税事宜；凡本地不能擅自决定的大事，向朝廷请示裁夺。唐中期改称进奏院，一般由道（相当于今天的省）或节度使的藩镇派出，费用也由地方承担。唐中期以后，节度使独揽军权、财权，皇帝也忌惮三分，因此其进奏院极为显赫，大都设在皇城要地，占地面积在一千一百平方米左右，鼎盛时期进奏院长官竟拥有副宰相的地位。唐末，进奏院在首都长安达五十多个。为了获取中央的情报，进奏院能得到地方提供的充足经费，甚至承担起银行汇兑职能，各地在京师的商人，将售货所得款项交付进奏院，由进奏院开具"文牒"或"公据"，一联交给商人，一联寄往本道。商人无论是由地方前往京城，还是由京城回到地方，身上都不用携带大量钱币，可以轻装、安全地赶路，到了再兑现，类似于今天的支票。一时，各地进奏院俨然一个独立王国，极有权势，竟有进奏院人员暗杀京官的案例。有鉴于此，宋时对进奏院的组织和职能加以改革，诸州各置进奏官，专达京师，由朝官兼领，隶属于给事中，掌传递公文。这样就改变了唐朝藩镇通过进奏院窥伺、挟制朝廷的情况，使它成为削弱藩镇势力，加强朝廷对州郡直接控制的机构。从宋太祖开始，进奏院官员改由中央委派，主要职能是向地方传达中央政令。进奏院官员最多时有一百多人，经费不再依靠地方财政，由中央划拨，其中最大一笔是镂刻雕版费。这些进奏院官员定期把朝廷政令刻成雕版，由驿马送到地方，然后印成纸张文本发给地方官员，这也许就是中国早期的一种报纸吧。事实上，进奏院又成为地方官与京官以及京城名流的社交场所，他们在这里议论朝政，交换情报，联络感情，筹谋事体，休闲娱乐，宋代尤其自由浪漫，此处甚至成了一处京都游乐场所。"苏、王案"就发生在这种地方，所以又称"进奏院狱"。

且说庆历四年仲冬的一天，一群名士京官以"祠神"为名，雅集于进奏院，为首者即诗名已著的苏舜钦，其他包括监进奏院右班殿直刘巽，殿中丞、集贤校理王益柔，工部员外郎、直龙图阁兼天章阁侍讲、史馆检讨王洙，太常博士、集贤校理刁约，殿中丞、集贤校理江休复，太常博士周延隽，太常丞、集贤校理章岷，著作郎、直集贤院、同修起居注吕溱，殿中丞周延让，校书郎、馆阁校勘宋敏求，将作监丞徐绶等四十余人。这一帮中青年官员聚会一处，定要玩个痛快，吃酒行令，歌之舞之，就有点忘乎所以了。座中这位洛阳才子王益柔，才刚三十岁，酒色上头，已成醉仙，诗兴发处，随口就是一首《傲歌》，内中有"醉卧北极遣帝扶，周公孔子驱为奴"两句，当时四下皆称气贯长虹得天成，转眼却变作非君非圣的"恶攻"罪状。再一个，他们所有花费"循前例用鬻故纸公钱"。既然是"循前例"，以前都没有出过事儿，可见苏舜钦他们当时也没太在意。可让他们始料未及的是，此次却极为特别，既为自己惹出牢狱之祸，更为庆历新政引来灭顶之灾。

要说出事,也怨这伙不谙政局的轻佻文士。就说苏舜钦,他是范仲淹举荐的新派官员,又是新政大腕之一的杜衍的女婿,是被夏竦之流划入改革阵营的一分子,眼下时局如此复杂、险恶、云谲风诡……他怎么能一点儿不警醒呢?

这次,直接出面挥刀的不是夏竦,而是状元郎王拱辰。《续资治通鉴长编·卷一百五十三》这样记载,"拱辰廉得之,讽其属鱼周询、刘元瑜等劾奏,因欲动摇衍①。事下开封府治。于是舜钦及巽俱坐自盗,洙等与妓女杂坐,而休复、约、延隽、延让又服惨未除,益柔并以谤讪周、孔坐之。同时斥逐者,多知名士,世以为过薄。而拱辰等方自喜曰:'吾一举网尽矣!'"

"世以为过薄"是什么意思?即舆论认为处理得过重了,有点刻薄。苏、王被扔进监狱不说,四十多个人都从重处分,大部分还被赶出京城,委实有点不能服众。显然,这个处理结果大有来头,那是仁宗皇帝说了话。据同上出处记载,宋仁宗就这个文人风月案,非常少见地下诏曰:

> 朕闻至治之世,元、凯共朝,不为朋党,君明臣哲,垂荣无极,何其德之盛也!朕昃食厉志,庶几古治。而承平之弊,浇竞相蒙,人务交游,家为激讦,更相附离,以沽声誉。至或阴招贿赂,阳托荐贤。又按察将命者,恣为苛刻,构织罪端,奏鞫纵横,以重多辟。至于属文之人,类亡体要,诋斥前圣,放肆异言,以讪上为能,以行怪为美。自今委中书、门下、御史台采察以闻。

听话听声,锣鼓听音。宋仁宗这是在论"苏、王案"吗?开篇就是一个"不为朋党"!在大宋一朝,文人狎妓饮酒,宰辅家养乐班,这不算什

---

① 指杜衍。两个月前,杜衍刚被任命为宰相。

么大事，怎么如今立马就与"朋党"挂起钩来？明眼人看得出来，宋仁宗真正要说的是："阴招贿赂，阳托荐贤。又按察将命者，恣为苛刻，构织罪端，奏鞫纵横，以重多辟。"这是在数落进奏院这些喝酒的人吗？不是，分明是在敲打举荐这些人的人，是在说给范仲淹、富弼、杜衍、韩琦等人听的，是在责怪自己一手鼓动起来的庆历新政。所以，"苏、王案"是个标志，不仅是将改革势力"一举网尽"，更主要的是，标志着宋仁宗宁可断送庆历新政，也不能受所谓的"朋党"威胁。

面对宋仁宗的"变心"，韩琦挺身而出。同上出处记载，"狱事起，枢密副使韩琦言于上曰：'昨闻宦者操文符捕馆职甚急，众听纷骇。舜钦等一醉饱之过，止可付有司治之，何至是！陛下圣德素仁厚，独自为是何也？'"皇上，您向来对写反诗的书生都大度宽容，却独独为此"一醉饱之过"而痛下杀手？这里说"痛下杀手"，确实事出有因，原先反对派"力言益柔作《傲歌》，罪当诛"。是韩琦独言："益柔少年狂语，何足深治！天下大事固不少，近臣同国休戚，置此不言，而攻一王益柔，此其意有所在，不特为《傲歌》可见也。"意思是，你们想干什么，以为我韩琦看不出来吗？国家忧患大事有多少啊，你们"置此不言"，却咬住一个王益柔，想要扼杀新政！据说韩琦一下揭穿老底，连宋仁宗也"悔见于色"，"上悟，稍宽之"，王益柔这才没掉脑袋，而是连同苏舜钦一起削职为民。宋仁宗真要杀了王益柔，那可成了败坏"祖宗家法"第一人，历史就不会像现在这样评价他了。请注意，宋仁宗这会儿的"悔"，可不是对他背叛新政的悔，只是给韩琦一个面子，不开杀戒罢了，而摒弃庆历新政及改革派大臣的私心，已然铁定了。证据就是，改革派再有进奏之言，他不仅听不进去，干脆就起了反感。《续资治通鉴长编·卷一百五十三》载，新政期间，尹洙身在西北前线，自觉不在局中，说话公允平静，或能入得仁宗之耳，就上奏曰：

臣闻知贤而不能任，任之而不能终，于治国之道，其失一也。去年朝廷擢欧阳修、余靖、蔡襄、孙甫相次为谏官，臣知数子之贤且久，一旦乐其见用，又庆陛下得贤而任之，所虑者任之而不能终尔。以陛下知臣之明，修等被遇之深，岂有任之而不能终哉？盖闻唐魏玄成既薨，文皇亲为撰碑文以赐之，后有言其阿党者，遂覆其碑。近世君臣相得，未有如唐文皇与魏玄成者，间言一入，则存殁之恩不终，臣未尝不感愤叹息而不能已也！以是而论，则知之任之为易，终之实难，可不虑哉！……伏惟念知之之已明，任之之已果，而终之之甚难，则天下幸甚！

……夫今世所谓朋党，甚易辨也。陛下试以意所进用者姓名询于左右，曰某人为某人称誉，必有对者曰："此至公之论"；异日其人或以事见疏，又询于左右，曰某人为某人营救，必有对者曰："此朋党之言"。昔之见用，此一臣也；今之见疏，亦此一臣也，其所称誉与营救一也。然或谓之公论，或谓之朋党，是则公论之与朋党，常系于上意，不系于忠邪，此御臣之大弊也。臣既为陛下建忠谋，岂复顾朋党之责？但惧名以朋党，则所陈之言不蒙见采，此又臣之深虑也。惟圣明裁察。

宋仁宗看没看尹洙此疏不知道，没理这个碴儿是真的。大宋的文人也真敢说话，都什么时候了，还"朋党""朋党"的说不停，这不是哪壶不开提哪壶嘛，而且于事也早已无补了。庆历五年（公元1045年）春，宋仁宗罢范仲淹参知政事，以资政殿学士兼陕西四路缘边安抚使，出知邠州；罢富弼枢密副使，以京东西路安抚使知郓州；罢杜衍宰相，出知兖州；罢韩琦枢密副使，出知扬州；十一月，再罢范仲淹四路帅职，以给事中知邓州。至此，庆历新政的领袖与骨干人物，几乎全部被排挤出朝、出京，宋仁宗自己御定的各项新政措施，也由自己再另行颁诏，基本上一一予以废除。《续资治通鉴长编·卷一百五十五》称，就是在这种情况下，欧阳修还是有话要说，他倔强地上奏曰：

>……臣伏见杜衍、韩琦、范仲淹、富弼等皆是陛下素所委任之臣，一旦相继而罢，天下士皆素知其可用之贤，而不闻其可罢之罪。臣职虽在外，事不审知，然臣窃见自古小人谗害忠贤，其说不远，欲广陷良善，则不过指为朋党，欲摇动大臣，则必须诬以专权。其故何也？夫去一善人而众善人尚在，则未为小人之利，欲尽去之，则善人少过，难为一二求瑕，惟指以为朋党，则可以一时尽逐。至如大臣已被知遇而蒙信任者，则不可以他事动摇，惟有专权是人主之所恶，故须此说，方可倾之。臣料杜衍等四人，各无大过，而一时尽逐，富弼与仲淹委任尤深，而忽遭离间，必有朋党、专权之说，上惑圣聪。臣请详言之。

忌"朋党"，忌皇权旁落，欧阳修算是一语点中宋仁宗的软肋与死穴，这也是所有皇帝的软肋与死穴。他还想"请详言之"，还能说什么呢？仁宗宁逐"朋党"，不要忠臣；宁保皇权，不要新政！于是，八月，欧阳修被贬知滁州（今安徽滁州）。

庆历新政，难道不是一道明亮而短暂的闪电吗？

有意思的是，宋仁宗在亲手断送了庆历新政之后十二三年的嘉祐年间，他已然年过四十，忽又来了变法热情，而且像当初看重范仲淹一样，看中了江西才子王安石。本章开篇王安石的《上仁宗皇帝言事书》，就其心胸与气概，真与当年范仲淹的《奏上时务书》有异曲同工之妙。皇祐元年（公元1049年），六十一岁的范仲淹知杭州。此时王安石年方二十九岁，正在鄞县做知县，为拜见这位庆历改革元老，他先有《上范资政先状》，后有《上杭州范资政启》和《谢范资政启》，两人在会面中都谈了些什么呢？关于他们这位仁宗皇帝，估计范仲淹满腹块垒，却什么也没有说，就像四年前被罢去参知政事前后一样，缄口不言。

确实，这一点相当反常，我发现，从富弼、石介"谋逆案"，到苏舜钦、王益柔"进奏院案"，如此的险风恶浪，举国上下议论汹汹，范仲淹却一直保持沉默，于此两案略无奏议，既不表态，也不辩解，似乎事不关己，这与他一向遇事敢言敢当的硬朗作风大异其趣。难道就因为范仲淹不在案发时空之中吗？且听下节试解。

5. 叹其不争

公元 2012 年 12 月 19 日，中国范仲淹研究会范氏宗亲网发布了《范仲淹年谱：六十四年的人生历程》，与前述两案最为相关的年份是庆历四年和庆历五年，即范仲淹五十六岁和五十七岁这两年。其年谱内容如下：

> （庆历四年）正月，朝廷应韩琦奏请，罢修水洛城，刘沪、董士廉依郑戬命继修完工。渭州知州尹洙怒欲斩之，狄青械二人送德顺军狱。
>
> 二月，范仲淹上言为刘、董二将辩解。是月，上从范仲淹之言，诏州县皆立学。
>
> 四月，仁宗与执政论朋党事。宋夏议和达成协议，元昊削帝号，宋册封元昊为夏国主。
>
> 五月，范仲淹与韩琦对于崇政殿，上"和、守、战、备"四策。
>
> 六月，辅臣列奏，答手诏问五条。与韩琦奏陕西河北画一利害事，陕西八事、河北五事。
>
> 八月，仲淹启程宣抚河东，先后历经绛、晋、汾、并、忻、代、宪州、岢岚、保德、火山军及府州、麟州等地于庆历四年底。仲淹奏请以两府兼判政事，诏以贾昌朝领农田，仲淹领刑法，未果。
>
> 九月，吕夷简卒，晏殊罢，杜衍同中书门下平章事兼枢密使、集贤殿大学士，贾昌朝为枢密使，陈执中为参知政事。范仲淹檄正患病的种世衡与原州知州蒋偕合兵抢修细腰城，断明珠、灭臧

交通西夏之路。

十一月,王拱辰等兴"奏邸之狱",范仲淹等所荐新进名士皆贬逐殆尽,苏舜钦、刘巽被除名为民,王益柔、王洙、章岷、刁约、江休复、宋敏求等十人被贬谪外放。范请罢参知政事,乞知邠州。是年,吕夷简、陈尧佐、王沿卒。

(庆历五年)正月,罢仲淹参知政事,以资政殿学士陕西四路安抚使,出知邠州,兼陕西四路缘边安抚使;罢富弼枢密副使,以京东西路安抚使知郓州,杜衍罢相,出知兖州。以贾昌朝为同中书门下平章事兼枢密使、集贤殿大学士,王贻永为枢密使,庞籍为副使。

二月,韩琦上书仁宗,为富弼辩解营救,被罢枢密副使,出知扬州。

四月,章得象罢。

八月,欧阳修为范富、杜、韩四人辩解,被贬知滁州。

十一月,解仲淹四路帅任,以给事中知邓州。富弼也被解除京东、西路安抚使。

用心检索这两年年谱,富弼、石介"谋逆案"发生后,"八月,仲淹启程宣抚河东,先后历经:绛、晋、汾、并、忻、代、宪州,岢岚、保德、火山军及府州、麟州等地于庆历四年底。"他在这两年的诗文中,并无片言只语与两案相关,却在山西留下著名的三首记游诗——《绛州园池》《尧庙》《晋祠泉》,于其心境与所思,或可透露一二,尤其是《尧庙》。三首诗如下:

《绛州园池》

绛台使君府,亭阁参园圃。
一泉西北来,群峰高下睹。

池鱼或跃金，水帘长布雨。
怪柏锁蛟虬，丑石斗貙虎。
群花相倚笑，垂杨自由舞。
静境合通仙，清阴不知暑。
每与风月期，可无诗酒助。
登临问民俗，依旧陶唐古。

《尧庙》

千古如天日，巍巍与善功。
禹终平浲水，舜亦致熏风。
江海生灵外，乾坤揖让中。
乡人不知此，箫鼓谢年丰。

《晋祠泉》

神哉叔虞庙，地胜出嘉泉。
一源甚澄静，数步忽潺湲。
此异孰可穷，观者增恭虔。
锦鳞无敢钓，长生同水仙。
千家溉禾稻，满目江乡田。
我来动所思，致主愧前贤。
大道果能行，时雨宜不愆。
皆如晋祠下，生民无旱年。

三代之法，三代之治，一直是范仲淹向往中的王道德治，是他愿意为之付出一生的从政理想，是他不惜以近花甲之年，勇锐担纲新政改革的原动力。如今身在河东这华夏文明摇篮之地，仿佛沐浴在尧天舜日之中，禹平浲水，舜治熏风，尧行揖让，这是多么美好的千古功德！可想想自己发起的庆历新政，事功未见，初衷艰难，前景何堪？真是"我来动所思，致主愧前贤"；纵然"每与风月期"，可何时才能"依旧陶唐古"呢？……一种巨大而令人觉得悲苦难言的失望感，紧紧揪着范仲淹的心。这天大的心思，又何能用片言只语诉说？又向谁去诉说？唯其沉默，还欲怎个？

  有人说这首名为《尧庙》的诗是范仲淹作于八年前的饶州任上："仲淹在饶州读了梅尧臣的诗，想起自己与梅尧臣有过'京师同逃酒'的友谊，感到觅到了一位知音，此刻他很想见到梅尧臣，便从陆路日夜兼程来到建德县城，梅尧臣把酒迎风，热情接待，两人谈政治、谈诗歌，彻夜难眠。梅尧臣向范仲淹介绍了建德县的风土人情和悠久历史，并向范仲淹讲述了远古时的尧帝……范仲淹急于探寻帝王遗踪，第二天由梅尧臣陪同先在县城瞻仰了尧祠，又远足十五里，登上历山，在尧庙前放情逸志，浮想联翩。"遂"妙手偶得"了这首诗。此说有点玄乎，范、梅关系已如前述，难为"知音"不说，范仲淹专程去建德寻访过梅尧臣吗？但他八年后在三晋大地行走近五个月，以他酷爱游览的性情，拜谒山右三大名胜并题诗，不但可能，且多史证。尧庙位于山西平阳府（今山西临汾）。《尚书》载"尧都平阳"，即尧在四千多年前就定都平阳，划定九州，形成中国最早的行政格局，所以平阳成为华夏文明最早的发祥地之一，素有华夏第一都之称。尧庙始建于西晋，旧址在汾河以西，西晋元康年间迁至汾河东岸；唐高宗李治显庆三年（公元658年），庙址由府城西南迁至城南现址。尧庙俗称三圣庙，是专门纪念尧、舜、禹三位先祖的庙宇。范仲淹由南向北行，先去绛州"绛守居园池"，历代俗称"隋代花园"，始建于隋开皇十六年（公元596年），由内军将军临汾令梁轨开创。大业元年（公元605年），炀帝的弟弟汉王杨谅造反，绛州薛雅和闻喜裴文安居高垣"代土建台"以拒，因此形成了大水池，后几经添建修饰，遂成名胜古迹"居园池"。绛州往北几十公里便是平阳尧庙。再北上至太原，即可游晋祠泉。晋祠始建于北魏，为纪念周武王次子叔虞而建。周武王有"桐叶封弟"的故事，叔虞受封于唐，兴修水利，唐国人民安居乐业。后其子姬燮即位，因境内有晋水，便改国号为"晋"，这便是山西称"晋"

的来历。人们缅怀叔虞功绩，便在悬瓮山下之晋水源头，修起一所祠堂来祀奉他，后人称为晋祠。范仲淹素有"祖述尧舜，宪章文武"情结，专程拜谒，其在必然。

继续检索年谱可知，范仲淹于庆历四年年底，由河东回到京城，次年，"正月，罢仲淹参知政事，以资政殿学士陕西四路安抚使，出知邠州，兼陕西四路缘边安抚使"；"十一月，解仲淹四路帅任，以给事中知邓州"。虽则在京有短暂停留，但对于前不久发生的"进奏院案"，在"是年诗文"中，同样查不出有只言片语与此案相关，唯有庆历三年十一月一份《奏乞罢参知政事知边郡》。若非要与"苏、王案"扯上点关系，那是庆历二年有过《再奏乞召试前所举馆职王益柔章岷苏舜钦等》了。现在来看《奏乞罢参知政事知边郡》。

> 臣近与韩琦上言陕西边画，略陈八事，须朝廷遣使，便宜处置，方可办集。又近睹手诏下问合用何人镇彼西方，两府已奏见选人进呈次。今西人议和，变诈难信，成与不成，大须防将来之患。臣久居边塞下，诚无寸功，如言镇彼西方，保于无事，则臣不敢当。但稍知边情，愿在驱策，虽无奇效可平大患，惟期夙夜经画，措置兵马财赋，及指踪诸将，同心协力，以御深入之虞。今防秋事近，恐失于后时，愿圣慈早赐指挥，罢臣参知政事，知边上一郡，带安抚之名，足以照管边事，乞更不带招讨部署职任。

范仲淹此奏，表面看，完全是就事说事，平静、平实、平淡，所陈内容很是单纯而具体，一是强调边患未去，急需有人去做事；二是要求辞去副宰相之职，情愿再去效力疆场。假如撇去风雨正骤的庆历新政背景，则根本觉察不到这份"请调报告"的雄沉内蕴和不同凡响。其实只要琢磨一下最后这句"罢臣参知政事，知边上一郡，……乞更不带招讨部署职任"，便知大有文章了。试想：国家副宰相，忽地请求下放，去做一个边远地区的芝麻官，而且特别强调不要任何附加头衔,这不啻是一枚震撼弹!对此,只能有两种解释:一,他在闹大情绪,以此要挟中央领导;二,他对目前一切大失所望,是那种特别巨大而且令人悲苦难言的失望。这种失望譬如高山对头顶的太阳的失望,对周围群山的失望,对自己恨不逢时、难慰平生的失望。这种失望,正是范仲淹此时的心情。

范仲淹头顶的太阳就是宋仁宗。他对宋仁宗失望吗?肯定失望,不过,没怎么大出意料。庆历三年,范仲淹为什么要发出《除枢密副使召赴阙陈让》,而且这样的"陈让表"一连就是五道,不愿享受那个贵为枢密副使的"异宠"?是他不想抓住人生千载难逢好机遇,厉行新政,济世为民,一展云天之抱负吗?肯定不是,他连做梦等的都是这样的机遇。唯一让他游移不定的,正是宋仁宗。别忘了,此时的范仲淹已然早过知天命之年,以他的天赋灵智,以他的人生经历,以他阅世识人的文化积累,他能对仁宗皇帝及其改革冲动完全放心吗?不错,这位君王性情敦厚,宽仁爱民,谨守"祖宗家法"而一心想有所作为,不失为一代明君;可要与尧舜周武那样的圣君比起来,他作为专制皇帝的毛病也在在不缺,就比如一个说得清、道得明的"朋党"问题,他就愣是不能释怀,动不动就当成紧箍咒使。范仲淹前两次无故被贬,难道不就是受制于这个紧箍咒吗?尤其是"《百官图》事件",是非那样明白,善恶那样清楚,朝野舆论那样明白清楚,可仁宗皇帝就是不敢触动那个既得利益集团,而宁肯拿真心为朝廷办事的人开刀。那一刀多狠呀,多少精英惨遭打压,一耽搁他们就是五六年哪!若仁宗真心想改革,那是多好的机缘?现在想到要变法,倒也不晚;想到要起用范仲淹,他自会感恩思报。可仁宗能坚守改革主张于始终吗?能再不受群小左右吗?他总是不会"清君侧"啊!一旦仁宗再听信谗言,又兴"朋党"之事,那还谈什么改革变法?范仲淹太了解仁宗皇帝了……这不,看看眼下这局面,还真让他不幸猜中了。皇上,您信富弼、石介会谋反吗?您并不信,您都怀疑夏竦提供的那笔迹是伪造的,可您还是宁信其有,因为您认定他们是我范仲淹的"朋党";苏舜钦、王益柔这一群优秀的中青年官员,多得力的改革人才呀,就被治以重罪，破例重处，四十多人的前程因而断送。您看不出这是出自私怨，小题大做吗？您当然看出来了，可你不但不宽容，还颁下特诏从严、从快惩处，不就是因为这些人大都由我范仲淹举荐，您才要敲打他们，警告我们吗？事实证明，对于宋仁宗的"软肋"，老年范仲淹是早就看清了的，要说有点意外，那是他没料到宋仁宗自废新政会这么快，对"朋党"之忌会这么深入骨髓，不可救药。

真正、完全、彻底让范仲淹失望的，是他周围的群山。那是一些什么样的山？或是匍匐在皇权和利禄脚下的险恶且卑微的山，或是只顾自己青山不老、有水长流的平庸之山，或是基本缺乏政治智慧与执政训练的愣头青山……总之，都如此不争气！这让范仲淹非常失望。不是对某个人，即便凶险如夏竦、王拱辰，圆滑误事如章得象、晏殊，愣头青如苏舜钦、王益柔；不是对个体的小失望，那是一种超越私情恩怨的、悲天悯人式的，包括自己在内的，对当代"士"的大失望。

我觉得，以王禹偁、范仲淹为代表的北宋文人，在政治思想上有一项颠覆性的创新成果——"君子有党"，其价值和深远意义，一直未能得到足够的重视和研究，如果不说被忽略的话。

在儒家看来，"朋党"二字的名声可不好，是个贬义词。孔圣人早就告诫说，君子"群而不党"（《论语·卫灵公》），"君子周而不比，小人比而不周"（《论语·为政》）。这已是不移之古训。汉、唐时代，朋党争斗激烈，成为一种社会"祸患"，吓得唐文宗李昂说："去河北贼易，去此朋党难。"于是，在朋党之争中，一方总要把另一方指斥为朋党，使其成为极不光彩的角色，这才觉得师出有名，打得有理，仿佛自己是为捍卫儒学传统而战。然而，事至北宋发生一百八十度的大翻转，自信得有点骄傲的北宋文人，一面大张旗鼓地开展儒学复古运动，一面又不拘泥于传统，颠覆性地宣称："夫朋党之来远矣，自尧舜是有之。"首次提出了"君子有党"的政治思想理念，并指出说，关键看君王能否分清何谓君子之党，何谓小人之党，一旦能够分明邪正，"又何难于破贼哉？"从而笑话唐文宗说："言之不思，一至于此！"

意思是，说话不过脑子，可笑到这种程度！写出以上这些话的是北宋早期士君子王禹偁，语见其大著《小畜集·朋党论》。王禹偁要比范仲淹大三十五岁，去世时，范仲淹还是个十三岁的少年。他出身农家，但像范仲淹一样少有大志，二十九岁时中进士，即在诗中表白："吾生非不辰，吾志复不卑，致君望尧舜，学业根孔姬"，"兼磨断佞剑，拟树直言旗"。其文，学韩愈、柳宗元；其诗，崇杜甫、白居易；尤其深受韩愈儒学复古运动的影响，遂成为北宋儒学复兴运动的先驱者之一。紧随其后鼓吹"君子有党"论的就是范仲淹，他早在第一次被贬官，来到山西河中府时，在《上资政晏侍郎书》中写道：

> 夫天下之士有二党焉：其一曰，我发必危言，立必危行，王道正直，何用曲为？其一曰：我逊言易入，逊行易合，人生安乐，何用忧为？斯二党者，常交战于天下。天下理乱，在二党胜负之间尔。倘危言危行，获罪于时，其徒皆结舌而去，则人主蔽其聪，大臣丧其助。而逊言逊行之党，不战而胜，将浸盛于中外，岂国家之福、大臣之心乎！人皆谓危言危行，非远害全身之谋，此未思之甚矣。使缙绅之人皆危其言行，则致君于无过，致民于无怨，政教不坠，祸患不起，太平之下，浩然无忧，此远害全身之大也。使缙绅之人皆逊其言行，则致君于过，致民于怨，政教日坠，祸患日起，大乱之下，汹然何逃！当此之时，纵能逊言逊行，岂远害全身之得乎！

"斯二党者"，自然即君子之党和小人之党。范仲淹四十二岁时说的这话，五十六岁时再加以强调，就是上引之"方以类聚，物以群分。自古以来，邪正在朝，未尝不各为一党，不可禁也，在圣鉴辨之耳。诚使君子相朋为善，其于国家何害？"这话可是当着宋仁宗的面说的！恳请皇上别学唐文宗！范仲淹之后，这才又有欧阳修的《朋党论》、苏轼的《续欧阳子朋党论》、刘安世的《论朋党之弊奏》、秦观的《朋党》上下篇等。而今总观这些北宋大家的文章,大致分为三层意思:一是朋党之事历来就有,何足为奇;二是君子之党志于道,小人之道志于禄;三是君主要善于区分邪正,重用君子之党,摒弃小人之党,以利治国济民。何谓君子?古来"士君子"之谓也。用当今青年"酷评家"李建军先生的说法,士君子,"就是一群人格独立、道德高尚、以仁为己任、任重而道远的人。他们心中装的是'天下',对他们来讲,'所贵于天下之士者,为人排患、释难、解纷乱而无所取也'。他们常常被称为'国士'或者'天下之士'。他们鄙弃商人的唯利是图的德性,赋予自己的行为以超功利的高尚的性质"。他又引用林鹏先生的话说,一个真正的士,他是敢于"逆命"的人。"士之为人,理当不避其难,临患忘利,遗生行义,视死如归。有如此者,国君不得而友,天子不得而臣。大者定天下,其次定一国,必由如此人者也。""此种有觉悟的士,已经变成了全新的士,全新的人。他们可以毫不迟疑地为别人的利益去死,过去是为统治者的利益去死,现在是为普通人(即使是不肖人)的利益去死,这不是简单事情。"可以设想,由这样的一种人"相朋为善",结成朋党,于国于民是多么好的事情啊!这是一种多么先进的政治思想啊!

可惜,宋仁宗理解不了,他视"朋党"为君权的威胁与挑战,为头等心腹大患。既然开明的宋仁宗尚且不理解,那些独裁专制的帝王们,还能指望他们怎么样呢?

北宋一代的另一部分"士",虽然也从小熟知圣贤书,通过寒窗苦读科甲成名,比如夏竦、王拱辰等,也不理解"君子有党",只以皇权和利禄为转移,遂坠小人之党,其后代代相传,至今不绝尤盛;再比如石介、苏舜钦、王益柔等,本来大有可为,只缘书生气十足,不谙政治三昧,往往极易中人诡计或为人所用,贻误乃至贻害改革大局,累及乃至断送君子之党……要真正理解范仲淹、欧阳修等人的朋党之说,不站在一处精神制高点,何其难哉!

难怪范仲淹只能以沉默应之,叹其不争啊!

第八章 烈士暮年

1. 家在邓州

现在，回到"睦州、饶州、邓州"的邓州。

我在前文说："范仲淹饶州之贬，似应把徙知润州、越州也计算在内，时间上是连续的，其间诗文作品，也都围绕同一个主旨。"循此，在范仲淹生命的最后一段时间，除知邓州外，也应包括杭州、青州。

宋仁宗活了五十四岁，吕夷简享年六十六岁，晏殊享年六十五岁，夏竦享年六十七岁，欧阳修享年六十六岁，韩琦享年六十八岁，滕宗谅享年五十八岁，尹洙年四十七岁亡，富弼享年八十岁，苏舜钦年四十一岁亡，石介年四十一岁亡，王拱辰享年七十四岁，王安石享年六十六岁，苏轼享年六十五岁，范仲淹享年六十四岁……这一代风流人物，各自离世！我不禁感慨，由此得出一组散句如下：但知何时生，哪知何时死。阴阳一世界，生死一轮回。生命真神奇，不必去悲伤。那么，在范仲淹生命的最后八年岁月里，他又是怎么样度过的呢？

写下范仲淹"家在邓州"这个小标题，可能会招来一片批驳。

彬州人会说："看过《宋史·范仲淹传》吗？'其先邠州人也'，知道不？"秦设漆县，东汉为新平郡，北魏改为白土县，西魏改豳州，唐开元年间改称邠州，现代撤销邠州建制，在原州治所在地设立邠县，因"邠"字生僻，在文字学上与"彬"字相通，故1964年经国务院批准改称彬县。2018年，经国务院批准，撤销彬县，设立县级彬州市。这里可是范仲淹的故乡，不见他常以"北人"自居，动不动就口出"陇上人""陇上带经人"，难忘根本啊！我在彬州采风时，发现这真是个古地方。且不说彬州梨、大觐枣皆是千年贡品，光一碗吃了三千多年的御面，就让人肃然起敬。御面又称玉面、淤面，是一种有别于西安凉皮的面粉特制食品，相传当年周太王古公亶父居豳时，其夫人姜女发明了御面。《诗·大雅·绵》盛赞姜女美丽又聪慧，以善于烹调著称。后来古公亶父由豳迁岐，途经乾县梁山，姜女也将御面制作技艺带了过来。又相传，过了一百多年，古公亶父的重孙周武王灭商建周，亲自来祖地豳国朝拜，指名要吃由曾祖母创始、曾祖父命名的淤面，由此淤面正式被称为"御面"。不过，要找到范仲淹的祖上踪迹，那是难了点，连他知邠州时兴建的那座州学旧址都看不到了。

商丘人也许会说："咋这样没记性呢！"好，再重复一下：河南商丘才是范仲淹成才立业、娶妻生子、兴教留居之地，虽说是第三故乡，但那可是真正意义上的、属于范仲淹自己的"家"。他读书在应天，出仕为官，婚缘商丘，家计宁陵，永城置田，守丧于应天，执教于南都，冒哀上书，升迁于京都，后世留居⋯⋯都与商丘结下不解之缘。就算后来离开商丘去往异地为官，但他的那个"家"仍然留在商丘。说得再具体点，范仲淹任兴化县令后，娶商丘姑娘为妻，就是太子中舍李昌言的长女；谁是介绍人呢？太宗朝宰相李昌龄的侄子李纮，范仲淹的夫人李氏便是他的堂妹。正是在李氏家族的资助下，加上自己的俸禄，范仲淹这才在宁陵、永城购置了庄田，才能尽孝，把母亲接到宁陵庄田赡养，尽享天伦之情，实现了他"自立门户"的夙愿。史籍上多处记载范仲淹"家计于宁陵"，范仲淹的书信中也言及"宁陵家计",母亲去世后,起先也是安葬在宁陵庄田内,后来才迁葬伊川。之后,范仲淹在守制三年期间,应晏殊之邀,主持应天书院教务,常在宁陵和应天书院之间行走,李氏和长子纯祐则长久居留宁陵家中……至今,范仲淹的宗亲仍居商丘,虞城县利民镇有"范仲淹祠堂"和明代从苏州返迁来的范氏宗亲。所以,要说"家在邓州",哪如说"家在商丘"更好呢?

苏州人会说:"《宋史·范仲淹传》开头那话'范仲淹,字希文,唐宰相履冰之后。其先邠州人也,后徙家江南,遂为苏州吴县人'。知道'遂'字怎么讲吗?词义多达几十个,这里只能取表明和决断之义,从此就是苏州人,板上钉钉啦!再说,范家祖坟就在我们苏州木渎镇天平山,自唐至今多少代了,天下谁人不知道?"

这三方人士说得都对,都有自己的道理。不过,且听我把范仲淹"家在邓州"的意思说明白,这个"家",不是邠州那个家,也不是苏州那个老家,更不是商丘那个"第三故乡"的家,此处的"家"不仅指的是肉身寄居之家,而且特指范仲淹的心灵之家、精神家园!

那么,邓州就当得起是范仲淹的心灵家园吗?且容我试剖析。

事情最好从《奏乞罢参知政事知边郡》说起,那是庆历四年冬天,也就是"进奏院案"发生之后,范仲淹看出新政大局已不可为,遂萌退意,才有是奏。接下来他还有一系列奏章:《陈乞邠州状》《谢授知邠州表》《邠州谢上表》《陈乞邓州状》《谢转给事中移知邓州表》《邓州谢上表》《谢依所乞依旧知邓州表》,再加上数年前的《乞小郡表》,联系起来看,方可理清范仲淹五十岁以后的心路历程。可惜限于篇幅,不能录以全貌,只好择要列出了。就从最早的《乞小郡表》看起。

> 臣某言:臣闻先民有言曰:"陈力就列,不能者止。"臣下之通规也;"进人以礼",君亲之盛德也。臣仰逢明圣,俯念拙艰,抚此病躯,敢期生遭。

臣窃念臣前在饶州日，因学行气，而有差失，遽得眩转之疾，对宾客忽倒，不知人事，寻医救得退。自后久坐则头晕，多务则心烦。昨在延安，数曾发动。……赴任耀州，以炎热之期，历涉山险，旧疾遂作，近日颇加。头目昏沉，食物减少，举动无力，勉强稍难。……

　　臣赋性本蒙，处心至狭。国家擢于清要，有遇事辄发之尤；寄以重难，无思患预防之智。言必取悔，举则败官，未逾数年，实经三黜。频招物议，屡黩宸聪。费天力之主张，由臣命之奇蹇。矧今抱病，何可贪荣。……伏望皇帝陛下，推至仁之恩，施曲成之化。念其理历，出自遭逢，特发圣衷，不循朝例，以臣学士之职，改一庶官，或且在当郡，或于随、郢、均、汝之间守一小州，庶获安静，尚图痊愈。……倘形骸未顿，药饵有功，则当再就驱驰。……

　　请注意，这是范仲淹头一次在正式奏章中，向宋仁宗陈述自己身体有病。这个时间点值得琢磨，是他因故焚毁元昊来信而开罪朝廷，上头不念他一片苦衷，反而要诉诸斩刑，最后虽然只将他降级调知耀州，这与"《百官图》事件"的打击一样，又一次让范仲淹非常寒心。后来有那五次"陈让表"，此宁非原因之一？可以说，范仲淹从此时开始，已对宋仁宗有了比较清醒、全面的认识，接下来那段"言必取悔，举则败官，未逾数年，实经三黜"的委屈，便是一种变调的抗疏，而"乞一小郡""改一庶官"的诉求，则表明在年过半百的范仲淹的内心世界，出世之志已然有所露头，借口有病，不过是为了进退自如。而仁宗亲手断送庆历新政的冷峻现实，无疑让范仲淹去意顿增，一道《奏乞罢参知政事知边郡》，其心理支撑盖由此而来。于是，便有了《陈乞邠州状》《谢授知邠州表》《邠州谢上表》，便有了邠州之任。"邠州三奏"的主要内容有二：一是向皇上再三谢罪，由于自己"涉道尚浅，立身本孤"，所以"进登二府，参预万机"以来，"议刑赏，则不避上疑;革侥幸,则多招众怨。心虽无愧,迹已难安","讵有兴邦之言,曾无经国之效",看来只有任职紫塞小郡,"庶供粗使,聊谢舆言";二是坚决不在中枢兼职,请"罢参知政事并宣抚使,只差臣于邠、泾间知一州,带沿边安抚使,乞不转官,仍不带招讨、部署之名",另因又让他"知邠州军州事及管内劝农使",故特别强调"罢政府之重责""愿解贰于黄枢",只去"往守要藩","请分忧于紫塞"。此处"聊谢舆言"四字太要紧了,大有调侃、讽讪与难言、不言之意:真以为我范仲淹道浅身孤、无经天纬地之才吗?可叹朝堂险恶,龙虎际会难,只好不奉陪了!

不过,范仲淹不唯政坛失意,也确实身体有病。这点,在其四十六岁所作的睦州诗就已经有所透露,"不道鲈鱼美,还堪养病身。""有病甘长废,无机苦直言"。(《出守桐庐道中十绝》)而且他的病,每到秋天都要发作,四十八岁在饶州时曾经很严重,"对宾客忽倒,不知人事",而且"自后久坐则头晕,多务则心烦",在西北前线这几年一直如此,到耀州任上,已然发展到"头目昏沉,食物减少,举动无力",不找个好地方认真医治也真是不行了。所以,他在邠州待了半年之后,虽则对先祖扎根之地多有留恋,毕竟对医病不利,遂有《陈乞邓州状》《谢转给事中移知邓州表》《邓州谢上表》《谢依所乞依旧知邓州表》四折。在《陈乞邓州状》中,有一段话是这么说的:

> 今又睹朝旨,据鄜延路奏,所定疆界,并已了当,仰保安军、镇戎军榷务通行博易者。事或宁静,理当改更。其陕西边事,自有逐路经略使处置。惟此四路安抚使,今后别无事务,欲乞朝廷指挥废罢。臣则宿患肺疾,每至秋冬发动,若当国有急难之时,臣不敢自求便安,且当勠力。今朝廷宣示,西事已定。况邠州元系武臣知州,伏望圣慈恕臣之无功,察臣之多病,许从善地,就访良医,于河中府、同州或京西襄、邓之间就移一知州,取便路赴任,示君亲之至仁,从臣子之所望,实繫圣造,得养天年。

这时，范仲淹点明自己所患乃"肺疾"，要求离开紫塞边州去内地就医，并请求去向"于河中府、同州（今陕西大荔）或京西襄、邓之间"，也就是古南阳之地。此"状"中未涉心事，但范仲淹在给挚友韩琦的信中则有这样的话："盖年向衰晚，风波屡涉，不自知止，祸也未涯。此诚惧乎中矣。瞻望风采，伏惟倍加自重。须求便安，以全衰晚。"何谓"风波屡涉，不自知止，祸也未涯。此诚惧乎中矣"？如今要求去内地，诚为治病，但也确是惧怕了这些年来的政治灾难，如今已近花甲之年，不得不考虑"须求便安，以全衰晚"。"展节事君三黜后，收心奉道五旬初"，范仲淹这种"道不同则卷而藏之"的士君子情怀，早在多年前的《移丹阳郡先游茅山作》中，已有吐露了。

对于范仲淹所请，宋仁宗以"给事中、依前资政殿学士、知邓州军州事"，予以成全。此时宋仁宗何等心境，是正好借此把这个可敬又可畏的范仲淹打发走，还是念其忠勤刚正而有所留恋，或许二者兼而有之？不得而知。但对于范仲淹来说，被安排到邓州，他是真心喜欢并心存感谢的，《谢转给事中移知邓州表》《邓州谢上表》为证。两表内容大同小异，这里兹录《邓州谢上表》。

臣某言：伏奉敕命，授臣给事中，依前资政殿学士、知邓州军州事，已礼上讫。琐闱清品，穰都善地。处之甚重，惴然若惊。

窃念臣志意本微，才力素寡。始干及亲之禄，俄有得君之遇。启沃无隐，出处惟命。持一节以自信，历三黜而无悔。顷以氐羌犯塞，朝廷旰食，起臣思过之地，授臣御戎之策。往罄死力，敢图生还。夙夜一心，首尾四载，仅免舆尸之祸，终无克敌之勋。一旦召还，五章陈让。惟求守塞，不敢入朝。再烦诏音，促登枢右。改参大政，俾竭微才。革姑息之风，则谋身者切齿；尚循默之体，则爱国者寒心。退孤上恩，进敛群怨。诚难处于要路，复请行于边鄙。方陈豫备之策，俄睹绥怀之事。乃宣霈泽，以安黎元。

臣以患肺久深，每秋必发，求去沍寒之地，以就便安之所，庶近医药，存养晚年。伏蒙皇帝陛下，天覆地生，云濡雨渥，进以清近之秩，付以偃息之藩。风俗旧淳，政事绝简，心方少泰，病宜有瘳。实繋宽大之朝，将幸康宁之福。敢不孜孜于善，战战厥心，求民疾于一方，分国忧于千里。上酬圣造，少罄臣诚。臣。

此时的范仲淹，对宋仁宗感激是感激，但还是无意间流露出内心一种士君子的遗憾与怨愤。我本"持一节以自信，历三黜而无悔"，随后西夏犯边，国防吃紧，你们把我从贬谪之地送上前线，我"往罄死力，敢图生还。夙夜一心，首尾四载"；接着，皇上您要召我还朝，我是"五章陈让""不敢入朝"，可"再烦诏音，促登枢右"，我还敢抗命不遵吗？这才"改参大政，俾竭微才"。可"革姑息之风，则谋身者切齿；尚循默之体，则爱国者寒心。退辜上恩，进敛群怨"。此时，他没有说出口的话还有：我们这批忠心谋国为民的新政人物身败名裂，一场如此伟大的改革事业断送，皇上您真的就没有责任吗？范仲淹每每下笔，总有千般深意，万种性情。这里，还要特别关注一下《谢依所乞依旧知邓州表》。为什么会有这样一道奏议？《范仲淹年谱：六十四年的人生历程》这样记载："庆历八年（公元1048年），六十岁。正月，诏移知荆南府（今湖北江陵一带），邓民请留，范仲淹亦上表自请愿留；二月，复知邓州。"原来，范仲淹在邓州得到当地老百姓的热烈拥护，任满后要调往荆南府时，为老百姓苦苦挽留！面对如此多情的邓州人民，范仲淹也不愿就走，便给朝廷上书请留。不料宋仁宗还真批准了，于是就有了范仲淹这道《谢依所乞依旧知邓州表》。

现在的河南省邓州市，古称穰。"穰"字何解？本义就是指庄稼丰收。《诗·周颂·执竞》曰："降福穰穰，降福简简。"《史记·淳于髡列传》曰："五谷蕃熟，穰穰满家。""穰穰"意为众多的样子。可见邓州这个地方，自古以来就是个能吃饱饭的好去处。它地处豫、鄂、陕交界，南阳盆地中南部，白河环其侧，伏牛耸其后，宛桐障其左，郧谷拱其右，乃江汉之上游，襄汉之藩篱，秦楚之扼塞，沃野百里，人烟稠密，自古号为上等郡、望郡、钜郡。据说历史上有五位皇帝考虑过在此建都：北魏孝武帝元修、唐高宗李治、唐昭宗李晔、宋钦宗赵桓和金哀宗完颜守绪。公元1994年，全国十大考古发现之一的八里岗新石器时代遗址，就在邓州市东约三公里处，距今约六千八百年，可见邓州历史之悠久。北宋初，邓州仍设有"武胜军"①，领邓州、内乡和南阳三县。此地距京都汴梁不算很远，又这么富庶安然，于是，在北宋早期成了老臣的颐养之地，依例七十岁左右的老功臣可以在此一面做官，一面颐养天年。比如那位开国元老即受太祖、太宗、真宗三代帝王殊遇的张永德，说过"半部《论语》治天下"的开国宰相赵普，宋太宗的状元宰相苏易简，逼着宋真宗上前线抗辽的铁腕宰相寇准等，都曾担任过邓州知军、知州。范仲淹以望六之年而能知邓州，也算开了特例。

　　对于范仲淹来说，邓州有着前所未有的人生意义。孔圣人说他自己"五十而知天命"，所谓"天命"，可理解为哲学的宇宙来源，是一把探求生命真谛的神奇灵钥。譬如登山，少壮者奋勇攀爬，沿途美景令他如醉如痴，山顶风光更让他向往无限，寄托着毕生的希望。这时，如果有过来人告诉他说，登山不登顶吧，那上面也没什么好看的。他才不会信呢，肯定继续勇往直前，只盯着前面的山顶使劲。及至来到巅峰，山风呼啸，雨雪扑面，间或蓝天白云太阳也很美丽壮观，怎奈"高处不胜寒"，方知真非久留之地。但好在此时目光开阔，已然可以看清山的四面八方，如果豁然顿悟，悟出全部人生意义，便是知天命了。不过人到这会儿，也有点身心困乏，举目四望，极想觅一理想处所，一面歇息，一面思考，那心灵家园又在何方呢？所谓心灵家园，风物宜人尚在其次，最要紧的可能是让人释然"放下"，不经意间人性回归，灵魂歌唱。置身峰顶的范仲淹极目搜寻，他看中了邓州及其东南隅的百花洲，可此处真是他的心灵家园吗？

　　百花洲这个名字挺好听，但是天下可不止一处。江西南昌有东湖，东湖

---

① 武胜军节度设在邓州长达三百二十三年，作为南阳盆地的政治、经济、军事、文化中心达二百二十五年之久。

之中有三座小岛,合称百花洲,后来干脆把整个东湖一带的风景区全称为百花洲。人家从唐代以来就出名了,历史上的东湖书院、东湖书画会等,都设在这里;名人吟诵作品甚多,如李绅、杜牧、黄庭坚、辛弃疾等,在此都留有绝妙诗文。泉城济南也有个百花洲,就在大明湖南面,有一小湖碧波粼粼,水中碧莲映日,红荷争艳,岸边弱柳临风,娇柔婀娜,距此不足二三百米处,即是著名的珍珠泉群,泉水经曲曲折折的玉带河,缠缠绵绵地流入百花洲,再穿鹊华桥流进大明湖。据说宋时的百花洲,比现在大得多,还有个小岛。写过《范仲淹传》的曾巩调任齐州(今济南)知州时,曾在大明湖上筑百花堤,小岛也因之名为百花台。岛上百花烂漫,景色宜人。曾巩有《百花台》诗赞之曰:"烟波与客同樽酒,风月全家上采舟。莫问台前花远近,试看何似武陵游。"后世名人如明代文坛"后七子"领袖、济南人李攀龙,曾在百花洲建白雪楼,且隐居于此,一部《沧溟集》风行天下,历百年而不衰。其美妾蔡姬,善烹调,所创之葱味包子,流传至今,已是济南著名的风味小吃。再说惠州也有个名胜去处百花洲,位于惠州西湖明月湾附近,与长桥相连。不过,它出名就晚了,明正德年间,甘公亮为惠州太守时,在州上建落霞榭,临四壁窗户眺望,尽览湖光山色。现存"落霞榭",为后人重修,设"刘伦花阁",新辟花廊,广种名色花卉,遂成惠州一景。而今最年轻的百花洲叫"梦幻百花洲",位于广东东莞松山湖工业园核心区域内。这是珠江三角洲最具观赏、游玩、休闲、娱乐价值的花卉主题景区,其中有一个蝴蝶生态园,集蝴蝶养殖、蝴蝶标本展览、蝴蝶动漫造型于一体,更是极具特色。不过,上面这些百花洲,均与范仲淹无关,这里只详细说范仲淹选中的邓州百花洲。

邓州百花洲何时成了一处著名景观,不好查考。有人说此处一早也称"东湖",详细的就不如南昌东湖好说了。据邓州学者杨德堂先生考证,现存最早题咏百花洲的诗,是宋仁宗景祐二年,兵部尚书宋祁写给邓州知州燕肃的《答燕龙图对雪宴百花见寄》,诗中有"百花洲外六花寒,使幕凌晨把酒看"之句。四年后,宝元二年,范仲淹的同年好友谢绛出任邓州知州,整修了百花洲，并创建了标志性建筑览秀亭。欧阳修、梅尧臣等到邓州拜访谢绛时，曾在百花洲上泛舟，览秀亭下抛堶，诗酒唱和，有欧阳修的《和圣俞百花洲二首》诗为证。诗中"野岸溪几曲，松蹊穿翠阴。不知芳渚远，但爱绿荷深"几句，都让人可以想象出百花洲之阔与美。有人将此诗安在了南昌东湖百花洲，显然是掠人之所爱。庆历六年（公元1046年）正月，五十八岁的范仲淹来到邓州时，欧、梅唱和诗已然流传几年之久，美诗依然而美景不再，且故人离去，谢知州更是驾鹤永逝，所修之百花洲一片荒凉，览秀亭早已倒塌，不免让范仲淹好一番感慨。莫非他之属意邓州，也与这段思友之情相关？然而决意要重修百花洲，且要在此创建百花书院，则是可以肯定的事，因为他立马付诸实施了。待到百花洲重建工程告竣，览秀亭再现雄姿，这位主修人不免诗兴大发，特作《览秀亭诗》：

> 南阳有绝胜，城下百花洲。
> 谢公创危亭，屹在高城头。
> 尽览洲中秀，历历销人忧。
> 作诗刻金石，意垂千载休。
> 我来亭早坏，何以待英游。
> 试观荆棘繁，欲步瓦砾稠。
> 嗟嗟命良工，美材肆尔求。
> 日基复日构，落成会中秋。
> 开樽揖明月，席上皆应刘。
> 敏速迭唱和，醺酣争献酬。
> 老子素不浅，预兹年少俦。
> 九日重登临，凉空氛气收。
> 风来雁声度，云去山色留。
> 西郊有潭菊，满以金船浮。
> 雅为君子寿，外物真悠悠。

> 过则与春期，春时良更优。
> 焰焰众卉明，衮衮新泉流。
> 箫鼓动地喧，罗绮倾城游。
> 五马不行乐，州人为之羞。
> 亭焉讵可废，愿此多贤侯。

此处请特别关注"五马不行乐，州人为之羞"。五马者，乃太守之代称，因汉时太守乘坐的车用五匹马拉，故以此借指太守。白居易《西湖留别》有句："翠黛不须留五马，皇恩只许住三年。"范仲淹在这里公开宣示：作为地方长官，假如做不到与民同乐同忧，是一件令人羞耻的事。据记载，此次新修百花洲，除了城头的览秀亭，还在百花洲上创建嘉赏亭，从西郊移来各种菊花，新建了菊台；为振兴邓州文运，又在对应的城头创建春风阁、文昌阁，成了邓州一处人文内涵丰富的复合景区，一直到今天，也还被看作是邓州的第一名胜。最难能可贵的是，范仲淹规定上到达官贵人下到寻常百姓、"引车卖浆者流"，均可自由出入，尽情游览休闲，形成了"箫鼓动地喧，罗绮倾城游"的盛况。我所在的城市有一座森林公园，号称全民所有，可有一半风景区，而且是最美的风景区，却用铁丝网圈成"高尔夫"，普通老百姓不得入内。想想一千多年前范仲淹的思想与作为，真不知该作何感慨。下得"山顶"的范仲淹，无疑把"民为贵"的士君子情怀，又拓宽与升华。这一点，接下来创建花洲书院等事更能体现出来。范仲淹一生兴学育人，从不稍息，走一处必有是举。但他罢参知政事之后再兴学，应特别评价，尤其是创建邓州州学并著有《邓州建学记》。以下全录《邓州建学记》：

> 国家之患，莫大于乏人。人曷尝而乏哉？天地灵粹，赋于万物，非昔醇而今漓。吾观物有秀于类者，曾不减于古，岂人之秀而贤者独下于古欤？诚教有所未格，器有所未就而然耶！庠序可不兴乎！庠序者，俊乂所由出焉。三王有天下各数百年，并用此道以

长养人材。材不乏而天下治，天下治而王室安，斯明著之效矣。

庆历甲申岁，予参贰国政，亲奉圣谋，诏天下建郡县之学，俾岁贡群士，一由此出。明年春，予得请为邠城守。署事之三日，谒夫子庙。通守太常王博士稷告予曰："奉诏建学，其材出于诸生备矣。今夫子庙隘甚，群士无所安。"因议改卜于府之东南隅。地为高明，遂以建学，并其庙迁焉。以兵马监押刘保、节度推官杨承用共掌役事，博士朝夕视之。明年夏，厥功告毕。增其庙度，重师礼也；广其学宫，优生员也。谈经于堂，藏书于库，长廊四回，室从而周，总一百四十楹。广厦高轩，处之显明。士人洋洋，其来如归。且曰："吾党居后稷、公刘之区，被二帝三王之风，其吾君之大赐，吾道之盛节欤！敢不拳拳服膺，以树其德业哉？"

予既改南阳郡，博士移书请为之记。予尝观《易》之大象，在《小畜》曰："君子以懿文德。"谓其道未通，则畜乎文德，俟时而行矣。在《兑》曰："君子以朋友讲习。"谓相说之道，必利乎正，莫大于讲习也。诸生其能知吾君建学，圣人大《易》之旨，则庶几乎。故书之。

设想：假如范仲淹乃一介志于禄者，被贬谪出京，会是多么失落又丧气！来到邠州这样一个边鄙小地，前程黯淡，心里七上八下，哪有心思兴学？虽说理当为老根故土做点贡献，可心里难免有气：谁又肯为我做贡献呢！多亏范仲淹不是此等小人儒，乃是堂堂君子儒，在其位则"眼光向下"，将兴教办学列为新政之一，厉行不辍，"予参贰国政，亲奉圣谋，诏天下建郡县之学，俾岁贡群士，一由此出"；不在其位，却一秉初衷，不忘民瘼，个人纵然身处委屈艰难，"以天下为己任"的素志仍不可屈，素行仍不可废，仍旧坚持兴学。正是出于这样的胸襟，才会有邠州建学这样的灿灿之举，才会有《邠州建学记》这样的洋洋宏文。还有一点，州学竣工时，范仲淹早已来到邓州，是邠州博士王稷差人特邀，请他作记。一般人，或有推托，或予应付，哪会有这样一篇倾注心血之作！初读开篇，立即就会感受到他二十多年前历次"青年上书"的如火热情，落笔的《小畜》与《兑》，则突显他以《易》贯之的行事、做人之道，那是一个君子儒一辈子都不会改变的心胸与操守。

关于花洲书院，著文推介者太多了！特转引杨德堂先生的一段文字。

"花洲书院，在范文正公祠东。范公出刺邓州，在百花洲上建学舍，以教士子。"书院的讲堂名曰"春风堂"，取意于"宣圣春风"的典故。宣圣，即孔子，据《尚友录》记载："汉武帝谓东方朔曰：'孔颜之道德何胜？'方朔曰：'颜渊如桂馨一山；孔子如春风，至则万物生。'"范仲淹将书院讲堂命名为春风堂，是希望教师讲课如春风化雨，学生听讲要感到如坐春风。为了使书院尽快兴盛起来，他常于公余之暇到书院执经讲学。据说，范仲淹的儿子、官至宰相的范纯仁，北宋理学创始人之一的张载，元祐时的邓州知州韩维，均"从师范仲淹学于花洲书院"（《嵩阳书院》）。据邓州人、明宰相李贤主持纂修的《大明一统志》记载，范仲淹曾赋诗"春风堂下红香满"。此诗虽为残句，但可以看出范仲淹是以满怀喜悦的心情，来描绘花洲书院人文蔚起的景象的。

创办花洲书院，开邓州千年文运。邓州人贾黯（字直孺）在书院创建的当年便高中状元。清道光二十七年（公元1847年），邓州知州徐柱臣在《重修春风阁碑记》中曰："贾直孺大魁天下，固证人文之蔚起。要非公之善教，不及此。一时沾化雨、坐春风，接踵而来者，蒸蒸日上。迄今虽人远代隔，而'春风堂下红香满'之咏，犹啧啧人口于不衰。"邓州人把花洲书院视为教育的圣地，人才的摇篮，自宋而后屡圮屡修，办学不断。

文中提到两位历史名人，一为"北宋理学创始人之一的张载"，一为

"范仲淹的儿子、官至宰相的范纯仁"。

张载者，以"为天地立心，为生民立命，为往圣继绝学，为万世开太平"的"横渠四句"而闪耀千古。然而，这位宋代理学主要奠基人、关学学派创始人，著名哲学家、思想家和教育家，如果没有早年与范仲淹的一段交往，肯定会过着另外一种人生。他生于宋真宗天禧四年（公元1020年），比范仲淹小三十二岁，出生在陕西眉县横渠镇，故世称"横渠先生"。康定元年，夏天，范仲淹任陕西招讨副使兼知延州，壮志凌云的张载只身闯进范仲淹的帅帐上书，是为《边议九条》，即清野、回守、省戍、因民、讲实、择帅、择守、足用、警败，并且提出，他打算联合焦演（精通兵学实战）组织民团去夺回被西夏侵占的洮西失地，建功立业，博取功名。范仲淹眼前一亮，先仔细打量眼前这个二十余岁的年轻后生，再认真阅读其文，随后与之交谈，心中不觉大喜："此人可成大器矣！"遂推心置腹劝张载道："儒家自有名教，何事于兵。"意思是说，你赶快弃武从文吧，读书论道，你的前程不可限量！并赠之《中庸》以为鼓励。张载收下赠书，接受劝告，深谢范仲淹点拨，表示将即刻返乡读书，不负恩师所期。从这年起直到三十八岁，张载埋头读书治学十七年，先读《中庸》，"犹未以为足也，于是又访诸释老之书，累年尽究其说，知无所得，反而求之《六经》"。其间，庆历二年范仲淹为防御西夏南侵，在安阳府（今甘肃庆阳）城西北修筑大顺城竣工，特请张载过来撰写《庆州大顺城记》，以资纪念。这也是范仲淹难忘俊才张载之明证也。张载一生学问成果，这里无须展开介绍，但他对天文学的贡献极为独特而少有人说，不妨一列。

北宋时期文风炽盛，科学昌明，思维活跃。学子们对探求宇宙奥秘大有兴趣。在古代宇宙结构及天体演化理论中，"宣夜说"成为这一时期的"显学"，比如沈括、程颢、程颐等人都持此说；支持"浑天说"则有研究者邵雍等人；而"盖天说"基本无人问津。作为关学领袖，张载不但通医，天文学亦素养精深，善于探赜钩沉。他居然对《黄帝内经》所草创的"宣夜浑天合一"的宇宙图式，做出了独创性的阐释与发挥，解决了当时的一些天文学难题。比如：关于太阳、月亮距离地球孰远孰近的问题，天体之间相互作用的问题，地球运动的问题等。这在当时是相当了不起的天文学成果。张载一生，著有《崇文集》十卷（已佚），《正蒙》《横渠易说》《经学理窟》《张子语录》等。明嘉靖间吕柟编有《张子钞释》，清乾隆间刊有《张子全书》，后世编为《张载集》。笔者在此有一点疑问，即张载是否在花洲书院从范仲淹学？《张载年谱》是参照《横渠志》、岐山《武澄年谱》、日文版《周张全书》、《陕西乡贤事略》诸版本编辑而成，唯一没有参考到的版本，是南宋时期张载后裔张同仁所编《张子年谱》，《张载年谱》还是比较可靠的。《张载年谱》载：从庆历五年至皇祐元年，"张载居家读书，观察悟事，研究佛道"，"张载仍居家读书，观察悟事"，但并未提过在邓州花洲书院从范仲淹学，连来短期来访的记载都没有。且待知者指点迷津。但是，不管怎么说，没有范仲淹，很可能就没有"宋初三先生"，没有范仲淹，很可能就没有"横渠先生"。

接着再说范纯仁及范家兄弟。范仲淹是晚婚楷模，三十六岁时才与名门之女李氏夫人成婚，当年得长子范纯祐，三十九岁时得次子范纯仁，四十三岁时得三子范纯礼，四十九岁时李夫人不幸病卒，续弦张氏夫人，五十八岁时得范纯粹；另外还有二女，重男轻女之通病，惜乎未留其名。范仲淹是那种有"匈奴未灭，何以家为"之志的丈夫，婚后聚少离多，一家人难得团圆，只有此次来在邓州，全家人破天荒地相聚一处达三年之久。范仲淹先带着大儿子纯祐赴任，看到邓州风俗淳厚，颇堪居留，于是把寄养在京城妻兄李纮家的二儿子纯仁、三儿子纯礼，以及女儿等一并接来共同生活。回想自己的大半生，从未有过如此快乐而团圆的家庭生活，天伦之乐与田园之美，使范仲淹的心灵倍感慰藉。看着眼前的四子，范仲淹舒心极了，生命可得延续，功业有人传承，把问青天，夫复何求？不过，他当时肯定想不到，日后这四个儿子个个了得，足可与乃父争辉眩世。要说名人，《宋史》专门为范家四兄弟立传，加上《范仲淹传》，一门父子兄弟"五传"传世，历史上也不多见。我于此不能不诉诸笔墨。

长子范纯祐，自幼警悟，明敏过人，早年拜胡瑗为师，精通兵书与道家学说。《宋史·范纯祐传》载："方十岁，能读诸书；为文章，籍籍有称。父仲淹守苏州，首建郡学，聘胡瑗为师。瑗立学规良密，生徒数百，多不率教，仲淹患之。纯祐尚未冠，辄白入学，齿诸生之末，尽行其规，诸生随之，遂不敢犯。自是苏学为诸郡倡。"他曾跟随父亲范仲淹前往西北前线，庆历二年三月，遵父命与赵明在庆州东北修建大顺城，年仅十六岁。范纯祐特别孝敬父母，"未尝违左右，不应科第"，后来，他也做过几天小官，"荫守将作监主簿，又为司竹监，以非所好，即解去"，意思就是，因为父亲而受荫庇，不是自己凭本事挣的，加上也不喜欢这些工作，就自动离职不干了。这次又是他陪同父亲最早来到邓州的，不幸的是，"得疾昏废，卧许昌"，"凡病十九年卒"，享年四十岁。真是太可惜了！

次子范纯仁，字尧夫。仁宗皇祐元年中进士时，他年仅二十三岁，因为当时正随着父亲由邓州移杭州，故"以事亲不赴官，后为范仲淹执服毕始出仕"，即父亲去世之后才做官。"尝从胡瑗、孙复学。父殁始出仕知襄城县，累官侍御史、同知谏院，出知河中府，徙成都路转运使。哲宗立，除给事中，元祐元年同知枢密院事，后拜相。"他颇具乃父风范，体国爱民，人称"布衣宰相"。哲宗亲政，累贬永州安置。范纯仁于徽宗登基后，复观文殿大学士，促入觐，以目疾乞归，著有《范忠宣公集》二十卷。"纯仁从其父教诲，又与孙复、石介、胡旦、李觏等名士游，待人平易忠恕，尝谓：'但以责人之心责己，恕己之心恕人，不患不到圣贤地位也。'学问博洽，为文无长语。"王安石变法时，他与司马光、苏轼等均站在对立面，抵制新法。此中缘由颇为复杂，在此不作探讨。

三子范纯礼，字彝叟。随父在邓州时，年方十六，而父亲去世时，他已是二十一岁的青年了，遂"以父仲淹荫，为秘书省正字，签书河南府判官，知陵台令兼永安县"。其才能为父友韩琦赏识，用为三司盐铁判官，以比部员外郎出知遂州。"泸南有边事，调度苛棘，纯礼一以静待之，辨其可具者，不取于民。民图像于庐，而奉之如神，名曰'范公庵'。"再除户部郎中、京西转运副使。元祐初，入为吏部郎中，迁左司，又迁太常少卿、江淮荆浙发运使，以光禄卿召，迁刑部侍郎，进给事中。转吏部，改天章阁待制、枢密都承旨。宋徽宗即位，范纯礼以龙图阁直学士知开封府，拜礼部尚书，擢尚书右丞。崇宁年间，"启党禁，贬试少府监，分司南京。又贬静江军节度副使，徐州安置，徙单州。五年，复左朝议大夫，提举鸿庆宫。卒，年七十六"。

老生子范纯粹，字德孺。父亲去世时，他还是个六七岁的稚童，成年后如三哥一样，"以荫迁至赞善大夫、检正中书刑房"。元丰年间，为陕西转运判官，旋进为副使。宋哲宗即位，命纯粹直龙图阁，时苏轼自登州召还，"纯粹与轼同建募役之议"，且成为好友。随后代替二哥纯仁知庆州，此时正逢宋与西夏国正在谈判疆界划分问题，于是，他提出："纯粹请弃所取夏地，曰：'争地未弃，则边隙无时可除。如河东之葭芦、吴堡，鄜延之米脂、义合、浮图，环庆之安疆，深在夏境，于汉界地利形势，略无所益。而兰、会之地，耗蠹尤深，不可不弃。'所言皆略施行。""元祐中，除宝文阁待制，再任，召为户部侍郎，又出知延州。"绍圣初年，宋哲宗开始亲政，御史郭知章遂以"纯粹元祐弃地事"发难，纯粹"降直龙图阁"；不过，第二年"复以宝文阁待制知熙州"。此时，当权的章惇和蔡卞经略西夏，怀疑范纯粹跟他们不是一条心，就贬其知邓州，很快又以"元祐党人"夺其职，徙知均州。直到宋徽宗立，几经起落，一直到"党禁"解，这才"复徽猷阁待制"，但他很快就退休了，不久病故，"享年七十余"。

此处要特别记一下"元祐党祸"。有意思的是，范仲淹一生屡黜于"朋党"之祸，而他的儿子们，除纯祐久病、早死幸免外，其余三子则无一幸免于"元祐党祸"，均在著名的"元祐党人碑"上留下大名。"元祐党人案"是宋朝的重大案件，历经神、哲、徽、钦、高宗五朝，持续时间之长，卷入人数之多，在历史上实属罕见。激烈的党争加剧了政局动荡，导致了北宋的覆亡。此案详细，本书用不着展开，只论"元祐党人碑"。

宋徽宗崇宁初，蔡京拜相后，为打击政敌，将司马光、苏轼以下共三百零九人打成"元祐奸党"分子,而且将所谓"恶名"刻碑为记,立于端礼门外,史称"元祐党人碑"或"党人碑"。

这些人重者被关押,轻者被贬放远地,非经特许,不得内徙。在该碑"文臣·曾任宰臣执政官"名单中,有"范纯仁""范纯礼"的大名;在"文臣·曾任待制以上官"名单中,有"范纯粹"的大名。此时范纯仁已经去世,所以在名单中标为"范纯仁故"。

有趣的是,九十三年之后,当年被列为"元祐党人"之一的梁焘的曾孙梁律,根据家藏碑刻拓本重新勒石成碑,它是现存唯一一块"元祐党人碑",对于研究宋代"朋党"课题具有很重要的价值。明人何景明在《寄李郎中》一诗中慨叹:"海内竞传《高士传》,朝廷谁诉党人碑。"

言归邓州。且说范仲淹颠沛大半生,至邓州阖家欢聚,着实享受了三年人间天伦之乐,同时,也真正享受了一场民间百姓之乐。他一生多次被黜,也为老百姓多兴善举,于中得乐,但英年勇锐,不免"处江湖之远,则忧其君",自己还未能完全"放下",无法全身心地、无比轻松地与百姓同乐同忧。而这一遗憾,在邓州得以弥补了。惜于篇幅,这里只举同乐同忧各一例。

天穿节,是元宵节之后的第一个传统节日,主要流行于陕西、山西和河南等地,时间有正月二十日、二十三日、二十五日等几种过法。邓、襄之地亦有此节。天穿节又叫补天节,源于女娲补天的神话故事。《淮南子·览冥训》载:"往古之时,四极废,九州裂,天不兼覆,地不周载;火爁炎而不灭,水浩洋而不息;猛兽食颛民,鸷鸟攫老弱。于是女娲炼五色石以补苍天,断鳌足以立四极,杀黑龙以济冀州,积芦灰以止淫水。苍天补,四极正;淫水涸,冀州平;狡虫死,颛民生;背方州,抱圆天。"而民间则以煎饼"补天穿",以此纪念女娲炼五色石补天。考"天穿"日,即二十四节气中的"雨水"日,一般在每年阳历二月十九日,即阴历正月十九日至二十三日之间。这一天,"天一生水",多半有雨,故谓之"天穿",也就是天穿节的由来。明杨慎《词品》云:"宋以前正月二十三日为天穿日,相传云:女娲氏以是日补天,俗以煎饼置屋上,名曰补天穿。"天穿的次日为"穿地"

日,有水中摸石的习俗。前文说过的那位范仲淹的"铁粉"李觏先生,在他的《盱江集·卷三十六》中有:"正月二十日,俗号天穿日,以煎饼置屋上,谓之补天,感而为诗:娲皇没后几多年,夏伏冬愆任自然。只有人间闲妇女,一枚煎饼补天穿。"

在南阳、襄阳之地,按习俗,天穿节这天,女人要入水摸石卜子。宋杜绾在《云林石谱》中介绍说:"江水中多出穿心石,士女春时竞水中摸之,以卜子息。"这就要说到范仲淹的《献百花洲图上陈州晏相公》诗了,其中有句:"彩丝穿石节,罗袜踏青期。"前句写的就是邓州天穿节,他诗下有注曰:"襄、邓间,旧俗正月二十二日,士女游河,取小石通中者,用彩丝穿之,带以为祥。"非亲身经历,何能体察如许细致生动?

至于后句"罗袜踏青期",就写的是三月三踏青节的风俗民情了。在中国民间,农历三月三,是汉族及多个少数民族的传统节日,古称上巳节。有多种说法,一说是王母娘娘的寿辰,所以要吃桃;一说是阎王爷的诞辰,所以要吃桃表示"逃"了一劫;一说是黄帝的圣诞,所谓"二月二,龙抬头;三月三,生轩辕"是也。魏晋以后,上巳节改为三月三,后代沿袭,遂成汉族水边饮宴、郊外游春、登山、逛庙会的节日。还有更浪漫的一说:视为情人节。中国的情人节有两个:一个是农历三月三,一个是农历七月七。牛郎会织女,鹊桥诉幽情,这个情人节多为人知且目下流行更甚,而农历三月三的情人节,则被遗忘了。其实它也是由来已久。李白诗云:"啸声咽,秦娥梦断秦楼月;秦楼月,年年柳色,灞陵伤别。乐游原上清秋节,咸阳古道音尘绝。"据说这记述的就是三月三情人节的情景。这一天,两两相惜相别,折柳相赠,情即为柳,柳即为情,"垂柳无端馈赠别",即源于此。另外,农历三月三,还是真武大帝的寿诞,故而又是道教的重要节日。真武大帝全称"北镇天真武玄天大帝",又称玄天上帝、玄武、真武真君。传说他生于上古轩辕之世的农历三月三,是道教中主管军事与战争的正神。所以,这一天,各地的道教宫观都要举行盛大法会,信众们齐集宫观庙宇烧香祈福,再不济也得在家里诵经祈祷。

依《范仲淹年谱：六十四年的人生历程》，范仲淹于庆历六年"正月，至邓州任所"。当年有《献百花洲图上陈州晏相公》，说明他过的天穿节和三月三，就是当年春天的事了。此时，小儿子纯粹尚未出生，也许他是与怀有身孕的新夫人相携出行，身后跟着三个儿子，一家人享受着从未有过的节日快乐。这里有个小小的疑问：献给晏殊的这张"百花洲图"，是邓州旧图，还是重修后的新图？按理说，范仲淹想让老师友分享他的成绩与欢乐，所献应该是新图，但就算此诗写在年底，也还到任不足一年，偌大重建工程从筹划设计到施工修建，再到竣工开放，有可能吗？所以，我猜测《献百花洲图上陈州晏相公》，或写在他知邓州的第二年？要不就是这样一种可能：六七年前故友谢绛整修的百花洲，还没有多大毁坏，只需重点修复一下即可。此处要尾添一笔的是，宋哲宗绍圣二年（公元1095年），范家四公子范纯粹，也遭贬知邓州，这时他也是知天命，面对历历百花洲和花洲书院，遥想近五十年前的往事，内心不知涌起多少感慨，于是，重新整修百花洲和书院，就是在所不辞的事，毕竟他要寄托的心事太多太重了！这可能也是有宋一代最后一次修葺吧，据说至元时已是一片废墟。明代花洲书院得以恢复，易名春风书院，嘉靖年间曾三次重修，清代达到鼎盛，有记载的修复即十五次之多。光绪三十一年，知州叶济全面重修书院，并按朝廷诏令，将花洲书院更名为"邓州高等小学堂"，开始了新式教育。自从范仲淹创建以后近千年来，花洲书院英才辈出，宋至清末，出了两名状元、五十六名进士、二百零二名举人。范公泉下有知，也该把酒以庆了。

现在举与民"同忧"一例。

范仲淹到邓州这一年的夏末，虽自家添了小纯粹，可他高兴不起来，因为邓州地面旱象已显，自秋至冬一连数月，雨雪不见，二麦枯黄，百姓发愁，他更是心急如焚。早在正月刚上任时，他就亲率僚属参加了当地民众的祭风师活动，并作诗酬友，题名《祠风师酬提刑赵学士见贻》，诗曰：

先王制礼经，祠为国大事。

孟春祭风师，刺史敢有二。
斋戒升于坛，拜手首至地。
所祈动以时，生物得咸遂。
勿鼓江海涛，害我舟楫利。
昊天六七月，会有雷雨至。
慎无吹散去，坐使百谷悴。
高秋三五夕，明月生天际。
乃可驱云烟，以喜万人意。
愿君入薰弦，上副吾皇志。
阜财复解愠，即为天下赐。
八使重古礼，作诗歌祭义。
诚欲通神明，非徒奖州吏。
贤哉推此心，良以警有位。

我之所以虔诚地"孟春祭风师""非徒奖州吏"，可不是为我们当政者祈求好处，但愿"昊天六七月，会有雷雨至……乃可驱云烟，以喜万人意"，"阜财复解愠，即为天下赐"，让邓州老百姓无忧无虑地过日子就行了。现在看来老天爷不领情，这可真没办法了。范仲淹除了每月三次向朝廷汇报灾情，组织人力抗旱外，只能默默向天祈祷。也许是心诚则灵，老天很快普降了一场大雪，解了邓州旱灾。范仲淹可能比当地百姓还高兴，置酒庆贺，赋诗会友。有邓州青年文士贾黯者，乃新科状元，时任将作监丞，喜闻家乡得降瑞雪，写诗向范仲淹致贺。范仲淹即有《依韵答贾黯监丞贺雪》：

今之刺史古诸侯，孰敢不分天子忧。
自秋徂冬渴雨雪，旬奏空文惭转邮。
得非郡国政未洽，刺史闭阁当自尤。
上赖天子仁且圣，神龙奔走不俟求。

> 同云千里结雪意，一夕密下诚如羞。
> 晓来赏心江海上，东望不见三神丘。
> 浑祛疠气发和气，明年黍稷须盈畴。
> 烟郊空阔猎者健，酒市暖热沽人稠。
> 光精璨璨夺剑戟，清寒拂拂生衣裘。
> 铃斋贺客有喜色，饮酣歌作击前筹。
> 常愿帝力及南亩，尽使风俗如东邹。
> 谁言吾子青春者，意在生民先发讴。

范仲淹在"一夕密下诚如羞"句后小注曰："俗有雪羞多夜落之语。"可见他对民俗民谣悉之颇宏深。想想来年五谷丰登，得利的老百姓必定"酒市暖热沽人稠"，这邓州"千日醇"怕是要大发利市了。诗、酒、琴、剑，乃士君子渔父情怀的指代物，是他们身在民间时的最爱。范仲淹也不例外，尤其在邓州期间，酒中有诗，诗中有酒，剑胆琴心，几达化境。从前每在一处贬谪地，固然也有诗酒相伴，可总有分心，因为"处江湖之远，则忧其君"呀，不得不留心朝廷的动静；而今不同，忧君化为忧大道，大道即是民为贵，自己就在黎庶间，可以把全部身心都踏踏实实地用在"忧其民"上了！这一至高至美境界，在范仲淹全部邓州酒诗中大有体现，酒者，粮也；粮者，百姓也；百姓者，国之本也。所以，范仲淹写酒，即在抒发自己一生痴心不改的民本情怀。

范仲淹一生喜欢饮酒，尽管后来"朋来相欢，积饮伤肺"（《与石曼卿》），到邓州时，"某肺疾尚留，酒量大减，水边林下，略能清吟"（《与滕子京》）。然而，在邓州的惬意日子，仍然让他酒兴犹在，常与友人诗酒唱和。在百花洲宴请过的客人，有姓名可查者即有：致仕宰相张士逊、河东提刑张焘、襄州知州王洙、襄州通判贾黯、提刑赵概等人。范仲淹知邓时所作诗词流传至今的有三四十首，而涉酒诗词则有近二十首。

有一首《依韵答提刑张太博尝新酝》：

南阳本佳处，偶得作守臣，
地与汝坟近，古来风化纯。
当官一无术，易易复循循。
长使下情达，穷民冤不伸。
此外更何事，优游款嘉宾。
时得一笑会，恨无千日醇。
客有多闻者，密法为我陈。
自言此灵物，尽心妙始臻。
非徒水泉洁，大要曲蘖均。
暄凉体四时，日月周数旬，
其气芳以烈，厥味和而辛。
涓涓滴小槽，清光能照人。
固可奉宗庙，宜能格天神。
我姑酌金罍，驻此席上珍。
况有百花洲，水木长时新。
烟姿藏碧坞，柳杪见朱闉。
两两凫雁侣，依依江海濒。
晚光倒晚影，一川无一尘。
悠悠乘画舸，坦坦解朝绅。
绿阴承作盖，芳草就为茵。
引此杯中物，献酬交错频。
礼俗重三爵，今乃不记巡。
大言出物表，本性还天真。
或落孟嘉帽，或抛陶令巾。
吾非葛天氏，谁为刘伯伦。
大使达观者，与予日相亲。
作诗美嘉会，调高继无因。

> 但愿天下乐,一若樽前身。
> 长戴尧舜主,尽作羲黄民。
> 耕田与凿井,熙熙千万春。

从"自言此灵物"至"清光能照人",范仲淹共用了十句诗、五十个字,将酿造邓州美酒千日醇的工艺流程和盘托出,是那样具体而简洁,真实而生动,虽然来自"客陈",但好像一群酒工和他们的劳动场面活现在眼前……这些劳作者首先态度认真,用心做事,不仅用最纯净的水做酒,关键是"曲糵"优良,搅拌均匀,严格按季节变化进行"暄凉",日、月、周、旬地计算酿造周期,直到变成气味芳香、口感甘醇的酒液,涓涓如小溪般流出来,透明晶亮得可以照出人影。假如没有对酒工及其艰辛劳动的尊重和尊敬,没有体察与体谅劳动大众的善念、善心,这样的诗句是绝对写不出来的。

范仲淹记述在百花洲设宴款待嘉宾席间,讲了酿造千日醇的过程,讲了它"固可奉宗庙,宜能格天神"的妙用,讲了大家以美酒尽兴尽欢,"引此杯中物""今乃不记巡"……而真正的诗意却在结尾:"但愿天下乐,一若樽前身。长戴尧舜主,尽作羲黄民。耕田与凿井,熙熙千万春。"但愿天下老百姓都能像我们这样,时常享有盛宴。但愿他们的皇上,都是像尧舜一样爱民惜民的圣君。说到底,这些耕田与凿井的芸芸众生,他们才是这个世界的真正主人。那么,能够自觉自愿地与这些芸芸众生打成一片,同乐同忧,这样的思想境界是多么高尚而又难以企及?可范仲淹做到了,他来到邓州,终于最后完全回归到一个"大言出物表,本性还天真"的美丽的心灵家园。也正是从这一点出发,说他"家在邓州",或为不虚吧?

范仲淹在邓州这个心灵家园生活了三年之久。楼钥《范文正公年谱》载:"(庆历)八年(公元1048年)戊子,年六十岁。春正月丙寅,徙知荆南府。邓人爱之,遮使者请留。公亦愿留,从其请也。有《谢依旧知邓州表》。公守邓凡三岁,求知杭州。……皇祐元年己丑,年六十一岁。正月乙卯,公知杭州。有《杭州谢上表》。"

范仲淹离开邓州后,邓州百姓感念难忘,在百花洲畔建生祠纪念他,后依其谥号"文正"改名范文正公祠。范公祠历经沧桑,累圮累修,至今香火不断,成为一方文化圣地。如今的范公祠是一独立的院落,青砖灰瓦,坐北朝南,与东部的百花洲、花洲书院,南部的景范亭、砚池遥等著名景观遥相呼应,浑然一体。正厅供奉着两米多高的范仲淹铸铜坐像,左右厢房是纪念馆,陈列着文正先生一生的事迹。元丰元年(公元1078年),诗人兼书法家黄庭坚来到邓州,陪同他的妻兄谢景初游览百花洲,拜谒范公祠,并以曹植《箜篌引》中的诗句"生存华屋处,零落归山丘"为韵,写了十首诗。其六曰:"公有一杯酒,与人同醉醒。遗民能记忆,欲语涕飘零。"此时已是二十多年之后了,范仲淹还生动地活在邓州人的记忆里。

有一种说法:范仲淹的文治武功掩盖了他的文学之名,而范仲淹的文学之名又掩盖了他的学术之名。我以为有点道理,所以自宋代到清初,他都没能作为儒家先贤从祀孔庙,至康熙五十四年(公元1715年),才由皇帝颁诏入庙配享。据说,这与一对邓州父子颇有关系,父名彭而述,官至广西右布政使、云南左布政使,他对范仲淹在其故乡的掌故非常熟悉,经常回去凭吊范公遗迹。有一次,他登上春风阁旧址,感慨万千,赋《春风阁旧址》诗一首,诗曰:"杰阁峥嵘想象间,台隍流水自潺湲。姑苏人去千年后,魂魄实应恋此山。"后来他去南方做官,到了苏州,在范公二十世孙范安柱的凤来堂,见到了范公手书的《伯夷颂》,再想起范公知邓惠政,欣然挥毫,题跋于文后,曰:"先生曾为吾邓守,遗泽在人,甘棠犹思,矧惟奕世也。百花洲虽复,凌墟而过化,巍巍之石屹屹矣五六百年间。桐乡裔氓得觊手泽,怆然先世之感何如。"这也是一代一代邓州人对范仲淹的怀念之情。彭而述之子彭始抟,谨承父教,于康熙二十七年(公元1688年)考中进士,累官至提督浙江学政、内阁学士、兼礼部侍郎、经筵讲官。他久居京师,每思家乡,每作诗文,必念及范仲淹德政,比如有《寄邓守万公兆文》诗:"几时秋菊潭边酒,共醉春风阁上花";《送尹公之任邓州》:"六门召父陂,百花范老阁。胜事继前贤,千载缅犹昨"。

康熙五十四年，江南提督学政余正健奏请，将范文正公入孔庙从祀。康熙皇帝问于廷臣，即有内阁学士彭始抟参与朝议，一致认定"毋庸议"。当年十一月辛丑，康熙帝颁诏天下："以宋臣范仲淹从祀孔庙"。（《清史稿》卷八）。

现代邓州人，也同样难忘范仲淹。他们从公元2002年开始，用时三年，耗资一千四百余万元，对花洲书院和范公祠进行了全面修复。据说上至市领导，下到普通民众，连幼儿园的小朋友都慷慨解囊，支援这一世纪工程。该工程辟江南式园林百余亩，葺修了春风堂、万卷阁、范文正公祠、景范亭、山长室、教习室，重建了春风阁、览秀亭、文昌阁、百花洲及洲上的嘉赏亭等仿古建筑六十六座，整修城墙、护城河五百米，青石砌坡，石栏护岸，叠山构峰，造湖理水，置瀑布叠水之景。又于书院内设范仲淹纪念馆、范仲淹诗文碑廊等文化胜景，成为中原一处绝美的人文景观。范公泉台有知，当无比欣然也！

2．生死朋友

人生交友的至高境界是什么？我以为：一个人如果能够看到朋友的缺点，并且愿意也能够包容之，一生相知相伴，有始有终，生死相许，那此人便是深得交友三昧，人品也就至为高尚了！

范仲淹在交友方面，正是这样一位仁人君子。

范仲淹一生经历坎坷曲折，在庙堂与江湖之间奔波行走，几无宁日，人又豪侠仗义，交游甚广也是自然。若有人编写一部《范仲淹交游实录》，必定厚重且热销。我在此限于篇幅，只好择其三友——晏殊、尹洙、滕宗谅，略作铺陈，以收管窥之利。

晏殊之做事为人，前文已有交代。他的某些人性缺点可以说众所周知，官场周旋日久，难免世故圆滑，遇到要命的事体，那是先要保全自己前程。

他在庙堂上所表现的一系列的软弱与退缩，连他的女婿富弼和得意门生欧阳修都颇有微词呢。范仲淹对此，自然更是明白，但他敬佩这位"宰相词人"的天赋才华与诗词文章，敬重晏资政爱才、惜才、举才的优秀品德，尤其感激晏相对自己的知遇之恩……一个大才大德之人，略有不足，终究瑕不掩瑜呀。所以，范仲淹对这位比自己还要小三岁的晏相，总是以师礼待之，师友之间偏于师，一生无轻慢。他们之前的交往大概，这里不再重复，只说邓州这一段"交情老更亲"。

说说晏殊此时的情况。庆历二年，他官拜宰相，以枢密使加平章事，参与庆历改革。第二年，以检校太尉、刑部尚书、同平章事，晋中书门下平章事、集贤殿学士、兼枢密使。庆历四年，他表面上是因为撰修李宸妃墓志事遭弹劾，被贬为工部尚书知颍州，后又以礼部、刑部尚书知陈州。就是在陈州任上，晏殊收到了老朋友范仲淹的《献百花洲图上陈州晏相公》。全诗如下：

穰下胜游少，此洲聊入诗。
百花争窈窕，一水自涟漪。
洁白怜翘鹭，优游羡戏龟。
阑干红屈曲，亭宇碧参差。
倒影澄波底，横烟落照时。
月明鱼竞跃，春静柳闲垂。
万竹排霜杖，千荷卷翠旗。
菊分潭上近，梅比汉南迟。
岸鹊依人喜，汀鸥不我疑。
彩丝穿石节，罗袜踏青期。
素发频来醉，沧浪减去思。
步随芳草远，歌逐画船移。
绘写求真赏，缄藏献已知。

相君那肯爱，家有凤皇池。

范仲淹把邓州的百花洲仔细描绘给知己朋友晏殊，即"绘写求真赏，缄藏献已知"，不过，得谦虚一下，"相君那肯爱，家有凤皇池"，即晏相爷家中自有"凤皇池"，想来百花洲的景色就不算什么了。我估计，随诗图应当还有手札，或有盛邀晏殊来邓一游之意。古陈州即现在河南周口市淮阳县，要说离邓州也不算远，但晏殊到底没来，或因公事忙碌，或因身体欠佳，或因心情不妙，总之是没来观赏百花洲。范仲淹却难忘老师友，你不来我去，就利用一次外出机会，亲自去陈州拜望了晏殊。这事有《过陈州上晏相公》诗为证：

囊有清举玉宸知，今觉光荣冠一时。
曾入黄扉陪国论，重来绛帐就师资。
谈文讲道浑无倦，养浩存真绝不衰。
独愧铸颜恩未报，捧觞为寿献声诗。

两位年近花甲的老朋友，自京都一别已有年，此次陈州再会，肯定得有长夜之谈，"谈文讲道浑无倦"，那是有说不完的话，尤其相视须发白，不能不聊到养老问题，看来二人虽是"烈士暮年"，然犹"壮心不已"，"养浩存真绝不衰"，当是他们共同的心愿。从诗中可以看出，范仲淹对晏殊依然怀着既往情怀而始终未变，那就是尊敬与感恩！他认定晏相功高望重，已然"荣冠一时"，必定名垂后世。自己曾经从晏相那里学了不少东西，可那是学不完的，今日再入"绛帐"，还是来求教问学的，内心惭愧的是，到老也难以报答晏相的知遇之恩，只好举杯祝老师友健康长寿了！范仲淹这是肺腑言、肺腑情，一点不是作秀，也许想到两人再见不易，或许这次就是最后一面，他是心潮汹涌、百感交集的。

这里顺便提一下晏殊后事。他从陈州再调知许州，六十岁那年以户部尚书、观文殿大学士再知永兴军（今陕西西安）；六十三岁迁兵部尚书，封临淄公；六十四岁因病回京就医，病好留任侍经筵，为皇帝讲授经史，其礼仪、随从诸待遇，均与宰相同规格；至和二年（公元 1055 年）病卒于京都开封。宋仁宗亲往祭奠，追赠其为司空兼侍中，谥"元献"，并亲篆其碑曰"旧学之碑"。而此时，范仲淹早已过世三年了。设想他若要晚于晏殊西去，必多一篇声情并茂的悼文传世了！

说到尹洙，人们眼前总会出现一个老在替朋友打抱不平的直性汉子。记得吧？景祐三年，范仲淹因上《百官图》，被吕夷简诬为"朋党"，贬知饶州。时任太子中允、馆阁校勘的尹洙便挺身而出，置个人安危于不顾，上表说："臣常以范仲淹直谅不回，义兼师友。自其被罪，朝中多云臣亦被荐论。仲淹既以朋党得罪，臣固当从坐。……况余靖素与仲淹分疏，犹以朋党得罪，臣不可幸于苟免，乞从降黜，以明典宪。"遂被贬监郢州（今湖北钟祥）酒税。在西北前线时，因为尹洙和许多人一样，一时不理解范仲淹的积极防守战略，看到朋友坚持不愿与韩琦共同出兵，气得当面数落范仲淹说："你谨小慎微，真是比不上韩琦啊！"后来庆历新政诸君子再遭"朋党"之害，受压受贬，又是尹洙打抱不平，上书申辩，且大无畏地宣称："臣既为陛下建忠谋，岂复顾朋党之责？"他最后被贬均州，也是因为帮助朋友。尹洙多年来就在边防前线各处任职，幕府掌书记，知泾州、渭州、晋州等，后以起居舍人、龙图阁直学士任潞州知州。在泾州任上时，有一个叫孙用的军校补边，因为由京城去前线的路费无着，只好借了高利贷，后无力偿还，催逼难活。尹洙就用公使钱替他还了债，为此被贬为崇信军节度副使，再贬均州（今湖北均县）监酒税。看来他与酒有缘，两次遭贬都是去做监酒税的小官。此时，尹洙年仅四十六岁，不久就病倒了。

范仲淹来到邓州，听说尹洙患病，非常着急。当下派人送去四瓶珍藏多年的邠州酒和中成药花蛇散及其药方，让他好好治病养病，并在信中说"邓酝已竭，候新者送去"。意思是，邓州也有好酒千日醇，只是眼下没货，等新酒下来再给你送去。可能这会儿范仲淹还不清楚尹洙的病多么严重，以为他正当壮年，一般治疗休养即可。这是庆历六年农历七月十四日的事。不料，尹洙病情不断恶化，次年就相当严重了。范仲淹心急如焚，苦思良策，想来想去，觉得只有把朋友接来邓州，由自己亲自照料最为稳妥。于是，他上书朝廷，说尹洙现在病情危殆，均州偏僻，缺医少药，难以救治，请求让他到邓州来治病。三个月后，终于得到提刑司批准。范仲淹就派可靠人手，把尹洙接到了邓州。这就到了庆历七年（公元1047年）春天了。看到小自己十多岁的朋友病成这样，范仲淹痛心不已，即刻延请邓州名医，不惜使用高价名药，倾全力予以救治。邓州出过医圣张仲景，他的《伤寒杂病论》乃"为众方之宗、群方之祖"，范仲淹想在邓州创造奇迹，让自己垂危的好友转危为安。他最知道尹洙的价值。初识即觉此人博学有识，深于《春秋》；一起论文，知尹洙尊崇孟子、韩愈，力持"务求古之道"，却又不排斥佛老，深合己意；读罢尹洙的《悯忠》《辨诬》《退说》《志古堂记》《浮图秘演诗集序》《论朋党疏》等篇，写得那么简古有序，不禁拍案；更难得尹洙喜谈兵事，所著《叙燕》《息戍》《兵制》等篇，都切中西夏要务，其中既有史鉴，也有现实考量，并非空谈。在他看来，尹洙真是个难得少有的文武全才！一定要不惜代价治好尹洙，这是范仲淹此时的最大心愿。

然而，天妒英才。到了四月十日半夜，尹洙病危。范仲淹赶往探视。《范文正公年谱》记载此段甚详，如下：

> 疾势渐危，遂中夜诣驿看他，告伊云："足下平生节行用心，待与韩公、欧阳公各做文字，垂于不朽。"他举手叩头。又告伊云："待与诸公分俸赡家，不令失所。"他又举手云："渭州有二儿子。"即就枕，更不他语。来日与赵学士看他，云："夜来示谕，并记得，已相别矣。"顾家人则云："我自了当，不复管汝。"略无忧戚。又两日，犹能扶行，忽索灌漱，讫，凭案而化。众人无不悲泣，无不钦服其明也。

范仲淹闻听消息，连夜赶到尹洙寄住的西禅寺，看尹洙已在弥留之际，就对他说："你平生高风亮节，我将委托韩琦、欧阳修写成文章，流传后世。"尹洙以手叩头，表示认可。范仲淹又说："知道你家里穷，担心子女抚养。你放心，我和朋友们一定会分俸抚养，绝对不会让他们流离失所。"尹洙又举手示意说："渭州那边有两个儿子。"心事已了，说完躺下不言语了。第二天，范仲淹和赵学士再去看望尹洙，尹洙说："昨天晚上说的事，我记着呢，我们可以就此道别了。"转脸又对他的家人说："我要走了，不管你们了。"说得坦然，看不出一点忧戚之色。又过了两天，尹洙居然能够被扶着走动了，忽然要求盥洗漱口，洗漱完毕，就安静地靠着案几过世了。大家无不大放悲声，无不钦服尹洙至死都不糊涂，死得明明白白。

尹洙死时，年仅四十七岁。次日，范仲淹怀着万分悲痛的心情，写下了著名的《祭尹师鲁舍人文》：

> 维庆历七年四月十一日，具位某，谨致祭于故龙图舍人师鲁之灵。呜呼！天生师鲁，有益当世。为学之初，时文方丽。子师何人，独有古意。韩柳宗经，班马序事。众莫子知，子特弗移。是非乃定，英俊乃随。圣朝之文，与唐等夷。繄子之功，多士所推。堂堂沂公，延于幕中。矫矫文康，荐于四聪。自兹登瀛，坐扬清风。举止甚直，议论必公。人事多故，迁谪羁旅。子行其志，曾不为苦。才弗可掩，起于贬所。往贰经略，屡典藩府。自谓功名，如芥可取。黑白太明，吏议横生。斥于散地，颓然不争。惟曰我咎，匪由人倾。天意已回，吉宜大来。于何感疾，益重其灾。隐几澄神，而已焉哉！呜呼！人皆有死，子死特异。神不惑乱，言皆名理，能齐死生，信有人矣。呜呼！与子往还，抑亦有年。今见其终，益知子贤。故友门人，对泣涟涟。哀哉！

尹洙的后事，当然也是由范仲淹一力承担。他请孙甫作行状，欧阳修写墓志，韩琦写碑文。待到这年秋高气爽时，这才把尹洙的灵柩和家眷送回洛阳。事情还不算完，范仲淹觉得对朋友的义务还没有尽完，于是将尹洙散见于各地的文章收集起来，编成十卷本的《尹师鲁河南集》，并写了《尹师鲁河南集序》。此序广为流传，兹录于下：

予观尧典舜歌而下，文章之作，醇醨迭变，代无穷乎。惟抑末扬本，去郑复雅，左右圣人之道者难之。近则唐贞元、元和之间，韩退之主盟于文，而古道最盛。懿、僖以降，寖及五代，其体薄弱。皇朝柳仲涂起而麾之，髦俊率从焉。仲涂门人能师经探道，有文于天下者多矣。洎杨大年以应用之才，独步当世。学者刻辞镂意，有希仿佛，未暇及古也。其闻甚者专事藻饰，破碎大雅，反谓古道不适于用，废而弗学者久之。洛阳尹师鲁，少有高识，不逐时辈，从穆伯长游，力为古文。而师鲁深于《春秋》，故其文谨严，辞约而理精，章奏疏议，大见风采，士林方耸慕焉。遽得欧阳永叔，从而大振之，由是天下之文一，变而其深有功于道欤！

师鲁天圣二年登进士第，后中拔萃科，从事于西都。时洛守王文正沂公暨王文康公并加礼遇，遂荐引于朝，置之文馆。寻以论事切直，贬监郢州市征。后起为陕西经略判官，屡更边任。迁起居舍人，直龙图阁，知潞州。以前守平凉日，贷公食钱于将佐，议者不以情，复贬汉东节度副使。岁余，监均州市征。

予方守南阳郡，一旦师鲁舁疾而来，相见累日，无一言及后事，家人问之不答。予即告之曰："师鲁之行，将与韩公稚圭、欧阳永叔述之，以贻后代。君家虽贫，共当捐俸以资之。君其端心靖神，无或后忧。"师鲁举手曰："公言尽矣，我不复云。"翌日往视之，不获见，传言曰："已别矣。"遂隐几而卒。故人诸生聚而泣之，且叹其精明如是，刚决如是。死生不能乱其心，可不谓正乎！死而不失其正，君子何少哉！

> 师鲁之才之行与其履历，则有永叔为之墓铭，稚圭为之墓表，此不备载。噫！师鲁有心于时，而多难不寿。所为文章，亦未尝编次，惟先传于人者，索而类之，成十卷，亦足见其志也，故序之。

有学者评论说，《祭尹师鲁舍人文》和《尹师鲁河南集序》，是范仲淹诗文理论的重要组成部分，对北宋文化的形成产生了深远影响。实不为过。

世事难料，人事沉浮。就在范仲淹全力处置尹洙的后事期间，又一个噩耗传来，滕宗谅病逝苏州。范仲淹简直不敢相信这是真的，滕老弟不是今年春天刚调任苏州知府吗？怎么才过去两三个月，就撒手而去了？你让我怎么受得了啊！

滕宗谅，字子京，此人性格，用今天的话来说，可能属于那种个性比较张扬的人，优点也好，缺点也罢，一看就明白。范仲淹说："宗谅旧日疏散，及好荣进，所以招人谤议，易为取信。"此话原是对宋仁宗说的，也是他对老朋友的真实看法。《宋史·滕宗谅传》说："宗谅尚气，倜傥自任，好施与，及卒，无余财。""倜傥"者，说的是他言行卓异，不同寻常，豪爽洒脱而不受世俗礼法拘束。而"好施与"者，说的是他慷慨大方，仗义疏财，为别人花银子不心疼，所以到死的时候，穷得家"无余财"。这样一种性格，其实适合做行吟诗人，可放在宦海官场那就注定吃不到好果子。于此，范仲淹知之最深，故曰："所以招人谤议，易为取信。"谁要造滕宗谅的谣言，好多人都会信以为真。比如，直到今天，还有人这样骂他："相传滕子京并非如《岳阳楼记》中所溢美的那样，……他被贬岳州的缘由，是因为他在泾州任职期间，'费公钱十六万贯'。此事被监察御史揭露后，当时的宋仁宗派员前往查勘，然而滕子京'恐连逮者众，因焚其籍以灭姓名'。最后得亏了范仲淹的'力救'，才得以降官一级，谪贬岳州。他在岳州任上，也未使岳州出现太平兴盛的景象，在老百姓穷困潦倒、饿殍遍地的情景下，滕子京并未做到'勤政为民'，相反，四处搜刮钱财，重修岳阳楼，为自己树碑立传，邀功请赏。更为可恶的是，滕子京故技重施，征敛赋税，'所得近万缗,置于厅侧自掌之,不设主典案籍。楼成极雄丽,所费甚广,自入者亦不鲜焉'。""易为取信",以至于今!泾州那桩公案,前文已有交代,冤案经范仲淹辩诬已很清楚,问题不是出在滕宗谅贪渎成性,而是出在他"尚气"且"好施与"的"倜傥自任"。至于滕宗谅在岳州的"故技重施",这位评论者依据的是"所得近万缗……"的一段历史记载。此一史载出自司马光的《涑水记闻》,原文是:"滕宗谅知岳州,修岳阳楼,不用省库钱,不敛于民。但榜民间,有宿债不肯偿者,献以助官,官为督之。民负债者争献之。所得近万缗,置库于厅侧,自掌之,不设主典案籍。楼成极雄丽,所费甚广,自入者亦不鲜焉。州人不以为非,皆称其能。"滕宗谅重修岳阳楼,不靠财政拨款,不搞集资摊派,而是靠催收民间烂债,确实令人拍手称奇,非宗谅侠智而不能为。至于"自入者亦不鲜焉",只怕司马光也是捕风捉影,随声附和,若有真凭实据,当时就紧盯滕宗谅的人岂能轻易放过?再者,若真是"征敛赋税",中饱私囊,会有岳"州人不以为非,皆称其能"吗?我估计,如果修好岳阳楼之后还有余资的话,照滕宗谅那喜欢热闹排场的脾气,说不定又会搞个大型豪华庆功晚会,钱也就花得个精光,他才不会惦记什么"自入"呢!不然,怎么会"及卒,无余财"呢?滕宗谅一生仕途坎坷,屡贬屡谪,饱经磨难,但其为人豪迈自负,棱角分明,是位有才干、有抱负的政治家。就说他在岳阳三年,承前制而重修岳阳楼;崇教化,中兴建岳州学宫;治水患,拟筑偃虹堤。三件大事在在有记。故而苏舜钦称他"忠义平生事,声名夷狄闻。言皆出诸老,勇复冠全军"。王辟之在《渑水燕谈录》中则称:"庆历中,滕子京谪守巴陵,治最为天下第一。"苏、王都是与滕宗谅同时代的名家,其评价是很可信的。所以,评价古人,切不可根据什么"相传",还是全面、公正、宽容一点的好啊!

千年之后再看滕子京和他重修岳阳楼之举,别的政绩不用提,仅此一项,即堪称功高盖世,惠及万代。岳阳楼位于湖南省岳阳市西门城头,前瞰洞庭,背枕金鹗,遥对君山,南望湖南四水,北览万里长江,与江西南昌的滕王阁、湖北武汉的黄鹤楼、山西永济的鹳雀楼并称为中国四大名楼。最早,三国东吴大将鲁肃奉命镇守巴丘,操练水军,在洞庭湖连接长江的险要地段建筑了巴丘古城。建安二十年(公元215年),他在巴陵山上修筑了阅军楼,用以训练和指挥水师。阅军楼临岸而立,登临可观洞庭全景,一帆一波皆可尽收眼底,气势非同凡响,这就是岳阳楼的前身。它在两晋、南北朝时被称为"巴陵城楼",唐代李白赋诗之后,始称"岳阳楼"。此时的巴陵已改为岳阳,"巴陵城楼"也随之称为岳阳楼了。千百年来,无数文人墨客在此登临胜境,凭栏抒怀,记之以文,咏之以诗,形之以画,使岳阳楼成为艺术创作中一个经久不衰的主题。庆历四年,滕宗谅被贬至岳州,当时的岳阳楼已经坍塌。于是,他重建了岳阳楼。楼成之日,他觉得,"楼观非有文字称记者不为久,文字非出于雄才巨卿者不成著"。那么,请谁来为岳阳楼写记呢?当然只能是范仲淹。这倒不仅仅在于他与范仲淹同举进士,两人一见如故,订交终生,还在于他们三十多年的友谊,经过西北前线数年的战火洗礼,得到锤炼与升华,尤其范仲淹为滕宗谅泾州事抗疏辩诬,置身家前程于不顾,世上还有比他更高贵更可信赖的朋友吗?当然,最要紧的还不是个人因素,此时老友范仲淹已然成为一个当代传奇、士林楷模,成为北宋前期士君子文化的杰出代表人物,众望所归,举世公认,更有一管春秋之笔出神入化,所出必是锦绣篇章,永传后世,所以说,为岳阳楼撰记一事,非他莫属。这就有了前文那段滕宗谅派人送去邓州的一幅《洞庭晚秋图》,和一封求老友作记的书札,也就有了千古绝唱的《岳阳楼记》。关于《岳阳楼记》的解读,我将在尾章中试作铺陈。

在范仲淹所有的朋友中,与他相识最早,相交时间最长,相知最深,始终都有笔墨交流,最后共同为后世留下一段千古佳话的,就是滕宗谅。他们的交往,从范仲淹的著作中查下来,有范仲淹写给滕宗谅的诗作四首,即《书海陵滕从事文会堂》《滕子京魏介之二同年相访丹阳郡》《酬滕子京同年》《滕子京以真篆相示因以赠之》;有信一封,即《与滕子京》;有为举荐和辩诬而写给皇上的奏折三份,即《举滕宗谅状》《奏雪滕宗谅张亢》《再奏辩滕宗谅张亢》;有祭文和墓志铭三款,即《滕公夫人刁氏墓志铭》《祭同年滕待制文》《天章阁待制滕君墓志铭》。《宋史·滕宗谅传》说，滕宗谅"有谏疏二十余篇"传世，不知可否有人收集归整？若有，对照研读，那就更好了。现在，限于篇幅，只展示《天章阁待制滕君墓志铭》，来看看范仲淹是如何为自己的终生老友盖棺定论的：

君讳宗谅，字子京。大中祥符八年春，与予同登进士第，始从之游，然未笃知其为人。及君历潍、连、泰三州从事，在泰日，予为盐官于郡下，见君职事外，孜孜聚书，作文章，爱宾客。又与予同护海堰之役，遇大风至，即夕潮上，兵民惊逸，吏皆仓惶，不能止，君独神色不变，缓谈其利害，众意乃定。予始知君必非常之才而心爱焉。君去海陵，得召试学士院，改大理寺丞，知太平州当涂县，移知邵武军邵武县。迁殿中丞。还台，会禁中灾，下御史府穷究，君与秘书丞刘越并上疏论灾异，明非人之所能为，朝廷贷其狱。时明肃太后晚年未还政间，君又与越尝有鲠议。暨明肃厌代，朝廷擢当时敢言者，越既卒，赠右司谏，君拜左正言，迁左司谏。俄以言得罪，换祠部员外郎、知信州，又监鄱阳郡榷酤，就九华山以葬先君。既而起通判江宁府。丁太夫人忧，服除，知湖州，赐五品服。

西戎犯塞，边牧难其人，朝廷进君刑部员外郎、直集贤院，知泾州，就赐金紫。及葛怀敏败绩于定川，寇兵大入，诸郡震骇，君以城中乏兵，呼农民数千，皆戎服登城，州人始安。又以金缯募敢捷之士，昼夜探伺，知寇远近及其形势。君手操简檄，关白诸郡，日二三次，诸郡莫不感服。予时为环庆路经略部署，闻怀敏之败，引藩汉兵为三道以助泾原之虚。时定川事后，阴翳仅十日，士皆沮怯，君咸用牛酒迎劳，霈然沾足，士众莫不增气。又泾州土兵多没于定川，君悉籍其姓名，列于佛寺，哭而祭之。复抚其妻孥，各从其欲，无一失所者。

予目此数事，乃知君果非常之才，始请君自代。朝廷命韩公琦与余充陕西四路马步军都部署、经略安抚招讨使，复命君守本官，充天章阁待制、环庆路经略安抚招讨使，兼知庆州。君奏言：今既置四路经略安抚招讨使，而诸路经略亦带招讨之号，称呼无别，非统制所宜，请去"招讨"二字。朝廷以其知体，诏从之。君去泾之日，其战卒妻孥数百口，环其亭馆而号送之，观者为之流涕。君至庆，处置戎事，甚得机要，边人咸称之。会御史梁坚奏劾君用度不节，至本路费库钱十六万缗。及遣中使检察，乃君受署之始，诸部属羌之长千余人皆来谒见，悉遗劳之，其费仅三千缗，盖故事也。坚以诸军月给并而言之，诬其数尔。予时待罪政府，尝力辩之。坚既死，台谏官执坚之说，犹以为言。朝廷不得已，坐君前守回中日，馈遗往来逾制，降一官，仍充天章阁待制、知虢州，又移知岳州。君知命乐职，庶务毕葺。迁知苏州，未逾月，人歌其能政。俄感疾，以某年月日，薨于郡之黄堂，享年五十七。天子加赠赙礼，进一子官。

呜呼！予实知君之才，而尝荐之于朝。及闻其终，泣而诔之。惜别其才有余而命不足，不得尽其术于生民。诸子奉君之丧，以某年月日，葬于池州青阳县九华山金龟原，而乞铭于予，忍复让哉！

君河南人也。曾祖裔，赠将作少监。祖屺，不仕。父感，雅州军事推官、累赠尚书屯田郎中。母刁氏，渤海县太君，追封仙游县太君。君娶李氏，封同安县君。子四人：希仲，以方略进前渭州军事推官；希鲁，登进士第；希德，举进士；希雅，尚幼，并守将作监主簿。女二人：长适池州军事推官王栩；次适进士刘君轲。

君少孤，性至孝。居母丧，以哀毁屡病，庐墓侧逾年，手植松柏数万株。生平好学，为文长于奏议，尤工古律诗。积书数千卷以遗子孙。中外宗族，无不尽其欢心，其育人之孤、急人之难多矣。君政尚宽易，孜孜风化。在玉山、雩上、回中、岳阳四郡，并建学校。紫微王舍人琪、翰林张谏议方平、太常尹博士源、弟起居舍人洙次为之记。重兴岳阳楼，刻唐贤今人歌诗于其上，予又为之记。君乐于为善，士大夫亦乐其善而愿书之也，可不谓之君子乎！铭曰：嗟嗟子京，天植其才。精爽高出，诚意一开。抗职谏曹，辩论弗摧。主略边方，智谋横来。嗟嗟子京，为臣不易。名以召毁，才以速累。江海不还，鬼神何意。君昔有言，爱彼九华。书契以降，干戈弗加。树之松楸，蔽于云霞。君今已矣，复藏于此。魂其依欤，神其乐只。寿夭穷通，一归乎至理。

　　"少孤，性至孝"，"生平好学"，"积书数千卷以遗子孙"，"政尚宽易，孜孜风化"，"主略边方，智谋横来"，"在……四郡，并建学校"，"其育人之孤、急人之难多矣"，"重兴岳阳楼，刻唐贤今人歌诗于其上"……这就是范仲淹笔下滕宗谅的一生。一个读书人拥有如此忠孝节义、可圈可点的人生，"可不谓之君子乎"！滕宗谅瑕不掩瑜，是一位皎皎士君子，磊落大丈夫！范仲淹用平生近四十年功夫，正面盖棺论定滕宗谅，绝对不会错！

　　有意思的是，千年以降至于今，滕宗谅仍然还是一个有争议的历史人物。甚至有论者耸人听闻地宣称，范仲淹一篇《岳阳楼记》，"掩盖"了"滕宗谅贪污"一事，这是"范仲淹的失误"！连篇累牍，津津乐道。细看其依据，无非还是"泾州冤案"和司马光那句少有事证的空头断句。我以为，热衷于这些关于历史人物的细枝末节的人，尽管热衷去，但是，必须怀着一颗公正之心，切不可以偏概全。范仲淹浩荡一生，为国为民荐举了多少人才，几乎无一失误，怎么偏偏就对一个滕宗谅，花几十年工夫都看不透，倒不如千年之后一个捕风捉影者？

3. 为什么是《伯夷颂》

前文我说："皇祐三年，六十三岁的范仲淹，用黄素小楷手书《伯夷颂》，赠给好友苏舜元，一时广为传播，后世题跋者甚众。《伯夷颂》乃韩愈大作。故元代人董章赞曰：'伯夷之行，昌黎颂之，文正书之，真三绝也。'"

《范仲淹年谱：六十四年的人生历程》载："皇祐三年春，六十三岁。赴任青州，过长山，礼参故乡父老。三月，至青州任所，与前任富弼交政。时青州大饥，到任即赈济救灾。允百姓以钱代皇粮，除长途运输之苦。因病重难支，乞颍、亳间一郡就养。十一月，以黄素小楷书韩愈《伯夷颂》寄苏舜元。苏分寄元老重臣题跋，为后世留下书法精品。"

在书写《伯夷颂》的手卷上，范仲淹自署款曰："皇祐三年十一月戊申高平范仲淹书。"后有元祐三年（公元1088年）范纯仁的题跋，曰："先公书此以寄京西转运使苏公。""苏公"盖指苏舜元。此处，常有人错把苏舜元当苏舜钦。宋代文学家真多，光四川地面誉称"三苏"的就有两家："眉州三苏"，即苏洵和他的两个儿子苏轼、苏辙；"铜山三苏"，即苏易简和他的两个孙子苏舜元、苏舜钦。苏舜钦这里就不说了，得说他哥哥苏舜元。苏舜元是庆历进士，《宋史·苏舜元传》曰："舜元，字才翁，为人精悍任气节，为歌诗亦豪健，尤善草书，舜钦不能及。官至尚书度支员外郎、三司度支判官。"苏舜元也是范仲淹的铁粉一个，他自己精通书法，所以对范老师的墨宝极为看重，实在憋不住了，遂张口求字，请范仲淹为之书《易经·乾卦》。他也知道范老师精于《易》，书写《乾卦》可谓信手拈来。特别有意味的是，范仲淹没有写《乾卦》，而为苏舜元书写了小楷《伯夷颂》，并于书后附言曰："示谕写黄素，为《乾卦》字多，眼力不逮，且写《伯夷颂》上呈。此中寒甚，前面笔冻，欲重写，又恐因循。书札亦要切磋，未是处，无惜见教。"《乾卦》是长了点，太费眼力也是实话，但也可以缩写呀，录其精华呀，比如，从"初九：潜龙勿用"写到"用九：见群龙无首，吉"，大几十个字,平日里也最喜欢的,写来赠给苏舜元,他也会乐不可支呀。可见,范仲淹写《伯夷颂》是大有用心的,他认为《伯夷颂》要比《易经·乾卦》更重要、更有意义。这就给后人提出一个疑问:为什么是《伯夷颂》?

说到韩愈的《伯夷颂》,不能不先说司马迁的《史记·伯夷列传》。司马迁把《伯夷列传》放在七十列传之首,那是大有深意的。《伯夷列传》全文八百五十多字,如下:

> 夫学者载籍极博。犹考信于六艺。《诗》《书》虽缺,然虞、夏之文可知也。尧将逊位,让于虞舜,舜、禹之间,岳牧咸荐,乃试之于位,典职数十年,功用既兴,然后授政。示天下重器,王者大统,传天下若斯之难也。而说者曰:"尧让天下于许由,许由不受,耻之逃隐。及夏之时,有卞随、务光者。"此何以称焉?太史公曰:余登箕山,其上盖有许由冢云。孔子序列古之仁圣贤人,如吴太伯、伯夷之伦详矣。余以所闻,由、光义至高,其文辞不少概见,何哉?孔子曰:"伯夷、叔齐,不念旧恶,怨是用希。""求仁得仁,又何怨乎?"余悲伯夷之意,睹轶诗可异焉。其传曰:伯夷、叔齐,孤竹君之二子也。父欲立叔齐。及父卒,叔齐让伯夷。伯夷曰:"父命也。"遂逃去。叔齐亦不肯立而逃之。国人立其中子。于是伯夷、叔齐闻西伯昌善养老,"盍往归焉!"及至,西伯卒,武王载木主,号为文王,东伐纣。伯夷、叔齐叩马而谏曰:"父死不葬,爰及干戈,可谓孝乎?以臣弑君,可谓仁乎?"左右欲兵之。太公曰:"此义人也。"扶而去之。武王已平殷乱,天下宗周,而伯夷、叔齐耻之,义不食周粟,隐于首阳山,采薇而食之。及饿且死,作歌,其辞曰:"登彼西山兮,采其薇矣。以暴易暴兮,不知其非矣。神农、虞、夏忽焉没兮,我安适归矣?于嗟徂兮,命之衰矣。"遂饿死于首阳山。由此观之,怨邪非邪?或曰:"天道无亲,常与善人。"若伯夷、叔齐,可谓善人者非邪?积仁洁行,

如此而饿死。且七十子之徒，仲尼独荐颜渊为好学。然回也屡空，糟糠不厌，而卒蚤夭。天之报施善人，其何如哉？盗跖日杀不辜，肝人之肉，暴戾恣睢，聚党数千人，横行天下，竟以寿终，是遵何德哉？此其尤大彰明较著者也。若至近世，操行不轨，专犯忌讳，而终身逸乐，富厚累世不绝。或择地而蹈之，时然后出言，行不由径，非公正不发愤，而遇祸灾者，不可胜数也。余甚惑焉，倘所谓天道，是邪非邪？子曰："道不同，不相为谋。"亦各从其志也。故曰："富贵如可求，虽执鞭之士，吾亦为之。如不可求，从吾所好。""岁寒，然后知松柏之后凋。"举世混浊，清士乃见。岂以其重若彼，其轻若此哉？

"君子疾没世而名不称焉。"贾子曰："贪夫徇财，烈士徇名，夸者死权，众庶冯生。""同明相照，同类相求。""云从龙，风从虎，圣人作而万物睹。"伯夷、叔齐虽贤，得夫子而名益彰；颜渊虽笃学，附骥尾而行益显。岩穴之士，趋舍有时若此，类名堙灭而不称，悲夫。闾巷之人，欲砥行立名者，非附青云之士，恶能施于后世哉！

《伯夷列传》是伯夷和叔齐的合传，冠《史记》列传之首。太史公以"考信于六艺，折衷于孔子"的史料处理原则，于论赞之中夹叙伯夷、叔齐的事迹。这一写法有点特别，《史记》所写本纪、世家、列传之篇末，一般均有"太史公曰"之语，唯独《伯夷列传》没有，多的是其间赞论不绝、咏叹夹叙，纵横捭阖，回环跌宕，起伏相间，而伯夷、叔齐故事只在中间举重若轻地潇洒记过，这就一反史家凭借史料展开叙述，而于叙述之中杂以议论的通例，成了传论。另外，其论赞口吻也大有异响，通篇之论或以感慨出之，或以设问出之，往往论出不意，若断若续，是也非也，变化莫测，不用心则难以邃窥其意旨何在，大有神龙难见首尾之感。不过，好在太史公讲清了伯夷和叔齐的出处与作为：这两位孤竹君的儿子，为了不做权位继承人，先后逃到周地，追随文王。文王逝世后，武王伐纣，二人叩马谏阻，反对以暴易暴。武王灭商后，他们仍坚守自己的思想，以食用周朝的粮食为耻，隐居首阳山，采薇而食，宁肯饿死。其辞曰："登彼西山兮，采其薇矣。以暴易暴兮，不知其非矣。神农、虞、夏忽焉没兮，我安适归矣？于嗟徂兮，命之衰矣。"《孟子》赞伯夷曰："伯夷，目不视恶色，耳不听淫声，非其君不事，非其民不使；治则进，乱则退；横政之所出，横民之所止，不忍居也；思与乡人处，如以朝衣朝冠坐于涂炭也。当纣之时，居北海之滨，以待天下之清也。故闻伯夷之风者，顽夫廉，懦夫有立志。"孟子在这里直击要害，紧紧抓住了让"顽夫廉，懦夫有立志"的"伯夷之风"，一个人有了这样的觉悟与气节，你去叩马而谏，反对以暴易暴，不食周粟，采薇而死也好，干别的事也不会错。昌黎先生正是读懂了这一点，删繁就简，取其精华，用三百二十多个字写出了名篇《伯夷颂》：

士之特立独行，适于义而已，不顾人之是非：皆豪杰之士，信道笃而自知明者也。一家非之，力行而不惑者，寡矣；至于一国一州非之，力行而不惑者，盖天下一人而已矣；若至于举世非之，力行而不惑者，则千百年乃一人而已耳；若伯夷者，穷天地、亘万世而不顾者也。昭乎日月不足为明，崒乎泰山不足为高，巍乎天地不足为容也。

当殷之亡，周之兴，微子贤也，抱祭器而去之。武王、周公，圣也，从天下之贤士，与天下之诸侯而往攻之，未尝闻有非之者也。彼伯夷、叔齐者，乃独以为不可。殷既灭矣，天下宗周，彼二子乃独耻食其粟，饿死而不顾。繇是而言，夫岂有求而为哉？信道笃而自知明也。

今世之所谓士者：一凡人誉之，则自以为有余；一凡人沮之，则自以为不足。彼独非圣人而自是如此。夫圣人，乃万世之标准也。余故曰：若伯夷者，特立独行、穷天地、亘万世而不顾者也。

虽然，微二子，乱臣贼子接迹于后世矣。

韩愈一开笔即与孟子对接，"士之特立独行，适于义而已，不顾人之是非"。这已然从伯夷、叔齐的个案认定，上升为对整个士君子群体的一种评价，收笔更是铸金雕玉——"夫圣人，乃万世之标准也。余故曰：若伯夷者，特立独行、穷天地、亘万世而不顾者也。"以伯夷的气节风骨为标尺，为中华士君子群体重拾了保持独立、坚守自我的传统价值观。

打开《韩昌黎文集》，有"颂"仅三篇：《伯夷颂》《子产不毁乡校颂》《河中府连理木颂》。《河中府连理木颂》，不过借河中府发现连理树一事，颂表河中尹浑瑊的功德，无甚大意思。《子产不毁乡校颂》，是根据《左传》襄公三十一年的记载，称赞子产反对郑国大夫毁乡校，是个大话题，可惜全文只有一百六十九个字，未得深意。比较起来，《伯夷颂》篇幅最长，题材一流，见识卓异，内涵丰富，最能见出作者心胸。韩愈为什么要写《伯夷颂》？他所处的那个时代，藩镇割据，社会动荡，生民涂炭，士君子精神失落湮灭，"以天下为己任"的社会理想难以实现。韩愈对此坚决反抗却遭到嫉恨，同时，他大力倡导之古文运动也受到各方面的压力，真是一肚子块垒呀！何以抒发？《伯夷颂》则应时而出。"伯夷者，特立独行，穷天地、亘万世而不顾者也。"我不也能我行我素、卓尔不群，坚守自己的独立人格吗？所以，此颂写的是标杆人物伯夷，亮的却是韩愈的胸襟。于是，也可以再往下说：范仲淹书写的是标杆人物伯夷与韩愈，真正要挥洒的乃是一个大宋士君子终生不变的磊落情怀：保持独立，坚守自我。"三军可夺帅也，匹夫不可夺志也！"我以为，正是应该从这里入手，从士君子文化的核心价值观入手，来探求范仲淹书写《伯夷颂》的心结。至于伯夷反对武王伐纣、反对以暴易暴是不是很迂腐，司马迁、韩愈和范仲淹如此推崇无所作为的伯夷、叔齐是不是很值得……倒与铸造士君子灵魂没多大直接关系。

今人对于中国的士，就是古代的知识分子，看法和评价并不一致，有的观点还相当对立。有这样一种贬评，如果不说它是恶评的话，评论者在引用《中国历史大辞典·士大夫》的解释,即"社会阶层,知识分子与官僚的混合体,有时指在位的官吏"之后说:"第一,他们没有独立的人格和地位,依附于国家,不从事体力劳动,是一种'寄生虫'。"他以孔子为例,说他周游列国,但没有哪一个诸侯乐意收留他,于是他只有退隐,聚众讲学,像一只流浪狗,在狭小的空间生存,著书自娱。孔子的命运也是后来历代隐士的命运,在讨不得主人欢心的时候,就只有没落乡野,清贫度日,偶尔嚎叫几声,竟成高论。秦汉唐宋元明清的士大夫的命运还不如孔子,完全取决于皇帝。皇帝需要什么类型的人,他们便会极力让自己变成那种类型。学得文武艺,卖与帝王家。"第二,他们是软弱无能和自私变态的,很是女性化,有妾妇自拟的心态,在皇帝面前唯唯诺诺,甘心做奴隶,见面就只知道磕头。第三,他们所有的知识,其实都为逗乐帝王而已,用现在的话来说,他们只是留声机、打字员。在专制主义下,他们潜心研究四书五经,从启蒙到老死,四书五经是他们的生存资本。他们被剥夺了一切可能有所创新的思想,都成了知识太监。"结论就是:他们是一个没有独立人格和地位,软弱无能和自私变态,没有真正知识的阶级。他们依赖君权而生存,同时在这个过程中葬送了自己,成为封建社会帝王的帮凶。

我在拜读这位评论者的全文时,发现他不仅把所有的士都打成"知识太监",更有意思的是,他还把历朝的太监们也划归士的范畴。这也算一个首创吧?看来这位仁兄的麻烦是,没想明白何谓真正的士,他把朝野那些昏庸官僚、乡愿、小人儒们,还有自己慧眼相中的太监们,都当成士君子来贬损了。他根本不懂古代的士,不懂他们的产生、觉醒与成长,不懂士君子文化的存在价值与伟大作用。为了给这位先生"发蒙",不妨再讲一个古代士的故事:《戎夷之义》。这是林鹏先生一篇文章的题目,该文收在商务印书馆新出版的林鹏"随笔文丛"里。林鹏先生说,关于戎夷的故事,《吕氏春秋·长利》中是这样记载的:

戎夷违齐如鲁,天大寒而后门,与弟子一人宿于郭外。寒愈甚,谓其弟子曰:"子与我衣,我活也;我与子衣,子活也。我国士也,为天下惜死。子不肖人也,不足爱也。子与我子之衣。"弟子曰:"夫不肖人也,又恶能与国士之衣哉!"戎夷太息叹曰:"嗟呼!道其不济夫!"解衣与弟子,夜半而死,弟子遂活。

高诱评价说:"戎夷,齐之仁人也。"但戎夷把衣服给了弟子,却是不义之义。吕不韦在《吕氏春秋》中可不这么看,给戎夷的评价要高得多,把戎夷和伯成子高、周公旦平列着。林鹏先生对戎夷的评价就更高了,他写道:

> 此种有觉悟的士,已经变成了全新的士,全新的人。他们可以毫不迟疑地为别人的利益去死。过去是为统治者的利益去死,现在是为普通人(即使是不肖人)的利益去死。这不是简单事情。一个有学问、有抱负的人,本来可以大有作为,却毫不迟疑地为一个普通人献出自己的生命。这种自我牺牲的精神,是前所未闻的,是伟大的。孔子的弟子们,都是有觉悟的、积极进取的,而且绝不苟且的人。但是,他们似乎还没有达到戎夷这样彻底的程度。
>
> 戎夷的死,像黑夜的一道闪电,突然照亮了天地,充分地显示了先进、独特的士们的精神面貌。没有这种精神的飞跃,后来的诸子蜂起百家争鸣是不可能的。当然,这只是一个开端。就像长江大河一样,在发源的地方,并没有惊涛骇浪,有的只是涓涓细流,只是一些普通的没有地位的书生们冻饿而死的小故事。但是它却孕育着无边的波涛,为普通人、为不肖人、为匹夫匹妇、为人民大众的利益而献身的伟大精神的波涛。"圣人之爱人也,终无已者,亦乃取于是者也。"(《庄子·知北游》)

用这样的眼光再看高士鲁仲连,又得有说道。鲁仲连义不帝秦,这个

"义"字当什么讲？一般人不注意。义者，主义也。这是一种思想、一种思潮、一种理论……在当时传播甚广，普遍而深入。一个"虎狼之国"的秦王，有什么资格称帝呢？鲁仲连的思想来源于三代以前的上古，他是偶尔露峥嵘，他想来就来，想走就走，独来独往，特立独行，他就是《周易》所说的"不事王侯，高尚其事"的人，他就是《礼记·儒行》所说的"不臣天子，不友诸侯"的人。真正阐述鲁仲连思想的书是《吕氏春秋》。《吕氏春秋》的出现，晚了三十年，而秦始皇（当时叫秦王政）手疾眼快，对《吕氏春秋》的镇压又早又狠又快。以致真正的士君子思想尚未站稳脚跟，就被镇压下去了。值得庆幸的是，《吕氏春秋》这部伟大的书，却完整地流传下来，这是一个奇迹。士君子是不可小觑的。他们来自平民，他们是自耕农，他们顽强得很，他们是隐士，他们柔弱而刚强，治世不媚进，浊世不易方，至死不变，强哉矫！《吕氏春秋》甚至认为，将来的天子，很可能出在山林岩穴之中……就像上古的大舜一样，"匹夫而为天子"。匹夫而为天子，可不是小事情。人人都是匹夫。《孟子》曰"舜，人也，我亦人也"。呜呼！这可不是闹着玩儿的。

请回头看，从许由巢父—伯夷叔齐—戎夷，一直到鲁仲连，以他们为代表的这一庞大的士群体，你能说他们没有独立的人格和地位吗？是一种"寄生虫"吗？"在讨不得主人欢心的时候，就只有没落乡野，清贫度日"吗？"皇帝需要什么类型的人，他们便会极力让自己变成那种类型"吗？他们是"软弱无能和自私变态的"吗？"很是女性化"吗？都是"知识太监"吗？他们的批判精神和对人类终极关怀的精神，维护自由、平等、博爱等价值的热情与担当，比西方知识分子差吗？古希腊圣哲苏格拉底，在雅典的"民主法庭"上审判雅典民主："必须给我讨论所有问题的充分自由。必须彻底废除官方干涉。"最后为了自己的思想而殉道。这位西方智慧老人果然非常伟大！反观我们的伯夷叔齐呢，当周朝如日方升之时，他们却高扬反对"以暴易暴"的思想旗帜，逆潮流而动，不惜以死抗争，这比苏格拉底差在哪里？当虎狼之秦大行其道，"帝王思想冲天而起"之际，鲁仲连却"义不帝秦",不仅充满了大无畏的批判精神,而且敢想敢干,将思想诉诸一连串的反秦义举,这比苏格拉底又差在哪里?林鹏先生说"隐士是士君子的主体",没有一点道理吗?"天下无隐士,无遗善。"(《荀子·正论》)中国这些追求个人尊严与自由的隐士们,即与西方知识分子的人文品质相比,能差到哪儿去?可以这样说,到春秋末期,士君子群体已然整齐地排成战阵,张扬王道,为天下苍生考虑,为社会、历史的走向考虑,不独为一家一姓一国一地考虑了。这种"士以天下为己任"的精神,这种特立独行、非义莫为、不改初衷的精神,已经成为他们所代表的士君子文化的核心价值。司马迁将《伯夷列传》立为《史记》列传之首,尊崇并要发扬光大的正是它;韩愈再作《伯夷颂》,尊崇并要发扬光大的也是它;老年范仲淹只书《伯夷颂》,更是尊崇并要发扬光大它。除此而外,岂有他哉?有人说范仲淹之所以手书《伯夷颂》,那是"借此表白崇敬伯夷高风亮节的心迹,坚信自己的一生如伯夷那样信仰坚定、特立独行"。看来只说对了一小半,希望后来人都像伯夷那样坚守传统士君子的核心价值观,我以为这才是老年范仲淹的博大胸怀所系。

　　当年,范公写就黄素《伯夷颂》,赠予苏舜元之后,苏舜元一下掂出了分量,将之敬奉在晏殊、文彦博、杜衍、富弼、欧阳修、蔡襄等名家面前,以求共赏。众名家皆有题跋。其中杜衍有题跋诗云:"宁止一言旌义士,欲教万古劝忠臣。颂声益与英声远,事迹还随墨迹新。"晚点的黄庭坚在《山谷题跋》中云:"范文正公书落笔痛快沉着,极近晋宋人书。"又云:"范文正公书《伯夷颂》极得前人笔意,盖正书易俗,而小楷难于清劲有精神。"从北宋至清末近八百年的时间里,共有百余人近百篇题跋问世,计开:宋代题跋者,自文潞公(文彦博封号)以下为二十九人;元代题跋者,自赵孟頫以下为三十三人;明代题跋者,自夏原吉以下为十七人;清代题跋者,自范承勋以下为十三人。均好评如潮:"笔意精妙,清古入神";"遒劲严整,妙绝前代";"中华第一小楷";"东方三绝"……据清代吴庆坻《蕉廊脞录》卷七《范仲淹书伯夷颂长卷》载:清朝乾隆年间,范书《伯夷颂》上邀清宫御览。乾隆皇帝首行御题"范仲淹书伯夷颂高义园墨宝"十二个字,又御书"圣之清"三个大字,并命朝廷大臣奉命题诗作记。尹继善、庄有恭、于敏中等著名人物均有奉旨之作。有意思的是,书法长卷中有"江宁开国""秦氏藏书""秋壑珍玩""贾似道印""秋壑"五枚小印。前二枚属秦桧,后三枚属贾似道,大概为南渡后秦桧、贾似道二人曾转递收藏。记得在前文引用过的秦桧那首诗吗?正是此时所成。

公元2006年10月28日,苏州范仲淹纪念馆新馆开馆,《高义园世宝》影印本首次公开展示,它完全按照原本的书卷尺寸、厚薄等规格制作完成,全长近三十米、高零点四米。书卷前面为范仲淹手书韩愈的《伯夷颂》,其后为截至光绪三十四年(公元1908年)历代八百多年间诸多名人书写的题跋。这样一件世所罕见的书法精品,必将与伯夷、韩愈、范仲淹这样三位中国的文化巨人一起永垂不朽!

《岳阳楼记》：一曲悲怆的命运之歌

开篇全录千古绝唱《岳阳楼记》：

庆历四年春，滕子京谪守巴陵郡。越明年，政通人和，百废具兴，乃重修岳阳楼，增其旧制，刻唐贤今人诗赋于其上，属予作文以记之。

予观夫巴陵胜状，在洞庭一湖。衔远山，吞长江，浩浩汤汤，横无际涯，朝晖夕阴，气象万千，此则岳阳楼之大观也，前人之述备矣。然则北通巫峡，南极潇湘，迁客骚人，多会于此，览物之情，得无异乎？

若夫淫雨霏霏，连月不开，阴风怒号，浊浪排空，日星隐曜，山岳潜形，商旅不行，樯倾楫摧，薄暮冥冥，虎啸猿啼。登斯楼也，则有去国怀乡，忧谗畏讥，满目萧然，感极而悲者矣。

至若春和景明，波澜不惊，上下天光，一碧万顷，沙鸥翔集，锦鳞游泳，岸芷汀兰，郁郁青青。而或长烟一空，皓月千里，浮光跃金，静影沉璧，渔歌互答，此乐何极！登斯楼也，则有心旷神怡，宠辱偕忘，把酒临风，其喜洋洋者矣。

嗟夫！予尝求古仁人之心，或异二者之为，何哉？不以物喜，不以己悲，居庙堂之高则忧其民，处江湖之远则忧其君。是进亦忧，退亦忧。然则何时而乐耶？其必曰"先天下之忧而忧，后天下之乐而乐"乎！噫！微斯人，吾谁与归？

时六年九月十五日。

像一代代中学生一样，我在少年时就能将范仲淹的《岳阳楼记》倒背如流，这一方面是语文老师耳提面命的结果，一方面也是自己从内心喜爱它的结果。我的语文老师名叫梁向荣，脸儿长长的、瘦瘦的、黄黄的，目光锐利而明亮，这印象至今难忘，他对《岳阳楼记》的讲解更是至今难忘。

他说："第一段嘛，说明写记的起因，这很必要。自己的朋友名叫滕子京，被贬官到岳阳，重修了岳阳楼，嘱咐自己为新落成的岳阳楼作记。有了这段简明扼要的开篇文字，接下来就可以自由挥洒了。第二段嘛，很聪明，一上来并不直接写岳阳楼如何如何，只用四十几个字概写了岳阳楼的地势和气势，'巴陵胜状……气象万千'。为什么不详细写岳阳楼本身呢，因为'前人之述备矣'，以前写的人多了，重复没意思，超越又不易，最好就写'大观'。同学们记好了，这就叫'人详我略，人略我详，与众不同，出奇制胜'。第三段嘛，写览物而悲者。这天登上楼去，是阴雨连绵的天气，冷风怒号，浊浪排空，看不见太阳，也看不见山的影子，商船不敢开行，只怕遭到毁坏，天将黄昏，能听到虎啸猿啼的声音。这种时候站在楼上，触景伤情，不免充满国忧与乡愁，觉得世途艰险令人畏惧，想到极处，好不悲观矣！接着第四段，马上是另一种情景与心情，但见春风丽日，蓝天碧波，沙鸥锦鳞，岸芷汀兰，皓月千里，浮光跃金，静影沉璧，渔歌互答……此时置身楼上，顿觉心旷神怡，荣辱得失全忘了，举杯畅饮，临风开怀，那是无比的欣喜和舒畅！同学们请注意，这一阴一晴，一悲一喜，两相对照，情景交融，可就引出了第五段——最为要紧，最有价值的一段。'嗟夫'，是个感叹词，强调下面的内容你得特别上心。予，我，也就是范仲淹，曾经探求过古代圣贤的心思，他们可不会像上面的那两种人那样乍惊乍喜的，原因何在？因为他们可以做到'不以物喜，不以己悲'，就是轻易不会为外部环境的好坏所干扰，不会为自己心情的好坏所左右，在朝做官时，想着老百姓的利与害；身在草野民间时，则想着君王施行的是否为仁政。同学们可能也会问了，他们'进亦忧，退亦忧'，老这么忧愁，什么时候才能快乐呢？他们的回答肯定是——'先天下之忧而忧，后天下之乐而乐'。就是我们先得为天下老百姓的福祉操心、担忧，什么时候他们过上好日子了，我们再分享他们的快乐。这样伟大、高尚的品德太让人感动了，所以再加个感叹词'噫'！最后，作者以设问句式取肯定意义，除却这样的'古仁人'，我还能再去追随谁呢？！"

从听梁老师讲《岳阳楼记》到现在，已经过去半个世纪了，至今认定他讲得真好。唯有一点解读，我越来越难以认可了，梁老师说，这篇《岳阳楼记》，是范仲淹专门写给滕子京的，先表表朋友的功劳，重点是最后，规劝老朋友好好学习古圣先贤。我后来走出校门，走进更大的文化圈子，才知道梁老师的"规劝"说，是一种很普遍的解读，而且与其相提并论的解读还有另外三种，即"策励宣言"说、"赞扬滕子京精神"说和"提倡先忧后乐精神"说。通过用心学习不难发现，对《岳阳楼记》的这四种解读，都有一定的道理，尤其"提倡先忧后乐精神"说，更容易为广大读者接受。体现读书人忧患意识的"先天下之忧而忧，后天下之乐而乐"，既是全文的点题之笔，又是全文的灵魂和闪光点。作为中国传统文化主体的儒家学说，重视和强调忧患意识，它并不是一己对现实生活困境和自身生存发展困难的忧思与焦虑，而是对群体和社会两方面的关注和忧虑，主要是对道德境界提升和道德价值追求不够的忧虑，"德之不修，学之不讲，闻义不能徙，不善不能改，是吾忧也"。这是一种伟大的民本思想的体现。民本思想一直是儒家最基本的信念，它与"平天下"的目标是一致的。老百姓是社会的最底层，又是社会的根基，只有"体民之情，遂民之欲"，"使民安居乐业，天下才能太平"。孟子曰："乐民之乐者，民亦乐其乐；忧民之忧者，民亦忧其忧。"又曰："老吾老，以及人之老；幼吾幼，以及人之幼。天下可运于掌。"范仲淹的"先天下之忧而忧，后天下之乐而乐"，就是一种民本思想的文学表达。用这样的伟大思想去规劝朋友，策励同道，确实也是《岳阳楼记》的价值所在。

然而，我总觉得这样理解《岳阳楼记》还不够，还远远不够，不够全面，不够内在，不够贴切，还不是老年范仲淹写作《岳阳楼记》时的最真实的心态。如果说，"先天下之忧而忧，后天下之乐而乐"，主要是一种向外的"策励宣言",那么,这只是《岳阳楼记》的一种品格,或者准确点说,一个层面上的品格,而绝对不是它品格的全部。《岳阳楼记》深邃博大,别有洞天。我这种感悟有幸得益于屈原的《离骚》,以及柴可夫斯基的《悲怆》。歌德说:"优秀的作品无论你怎样探测它,都是探不到底的。"但他没有说,因为探不到底,谁也别去探测它。我试着从另一个方向去探测,以检验自己的感悟是否有道理。

据说岳阳这个地方,古来许多贬官都来过,包括伟大的屈原。《离骚》是否写于岳阳?我不知。但《离骚》三昧,于理解《岳阳楼记》大有启示。《离骚》凡二千四百七十七言,三百七十三句[①],乃屈原呕心沥血之作。司马迁说:"离骚者,犹离忧也","屈平之作《离骚》,盖自怨生也"。为了振兴邦国,实行"美政",屈原"竭忠尽智,以事其君",但却"信而见疑,忠而被谤",满怀"存君兴国"之志,却唤不醒昏庸的楚怀王,国势日衰,危亡日迫,救国无门……这对"国士"屈原来说,能无怨乎?故发而为《离骚》,故有其代表名句"路漫漫其修远兮,吾将上下而求索"。不过,对"路漫漫其修远兮,吾将上下而求索",从来多誉为"励志"之属。这就未免简单肤浅了一点。我以为:《离骚》其实是一部很"内向"的杰作,不管它叙事多么宏大,比兴多么浪漫又具有神话色彩,情感多么激越,语言多么华美惊人,但它主要不是为了"策励宣言",而是一种灵魂自诉,一曲充满内心矛盾冲突的心灵咏叹调。在这里,进步的政治理想,深厚的爱国主义情怀,庄严的历史使命感,以及悲壮的献身精神,都化在一句"路漫漫其修远兮,吾将上下而求索"之中:一心向往的"美政"你究竟在哪儿啊,我穷尽毕生之心力,为何还未能达到?我将再求索再求索再求索而不废其志,可我已然老去……这实际上是屈原的又一个《天问》:"遂古之初,谁传道之?上下未形,何由考之?冥昭瞢暗,谁能极之?冯翼惟像,何以识之?"设身处地想一想,励志的成分不能说没有,可内里真正是一种理想破灭之后的无奈、

---

① 从洪氏说删去"曰黄昏以为期,羌中道而改路"二句。

迷惘与死不瞑目般的不屈。这不是"国士"屈原一个人的悲剧，而是中国士君子的群体悲剧，是时代的悲剧，是社会的悲剧。车尔尼雪夫斯基说："悲剧是人的伟大的痛苦或伟大人物的灭亡。"这种宿命的悲剧，太容易让人耳边响起柴可夫斯基的《悲怆》了。

要说我欣赏音乐的习惯，大抵喜中不喜洋，还是相当偏好民族风格的音乐的，但柴可夫斯基的第六交响曲《悲怆》是个例外，百听不厌，属于枕边曲。柴可夫斯基的《第四交响曲》《第五交响曲》《第六交响曲》，常被世人总称为柴氏"悲剧三部曲"。它们在揭示个人与现实之间的尖锐矛盾与冲突方面，以及揭示人的精神悲剧方面，都达到了真正的哲学深度。但是，《第六交响曲》与它的姊妹篇相比，还是存在着极大的差异，它没有外在的命运主题，没有运用民间歌曲、舞曲的元素，而是完全建立在内心体验基础之上，来抒发感情并表达主题思想的。它虽为标题音乐，却几乎不具有叙述性或描绘性等特征，与被视为西方浪漫主义标题音乐滥觞的柏辽兹的《幻想交响曲》相比较，不具有明确的叙述性内容，而与穆索尔斯基的《图画展览会》相比较，也不具有明显的描绘性特征，它更像一部非标题音乐。它与《离骚》一样，更具有一种"内向"品格，所有的外在感受，都通过内心激烈的矛盾冲突来展现，人生中所有的美好都如流星般划过天际，刹那间闪亮却转瞬即逝，一切都变成受伤灵魂的倾诉与呼喊，以一种超越的深沉，对不可逆转的命运，送出一抹并不绝望的神奇微笑。该曲描写人生的哀伤、悲叹和苦恼，凄怨感人，有一种难得的悲怆之美，仿佛一个人站在自己的墓穴前回顾一生，曾经的一切，都化作深沉的悲怆之美。柴可夫斯基本人这样说："我肯定地认为它是我所有作品中最好的，特别是'最真诚的'一部。我从来没有像爱它那样爱过我的任何一部作品。""在这部交响曲里我倾注了自己的全部心血。"俄国著名音乐评论家巴拉基列夫说得更到位："一个人要经历过多少苦难才能写成像这样的作品啊！"

假如能以《离骚》和《悲怆》的品格来鉴赏《岳阳楼记》，肯定别有滋味在心头。那么，《岳阳楼记》真正的"眼"在哪儿呢？我以为，它不在气壮山河的励志名句:"先天下之忧而忧,后天下之乐而乐。"因为它虽表达新颖但寓意并不新鲜,古今士子对这样的忧乐观并不陌生。《岳阳楼记》的真正块垒,理应从"是进亦忧,退亦忧。然则何时而乐耶"浇起。想一想吧,为什么会进也忧,退也忧?居庙堂之高也忧,处江湖之远也忧?这不是一个无解的《天问》吗?这不是一个无解的矛盾吗?这不是一种无解的宿命吗?对,这正是中国士君子至今冲不出去的一个传统怪圈,也正是范仲淹写作《岳阳楼记》时的复杂、矛盾、痛苦的心态。

我在前文说到过中国传统文化的两大主要组成部分:"帝王文化"与"士君子文化"。这里就此再延续一点儿。我有个联想:你看那阴阳八卦图上的两条颠倒的鱼儿,一个头朝着这边,一个头朝着那边,永远扭不到一顺儿去;但它们又都出不得一个圈儿,你中有我,我中有你,就在那里面挤挨着、盘绕着,谁也离不开谁。这就好比中国的帝王文化和士君子文化,你朝这边拧,我朝那边拧,满拧。可你俩再满拧,都拧不出一个时空——几千年的中国历史和这个"幅员辽阔、人口众多"的东土神州,而且生根发源都在这块古老的土地上,谁也离不开谁地厮磨着、渗透着、改造着……搅成一团儿。你说这里头哪些是应该摒弃的,哪些又是应该发扬光大的?往往一时理不清,颇多公案、悬案、错案,至今聚讼纷纭,口水笔墨官司打不停。林鹏先生特别形象地说,中国历史"总是在无限被动中、无限的罪孽中挣扎着,喘息着,一溜歪斜地,连滚带爬地"前行着。原因就是几千年来,帝王文化与士君子文化虽然同在一个时空,理论上讲是互相厮磨、互相渗透、互相改造,但实际结果显示,帝王文化挟权借势,雄踞于庙堂之上,独霸着话语权,占尽便宜。而一早(比如先秦时期)非常强势的士君子文化,却日显颓势,一步步后撤,到宋朝这样一个"准先秦"的黄金时代,出了由范仲淹这样一大批强势君子儒所组成的士君子群体,但在帝王文化面前还是败下阵来。这是一个问题!我曾向林鹏先生请教,既然正宗儒学如此强大,号称"仁者无敌",何以千百年来老在思想道德层面流光溢彩,总也化不成"治、平"的政治能量与社会能量,来与帝王文化一决雌雄?何以屡战屡败,成为一代代读书人逃不出的政治怪圈，逃不脱的悲怆宿命？……这个"天问"式的难题，老年范仲淹在写作《岳阳楼记》时，肯定也在苦苦思索着：回首一生的坎坷经历，历历在目；一生的酸甜苦辣，涌上心头；一生的尧舜追求，不死于心；一生的良相作为，功绩安在……苦苦思索而难得其解，他能不发出"是进亦忧，退亦忧。然则何时而乐耶"的浩叹吗？是的，他坚信"古仁人"能够做到"先天下之忧而忧，后天下之乐而乐"，自己也能够像"古仁人"那样，做到"先天下之忧而忧，后天下之乐而乐"，然而，"路漫漫其修远兮，吾将上下而求索"。离这个目标还有多远？我范仲淹奋斗一生，怎么还难以企及？可岁月老去，我范仲淹已不再年轻了啊！就《岳阳楼记》的内在品格来说，没有类似于《离骚》与《悲怆》的一种悲怆之美吗？正是："一个人要经历过多少苦难才能写成像这样的作品啊！"所以，我认为，要真正解读《岳阳楼记》，与其把"先天下之忧而忧，后天下之乐而乐"常挂嘴边，口号式地宣扬范仲淹的民本思想，倒不如将他对士君子何以"进退失据"的最后思考作为重中之重，以继续他的思考，破解他的"天问"，穿越那个古老的怪圈，开辟一种知识分子的新命运。

　　行笔于此，我忽发奇思，想引进两个人物。他俩都是古人，比范仲淹还年老得多，一个名叫陈胜，一个名叫安重荣。下面分别说。

　　陈胜，字涉，楚国阳城县（今河南登封东南）人。秦朝末年，他是反秦义军的首领之一，与吴广一起在大泽乡（今安徽宿州西南）率众起兵，成为反秦义军的先驱；不久后在陈郡称王，建立张楚政权。陈胜是个没有文化的人，估计不通儒脉，所以说出话来不会引经据典，而是中规中矩，但却石破天惊："王侯将相宁有种乎！"该句语出司马迁的《史记·陈涉世家》，原话是："且壮士不死则已，死即举大名耳，王侯将相宁有种乎！"意思是说：英雄好汉不死便罢，要死便死得轰轰烈烈，天下闻名。难道王侯将相都是天生的贵种吗？没有说出来的话就是：兄弟们，起来造反吧，改变自己的命运，我们也能做王侯将相。对此，历来史家说该句"表现了陈胜不甘心自己的命运，对命运不公平的不满和对抗"，并"喊出了几千年来百姓心中的真实愿望,对人性的开放和对自由的追求,起了一定的作用,值得肯定"。

陈胜的故事与这句名言,世人知之并欣赏者甚众。而安重荣其人其豪语,就少有人知了。还是先把他的豪言壮语亮出来。他说:"天子宁有种耶?兵强马壮者当为之尔!"这话见于《新五代史·安重荣传》。安重荣也是个没有文化的人。

安重荣,小字铁胡,山西朔州人。家里穷得与陈胜差不多,所以也是一个没上过学、没有文化的人,对儒家经典一窍不通。可他生得力大无比,擅长骑马射箭,最后做到五代晋振武巡边指挥使。就这么一介武夫安重荣,狮吼一声天地惊:"天子难道有种吗?谁的兵强马又壮,谁就来当皇上!"有陈胜在先,安重荣这话不算"第一声春雷",可这是力量大得多的炸雷,王侯将相已然不在话下,直接要当天子,而且啥也不指望,就靠兵强马壮。

如上所说,陈胜和安重荣这两个人,都是没读过圣贤书的人,都不是士君子,都不会从小就像范仲淹那样求神问卜:我能成为良相吗?我能施展平生所学辅君安民平天下吗?或者像大多数志于禄者那样"学得文武艺,货与帝王家"?陈、安的思路根本就不受儒家传统的束缚与限制,他们是到什么山头唱什么歌,念不起书咱就做文盲,活不下去了咱就造反,吃饱喝足了咱就想办法掌点权,兵强马壮了咱就打倒皇帝做皇帝……反正从来没想过要当良相、良医。自然,他们也就永远不会有"进退失据"的苦恼与宿命。于是我假设:如果陈胜、安重荣这种"局外人",去掉一切现有的劣根性,用另一种先进的价值观(当然,其中一定保有儒家价值观中那些先进成分)武装起来,那古代中国不就有了一个新群体了吗?

中国一旦有了这样的新群体,范仲淹老先生肯定想活过来,再做一把领军人物,把庆历新政或更加益民的新政搞得皆大欢喜!

2020年11月9日修订

范仲淹简明年表

宋太宗端拱二年（公元989年），一岁

八月丁丑（二十九日，阳历十月一日），生于武宁军（治所徐州）节度掌书记官舍。父墉，太平兴国三年随吴越王钱俶归宋。范墉归宋后，历官成德军（真定府，治今河北正定）、武信军（遂州，治今四川遂宁）、武宁军节度掌书记。母夫人谢氏。仲兄仲温，是年五岁。

淳化元年（公元990年），二岁

父墉病卒于徐州，随母葬父于苏州天平山。

淳化二年（公元991年），三岁

随母居苏州天平山。

淳化三年（公元992年），四岁

母谢氏改适时在苏州为官的朱文翰。仲淹遂改姓朱，名说。朱文翰先后在江苏苏州、湖南安乡、安徽青阳、山东淄洲等地为官，仲淹随母侍行，并在各地就学受教。安乡兴国观司马道士是其蒙师之一。安乡读书台、青阳读山、博山秋口、长白山醴泉寺俱传为范仲淹读书之地。

景德元年（公元1004年），十六岁

朱文翰任淄州长史。仲淹侍父游学于淄州颜神镇（今山东淄博博山）秋口。立志不为良相便为良医，并拜朱文翰好友崔遵度为师习琴（后人于此建范文正公祠和范泉书院。现存范公祠、范公亭、范泉、后乐桥等遗迹）。

景德三年（公元1006年），十八岁

游学于秋口、长山。与广宣大师相识同游。

景德四年（公元1007年），十九岁

游学于秋口、长山。与王洙有布素之游。

大中祥符元年（公元1008年），二十岁

出游鄠（治今陕西鄠邑）郊，与王镐、道士周德宝、屈应元等啸傲于鄠、杜之间，一起登临终南山，抚琴论《易》。

大中祥符二年（公元1009年），二十一岁

读书长白山醴泉寺，有"划粥断齑"典故，曾作《齑赋》。举学究。见姜遵，遵待之如骨肉，并谓夫人曰："朱学究年虽少，奇士也。他日不惟为显官，当立盛名于世。"

是年应天府新建书院落成，戚舜宾（同文孙、纶子）主其事。

大中祥符三年（公元1010年），二十二岁

读书醴泉寺。后有"窖金赠僧"传说。

大中祥符四年（公元1011年），二十三岁

询知世家，感泣辞母，往应天府书院求学。

大中祥符五年（公元1012年），二十四岁

读书应天府书院，后有"送银还方"的传说。

大中祥符六年（公元1013年），二十五岁

仍读书应天府书院，有"独不见皇帝"典故。

大中祥符七年（公元1014年），二十六岁

仍读书应天书院，有《睢阳学舍书怀》诗，与黄灏相交。

大中祥符八年（公元1015年），二十七岁

登蔡齐榜，中乙科第九十七名，任广德军司理参军。蔡齐榜进士及第者凡一百九十七人，其中进士有：庞籍、滕宗谅、谢绛、吴育、吴遵路、魏介之、明镐、周骙、王丝、王渎、王焕、朱贯、沈周、沈严、郭维、萧贯、张昇、王益、欧静等。试题为:《置天下如置器赋》,《君子以恐惧修省》诗,《顺

时慎微其用何先》论。

大中祥符九年（公元1016年），二十八岁

在广德司理参军任上，司理刑狱，迎母侍养。有"怒书屏风"典故。曾游太极洞，留下"跫然岩"手迹。游石溪，有《瀑布》诗。有《依韵和刘夔判官对学》。据宋代汪藻《广德军范文正公祠堂记》载：初，广德人未知学，公请三位名士执教，于是广德学风日盛，郡人擢第者相继。

天禧元年（公元1017年），二十九岁

擢文林郎、权集庆军节度推官（集庆军，即亳州，又称谯郡）。贫止一马，鬻马徒步上任。上《奏请归宗复姓表》，始复范姓。时上官佖知亳州，其子上官融（995—1043）侍行，与仲淹相交；通判乃杨日严。

天禧二年（公元1018年），三十岁

有河北之行，赋诗《河朔吟》。是年八月，真宗立皇子昇王为皇太子，大赦天下。九月，进《皇储资圣颂》。

天禧三年（公元1019年），三十一岁

加秘书省校书郎，仍从事于谯郡。与诗人石曼卿交际于太清宫。

天禧四年（公元1020年），三十二岁

仍在亳州任幕职官。

天禧五年（公元1021年），三十三岁

调监泰州西溪盐仓，系衔仍旧。

乾兴元年（公元1022年），三十四岁

仍在监西溪盐仓任上。

是年，真宗崩，享年五十五岁，在位二十六年。仁宗即位，刘太后垂帘听政。

仁宗天圣元年（公元1023年），三十五岁

仍在西溪盐仓任。上言寇准被诬事。富弼侍父至海陵，仲淹与富弼、滕子京、胡瑗、周孟阳相交。

天圣二年（公元1024年），三十六岁

迁大理寺丞，仍在西溪盐仓任。娶应天府李昌言女李氏为妻。生长子纯祐。

天圣三年（公元1025年），三十七岁

秋，因发运副使张纶荐，知兴化县事。滕宗谅协助其筑捍海堰，虽因暴风雪而停建，但其首倡之功甚伟。

天圣四年（公元1026年），三十八岁

仍在知兴化县任上。是年春有两浙之行，过杭州、诸暨等地，与胡则、林逋、唐异等人相聚。徙监楚州粮料院。八月，丁母谢氏夫人忧。

天圣五年（公元1027年），三十九岁

守母丧于南都应天府，晏殊出守应天府，邀仲淹掌应天书院，同时执教者还有王洙、韦不伐等人。范仲淹上宰执万言书，深受时相王曾赏识。孙复来谒，授以《春秋》，资助孙就读于应天书院。六月，次子纯仁生。

天圣六年（公元1028年），四十岁

掌应天书院教习。七月，捍海堰历时近二年修成。因范仲淹首倡之功，后人誉为"范公堤"。十二月，范仲淹守丧期满，经晏殊推荐，召为秘阁校理，跻身馆职。

天圣七年（公元1029年），四十一岁

供职秘阁。秋，以发解官主持别头试于太常寺，拔张问策论于高等。十一月冬至，上书谏仁宗率百官行拜贺太后寿仪，后又疏请太后还政，疏入不报，遂自请补外，出为河中府（治今山西永济西）通判。

天圣八年（公元1030年），四十二岁

任河中府通判。春，曾赴陕西，逢故人周道士于长安，共同怀念亡友王镐。三月，上书请罢修寺观，裁并郡县。上书晏殊，对晏殊责以轻率上书，唯恐累及举主之说，表明心迹。四月，转宫殿中丞。五月上书吕夷简，议论即将举行的制科。六、七月，与周暎、欧静讨论滕宗谅所编唐制诰集的书名问题，认为名为《唐典》不当。劝富弼"当以大科名进"，弼应试中制科，中茂才

异等科。

天圣九年（公元1031年），四十三岁

三月，迁太常博士，移陈州通判。葬母于河南伊川万安山。上书乞将磨勘恩泽迫赠父母。时杨日严知陈州，胡则继之。与胡则长子胡楷有"布素之游"。昔日在馆阁的挚友吴遵路因上书忤太后意而被贬崇州（即通州，治今江苏南通），即寄诗为其壮行。与友人游嵩山。三子纯礼生。黄鉴卒。

明道元年（公元1032年），四十四岁

仍在陈州通判任上。二月，仁宗生母李辰妃卒；仲淹屡上奏疏，劝以唐中宗朝上官婕妤、贺娄氏卖墨敕斜封官事为鉴。

明道二年（公元1033年），四十五岁

三月，刘太后薨，仁宗亲政。四月，仲淹被召回京任右司谏。上疏谏不应立杨太妃为太后，又建议全刘太后之德，劝帝恪尽子道。六月，受命与范讽等人同判刑院大理寺，详定天下配隶刑名。七月，同管勾国子监。八月，受命赴江淮赈灾。上陈救弊八事。上奏乞以通州吴遵路救灾事迹颁诸郡为法，又请追恤含冤自缢身亡的前知卫真（治今河南鹿邑）县事黎德润。十二月，奏请诸县弓手服役七年者放归农。与孔道辅率台谏官伏合请对，力谏阻废郭后，被贬外放，出守睦州。

景祐元年（公元1034年），四十六岁

正月，荐丁钧、邓资、徐执中、卫齐、卢革、李硕、张弁并公廉文雅，为众所称，堪充京官。春初，自京出发，至项城短暂停留，沿颍、淮而下，四月至睦州任所。凭吊严子陵钓台，重修严子陵祠堂，建龙山书院。政务之余，寄情山水，佳作迭出。六月，移守乡郡姑苏，与叶参（叶清臣父）交政后，立即投入救灾，有苏州治水之载。诏移知明州（治今浙江宁波），转运使言其治水救灾有方，愿留毕其役，遂复知苏州。

景祐二年（公元1035年），四十七岁

仍在知苏州任上。择南园地建苏州郡学，延胡瑗等为州学教授。五月，灵岩寺定惠大师宗秀来访，请序。十月，擢礼部员外郎、除天章阁待制。召

还京判国子监。十二月,进吏部员外郎,权知开封府。时郭皇后暴卒,舆论疑内侍阎文应下毒,仲淹奏劾之,阎被贬岭南,死途中。

景祐三年(公元1036年),四十八岁

在开封府任所。正月,上太宗尹京时所判案牍。五月,上疏论营建西都洛阳事,吕夷简讥为迂阔近名。上《百官图》,指斥宰相用人失当,又上四论,吕夷简反诉仲淹"越职言事,荐引朋党,离间君臣",贬知饶州(今江西鄱阳县),余靖、尹洙论救,欧阳修切责高若讷,相继贬外,士论荣之;蔡襄作《四贤一不肖》诗,朝野传诵。史称景祐党争。仲淹贬外,都门饯送者仅李纮、王质二人。八月,至饶州任所。迁建郡学,自此"生徒浸盛"。奏免贡茶乌御茶,奏蠲已不产银的德兴县银冶场贡课。在饶留下得心堂、退思轩、楚东楼、秋香亭、虚静亭、庆朔堂等遗迹。李觏来访。作《灵乌赋》。

景祐四年(公元1037年),四十九岁

仍在饶州任上。妻李夫人病卒。知建德县事(今属安徽东至)梅尧臣往吊且有唁诗。

宝元元年(公元1038年),五十岁

正月,赴如润州所。道经江西彭泽,谒狄仁杰祠,重撰狄梁公碑。至丹阳郡境,游茅山。凭吊京口甘露寺李德裕奠堂,游北固楼,有世事沧桑之感。滕宗谅、魏兼两位同年挚友来访。在润州筹建郡学,修清风桥。清风桥后人名之曰"范公桥"。十一月,知越州(治今浙江绍兴),途中访友人邵㻱,在杭州拜访仕故人胡则。

宝元二年(公元1039年),五十一岁

正月,在越州与前任郎简交政。在越州以德化治,治理井泉,名之曰清白泉,建清白堂,有记。邀李觏来越执教。孙沔回越扫墓,请范仲淹为其曾祖父孙鹗撰墓志。

康定元年(公元1040年),五十二岁

正月,仍在越州任上。元昊破金明寨,围延州(治今陕西延安);歼宋援兵刘平、石元孙军于三川口,刘、石被俘,朝野震惊。三月,应陕西经略

安抚副使韩琦举荐，范仲淹复官天章阁待制、知永兴军；四月，改刑部员外郎、兼侍御史知杂、陕西都转运使，七月，又迁龙图阁直学士，与韩琦同被任命为陕西经略安抚副使、同管勾都部署司事，夏竦为安抚使。赴任途中，相继举胡瑗为陕西丹州（治今陕西宜川）军事推官，举欧阳修、张方平为掌书记，皆未果。八月，迁户部郎中，代张存兼知延州。在延州整军备战，夺回塞门诸寨，修复已破荡的金明寨、万安城等。九月，遣任福破白豹城。迫使入侵保安、镇戎军之西夏军撤兵。又遣狄青等攻取西界芦子平。仲淹授狄青以《春秋左传》，遂成就一代名将。遣种世衡兴筑青涧城，营田实边。十月，遣朱观等袭破西夏洪州界郭壁等十余寨。十二月，朝廷用韩琦、尹洙策，诏明年正月上旬泾原、鄜延两路同时出兵，大举伐夏，但杜衍、范仲淹、欧阳修等皆以为条件不成熟，主张积极防御，寻觅战机，小规模出击。张载赴陕谒仲淹，有投笔从戎之志，仲淹勉以治《中庸》，载励志苦学，遂成宋代名儒。

庆历元年（公元1041年），五十三岁

正月，朝廷用兵西夏，仲淹上奏请鄜延暂不出战，以留和议之路。元昊遣使与仲淹通款，仲淹答书晓之以理，劝其休战议和。二月，尹洙赴延州，劝说仲淹出兵，范不为所动，尹逗留二旬，无功而返。田况亦上奏认为守策最备，不可轻举妄动。元昊倾国入侵，巡视镇戎军的韩琦令大将任福率军与西夏主力决战，败于好水川，任福等一大批将领阵亡，仅朱观等率少数人突围。四月，范因私与元昊通书并私焚元昊来书，被降官户部员外郎，贬知耀州；韩琦也因好水川兵败被降官右司谏，贬知秦州（治今甘肃天水）。五月，起用范仲淹知庆州、兼管勾环庆路都部署司事。在庆州招抚诸羌，与之立约，始为宋用。在庆州城凿井百余，解除饮水之难。六月，王尧臣受命安抚陕西，为韩、范鸣不平。七月，元昊军攻麟州，八月，元昊攻府州，皆不能破，转而破丰州。九月，复仲淹户部郎中。西夏再围攻麟、府二州，被宋将张岊击败。十月，罢陕西统帅夏竦、陈执中；始分陕西为四路，以管勾秦凤路部署司事兼知秦州韩琦、管勾泾原路部署司事兼知渭州王沿、管勾环庆路部署司事兼知庆州范仲淹、管勾鄜延路部署司事兼知延州庞籍，兼本路马步都部署、经略安抚沿边招讨使。十一月，张亢、张岊大败西夏军。梁适安抚陕西归朝，仲淹附奏上攻守二议。十二月，仲淹奏请令四路部署司保举沿边寨主、兵马监押，诏从之。

庆历二年（公元1042年），五十四岁

正月，巡边至环州（治今甘肃环县），过马岭镇。复上疏再议攻守策。二月，庞籍上疏支持用仲淹之策，韩琦则反对范仲淹营水洛城之议。三月，兴筑大顺城成，张载有《记》颂其功。是月，在庆阳北城门上建镇朔楼。杜衍宣抚河东。四月，大将周美屡败西夏军，范仲淹、庞籍交荐之，除鄜延都监，迁贺州刺史。是月，知制诰富弼出使契丹。诏命除四路帅为观察使，仲淹连上三表坚辞。范仲淹、庞籍二人未任。七月，吕夷简兼判枢密院事，章得象兼枢密使，晏殊加平章事。九月，吕夷简改兼枢密使。闰九月，西夏军攻镇戎军，败宋军于定川砦，大将葛怀敏败亡。十月，王信、狄青、景泰因军功迁官，王、狄各兼本路经略安抚招讨副使，乃仲淹疏荐之结果。定川之败，仲淹出兵驰援，稳定局势，仁宗命加职进宫，与韩琦并除枢密直学士、右谏议大夫。十一月，诏复置陕西四路都部署经略安抚兼沿边招讨使，以韩、范、庞籍三帅分领之，同任陕西四路统帅，其余都部署、副部署所带经略使、招讨使皆罢，诸路招讨使并罢。韩、范开府于泾州，韩兼秦凤，范兼环庆。又据范仲淹建议，命文彦博帅秦州，滕宗谅帅庆州，构成宋陕西四路攻防体系。十二月，密诏庞籍招纳元昊，宋夏和议仍以延州为通道，仲淹首创之功不可没。幼女生，后适韩城人张琬（昪子，终官知楚州）。

庆历三年（公元1043年），五十五岁

正月，泾原安抚使王尧臣奏论边事，乞凡军期申覆不及者由范、韩、庞三帅相机便宜从事；又请建渭州笼竿城为德顺军；复请诸路皆罢经略使、副，只充沿边安抚使、副，以重三帅之威，皆从之。二月，范、韩同上奏疏，论不可许和及防元昊之策。赐韩琦、范仲淹、庞籍钱各百万。三月，吕夷简罢相，章得象为昭文馆大学士，晏殊为集贤殿大学士兼枢密使，夏竦为枢密使，贾昌朝为参知政事。四月，遣保安军判官邵良佐使西夏，许封册为夏国主。范、韩同日擢除枢密副使，五辞不允，始拜命。以杜衍为枢密使。吕夷简罢议军国大事。郑戬代为四路帅臣，仍驻泾州。石介作《庆历圣德诗》。五月，沂州王伦率士兵起义。七月，王举正罢参知政事。范奏请罢陕西近里州军营田；诏命范仲淹为陕西宣抚使，均未行。八月，范就任参知政事，富弼为枢密副使，韩琦代范仲淹宣抚陕西。九月，仁宗开天章阁，诏命条对时政，范上十事疏。是年，范仲淹为滕宗谅、张亢公使钱案辩。吴遵路、朱寀、韩渎卒。

庆历四年（公元1044年），五十六岁

正月，上从范仲淹之言，诏州县皆立学。四月，仁宗与执政论朋党事。四月，宋夏议和达成协议，元昊削帝号，宋册封元昊为夏国主。五月，范仲淹与韩琦对于崇政殿，上"和、守、战、备"四策。六月，辅臣列奏，答手诏问五条。与韩琦奏陕西河北画一利害事，陕西八事、河北五事。八月，仲淹启程宣抚河东，先后历经：绛、晋、汾、并、忻、代、宪州、岢岚、保德、火山军及府州、麟州等地于庆历四年年底。仲淹奏请以两府兼判政事，诏以贾昌朝领农田，仲淹领刑法，未果。十一月，王拱辰等兴"奏邸之狱"，范仲淹等所荐新进名士皆贬逐殆尽，苏舜钦、刘巽被除名为民，王益柔、王洙、章岷、刁约、江休复、宋敏求等十人被贬谪外放。范请罢参知政事，乞知邠州。

庆历五年（公元1045年），五十七岁

正月，罢仲淹参知政事，以资政殿学士陕西四路安抚使，出知邠州，兼陕西四路缘边安抚使；罢富弼枢密副使，以京东西路安抚使知郓州，杜衍罢相，出知兖州。二月，韩琦上书仁宗，为富弼辩解，被罢机密副使，出知扬州。八月，欧阳修为范富、杜、韩四人辩解，被贬知滁州。十一月，解仲淹四路帅任，以给事中知邓州。富弼也被解除京东、西路安抚使。

庆历六年（公元1046年），五十八岁

正月，至邓州任所。范雍病逝洛阳，范仲淹撰墓志。三月，赐礼部奏名进士、诸科及第出身八百五十三人，邓人贾黯第一。贾回邓拜访范仲淹，仲淹勉以"不欺"。七月，继室张氏生四子纯粹。是年，范公在邓州修百花洲，重修览秀亭，创建书院。九月十五日应挚友滕子京之邀，在花洲书院写下千古名篇《岳阳楼记》。冬，张焘使邓，与范仲淹贺雪赏梅。

庆历七年（公元1047年），五十九岁

仍知邓州。四月，尹洙卒于邓州，仲淹营护其丧事。滕子京逝于苏州任上。

庆历八年（公元1048年），六十岁

正月，诏移知荆南府，邓民请留，范仲淹亦上表自请愿留；二月，复知邓州。张士逊致仕，封邓国公，返乡（湖北光化）过邓，范仲淹置酒高会。

皇祐元年（公元1049年），六十一岁

正月，移知杭州，过陈州，拜会晏殊；三月，次子纯仁进士及第。赴杭过苏时，与兄仲温议定在苏州创办义庄。七月，擢礼部侍郎，赐凤茶，有谢表。十月，义庄成。有"义田活族""不买裴堂"典故。在杭，与漕使孙甫观潮、赏雪，互有唱酬，时相过从。王安石来访。

皇祐二年（公元1050年），六十二岁

仍知杭州任上。是岁，吴中大饥，朝廷诏两浙收养流民。范仲淹发司农存粟救荒，又"宴游兴造"，独创以工代赈救灾方式。三月，李觏来杭谒范。八月，上《进李觏明堂图序表》，因范奏荐，旨授李觏将仕郎、太学助教。九月，兄仲温卒，有墓志。十月，为苏州义庄订立规约。迁户部侍郎。十一月，移知青州。

皇祐三年（公元1051年），六十三岁

春，赴任青州，过长山，礼参故乡父老。三月，至青州任所，与前任富弼交政。时青州大饥，到任即赈济救灾。允百姓以钱代皇粮，除长途运输之苦。因病重难支，乞颍、亳间一郡就养。十一月，以黄素小楷书韩愈《伯夷颂》寄苏舜元，苏分寄元老重臣题跋，为后世留下书法精品。

皇祐四年（公元1052年），六十四岁

正月，扶病就道，移知颍州。行至徐州，已沉疴不起，仁宗遣使赐药存问，于五月二十日卒于徐州。时知徐州的友人孙沔悉力营护丧事。死前上《遗表》，一言未及家事。卒，享年六十四岁。赠吏部尚书，谥"文正"。十二月壬申，葬于西京洛阳伊川万安山下，仁宗亲篆其碑额"褒贤之碑"。富弼撰墓志，欧阳修撰神道碑，名公显宦以祭文等方式表示对范仲淹的哀悼和崇敬之情。

主要参考书目

[1] 范仲淹.范仲淹全集[M].李勇先,王蓉贵,校点.成都:四川大学出版社,2007.

[2] 脱脱,等.宋史[M].北京:中华书局,1985.

[3] 戴伟华.文化生态与中国古代文学论丛[M].北京:人民出版社,2011.

[4] 欧阳修.欧阳修全集[M].李逸安,点校.北京:中华书局,2001.

[5] 司马光.涑水记闻[M].北京:中华书局,1997.

[6] 洪迈.容斋随笔[M].上海:上海古籍出版社,1996.

[7] 张毅.宋代文学研究[M].北京:北京出版社,2001.

[8] 李强.陈桥驿梦:赵匡胤传[M].北京:人民文学出版社,2011.

[9] 李焘.续资治通鉴长编[M].北京:中华书局,2004.

[10] 诸葛忆兵.范仲淹研究[M].北京:中国人民大学出版社,2010.

[11] 李国文.李国文说宋[M].北京:中华书局,2012.

[12] 杨德堂.花洲书院[M].香港:中国文化出版社,2005.

[13] 董利荣.范仲淹与潇洒桐庐[M].杭州:西泠印社出版社,2009.

[14] 顾宏义.天倾:十至十一世纪宋夏和战实录[M].上海:上海书店出版社,2012.

[15] 刘学斌.北宋新旧党争与士人政治心态研究[M].保定:河北大学出版社,2009.

[16] 张希清,范国强.范仲淹研究文集(五)[M].北京:北京大学出版社,2009.

后　记

我一向不喜读"资料开会"式的人物传记，觉得总得从史料中提纯出一点新意与思考吧。此前，我有过五部传记作品问世，就想做点这方面的尝试；这次有了写《范仲淹传》的机会，也就再试一把。有什么体会吗？那是有点。

对传记作者来说，收集、整理相关静态资料不是最重要的，或者说，大量的案头工作不是最重要的；而现场采访，实地踏勘，到传主曾经生活过的空间走一走，看一看，甚至是闻一闻，才是最要紧的。也许，你搞不到多少新发现的文字资料，找不到几个知情人物，甚至见不到一点儿被岁月无情磨灭掉的遗迹遗物。不过，这不要紧，总不会白跑的。只要你进入传主曾经的生命场，就必然会感受到他的气息、他的经历、他的思考以及他所有的喜怒哀乐、酸甜苦辣、人生百味；他也会主动地跑出来与你对话，真心倾诉，敞开心扉……这种互动交流已然洗尽铅华，超越功利，超越时空，再无雕饰，是一种真正的心灵对话。正是在这样的心灵碰撞之中，忽有火花迸出，忽有激情喷涌，瞬间盘活你的所有案头资料，化作奇思妙想，造出佳构丽篇，你的创作顿时变成一份多么难得的精神享受啊！

这次，在我努力寻求与传主范仲淹进行现场心灵对话的两个多月行走中，我历经七省市二十九地，结识数十位当地朋友，这些沐浴过范先贤生命的灵秀风水，这些成全过范先贤人格与功业的父老乡亲的后代，是我得以完成这趟心灵旅程最大和最好的凭借。为此，我要在这里对他们衷心地致敬与致谢。另外，我当年的矿友刘建中和路耀华先生，为我整理这份心灵对话并最后完成《范仲淹传》，提供了充满情谊的得力帮助，在此一并致谢。

2020年11月19日于太原学洒脱斋

图书在版编目（CIP）数据

范仲淹传 / 周宗奇著 . —— 武汉：华中科技大学出版社，2021.7（2024.6 重印）
ISBN 978-7-5680-7094-2

Ⅰ . ①范… Ⅱ . ①周… Ⅲ . ①范仲淹（989—1052）– 传记 Ⅳ . ① K827=441

中国版本图书馆 CIP 数据核字 (2021) 第 112105 号

范仲淹传
Fan Zhongyan Zhuan

周宗奇 著

策划编辑：	亢博剑
责任编辑：	康　艳
监　　制：	小马 BOOK
特约编辑：	小　北
责任校对：	张会军
责任监印：	朱　玢
装帧设计：	琥珀视觉

出版发行：华中科技大学出版社（中国·武汉）　　电话：（027）81321913
　　　　　武汉市东湖新技术开发区华工科技园　　　邮编：430223

印　　刷：武汉科源印刷设计有限公司
开　　本：710mm × 1000mm　1/16
印　　张：24.25
字　　数：346 千字
版　　次：2024 年 6 月第 1 版第 4 次印刷
定　　价：59.80 元

本书若有印装质量问题，请向出版社营销中心调换
全国免费服务热线：400-6679-118　竭诚为您服务
版权所有　侵权必究